U0506761

日本中國史研究年刊 二〇一一年度

《日本中國史研究年刊》刊行會 編

上海古籍出版社

目　録

論 文 選 刊

2011年度論文、著書目録

2010 年度論文、著書目録補遺

論文選刊

《詩經》農事詩中所見南畝

——對公田和藉田的一點見解

小野恭一著

周　吟譯

序

　　《詩經》的農事詩,包含了豐富的可窺見從西周到春秋時代之農業與社會面貌的詩句。例如,用"數數歌"的形式咏唱一年中農事的《豳風·七月》篇中,可略見聚落中一年的生活週期和衣食住行的情況。《小雅·甫田》篇中"今適南畝,或耘或籽,黍稷薿薿"之句也咏唱了除草培土等農作業。另外,《小雅·大田》篇中"興雨祈祈,雨我公田,遂及我私"之句,與孟子以來的井田説相結合,從"公"與"私"的對比性表達,可推測出區分"公田"與"私田"的公田經營,從古至今招致了諸多議論。以這類《詩經》中的農事詩爲材料,天野元之助[①]從農業史的角度探討了農業技術和農業經

---

① 《中國社會經濟史　殷·周之部》(開明書院,1979 年)。

營,侯外廬①與郭沫若②則試圖從中捕捉中國古代的社會構成和生產模式。然而,不能否認,這類研究都只斷片地截取了《詩經》的内容,僅停留在通過拼湊詩句來進行解釋的層次上,欠缺對詩篇整體的理解。研究《詩經》,如不對詩篇整體進行理解,那麼也難以把握作爲其背景的當時的社會情況。注重詩文整體,摸索詩的發生和展開,並給《詩經》以歷史地位的,可以舉出赤塚忠③、松本雅明④、白川靜⑤等人的研究。這些研究無一不受到法國的東洋史學者葛蘭言之方法論的影響,⑥即,詩之根本來源於民謠,是通過某種形式來反映當時社會生活的産物。⑦ 總體來説,《詩經》中的農業詩是以

① 《中國古代社會史》(新知書店,1948年)。

② (a)《奴隸制時代》(新文藝出版社,1952年),本文參考1954年人民出版社所出改訂版。郭沫若對《詩經》農事詩的見解,參閲郭沫若(b)《青銅時代》(人民出版社,1954年)中所收《由周代農事詩論到周代社會》。

③ 《中國古代歌謠の發生と展開》(《中國文學研究》〈中國文學の會〉第三號,1965年)爲其代表性的研究,《赤塚忠著作集第五卷 詩經研究》(研文社,1986年)中也收錄了相關的優秀遺稿。

④ 《詩經諸篇の成立に關する研究》(東洋文庫,1958年)。

⑤ 《稿本詩經研究》(立命館大學中國文學研究室,1960年)。後作爲白川靜《詩經研究通論篇》(朋友書店,1981年)出版,再次被收錄於《白川靜著作集》第十卷(平凡社,2000年)。本文即參照《著作集》。

⑥ 葛蘭言著、内田智雄譯《支那古代の祭禮と歌謠》(弘文堂書房,1938年。原題爲Fetes et chansons anciennes de la Chine 1919)。葛蘭言將《詩經》與傳統的經學中分離,從社會學的角度進行分析,將《詩經》本身作爲一種社會現象,還原到詩中所描述的當時社會中,嘗試通過詩篇復原中國古代的祭禮,並闡明其機能。

⑦ 赤塚認爲歌謠産生的場所,應該是在具有同一信仰的生活共同體之中。在中國古代的生活環境中,詩歌"顯然依存於生活團體,其表達的應該是集團内共同理解的内容,並且應該是具有具體的目的的",興正是作爲"以這種共同信仰爲背景的特殊的表達"而出現(注③赤塚著作,頁32)。旨在通過研究中國古代的生活環境和習俗之中的興的出現,來尋求《詩經》中的歌謠和詩歌的出現和發展過程。松本也重點關注了興這一《詩經》特有的表現手法,認爲"興原本是正文之前的語氣表達",指出"以即興、節奏、聯想等形式引出正文,不是生硬的理論,而是直觀的、即興的、並且是樸素自然的"(注④松本著作,頁944)。以興爲中心來探 <轉下頁>

歌謠的形式描繪了當時社會的幾份剪影並傳承至今,這些詩篇對於我們探索當時的農業與社會無疑都提供了最好的材料。

本文將以《詩經》中的農業詩作爲素材,主要探討西周至春秋時代的生產關係和農業經營。在研究農業經營的過程中,首先必須關注進行農事的舞臺。詩篇中所表現出的農事之舞臺,與歌謠中出現的場所有着密不可分的關係。葛蘭言有"歌謠作爲一種傳統的合作性的產物而被廣爲傳唱……是根據某一主題,一邊跳着儀禮性的舞蹈一邊即興創作出來的。作爲歌謠起源的即興吟唱,從其内容明顯看出,即是古代農業祭祀時的口頭儀禮。"①指出《詩經》的詩篇應和季節性的祭禮有關,農業詩作爲歌謠而產生正是在農業祭祀中,而農事的舞臺也正是在這種祭祀中建立起來的。在這種論述的基礎上,農事之舞臺,即可以從與祈求豐收的祭祀和感謝收穫的祭祀相關的詩篇中找到。《詩經》中的農事詩,可以舉出《國風》的《豳風·七月》篇,《小雅》的《楚茨》篇、《信南山》篇、《甫田》篇、《大田》篇,《周頌》的《臣工》篇、《噫嘻》篇、《豐年》篇、《良耜》篇、《載芟》篇等。② 更進一步,將焦點對準農事的舞臺和祭祀

<接上頁>求賦等修辭手法的原型及其發展,從而判別詩篇内容中時代的劃分。與此相對,白川則把握住興出現的本質,推導其發生的基礎,認爲應當導入民俗學的方法,來分析以古代觀念爲基礎的生活習俗和古代人類的自然觀念的變化,以及古代歌謠中包含的巫術色彩,通過與西周金文等資料的對比來分析《詩經》的《雅》和《頌》,而對於《國風》,則重視其地域的特殊性,嘗試在歷史地理條件下分析其地位。

① 上頁注⑥葛蘭言著作,頁10。

② 白川、松本、赤塚都未將《大雅》的詩篇直接作爲農事詩、農祭詩來舉例。但佐竹靖彥從《大雅》的《緜》篇(《文王之什》)、《公劉》篇(《生民之什》)、《崧高》篇(《蕩之什》)中有關於土地劃分的内容的詩句這一點,也將其作爲與農事相關的詩篇,屬於農事詩的範疇(《藉田新考》,《中國の都市と農村》,汲古書院,1992年。後收於《中國古代の田制と邑制》,岩波書店,2006年,頁22—23)。佐竹所提到的《大雅》的詩文,廣義上可以認爲是與農事有關的詩篇,總體看來,屬於白川所總結的敍事詩的範圍,因此在本文中不予以考慮。

的場所，《豳風·七月》篇，《小雅》的《大田》篇和《甫田》篇，《周頌》的《良耜》篇和《載芟》篇中都能見到的被稱爲"南畝"的空間則十分值得關注。本文將以這一"南畝"作爲線索，探微西周至春秋時代的生産關係及農業經營。

一　圍繞《詩經》農事詩和
　　農業經營的學説史

(一)《詩經》中的農事詩

首先，將本文中主要探討的《詩經》農事詩列舉如下，整理其研究史及詩文的特徵。

《國風》

《豳風·七月》篇

七月流火　九月授衣　一之日觱發　二之日栗烈　無衣無褐　何以卒歲

三之日于耜　（A）四之日舉趾　(1)同我婦子　饁彼南畝　田畯至喜　（第一章）

七月流火　九月授衣　春日載陽　有鳴倉庚　女執懿筐　遵彼微行

爰求柔桑　春日遲遲　采蘩祁祁　女心傷悲　殆及公子同歸　（第二章）

七月流火　八月萑葦　蠶月條桑　取彼斧斨　以伐遠揚

猗彼女桑

　　七月鳴鵙　八月載績　載玄載黃　(2)我朱孔陽　爲公子裳　(第三章)

　　四月秀葽　五月鳴蜩　八月其穫　十月隕蘀　一之日于貉　取彼狐狸

　　爲公子裘　二之日其同　載纘武功　言私其豵　獻豜于公　(第四章)

　　五月斯螽動股　六月莎雞振羽　七月在野　八月在宇　九月在戶

　　十月蟋蟀入我牀下　穹窒熏鼠　塞向墐戶　(3)嗟我婦子　曰爲改歲　入此室處　(第五章)

　　六月食鬱及薁　七月亨葵及菽　八月剝棗　十月穫稻　爲此春酒

　　以介眉壽　七月食瓜　八月斷壺　九月叔苴　采荼薪樗　(4)食我農夫　(第六章)

　　九月築場圃　十月納禾稼　黍稷重穋　禾麻菽麥　(5)嗟我農夫　(6)我稼既同

　　上入執宮功　晝爾于茅　宵爾索綯　亟其乘屋　其始播百穀　(第七章)

　　二之日鑿冰沖沖　三之日納于凌陰　四之日其蚤　獻羔祭韭　九月肅霜

　　十月滌場　朋酒斯饗　曰殺羔羊　躋彼公堂　稱彼兕觥

萬壽無疆　（第八章）

　　《豳風·七月》篇是以數數歌的形式唱出一年中的農事安排，生動描寫住在豳的人們勞動和生活的民謠。正如清代崔東壁曾評價："讀《七月》，如入桃源之中。衣冠朴古，天真爛漫，熙熙乎太古也。"（《豐鎬考信錄》卷四）這首詩能夠令人遥想出立足於古代黃河流域原本的風景中，人們過着猶如牧歌一般田園生活的共同體社會。

　　包含《七月》篇在内的《豳風》諸篇，對於其産生年代和地點的推測、《周禮·春官·籥草》中所見《豳雅》《豳頌》的問題、與周公説話的關聯等，原本就抱有諸多疑問。關於《豳風》的地域，古有漢代鄭玄在《詩譜》中所提出的陝西地區右扶風、枸邑説，近有錢穆所提出的山西地區（晉）説[1]和徐中舒所提出的山東地區（魯）説。[2]　其年代，也多推測在春秋時期，松本認爲《七月》篇爲其中時代最晚的詩篇，[3]赤塚也推定爲春秋初期所作。[4]　白川經過對西周金文等資料的詳細探討，認爲《豳風》諸篇大約作於西周晚期（厲王、宣王時期），豳則如鄭玄所説位於陝西省的涇水上游地區。[5]

　　谷口義介以《豳風七月の社會》爲首的一系列研究，繼承了白川的理論，對《七月》篇中所唱誦的豳的社會進行了精緻並且壯觀的復原。[6]　由於《七月》篇是農事詩，要對其進行研究，則需要對中

---

[1]　《周初地理考》（《燕京學報》第 10 期，1931 年）。

[2]　《豳風説》（《中研院歷史語言研究所集刊》第六本四號，1933 年）。

[3]　松本認爲《豳風·七月》篇 "乃時令説之先驅，其民謠的章句編成，在《詩經》中不見類似的結構"，將《七月》篇作爲時代最晚的詩篇（本書頁 4 注④松本著作，頁 788）。

[4]　本書頁 4 注③赤塚著作，頁 5。

[5]　本書頁 4 注⑤白川著作，頁 167—186、270—286。

[6]　《豳風七月の社會》（《東洋史研究》第 37 卷第 4 號，1979 年），《豳風七月篇の生活詩》（《三田村博士古稀記念東洋史論叢》，立命館大學人文學會，1985 年）。後收於谷口義介《中國古代社會史研究》（朋友書店，1988 年）。

國古代農業的深刻理解。遺憾的是,谷口的研究在這一點上可見
諸多不足。原宗子的《豳風〈七月〉に寄せて》,在積極評價了谷口
研究的同時,從農業史和環境史的角度對豳的社會進行了考
察。① 特別是在利用詩中所出現的農作物這一點上,有着過去研
究所無法想象的非常優秀的見解。然而,對"麻"的解釋,以及對
《七月》篇的理解,原的研究也還遺留着問題。

《小雅》

《甫田》篇

倬彼甫田　歲取十千　*(7)* 我取其陳　食我農人　自古
有年　(B) 今適南畝　或耘或耔　黍稷薿薿　攸介攸止　烝
我髦士　(第一章)

(8) 以我齊明　與我犧羊　以社以方　*(9)* 我田既臧
農夫之慶　琴瑟擊鼓　以御田祖　以祈甘雨　以介我稷黍
以穀我士女　(第二章)

(10) 曾孫來止　(C) 以其婦子　饁彼南畝　田畯至喜
攘其左右　嘗其旨否　禾易長畝　終善且有　曾孫不怒
農夫克敏　(第三章)

(11) 曾孫之稼　如茨如梁　曾孫之庾　如坻如京　乃
求千斯倉　乃求萬斯箱　黍稷稻粱　農夫之慶　報以介福

---

① 《豳風〈七月〉に寄せて》(《學習院史學》第 35 號,1997 年),後收於原宗子《〈農本〉
主義と〈黃土〉の發生——古代中國の開發と環境2》(研文出版,2005 年)。

萬壽無疆　（第四章）

《大田》篇

大田多稼　既種既戒　既備乃事　（D）以我覃耜　俶
載南畝　播厥百穀　既庭且碩　（12）曾孫是若　（第一章）

既方既皁　既堅既好　不稂不莠　去其螟螣　及其蟊賊
（13）無害我田稺　田祖有神　秉畀炎火　（第二章）

有渰萋萋　興雨祈祈　（14）雨我公田　遂及我私
（15）彼有不穫穉　此有不斂穧　彼有遺秉　此有滯穗　伊
寡婦之利　（第三章）

（16）曾孫來止　（E）以其婦子　饁彼南畝　田畯至喜
來方禋祀　以其騂黑　與其黍稷　以享以祀　以介景福
（第四章）

　　白川認爲，《小雅》是在西周晚期的貴族社會的基礎上形成
的。① 與《周頌》相比，《小雅》農事詩對於耕作收穫等農作業、春秋
的農業祭祀、祭祀中對於神明和祖先的祈禱等作了更爲豐富的描
述。另一方面，松本指出："村落中的方、社也好，對田祖（田神）的祭
祀也好，都只是一年中所有儀禮中的一環，與農業和收穫相結合，並
沒有表現出更多宗教性的敬畏和興奮。其敍述是客觀而個人的，無
法看到與農耕有關的村落祭祀的模樣。"認爲祭祀只是單純的附加
性敍述。由此，松本將《小雅》農事詩作爲共同體的村落社會崩壞之

---

①　本書頁4注⑤白川著作，頁318、597。

後,支配與從屬的新關係有了明顯表現的時代的產物。①

除此之外,《小雅》農事詩另有《楚茨》篇和《信南山》篇。《楚茨》篇歌唱了收穫祭禮時的祭祀儀禮和宴會場景。白川指出其對於祭祀儀禮進行了詳細的描寫,雖然不見咏唱農耕行為的詩句,與其他農事詩仍有諸多的共通要素。②《信南山》篇則歌唱了感謝帶來豐饒的祖傳耕地和豐碩收穫的收穫祭禮。

《周頌》

《臣工》篇
　　(17)嗟嗟臣工　敬爾在公　王釐爾成　來咨來茹
(18)嗟嗟保介　維莫之春　亦又何求　如何新畬　(19)於皇來牟　(20)將受厥明　明昭上帝　迄用康年　命我衆人　(21)庤乃錢鎛　(22)奄觀銍艾

《噫嘻》篇
　　(23)噫嘻成王　既昭假爾　(24)率時農夫　播厥百穀
(25)駿發爾私　終三十里　亦服爾耕　十千維耦

《豐年》篇
　　(26)豐年多黍多稌　亦有高廩　(27)萬億及秭　為酒為醴　烝畀祖妣　以洽百禮　(28)降福孔皆

《載芟》篇
　　載芟載柞　其耕澤澤　千耦其耘　徂隰徂畛　侯主侯伯

---

① 　本書頁4注④松本著作,頁792—805。
② 　本書頁4注⑤白川著作,頁611。

　　　侯亞侯旅　　侯彊侯以　　有嗿其饁　　思媚其婦　　有依其士
（F）有略其耜　　俶載南畝　　播厥百穀　　實函斯活　　驛驛其達
有厭其傑　　厭厭其苗　　縣縣其麃　　載穫濟濟　　有實其積
（29）萬億及秭　　爲酒爲醴　　烝畀祖妣　　以洽百禮　　有飶其
香　　邦家之光　　有椒其馨　　胡考之寧（30）匪且有且　　匪今
斯今　　振古如茲

《良耜》篇

　　　（G）畟畟良耜　　俶載南畝　　播厥百穀　　實函斯活　　或
來瞻女　　載筐及筥　　其饟伊黍　　其笠伊糾　　其鎛斯趙　　以薅
荼蓼　　荼蓼朽止　　黍稷茂止　　穫之挃挃　　積之栗栗　　其崇如
墉　　其比如櫛　　以開百室　　百室盈止　　婦子寧止　　殺時犉牡
有捄其角　　（31）以似以續　　續古之人

　　　《周頌》即爲周朝王室宗廟祭祀時的樂歌，這一點是没有異議
的。對於《周頌》，白川指出："應該從其作爲宗廟祭祀之樂歌這一
本質上去理解。顧及作爲樂歌所受制約，必須在這種制約所允許
的範圍内將其作爲資料予以利用。"①這裏所收録的農事詩，雖然
是歌唱與王室祭祀有關的農業祭禮的歌謡，也以某種形式與當時
當地的農業有着深刻的關聯，反映了與其相關的祭祀。因此，不能
簡單地將其作爲一般的庶民的農業祭祀無關的農事儀禮來考慮。
　　　其次，再來確認關於詩篇編年的一些問題。根據松本的編
年，②《國風》的《豳風·七月》篇是年代最晚的作品，《小雅》的《楚

---

① 　本書頁 4 注⑤白川著作，頁 315。
② 　根據松本的理論，在興的種類中，印象、行爲樸素的屬於早期，象徵性的或是具有比
　　喻意義的爲後期，而晚期更是出現了存在之興與必然之興的區別。關於主題的種
　　類，描寫引誘和戀愛内容的爲早期作品，而描寫宴會、生活之苦、流浪、亡 <轉下頁>

茨》篇、《信南山》篇、《甫田》篇、《大田》篇作於春秋早期末年，《周頌》的《噫嘻》篇作於西周末年，同樣出於《周頌》的《臣工》篇、《豐年》篇、《良耜》篇、《載芟》篇則作於春秋早期。①另一方面，白川則認爲幾乎所有的詩篇都作於西周晚期。② 白川的編年來源於西周的金文資料，可信度更高，本文中《詩經》的編年也依據白川的這一理論。

（二）《詩經》中所見農業經營

以下，將簡述以上述農事詩爲素材、對生產關係和農業經營進行探索的學說史。

郭沫若將西周看作奴隸社會，根據《噫嘻》篇中的(25)推測有兩萬人（"十千"即一萬，又兩人一組爲"耦"，計作兩萬）的大規模奴隸集團進行公田的耕作。③ 對於這一部分是否能夠作爲推測奴隸集團耕作的根據，將在下一章予以論述。

白川對農耕形態作了如下推斷：

a. 王室所有土地（藉田、齊田、料田）中，具有宗教性、儀禮性的特殊的農耕形態（《周頌》諸篇爲之典型）。

<接上頁>國的歡息、諷諫、女人的悲傷、懷古、祭禮（《小雅》中爲農祭詩）、歲暮頌等，則皆爲後期產物，並得出了作者出現於詩中的作品皆屬於晚期這一結論。此外，《國風》中古樸的部分編寫於西周晚期，《大雅》和《頌》中除一部分西周晚期的詩文之外，其餘的絕大部分則和《小雅》一樣爲東周以後的產物，最晚可至春秋中期（西元前6世紀初）。本書頁4注④松本著作，頁945—946。

① 本書頁4注④松本著作，頁623、805、807。

② 白川對《豳風》諸篇都進行了詳細的分析，認爲其爲西周晚期的厲王、宣王時期的產物。並從其形式推斷，《國風》的樣式形成於西周晚期，並傳播之列國。《雅》《頌》的詩與冊命形式的金文以及生活事實的表現可見一致之處，由此"《雅》《頌》與冊命形式的金文中可見本質的相同，可證明它們處於同一年代，即西周晚期的貴族社會時代。《雅》《頌》的時代，與這種貴族社會的成立同時開始，也隨着其崩壞而結束"。本書頁4注⑤白川著作，頁67、644。

③ 本書頁4注②郭沫若著作(a)，頁15。

b. 在西周王畿内,普遍存在於貴族間,由祭祀共同體進行的氏族共同耕作,發展至父家長制的,甚至是領主制的經營體的農耕形態(《小雅》的《甫田》篇、《大田》篇爲之典型)。

c. 在遠離畿内的地方,出現於上述兩種形態之前,古老的氏族經營的農耕形態(《國風》的《豳風·七月》篇爲之典型)。

再將視線轉向周統一之後被劃入其統治範圍的東方地區的生產關係。從《大雅·崧高》篇等詩篇中出現的作邑的記述中,可以讀取出遷入的貴族和原住民之間的關係。在西周時期,可以大致總結出具有以下三種典型的生產關係的農業經營形態。①

（一）存在於豳的古老的氏族經營的形態。

（二）陝西王畿内作爲發展形態的意識經營形態。

（三）周南及其以東各地中遷入的貴族和原住民重合的形態。

白川認爲《豳風·七月》篇和《小雅》農事詩乃同時代的作品,由此闡述了上述 a—c 的農耕形態和(一)—(三)的農業經營形態。但是關於這其中的關係性,和其形成、發展的過程,除了提到 c 位於 a、b 之前以外,並沒有作更詳細的論述。

宇都宮清吉在《詩經國風の農民詩——古代邑制國家における權力と自由》②一文中,提出了與白川完全不同的饒有深意的時代觀和社會觀。即,《小雅·甫田》篇中的農耕社會是氏族内部還沒有發生階級分化時的氏族共同生產社會,而《豳風·七月》篇中則出現了表現出明顯階級分化的社會。③ 宇都宮更發表了另外兩

① 本書頁 4 注⑤白川著作,頁 325—340。
② 《詩經國風の農民詩——古代邑制國家における權力と自由》(《龍谷史壇》第 65 號,1972 年)。改動後收於宇都宮清吉《中國古代中世史研究》(創文社,1977 年)。
③ 見上注宇都宮著作,頁 125、129。

篇文章予以了補充和强調，①在汲取了 20 世紀 70 年代中國考古學成果的同時，對詩篇、社會形態、文化階段作了如下總結：

甲　　《小雅·甫田》篇　　　氏族共同生產社會　　　周民族中的龍山文化階段

乙　　《豳風·七月》篇　　　階級分化初期社會　　　周民族中的商代初期文化階段

丙　　《國風》諸篇農民詩　　個體農家普遍化社會　　邑制國家成熟期文化階段

宇都宮的這種見解，本人也表示"對於古典的理解不夠精通"，②對於《詩經》缺乏嚴密的分析。

此後，受到白川和宇都宮的見解所觸發，谷口也發表了《小雅甫田と齊風甫田》《詩經時代の社會——西周春秋期の生產關係》③等論著。谷口在基本認同白川觀點的基礎上，運用石母田正的"首長制論"，④認爲西周時期，基本的生產關係存在於氏族制的邑共同體內的首長和氏族成員之間。進而，推測《豳風·七月》篇的社會屬於初期的貢納制階段，而《小雅·甫田》篇、《大田》篇則已發展至領主經營的階段。進入春秋時代，《齊風·甫田》篇中所見的氏族制邑共同體出現了分解，形成了以豪族爲主體的大土地

---

① 《詩經小雅甫田篇解補説》（《橘女子大學研究紀要》第 4 號，1976 年）、《詩經時代の社會》（《名古屋大學東洋史研究報告》第 5 號，1978 年）。

② 上頁注②宇都宮著作，頁 82。此文没有參照本書頁 4 注⑤白川著作（《稿本詩經研究》）的痕迹，對於白川的理解皆參照面向一般大衆的小型叢書版（《詩經——中國古代の歌謡》，中公新書，1970 年）。

③ 《小雅甫田と齊風甫田》（《學林》〈中國藝文研究會〉第 3 號，1984 年）、《詩經時代の社會——西周春秋期の生產關係》（《學林》〈中國藝文研究會〉第 9 號，1987 年）。二者皆收於本書頁 8 注⑥谷口著作。

④ 《日本の古代國家》（岩波書店，1971 年）。

經營。①

　　以上的學説，對生産關係和農業經營之關聯進行考察時，也對承擔這種生産關係的支配者、指導者和耕作者的關係性進行了探討。但是對於作爲其舞臺的空間，即既是耕地又是祭田的"南畝"則幾乎没有給予關注。因此，在下一章中，將以"南畝"爲中心，對《詩經》中的農事詩進行分析。

二　"南畝"的諸形態

（一）《豳風·七月》篇中所見"南畝"與公堂祭祀

　　首先，《豳風·七月》篇中的"南畝"，可見於（第一章）的（A）部份，接在咏唱播種和耰（平整土地）的作業之後，從中可見在二月（"四之日"）的農作業中進行的農耕祭祀的一部分内容。在當時乃是非日常性行爲的"饁"（午飯）②和作爲土地神的"田畯"的登場也指明了相同的内容。這個"田畯"，《鄭箋》在"田嗇夫也"中解釋爲監督農事的官員，③然而白川和谷口所作農神、田神這一解釋恐怕更爲正確。④　這種農耕祭祀，大概是祈求播種在村落耕地中的作物的生長和豐收，以豳的村落指導者爲首的全部人員，以

① 本書頁 8 注⑥谷口著作，頁 174—191。
② 一般認爲，近代以前時期的中國，每日早晚兩餐爲標準。漢代普遍一日兩餐的習慣，可見於張家山漢簡《二年律令》（《傳食律》第 232—237 簡）中關於給予食物的規定。
③ 吉川幸次郎《詩經國風》下（岩波書店，1958 年），後收於《吉川幸次郎全集》第三卷（筑摩書房，1969 年）。清潭《國譯漢文大成經子史部第三卷 詩經》（國民文庫刊行會，1921 年）。
④ 本書頁 4 注⑤白川著作，頁 327；本書頁 8 注⑥谷口著作，頁 30、82。兩者都指出《七月》篇的詩句中不見具有官制性的對農民的支配和奴隸制的存在。

給田神供奉祭品和與土地神共飲共食的形式而進行。這裏的"南畝",一方面僅如字面之意,指"南方的田畝"這塊耕地,另一方面,也指作爲春天舉行與神共食的祭祀之空間的祭田。

《七月》篇的詩文中,除了上述(第一章),另有(第八章)中也出現了和祭祀有關的詩句。(第八章)全篇以祭祀作爲主題,"九月肅霜"之後的後半部分更是描述了與前半部分的春季祭祀相對應的秋季祭祀,即慶祝豐收並爲此感謝神明之祭祀。"十月滌場"描繪的正是將收穫的農作物納入糧倉後清掃脫穀場的情景。"朋酒斯饗"之後的詩句則咏唱了清掃完脫穀場之後,住在豳的村民們全民出動舉行收穫的農耕祭祀的畫面。在"公堂"中打開酒罐、宰殺羊羔,分給全員享用。這其中想必包含了對帶來豐饒的田神的感謝和敬畏,也一定是一場足以緩解一年勞作辛苦的歡樂宴會。至此,一年中主要的農事已經全部結束,爲祈願豳的永久繁榮,最後以"萬壽無疆"之祝頌結束了整首《七月》篇。①

在這裏必須提出的疑問是,原來咏唱《七月》篇的地點,即"歌謠之場所"是在何處。根據葛蘭言的理論,歌唱收穫祭祀中的宴會場景,最後以"萬壽無疆"之頌詞結束整首《七月》篇的最後一章(第八章)較爲符合。② 由此,咏唱祝頌之"公堂"即爲"歌謠之場所"。

那麼,"公堂"又在何處呢? 白川認爲"公堂"乃是"領主的祭堂",谷口也認爲是"領主的住所以及附屬的祭廟"。③ 的確,《七月》篇中有被稱爲"公"或是"公子"之人登場,並享受絹衣和田獵

---

① 《呂氏春秋·孟冬紀》"是月也,大飲蒸,天子乃祈來年于天宗。大割,祠于公社及門閭,饗先祖、五祀,勞農夫以休息之"高誘注曰:"是月農功畢矣。"

② 本書頁4注⑥葛蘭言著作,頁80—81。

③ 本書頁4注⑤白川著作,頁330。本書頁8注⑥谷口著作,頁78。谷口也認爲"歌謠之場所"即爲《七月》篇《第八章》中的"公堂"。

所得的奉獻，由此以爲"公"具有領主的性質也不無道理。但是，在歌唱共同體內農耕祭祀的詩句中出現"領主的祭廟"，未免略顯唐突和不自然。筆者想將目光轉向同樣以祭祀爲主題的（第一章）中的"南畝"。正如上文所述，"南畝"乃是春季舉行祈求豐收的祭典的場所。那麼，秋季舉行慶祝豐收的祭典的（第八章）中的"彼公堂"，則可以認爲是與"彼南畝"相對應的表達。並且，在"南畝"所舉行的祭典中並沒有出現有關"公"的內容。如果將這裏的內容作爲與春季祭祀所對應的秋季祭祀的一環來理解，"公堂"則應該是指共同體內舉行秋季祭祀的場所，而與"公"沒有任何關聯。這一場所，從"堂"一字可以看出是指室內。而且，和春暖花開的季節不同，在幾乎要蜷縮起身體的寒冷時節，自然無法想象是在像"南畝"那樣的室外。此外，《毛傳》中有"公堂，學校也"，加藤常賢由此推測爲族人公用的集會、作業場所，[1]增淵龍夫也認爲是共同體內的集會地點。[2] 因此，本文也認爲公堂即是"公家之堂"，乃是共同體內的集會場所。在這裏，所有的共同體成員一起舉行收穫祭典的宴會。但也必須注意的是，"公"的存在很大程度上融入了豳地的共同體的生活週期中。雖然咏唱共同體祭祀的詩句中沒有直接出現"公"的存在，並無法斷言"公"沒有出席在"南畝"舉行的豐收祈願祭典和在"公堂"舉行的收穫祭典。但可以確定的是，絕不是像白川和谷口那樣，簡單地認爲"公堂"就是"領主的祭廟"。

在《七月》篇中，可見暗示了豳之社會構成的"公""公子""我農夫"等詞語，乃是明晰豳之社會構造的關鍵字。谷口留意到這些

---

[1] 《公私考》，《歷史學研究》第 96 號，1942 年，頁 12。

[2] 《春秋時代の貴族と農民——"初めて畝に税す"の解釋をめぐって》，《一橋論叢》第 72 卷第 1 號，1974 年。後收於增淵龍夫《新版　中國古代の社會と國家》，岩波書店，1996 年，頁 497。

詞語,通過分析"歌謠之場所"中歌者和聽者的關係,探究了《七月》篇所具有的社會機能和表現出的社會關係。谷口將在"公堂"內舉行的收穫祭典作爲"歌謠之場所",關注"我""爾"等人稱的使用和"我婦子""我農夫"等"我"的所有格的用法,認爲歌者是以"我"自稱的共同體的指導者(首長),而聽衆則是被稱爲"公"的領主。谷口認爲,《七月》篇"從作爲歌者的村落指導者的角度,一方面是對領主的贊頌,另一方面是對一般農民的廣義教訓,同時具有這兩種不同的性質,並同時發揮了這兩種性質所帶來的社會機能"。① 在此觀點之上,谷口指出,詩句中的"我婦子""我農夫"即是首長所率領的農民,而享受貢納並被賦予某種職位的"公"和"公子"則是領主階級,《七月》篇中正是存在着領主與農民兩種階級。

谷口的方法論極爲優秀並有諸多值得學習之處,其所得結論卻存在問題。首先,谷口認爲自稱"我"的是共同體的指導者(首長),但《七月》篇中的"我"並非所有都是他所指的特指的人物。另外,谷口認爲"公"是聽者,如果《七月》篇的"歌謠之場所"是在"公堂"舉行的收穫祭典,那麼在上述"公堂"實爲"公家之堂"這一結論的基礎上,收穫祭典中被祭祀的田神則更加符合聽者的身份。

史料中(1)—(6)即是《七月》篇中所有帶有"我"字的詩句。首先,從(3)和(5)中都有"嗟"這一召喚的表現可以看出,"我"即是歌者,可以認爲是首長。接下去(2)中的"我"是染色者,並不該限定只是指謳歌當時情景的首長本人。而(1)(4)(6)中的"我"不僅可以讀成第一人稱單數,也可以讀作第一人稱複數的"我們"。如此看來,《七月》篇中的"我"不是單指首長個人。在這裏,先除了召喚的表達而判斷是首長的(3)(5),以及指染色者的

---

① 本書頁8注⑥谷口著作,頁80。

(2) 以外，僅對具有單數和複數雙重含義的*(1)(4)(6)* 進行探討。

谷口認爲，首長作爲歌者咏唱"嗟我農夫，我稼既同"（第七章）和"食我農夫"（第六章），表達了"我稼"可以"食我農夫"，即共同耕作和狩獵所得的莊稼和獵物正是共同體成員生活保障之意。谷口將*(4)* 和*(6)* 中的"我"看作首長個人，認爲共同體的財産是由首長管理並自行收取。又根據石母田的"首長制論"，以"初期貢納制之特徵，是收取貢納之人通過某種機會和管道，將貢納物品再分配給上貢的共同體成員"，①主張在西周時期，豳的社會正是處於這種初級貢納制階段。筆者對此抱有異議。

原本，正如《國語·周語上》中有"廩於籍東南，鍾而藏之，而時布之"（韋昭注"廩，御廩也。一名神倉"）之記載，共同耕作所收穫的作物應是被收入共同體内的神倉，作爲共同體成員的生活保障，谷口也認同了這一觀點。② 那麽，上述*(4)* 即可以讀作"使我們農夫食"，理解爲（第六章）中出現的各種各樣的植物（由共同耕作、收割所得）乃是供養"我農夫"所用，是對收穫與自然之恩惠的感謝。同理，*(6)* 也同樣可以讀作"我們的收穫已經收集在一起"。再來關注（第二章）中"殆及公子同歸"之句，（第二章）（第三章）中描述了采摘桑葉的情景，此處"不與公子同歸"之句，正可以推測"公子"也參與了摘采桑葉的活動，由此，可以推測作爲領主階級的"公子"也和農民共同進行了勞作。（第四章）所咏唱的田獵中，根據共同體的規則，對"公"實行分配。③

---

① 本書頁8注⑥谷口著作，頁83—84。

② 谷口認爲，"本來，氏族成員的生活保障應是來源於共同體自身的儲備，共同勞動所獲得的用於祭神的祭品先收入神倉，被用於共同體物質上、精神上的再生產。"（本書頁8注⑥谷口著作，頁83。）

③ 根據增淵的理論，這種對於田獵收穫的分配方法中有古代共同體規矩的 <轉下頁>

　　谷口指出，"首長對領主的貢納關係，也成立於首長和一般農民之間……是給予收取關係之下的第二次展開。"即"首長和一般農民之間最初就存在農產品和自然所得的收取關係。首長對領主的貢納，正是基於這種收取關係之下，對剩餘產品的再分配。"①綜上所述，《七月》篇中的社會並不屬於谷口所論述的這種貢納制的初級階段，而"公"和"公子"也還並不能稱之爲領主。"公"雖然已具有與領主相近的性質，但並没有發展至與一般農民直接出現階級關係的程度。在本文中，姑且稱其爲"初級領主"。

　　（二）《小雅》中所見"南畝"和"公田"

　　再來看《小雅》中的"南畝"。

　　《小雅》的"南畝"，可見於《甫田》篇（第一章）的（B）和（第三章）的（C），《大田》篇（第一章）的（D）和（第四章）的（E）。其中，（C）與（E）爲完全相同的詩句，並且内容和表達與《七月》篇中的（A）也幾乎一致，可見其中具有一定的關聯。另外，之後《載芟》篇中的（F）"有略其耜，俶載南畝，播厥百穀"和《良耜》篇中的（G）"畟畟良耜，俶載南畝，播厥百穀"，也可見與（D）相同的内容和表達。這種表達上的相似，乍看之下似乎可以推斷《小雅》農事詩中描述的是與《七月》篇和《周頌》農事詩中相同的社會。② 然而，其

<接上頁>影子。田獵乃是與共同體形成之基本的祭祀和軍事有着密切關聯的儀式，從聚落外未開墾的山裏狩獵到的野獸，根據共同體的規矩，大型的歸族長（此處即是"公"），用於共同體祭祀的祭品和軍事材料。無法作上述用途的小型野獸則分給成員（《先秦時代の山林藪澤と秦の公田》，收於中國古代史研究會編《中國古代の社會と文化——その地域別研究》，東京大學出版會，1957年。後收於本書頁18注②增淵著作，頁335—337）。

① 本書頁8注⑥谷口著作，頁84。

② 佐竹認爲，在《頌》中屬於罕見的長篇的《載芟》篇、《良耜》篇和《小雅》的《大田》篇、《甫田》篇相比較，從中可見對農耕儀禮的相同表現，由此可以推斷《載芟》篇、《良耜》篇和《小雅》的《大田》篇、《甫田》篇中所描述的乃同一世界，"《頌》的農事詩和《小雅》農事詩所唱的内容爲相同的物件和相同的儀禮"，《小雅》的 <轉下頁>

中的"曾孫"一詞卻不見於其他詩篇,另《大田》篇(第三章)中有
(15) 拾落穗之句,這些都表明《小雅》農事詩所描述的是與其他詩
文所不同的社會。

爲探索《小雅》農事詩中的社會,在這裏想以上文中也探討過
的歌者之身份作爲線索。正如谷口的分析,《甫田》篇和《大田》篇
中的歌者毫無疑問都是"我"。① 但是細究之下,則會發現與《七
月》篇中的不同之處。《甫田》篇中*(7)* 的"我",相比《七月》篇中
(4) 和*(6)*,其相異是顯而易見的。《七月》篇中的"我"可以讀作
複數的"我們",而《甫田》篇顯然只能讀作第一人稱單數。谷口也
指出,作爲歌者的"我",對於共同體成員的生活保障有着"我取其
陳,食我農人"的職責,因此只能是作爲共同體指導者的首
長。② 另外,從"取其陳"這一表達,可以推測,在共同體的土地中
已經出現了首長占有收穫的部份,即是*(9)* 中的"我田"。但是由
"我田既臧,農夫之慶"可知,在這類土地中,仍存在首長和共同體
成員的共同耕作。在本文中,將這一類土地稱之爲"首長占
有田"。

這種"首長占有田",在《信南山》篇"我疆我理,南東其畝(第
一章)"中作爲"我"疆理的土地出現,雖然無法斷言《信南山》篇中
的"我"是單數還是複數,仍可以從其表達中看出"首長占有田"是
具有疆界劃分的。

然而,雖然可以確定《大田》篇的歌者也是"我",但是是否可
以斷定其與《甫田》篇一樣是指第一人稱單數,這一點還留有若干
疑問。並且,《大田》篇中的"我"皆可以讀作"我們"。爲解讀《大
田》篇中的"我",這裏先對"曾孫"進行探討。

<接上頁>農事詩乃是混入了《頌》的内容(本書頁5注②佐竹著作,頁18—20)。

① 本書頁8注⑥谷口著作,頁155。

② 同上注。

　　白川認爲，"曾孫"是祭拜先祖時的祭祀用語，指祭主。① 《甫田》篇和《大田》篇中，在"南畝"的主題下，(C)(E)之前的(10)(16)處有"曾孫來止"，(D)後的(12)處有"曾孫是若"，可見上述這些"曾孫"的出現。從這些詩句中也可以看出"曾孫"即是在祭田上主導祭祀事宜的祭主。原本，"南畝"的收穫乃是經共同耕作所得，應是被收入共同體內的神倉，依據共同體的規則，用於保證共同體成員的生活需求。但是從《甫田》篇（第四章）中的(11)看來，"南畝"祭田之收穫已經轉變成了"曾孫"的所有物。所以"南畝"中"禾易長畝，終善且有"，"曾孫"也便喜悦（不怒），《大田》篇中"既庭且碩，曾孫是若"描述的也正是這種情況。通過上述論證，可以確定《甫田》篇和《大田》篇中的"曾孫"都是同一立場上的人物。從《甫田》篇和《大田》篇中類似的表達中可以推測，《大田》篇中的"我"與《甫田》篇中一樣，乃指首長。

　　正如上文所述，《大田》篇中的"我"即是共同體中的首長，"曾孫"對於"南畝"藉田中所收穫的農作物具有占有權。另外，又可從（第二章）的(13)"無害我田稺"中看到"首長占有田"的存在。在這些結論的基礎上閱讀《大田》篇中(14)"雨我公田，遂及我私"之句，可以認爲"我私"即是指作爲歌者之首長的"首長占有田"（"私田"），或者是包含這類"首長占有田"在內的共同體所有土地。那麼，與"我私"成對比的"我公田"，就可以看作是"曾孫"占有其收穫作物的"南畝"。與《七月》篇進行對照，"南畝"即是共同體的祭田，對於共同體成員來説乃是特別的土地。顯然，這裏原本應是屬於共同體的"公共田"。因此，本來"我們的（特殊的祭田）公共田起雨，終于涉及我們（共同體成員共有）的私田"並不足爲奇。然而不知以何種形式，"曾孫"開始對"南畝"的"公共田"掌

────────

① 本書頁4注⑤白川著作，頁612。

握了占有權,"公共田"遂變爲"公家之田"。① 因此,在《大田》篇的社會中,"我私"也便是"首長占有田"。但是,即便此時已經出現了"公家之田"和"我私"這樣的耕地區分,卻還不足以認爲其是"私有化的土地"。究其原因,這裏的耕作形態仍是由共同體成員進行的共同耕作,僅是共同體耕地中一部分的收穫被占有。

《大田》篇中另有(15)這種歌唱寡婦拾落穗的詩句,説明在共同體的規範之下,寡婦的生活也得到了保障。

儘管在《小雅》農事詩中,"南畝"祭田中收穫的農作物已爲"曾孫"所占有,但是與《七月》篇中的(A)相對比,僅是在"南畝"所進行的豐收祈願祭祀中多了"曾孫"的存在,而祭祀本身仍是由首長所主導,共同體成員全部參加。《楚茨》篇和《信南山》篇則不同,村落的收穫祭祀中"孝孫"②(《楚茨》篇)和"曾孫"(《信南山》篇)的存在更加深入,呈現出"凌駕"於共同體祭祀之上的模樣。另外,主導祭祀的首長,正如(8)"以我齊明,與我犧羊,以社以方"和(D)"以我覃耜"所表明的一樣,自己提供(並占有)粢料、犧羊,甚至是農具(耜)。雖然不能簡單判斷這裏的"我"應作單數還是複數,但已經發展至擁有"首長占有田"的首長,看作是單數應該也沒有太大問題。但是,(8)中的"社"並不是首長的私社,③僅是首長在共同體內影響力得以擴大的表現。

---

① 關於西周晚期采邑中的田地,參閲松丸道雄《西周後期社會にみえる變革の萌芽——昌鼎銘解釋問題の初步的解決》(《西嶋定生博士還曆記念　東アジア史における國家と農民》,山川出版社,1984 年)。松丸從昌鼎銘文中所記載的訴訟事件,探討了貴族統治階級的經濟狀況。

② 被稱爲"祝"或是"工祝"的神職人員,被稱爲"我""孝孫""君"的祭主,神之替身("先祖""神保""神""皇户"),《楚茨》篇中有這三者的對話。本書頁 4 注④松本著作,頁 795。

③ 飯尾秀幸指出,漢代出現了私社,里祠祭祀的性質也出現了變化。飯尾秀幸《中國古代における個と共同性の展開》(《歷史學研究》第 729 號,1999 年),頁 58—59。

經過以上論證,在《甫田》篇和《大田》篇中,占有"南畝"之收穫的"曾孫",與其説是祭主,不如説是《甫田》篇、《大田》篇中所描繪的村落的領主。《七月》篇中的"公"還僅是服從於共同體規矩而進行共同耕作的"初期領主",而《小雅》農事詩中的"曾孫"則已經是對"南畝"祭田具有占有權的領主。並且,《小雅》農事詩中的首長擁有《七月》篇中所不見的被稱爲"我田"的"首長占有田",並擁有從中收穫的農作物。然而,儘管已經出現了"首長占有田"和"曾孫"占有其收穫的"南畝"(公家之田)這種區別於其他的田地,它們也仍是處於共同體耕地的範圍之中,並由共同體成員進行共同耕種。

(三)《周頌》中所見"南畝"和藉田的祭祀

《周頌》中的"南畝",可見於《載芟》篇中的(F)和《良耜》篇中的(G)。《載芟》篇歌唱了農作業和祭祀情景,白川認爲其是咏唱了作爲自古以來的氏族儀式的傳統的公共的農事儀禮的藉田。[①]《良耜》篇的内容和性質也與《載芟》篇相似,也是謳歌農作業和祭祀情景的詩篇。[②](F)和(G)中都有"俶載南畝,播厥百穀,實函斯活"的詩句,《載芟》篇的上句爲"有略其耜",《良耜》篇的上句爲"畟畟良耜",也幾乎是相同的主題。在"俶載南畝"的主題之下,《載芟》篇從詩篇開頭至"綿綿其麃",咏唱了砍伐草木準備耕作的情景,而《良耜》篇從開頭至"黍稷茂止",咏唱了從播種到作物生長的過程。而作爲主題之舞臺的"南畝",正是《七月》篇的

① 本書頁 4 注⑤白川著作,頁 306—313、316。
② 赤塚將《良耜》篇和《載芟》篇作爲《噫嘻》篇記載的祈年祭中集體耕作時所唱,基本爲四字一句,每句由兩個兩字詞語所構成。赤塚認爲這是配合耕種時動作的表現(頁 4 注③赤塚著作,頁 119—120)。白川在闡述和《載芟》篇的關聯之後,認爲《良耜》篇是記載了作爲氏族共同耕作時期遺風的收穫祭典的詩句(頁 4 注⑤白川著作,頁 313—316)。

（A）中也出現過的祭田。誠然，雖不能將《七月》篇中的"南畝"與《周頌》中的"南畝"畫上等號，由《周頌》乃周朝王室廟歌這一性質，也可知曉此處的"南畝"即是周王室舉行農業祭祀的祭田。與《七月》篇一樣，《周頌》中的"南畝"中也有共食"饁（饟）"的行爲。白川指出，詳細記載了藉田儀禮的《國語·周語上》中有"宰夫陳饗，膳宰監之。膳夫贊王，王歆大牢，班嘗之，庶人終食"，共食"饁"正是符合了這一記載的共食共飲的儀禮。[①] 由此可以判斷，這裏"俶載南畝"的主題即是藉田儀禮。

《載芟》篇和《良耜》篇在描述了作物的生長之後，後半部分都爲與收成和豐收有關的内容。《載芟》篇中有和《豐年》篇的（27）相同的（29），詳細描寫了慶祝收穫的祭祀的情景。所謂"祖妣"，應是指帶來百穀豐饒的祖先神（也是農業神的后稷）。《良耜》篇中還有唱誦供奉牲畜的情景的"殺時犉牡"之句，與（30）（《載芟》篇）、（31）（《良耜》篇），都歌唱了從古至今流傳下來的這些一年之中的農事和農業祭祀都將被繼續傳承下去，和對永久繁榮的祈願。這裏的慶祝收穫的祭祀，與《七月》篇（第八章）中在"公堂"中舉行的收穫祭典也有相似之處。

但是這兩首詩篇都只是客觀地描繪了祭祀的情景，在作爲前半部分主體的藉田中也好，在後半部分的收穫祭典中也好，甚至是在結尾句中，都不曾出現足以判斷歌者身份的主語。因此，這裏的歌者，應該不是後述《臣工》篇和《噫嘻》篇中的周王或是神明替身那樣的特定人物，可以推測爲參加這兩首詩中所唱祭祀的，處於同等宗教地位的人。

下面，關於《載芟》篇和《良耜》篇中所見藉田之情景，將以《周頌·臣工》篇、《噫嘻》篇和《豐年》篇爲素材進行一些考察。

---

① 本書頁4注⑤白川著作，頁311。

《臣工》篇乃是農耕開始之際爲祈求豐收所作詩篇,①(17)和(18)這兩處的招呼,乃是作爲祭祀主宰的周王宣告農作業和農耕儀禮的準備即將開始。② 之後與(22)相連,乃是表明通過播種帶來豐收的(19)③秋天的豐饒與收穫得以期待的内容。

在咏唱農耕的開始和播種作業的《噫嘻》篇④中,描繪了具體的耕作、播種的内容((24)、(25))。白川從(23)的内容,主張《噫嘻》篇爲在貢納給成王的料田中進行的特殊的具有祭祀性質的農耕,這裏的"爾",即是耕作者。這裏的農耕並没有必要限定爲在成王料田中的行爲,而僅是發生於周王室進行農業祭祀的祭田中,這裏的"爾"則是指作爲祭主的周王。⑤ 另外,白川認爲

---

① 松本認爲,"農業祈願以勸誡農民的形式進行,總體説來,比之宗教色彩,更加充滿了政治性的色彩",將其作爲從原始的廟祭改變形式而産生(本書頁4注④松本著作,頁806)。白川則認爲《臣工》篇咏唱的,是由王宫中的臣工、保介、衆人(直屬于王宫的氏族部民)所舉辦的特殊儀禮,與《周頌·思文》篇(《毛傳》中正位於《臣工》篇之前)中所唱的后稷傳説相結合,可以勾畫出周朝王室播種所謂上帝給予的穀物和爲保存這一聖種所進行的農耕儀禮(本書頁4注⑤白川著作,頁294—302、315)。

② (17)和(18)處的呼喚和(21)的内容,與《吕氏春秋·季冬紀》"令告民,出五種,命司農,計耦耕事,修耒耜,具田器"之句所記載的爲春天的農作業所作的準備十分相近。雖然與《月令》有一些出入,但没有太大的問題。雖然對於(18)中"維莫之春"的表達還存有疑問,基本可以認爲是對臣工、保介等"快點,春天的農作業(農業祭祀)就快要開始了"的號召。

③ (19)指的是儀禮中所用的麥等穀物的種子,正如(20)所接,可以認爲是白川所論述的與后稷"聖種"的傳承有關的内容(本書頁4注⑤白川著作,頁313—316)。

④ 松本通過與前述《臣工》篇的比較,認爲此詩"王自身的祈願(或者是神的替身對王的忠告),並無明顯的政治性",在《頌》中屬于早期的産物。(本書頁4注④松本著作,頁806—807)。

⑤ 白川認爲"這種耕作,除作爲上貢給成王的料田中的農耕之外,没有更合理的解釋";對於朱熹"蓋成王始置田官、而嘗戒命之也"(《詩經集傳》),認爲成王本人正是這一耕作主體的觀點,反駁道"周王室的農耕具有后稷以來的傳統的性質,如若田官是成王時期開始設置的話,則與這種傳承相反";對於郭沫若"成王昭假"解讀爲成王親自去召集農夫的解釋,也指出並没有將"昭假"用於修飾生人的例子,予以了批判(本書頁4注⑤白川著作,頁303)。然而,像白川這樣,將其 <轉下頁>

(25) 中的"發"具有徵發之意,"爾私"指"其耕作者,被下令進行耕作的氏族中人"。筆者則認同赤塚的觀點,此處的"發"其實是"墢"的通假字,而"私"爲"耜"的通假字。①*(25)* 中雖見"三十里""十千維耦"等具體的數字,但將其看作爲祭田或是耕作者的規模則是不妥的。上文中也曾提到,郭沫若預想了由兩萬人規模的大型奴隸集團所進行的公田耕作,白川雖然否認了這一奴隸制的集團農耕之説,卻也認爲是一萬人規模的季節性的勞動力所進行的具有賦役性質的行爲。② 佐竹靖彦從田制的角度解釋,推測"十千維耦"爲"根據十畝或是千畝的面積,由十組或是千組的農民來進行藉田"。③ 上述研究都太過於關注數字,而有損詩意,並不應該將上述數字作爲實數來進行理解。

《周頌》的三十一篇,不論長短都獨立成章。松本認爲這些詩篇原本都不是獨立存在,而是由數章組成的詩篇被分解記載於各章之中,④松本采用了依據《春秋左氏傳》和《禮記》對其進行復原的清代魏源(《詩古微》)和民國時期王國維(《觀堂集林》卷二《周大武樂章考》)的考證,認爲《清廟》篇、《維天之命》篇、《維清》篇

<接上頁>特定爲成王的料田來進行理解没有問題嗎? 儘管有些極端,但是按照白川的理解,歷代周王都應有各自的料田,則應由"噫嘻某王"的詩句。即使如《史記》記載因孔子的編撰删除了重複的部分,特定爲成王的理由也不明確。朱熹和郭沫若的解釋也有牽强之處。筆者注意到《毛傳》中"成王,成是王事也"的記載,松本將這一句解釋爲"王自身的祈願(或者是對王的替身的告啓)"(本書頁4注④松本著作,頁608、806)。清代考證學者馬瑞辰作"成王,傳言'成是王事',當指天子言"(《毛詩傳箋通釋》卷二十九)的解釋。《噫嘻》篇既然作爲廟歌,就没有必要將這裏出現的祖先靈魂的神明特定爲成王。"昭假"的主語,可以認爲是《周頌·思文》篇中也可見到的后稷之類的祖先神或是上帝。因此,這裏應是"執行王事的王啊,祖先神(后稷)在爾面前從天下凡而來"之意,"爾"即是作爲祭主的周王。

① 本書頁4注③赤塚著作,頁119。
② 本書頁4注⑤白川著作,頁302—306、315—316。
③ 本書頁5注②佐竹著作,頁26—27。
④ 本書頁4注④松本著作,頁614。

原本乃是同一組樂章。並作"如此觀《周頌》,可發現有内容和形態都近似的由一連串章節所構成的諸篇存在,也有僅留有其中一章的詩篇"之論述。① 若沿用松本的這一推測,筆者認爲,稱贊后稷、反覆咏唱"來牟"的《周頌·思文》篇②,與《臣工》篇、《噫嘻》篇的農事詩,原本應是一首連貫的"組曲"。在廟祭中,也應存在先祖神的替身和祭司的對話和儀禮的進行。《小雅·楚茨》篇中所見"神保"和"工祝"的對話可以予以佐證。③ 如果上述推測都是正確的,可以認爲,這首"組曲"是在連貫的祭祀的流程中所唱的。即:

《臣工》篇:王(祭主)宣告農作業準備之辭。

《思文》篇:王(祭主)稱贊后稷恩德之祝頌。

《噫嘻》篇:神明替身向王(祭主)宣告農作業開始之辭。

這一連的祭祀,正是《載芟》篇和《良耜》篇中只出現了其中一部分内容的藉田祭祀。此外,一章僅有七句的《豐年》篇短小精悍,開頭的(26)與末尾的(28)之句爲豐收之辭,可見此篇乃是與《臣工》篇、《思文》篇、《噫嘻》篇中所唱春季藉田祭成對比的秋季慶祝豐收之祭祀相關。《豐年》篇,從其中一章僅有七句之短小篇幅,不難推測其原本應是由數章組成的詩篇的一部分,但現在這一"組曲"的構成已經不得而知。

在《周頌·載芟》篇、《良耜》篇中所述藉田中"南畝"内的播種與共食共飲"饁"之儀禮,與《七月》篇中在"南畝"進行的春季祭祀實爲相同,這一點經過上文的論證已經十分明晰。正如白川也有"藉田之禮,乃是由遠古氏族共耕時代的祭田之禮發展而來……雖

---

① 本書頁 4 注④松本著作,頁 616。

② 《思文》篇"思文后稷,克配彼天。立我烝民,莫匪爾極。貽我來牟,帝命率育。無此疆爾界,陳常于時夏"。

③ 本書頁 4 注④松本著作,頁 618—619。

然强化了其作爲祭拜王室宗廟儀禮的性質,但作爲氏族全體的神聖儀禮的這一特質也得到了保留,並以王和氏族成員共同耕作的形式傳承下來"①之論述。藉田,反映了由《七月》篇中所見的當時當地的共同體成員所舉行的祭祀,可以看作是《七月》篇中的祭祀發展至王朝祭祀階段的產物。而具體的藉田祭祀,則可以從《臣工》篇、《思文》篇、《噫嘻》篇所構成的"組曲"中探求其真相。

三 "南畝"之展開

(一)"南畝"與"公田"

上文以"南畝"爲中心,對《豳風·七月》篇、《小雅》農事詩和《周頌》農事詩進行了分析,探討了詩中所唱社會中的生產關係和社會構成。

《七月》篇中,分析了共同體的祭祀和社會構成,確認了以當地首長和農民爲主體所舉行的共同體祭祀,以及被稱爲"公"或是"公子"的"初期領主"之存在。這種"初期領主",在共同體規矩之範圍内接受絹物的上貢與田獵所得的分配,對共同體的田地(及其收穫)並無占有權,仍保持着和首長以下的一般農民共同耕作的關係。《小雅》農事詩中,出現了將《七月》篇中共同體之祭田作爲"公家田"而占有的領主,以及擁有"首長占有田"的首長。藉田可以認爲是由《七月》篇和《小雅》農事詩中的共同體祭祀發展而來的王朝祭祀。《周頌》農事詩中即可以確認到歌唱這種藉田形態的詩篇(《載芟》篇、《良耜》篇),以及大約是舉行這類藉田祭祀時所咏唱的詩篇(《臣工》篇、《思文》篇、《噫嘻》篇)。

① 本書頁4注⑤白川著作,頁311—312。

　　本章將在上文分析的基礎上，探討《詩經》農事詩中所見農業經營。首先，將《豳風·七月》篇、《小雅》農事詩和《周頌》農事詩中在"南畝"所舉行的祭祀和生產關係整理成［表一］。①

［表一］　"南畝"祭祀之比較

	《豳風·七月》篇	《小雅》農事詩	《周頌》農事詩
祭祀的參加者	首長、共同體成員、（"初期領主"）	首長、共同體成員、領主	周王、宗教同位者、農官、農夫
祭祀的對象	共同體的田神	共同體的田神	作爲周王室的田神和先祖神的后稷
祭祀的目的	祈願莊稼生長和豐收	祈願莊稼生長和豐收	祈願莊稼生長和豐收
祭祀的內容	耕作、播種、共飲共食之儀禮	耕作、播種、共飲共食之儀禮	耕作、播種、共飲共食之儀禮
田神到來	田畯	田畯	無
收穫于"南畝"的作物	共同體所有	領主占有	周王占有
每日的耕作	首長、共同體成員、（"初期領主"）	首長、共同體成員	農官、農夫

　　從［表一］可以看出，《七月》篇、《小雅》農事詩、《周頌》農事詩中，"南畝"祭祀的目的都爲"祈願莊稼生長和豐收"，祭祀的內容也同樣爲"耕作、播種、共飲共食之儀禮"。但在"南畝"的收穫

---

① 表中《七月》篇中祭祀參加者和每日的耕作中都加入了"初期領主"，是因爲《七月》篇（第二章）摘采桑葉的部分可見"公子"的參與和共同勞動，由此可以推測"公"同樣參加了豐收祈願祭和收穫祭典。此外，《周頌》農事詩中每日的耕作者，雖然詩篇中沒有寫明，是由記載了藉田的《國語·周語》和《呂氏春秋·孟春紀》推測而來。

和耕作者方面則呈現了不同的形態。

《七月》篇中收穫於"南畝"的農作物爲共同體所有,在這裏不見任何形式的個人所有,説明還處於最原始的階段。在這個階段,收穫的莊稼被收入神倉,與其他耕地中所收穫的作物一起用於共同體成員的生活需要,可以説是共同體經濟基礎的一部分。"初期領主"更是和共同體成員一起勞動,某種程度上來説,"初級領主"也是在共同體規矩的制約之下"平等"地接受糧食的分配。

《小雅》農事詩中,從"南畝"收穫的糧食已經處於領主的占有之下,而且領主並不參與每日的耕作。① 雖然祭祀的主體仍是共同體全員,但"南畝"的收穫是被收入領主的倉庫,轉變成了領主經濟的基盤。這即是所謂"公家田"的公田。

因《孟子·滕文公章句上》有"《詩》云'雨我公田,遂及我私',惟助爲有公田。由此觀之,雖周亦助也。……方里而井,井九百畝,其中爲公田。八家皆私百畝,同養公田"。公田一直被作爲與井田制、助法相關的内容進行研究。加藤繁依據孟子的井田説來理解《大田》篇中的"雨我公田,遂及我私",認爲在税制上公田即是助法。② 孟子的井田制,是將方圓一里的土地按井字型分成九等分,其中四周的八塊作爲私田分配給八户,每塊一百畝,餘下的中央部分作爲公田由大家共同進行耕作。宫崎市定則不贊同加藤之説,認爲助法乃是"人民的私田之外另有君主的公田,以在那裏勞動作爲賦税的形式",而孟子引用的《大田》篇中的公田,則是"在與私田隔離之處另成一區"的領主的土地。在這一基礎之上,

① "禾易長畝,終善且有。曾孫不怒,農夫克敏"(《甫田》篇第三章),可見作爲領主的"曾孫"只是客觀看待畝的意義,"農夫克敏"正説明了"曾孫"不曾參與耕作。

② 《支那古田制の研究》(京都法學會,1916 年),後收於加藤繁《支那經濟史考證 上卷》(東洋文庫,1952 年)。本文參照後者,頁 588—590。

指出孟子的井田説中存在知識的矛盾。① 正如宮崎所説,這一孟子的井田説的確存在疑問。天野指出,井田説是在《韓詩外傳》和《周禮》出現之後,由漢代儒家整理精煉而來,認爲"井田制乃是至漢代被補充、完整的儒家的政治理想的産物",因此,"井田""只不過是當政者爲統治國家所采取的耕地劃分"。② 木村正雄也曾評價孟子的井田説只是理想,③現在的日本研究者,都没有就字面接受井田説的内容。④ 分析至此,已經無法將《大田》篇中的"公田"與孟子的井田説聯繫起來了。

木村有"周代建立,開始進入封建制,公田是其經濟基礎……即支配者的所有地……是整個領地中特别的土地"之論斷,認爲公田實際存在,並指出其與"作爲氏族神的特别的所有地,即神田(藉田)"(括弧内爲筆者補充)並不相同。⑤ "受封之人並不享受共有田地的租税,而是直接被授予土地……支配者的田地被從僅存在於一部分地區的一般的共有田地中劃分出來,正是因此,《大田》篇中才有'我公田'和'我私'的區别。此外,還有作爲公田所有者的公子或是曾孫直接出現在耕作現場的情況。"⑥在與税制的關係方面,木村也指出商代以來在藉田中貢獻勞力爲助法,在周朝公田的前提下,將公田的全部收成作爲租税收入的方法則爲徹法。⑦ 另《孟子·滕文公章句上》中有"助者,藉也",即"助"和

① 《古代支那賦税制度》(《史林》第 18 卷第 2、3、4 號,1933 年),後改題爲《古代中國賦税制度》,收於宮崎市定《宮崎市定全集》第三卷(岩波書店,1991 年)。本文參照後者,頁 77—79。
② 本書頁 3 注①天野著作,頁 175—187。
③ 《周代田制·税法私考》(《史潮》第 48 號,1953 年,頁 187)。
④ 佐竹將井田制理解爲割地的方式。本書頁 5 注②佐竹著作。
⑤ 注③木村論文,頁 187—188。
⑥ 同上注,頁 189。
⑦ 同上注,頁 192—193。

"藉"乃通假字,因此木村認爲"在藉田中,爲助神而耕作,産生了粢盛即是神租",並將助法與藉田聯繫起來。[1]

另一方面,宮崎順着租、稅的沿革,認爲二者原本都有供奉神明之意,將租和稅作爲同義詞。《管子·五行》中有"天子出令,命祝宗選禽獸之禁、五穀之先熟者,而薦之祖廟與五祀。鬼神饗其氣焉。君子食其味焉。"《墨子·貴義》中有"今農夫,入其稅於大人,大人爲酒醴粢盛,以祭上帝鬼神,豈曰賤人之所爲而不享哉。"由此,宮崎認爲租稅是"貴族收取平民的收穫,用於祖廟祭祀和自己食用"。[2] 對於"助"字的由來,宮崎也解釋道:"且即是祖中的且,指祖廟或相關的祭祀,力則是勞力之意,爲獲得供奉祭祀的穀物而出力耕種即是助的原意,如此,所謂租,不外乎是指用於供奉的穀物。"[3]即"百姓在公田中的勞動爲助,其勞動成果爲租,在供奉於對祖先的祭祀的之後,爲領主一族所食用"。[4] 僅是將助法定義爲在公田提供勞役的行爲,並認爲其乃租之原型。助的原意應來源於祖廟的祭祀,在這一點上宮崎和木村一致,但宮崎卻不認爲助和藉田之間有確切的關聯。儘管如此,從《詩經》的農事詩中所見"南畝"祭田的特徵看來,木村和宮崎都將助法與祖廟祭祀之粢盛相關聯,分別指出其與藉田或是公田之間的聯繫,都是相似並正確的。現將二者的見解基於《詩經》農事詩的分析之上整理如下:

木村認爲,周王的封建統治的實現是公田成立的前提,《小雅》農事詩中作爲"曾孫"出現的領主,乃是受周王所封。然而,《七月》篇中的"初期領主",雖未達到《小雅》農事詩中那樣擁有公

---

[1] 《藉田と助法》（東京教育大學東洋史學研究室《東洋史學論集 第三》,不昧堂,1954年,頁127）。以及上頁注③木村論文,頁192。

[2] 上頁注①宮崎著作,頁75。

[3] 同上注宮崎著作,頁78。

[4] 同上注宮崎著作,頁79。

田的程度，而還是經營着共同耕作，卻已經接受衣類的上貢和田獵所得的分配，並且已和首長有所區別。因此，也可將其看作是受周王所封之人。誠然，《七月》篇中的"初期領主"和《小雅》農事詩中的領主最大的區別，應是在於對"南畝"所收穫的莊稼是否有占有權。但領主權力的根源來自受封時周王賜予的青銅禮器，《七月》篇中的"初期領主"與《小雅》農事詩中的領主，恐怕在禮器數量的多寡，以及和封地社會中首長的力量對比上都有差距。《七月》篇中的"初期領主"，與《小雅》農事詩中的領主相比，在封地社會中的權力並不大。因此，無法保有作爲經濟基礎的公田，只能維持與一般農民共同耕作的關係。另一方面，《小雅》農事詩中的領主，雖然在封地中擁有作爲經濟基礎的公田，卻不如木村所述是與神田區別開來的，而正是作爲神田的"南畝"。在《小雅》農事詩中的"南畝"即公田中，作爲共同體的祭祀舉辦祈求作物生長和豐收的祭禮，並由首長以下的共同體成員進行耕作。從共同體成員的角度看來，"南畝"曾經是耕種祭祀田神的粢盛的場所，而具有青銅禮器等權力背景的領主逐漸對其收成掌握了占有權，將其作爲公田，並要求共同體成員提供勞動。① 這即是宮崎所闡述的助法，也是後來發展爲"租"的原型。

（二）"南畝"與"藉田"

與《周頌》農事詩中相關的藉田。藉田同樣是爲祖廟祭祀使農民勞作之場所，並且，從《小雅》農事詩的研究結果看來，乃是周王的經濟基礎。

木村解讀《禮記·郊特牲》"唯爲社事，單出里。唯爲社田，國人畢作"，認爲"藉田從社之祭祀中發展而來，爲向氏族神或是國

---

① 雖然只是推測，如將《大田》篇中的"覃耜"看作青銅禮器的農具，也許正是領主賜予首長的。

家神祈求豐收或是表達感謝，生産供奉給神明的粢盛，即租，是一種神聖的帶有宗教、巫術性質的儀式"。① 宇都木章也指出，"原本是作爲氏族共同體的農耕儀禮中産生的藉田，與共同體核心的社稷祭祀有着密不可分的關係，這中觀點基本是正確的"。② 可以認爲，藉田乃是在"南畝"祭田中舉行的祭祀發展爲王朝祭祀的産物。

雖然在《周頌》農事詩中可見這一從"南畝"祭田發展而來的藉田，但是對藉田描述最爲詳細的史料其實是《國語·周語》。《國語》的記載中，有周宣王未行藉田，虢文公上諫，闡述藉田意義與內容，强調其重要性一事。《國語》雖沒有記述《周頌》農事詩（《臣工》篇、《思文》篇、《噫嘻》篇）中所見藉田儀禮時所唱祭歌，也沒有出現作爲舉行藉田之場所的"南畝"。參照上文中的［表一］，祭祀的內容爲耕作、播種、共飲共食的儀禮，這一點《國語》和《周頌》農事詩的記載卻是一致的。關於祭祀的目的，《國語》雖然也有《周頌》農事詩中所唱祈求作物生長和豐收的性質，也有不同的部分。虢文公曰"夫民之大事在農。上帝之粢盛於是乎出，民之蕃庶於是乎生，事之共給於是乎在，和協輯睦於是乎興，財用蕃殖於是乎始，敦庬純固於是乎成"，即是通過勸農和儀禮，强調周王統治的正統性與其經濟基礎。《國語》從戰國時期到漢代才被編纂而成，③難以認爲其記載正是西周時期藉田的真實面貌，是《周頌》農事詩中藉田的發展形態。

提到藉田的史料，除《國語》之外，還有同樣爲先秦史料的《呂

---

① 本書頁34 注①木村論文，頁123。

② 《"社に戮す"ことについて——周禮の社の制度に關する一考察》（中國古代史研究會編《中國古代史研究》，吉川弘文館，1960年，頁166）。

③ 谷口義介《西周時代の藉田儀禮》（《立命館文學》第430、431、432號，1981年。後收於本書頁8 注⑥谷口著作，頁193）。另參閱本書頁34 注①木村論文，頁117。

氏春秋》等。①《呂氏春秋·孟春紀》中有"是月也,天子乃以元日祈穀於上帝。乃擇元辰,天子親載耒耜,措之參于保介之御間,率三公、九卿、諸侯、大夫,躬耕帝籍田。天子三推,三公五推,卿諸侯大夫九推。反執爵于太寢,三公九卿諸侯大夫皆御,命曰'勞酒'。"木村指出,《國語》中記載的庶人的耕作和宴會已經不見於《呂氏春秋》,由此,這裏的藉田已經處於《國語》發展後的階段。

對於以上藉田的發展過程,木村指出,"在原始時期和氏族時期,藉田是爲向氏族神表達祈願和感謝,族長和族人共同勞動生產粢盛(社田制階段)。時代變遷,進入部族國家體制階段後,也是由王以下的所有成員對共同的國家神進行同樣的祭祀。這時,僅是參加者的身份受到了限制。但是到了周朝中期,隨着原始社會逐漸解體,古代社會的面貌開始呈現,對於神明力量的迷信也逐漸失信。"宣王時藉田遭到廢止,正是由於不認同這種神政。虢文公的諫言中也只是由農業的重要性才勸說宣王行藉田。藉田已經逐漸變成了一種勸農的手段。②

關於藉田最大的問題,正是《國語》中宣王所謂"藉田的廢止"。木村認爲其原因在於神明力量的失信,筆者並不認同。話說回來,是否可以將"不藉"理解爲廢止呢? 西周後期編寫而成的

① 《呂氏春秋·孟冬紀》以外,《孟子·滕文公章句下》有"禮曰'諸侯耕助,以供粢盛。夫人蠶繅,以爲衣服。犧牲不成,粢盛不潔,衣服不備,不敢以祭。惟士無田,則亦不祭。'牲殺器皿衣服不備,不敢以祭,則不敢以宴,亦不足弔乎。"參閱本書頁34注①木村論文,頁115—118。提到藉田的資料另有商代甲骨文和西周早期的金文,根據前人的論述,也證明藉田在商代已經存在。本文中未列舉甲骨文和金文並進行分析,但同樣認爲商代的藉田也是由"南畝"祭田發展而來,《七月》篇中"南畝"祭田所舉行的祭祀保持着古代社會的傳統。甲骨文和金文中的藉田資料,參考本書頁4注⑤白川著作頁312,本書頁34注①木村論文頁118—121,和本書頁8注⑥谷口著作頁201—202。
② 本書頁34注①木村論文,頁125—126。

《周頌》農事中既然有藉田祭祀的内容,"廢止藉田"未免顯得不合情理。另外,《春秋穀梁傳》等史料中記載魯桓公十四年的經文有"八月,壬申,御廩災",説明在春秋時期的魯國,仍行藉田。因此,周宣王的"不藉",只能認爲是當時周王處於無法行藉田的情況之下。這種無法行藉田的情況具體如何,乃是今後研究的課題。筆者認爲宣王之後,藉田也還是被傳承下去的。

結　　語

《詩經》農事詩中所唱當時的社會,可見一般農民和指導他們的首長,接受周王分封的"初期領主"和領主,以及周王的存在。《七月》篇中的"初期領主",還未擁有作爲自身經濟基礎的公田,仍處於在共同體内經營共同耕作的階段。而《小雅》農事詩中出現的以"曾孫"爲代表的領主,開始對"南畝"祭田中收穫的莊稼持有占有權,並持有作爲自身經濟基礎的公田。"初期領主"和領主的區别在於所持有的青銅祭祀器皿的多少,和與當地首長的力量對比。共同體成員在領主的公田中提供勞動,即爲助法。這一助法,之後逐漸發展成爲"租"。指導共同體的首長,根據與領主的社會關係等條件,權力也得到一定的發展,但在共同體内仍是共同勞作的關係。本文中雖並没有涉及周朝王權的建立過程,從藉田祭祀的前身乃是"南畝"祭田祭祀這一點來看,周王權建立的過程也可由此得以推測。即,作爲支配者的周王,並非與當地社會相分離的存在,而是以當地社會的祭祀爲媒介、在將"南畝"祭田中所獲得的糧食作爲自己的經濟基礎的過程中成長起來的。藉田也經歷了從祈求作物成長和豐收,變爲通過勸農和儀禮强調周王統治的正統性的發展過程。並且,這種正統性的基礎,正是由周王參與在"南畝"祭田的耕種這一祭祀的形式而得以保持。

到了西周後期,《七月》篇、《小雅》農事詩、《周頌》農事詩中所見的社會同時存在。因此,西周的社會,並不是單一的社會構成。一般認爲,到了春秋戰國時期,周王的權力相對弱化,而受到周王分封的諸侯的力量逐漸抬頭。在這樣的背景之下,可以認爲,西周時期的社會構成並非單一性的,而是多層化的。諸侯權力的基礎,原本即是《小雅》農事詩的社會中所見公田之助法。然而經過《春秋》經文中"初稅畝"的改革,不僅是"南畝"公田,諸侯得以從統治範圍內的所有土地中收取租稅,由此鞏固了自身的經濟基礎。然而,雖然現階段僅是推測,但作爲對春秋時期的展望,筆者認爲春秋時期諸侯所擁有的,乃是從當地共同體的全部耕地中所收穫的作物的占有權。此外,本文以《詩經》農事詩作爲基本的史料進行了分析,卻並未涉及金文資料。這些乃是今後所要探討的課題。

論光武帝時期的官制改革及其影響

植松慎悟著

于　磊譯

序　　論

　　迄今,本文標題所示光武帝時期(25—57)官制改革的相關研究仍未得到充分重視。[①] 但是,近年來,漢代史研究圍繞西漢末至東漢初官制、禮制的諸項改革則取得了較大的進展,進而有些學者提出此一時期國家體制在儒家思想框架基礎之上得以重新構建的見解。其中,渡邊信一郎認爲,元帝初元三年(前46)至明帝永平二年(59)在"古典""古制"基礎之上着手對國制進行改造,從而使得中國傳統所固有的上部構造在這一時期開始形

---

①　關於漢代官制史研究,參閱米田健志《日本における漢代官僚制研究》(《中國史學》10,2000年)。同時,光武帝(劉秀)的傳記參閱安作璋、孟祥才《漢光武帝大傳》(中華書局,2008年)。另外,東漢時代史的研究著作參閱狩野直禎《後漢政治史の研究》(同朋舍出版,1993年)、渡邊義浩《後漢國家の支配と儒教》(雄山閣出版,1995年)、東晉次《後漢時代の政治と社會》(名古屋大學出版會,1995年)。

成,而此一上部構造即是雜糅了禮制和法制的構造體系;①保科季子認爲,基於元帝時期以後禮制官制諸項改革的實施,儒家所主張的禮制得以確立,而接受該禮制觀念的皇帝也同時獲得了作爲"受命天子"的權威;②阿部幸信認爲,漢代的上層支配機構由於綏和元年(前8)所實施的印綬制度改革而導入了"封建擬制"(將各級官府長官擬作封建諸侯,官僚制擬作封建制)這一形式;③渡邊義浩認爲,在章帝建初四年(79)召開的白虎觀會議基礎上產生的《白虎通義》其內容同當時的國家制度有着密切的關聯。④

但是,上述諸研究中,除卻渡邊義浩的相關考察,其着眼點皆在西漢末至王莽新朝這一段時期所開展的諸項改革。也就是説,對於光武帝建國後的東漢,皆強調受到西漢末年以後諸項改革影響的一面,而忽視尋求其獨自發展的特性。所以,倍受研究者所重視的西漢末至東漢初國家體制的重新構建,特別是於其中起到基礎性作用的官僚制度,在這一時期到底發揮着何等的作用,進而在西漢至東漢這一歷史進程中又發生了怎樣的變化這諸多問題可以説目前仍未得以完全澄清。

如所周知,和田清曾從官制史發展演進的視角來對上述問題

---

① 參閲渡邊信一郎《中華帝國·律令法·禮的秩序》(川北稔、鈴木正幸編《シンポジウム 歴史學と現在》,柏書房,1995年)、《天下觀念と中國における古典的國制の成立》(2002年初出,同氏《中國古代の王權と天下秩序—日中比較史の視点から—》,校倉書房,2003年收録)。

② 參閲保科季子《前漢後半期における儒家禮制の受容—漢的傳統との対立と皇帝觀の変貌—》(《歴史と方法三 方法としての丸山眞男》,青木書店,1998年)。

③ 參閲阿部幸信《漢代官僚機構の構造—中國古代帝國の政治的上部構造に關する試論—》(《九州大學東洋史論集》31,2003年)。

④ 參閲渡邊義浩《後漢儒教の固有性—〈白虎通〉を中心として—》(2005年初出,其後改題收入同氏《後漢における〈儒教國家〉の成立》,汲古書院,2009年)。

有過系統的研究。他對中國歷史上官制發展進行總體考察後，提出"官制的波紋式循環發生"這一觀點（下文將其稱爲"波紋式循環發生論"），並將其視作中國官制史的一大特色。對此，和田清曾作如下解釋：

> 同天子保有私人關係的近臣在逐漸獲取權力後，則壓制朝廷高官，不久即取而代之。隨之其背後又產生新的保有私人關係的實權者，進而這些實權者權力擴張後又成爲朝廷高官，如此反覆循環不止。[①]

同時，和田清亦以中央官制中宰相制度的變遷（秦漢時期的丞相，隋唐時期的尚書、中書、門下，宋代的宰相同平章事、同中書門下平章事、翰林學士院、樞密使，元代的中書省、丞相，明代的内閣大學士，清代的軍機處大臣）以及地方官制中地方長官的發展變化（秦漢時期的郡太守和州刺史，魏晉南北朝時期的持節都督，隋唐宋代的諸使，明清時期的總督、巡撫）來對上述觀點進行了詳細的論證。

對上述"波紋式循環發生論"，富田健之指出了該論説所存在的兩大問題點：[②]其一，"波紋式循環發生論"所認爲的中國官制的

① 和田清編著《支那官制発展史—特に中央集權と地方分權との消長を中心として—》（1942年初出，汲古書院，1973年）序説，頁4。

② 參閲富田健之《漢代政治制度史に關する二・三の問題—内朝・外朝及び尚書問題についての近年の研究をめぐって—》（《東アジア—歴史と文化—》1，1992年，頁15—16）。此外富田健之的相關研究參閲 A《内朝と外朝—漢朝政治構造の基礎的考察—》（《新潟大學教育學部紀要　人文・社会科學編》27－2，1986年）；B《漢時代における尚書体制の形成とその意義》（《東洋史研究》45－2，1986年）；C《前漢後期における尚書体制の展開とそれをめぐる諸問題—中書宦官・三公制形成・王莽政權—》（《東アジア—歴史と文化—》7，1998年）；D《後漢前半期における皇帝支配と尚書体制》（《東洋學報》81－4，2000年）等。

"發展"其實是片面地將其視作單一的量的發展,而無法揭示中國官制質的發展。其二,"波紋式循環發生論"只是一種"結果論",亦無法明確官制的演進在當時歷史時期,進而作爲中國官制整體所具備的歷史意義。基於此,富田健之以漢代的内朝、外朝以及尚書等問題爲中心,考察了中央政府所承擔的國家大政的運作過程。具體來説,即是西漢武帝時期以後,三公(或者丞相)以下的官僚機構在進一步加強國政運作職能的同時,尚書便承擔了已經與皇帝一體化的官房職能(皇帝官房①),而皇帝則通過尚書在組織機構上對三公以下的官僚機構加以控制,進而在此基礎之上,從西漢後期至東漢前半期,新的國政運作的支配體制(富田健之將此一新的支配體制稱作尚書體制)得以形成,其確立期即應在順帝時期(126—144)。

"波紋式循環發生論"説到底是對中國官制發展的通史性觀察,將各時期中央官制、地方官制的發展進行概括性的分析基礎之上得出的理論,這對進一步理解中國官制發展的歷史過程頗爲有益。可是,如同上文富田氏所指出的那樣,"波紋式循環發生論"並未對中國官制的質的發展加以足夠重視,換句話説,中國歷史各時期官制史的發展及其所具有的歷史意義等相關研究則有進一步加以深化的必要。

同時,在本文所論及的漢代官制史研究中,特別是如前所述西漢末至東漢初國家體制重新構建之際,與之相關的官制問題仍有繼續探討的餘地。對此,富田健之着眼於被寄予同作爲宰相的三公能夠承擔不同職責的皇帝官房機構——尚書的職能演進問題,從而以西漢後期至東漢前半期這一較長時段的視角闡明了尚書體

---

① 日本的官僚制度中,往往將直屬長官同時輔助長官處理日常事務的機關稱之爲"官房"。相當於中國組織機構中的"秘書處"或者"辦公廳"。本文將直屬於皇帝並輔佐皇帝的機關稱作"皇帝官房"。

制的形成過程。本文擬在富田健之的研究基礎之上，對漢代官制的質的發展問題從以下兩個方面加以進一步探討：其一是對中央官制和地方官制兩者進行分別考察，從而闡明兩者之間的内在關聯；其二，本文試圖論證漢代官制發展過程中光武帝時期所具有的劃時代意義。對此，本文在關注富田健之所着重論述的尚書機構的同時，亦擬對筆者既往研究中所述及的地方官制中的州刺史問題①有所着墨。漢代刺史所領諸州以其所承擔的監察職能，同以地方行政爲中心的各郡縣相得益彰，對漢代的地方統治發揮着較爲積極的作用。由此筆者認爲，在中央官制中同作爲宰相的三公職能相異的（皇帝官房）尚書所發揮的作用，與刺史之於地方所盡的職責應該也有着某種共通之處。換言之，中央尚書和地方刺史在面臨國家結構變革之際，應該是以保持同一步調輔佐皇權的姿態展現於歷史舞臺之上的。繼而，在經過兩漢交替之際②的羣雄割據後，至東漢統一帝國得以再建的光武帝時期，這兩者方才以明確的組織化形態確立起來。本文即擬對上述在光武帝獨掌朝政基礎上所逐步確立起來的官僚制度的演進過程加以進一步的分析、闡述。

基於如上所述的問題意識，本文將按照以三公和尚書爲中心的中央官制、以郡縣和州爲中心的地方官制這一順序對上述問題展開論述，同時亦關照兩者之間的關聯性問題，進而來論證光武帝時期官制改革的歷史意義。

① 參閱拙稿 A《後漢時代における刺史の〈行政官化〉再考》（《九州大學東洋史論集》36，2008 年）、B《後漢末の州牧と刺史について》（《日本秦漢史學會會報》10，2010 年）。

② 本文所謂"兩漢交替期"是指：自居攝元年（6）劉氏相繼反叛王莽政權時期開始，至建武十二年（36）光武帝大致統一天下的這一段時期。詳細情況參閱注①拙稿 A。

一 光武帝時期的中央官制——
三公和尚書

在漢代中央官制研究中,作爲宰相的三公與原本是作爲皇帝秘書官的尚書之間的相互關係對國家大政的運作起到何種作用這一問題,向來受到學者們的關注。故而,本節亦以三公和尚書爲中心來探討光武帝時期的中央官制相關問題。

一直以來,學者們普遍認爲漢武帝時期以後,國家大政運作的實權逐步從三公爲首的官僚機構(外朝)向以尚書爲中心的內朝過渡,其結果就使得外朝僅僅成爲了政策的執行機構。[①] 而近年來的相關研究則試圖對於上述觀點有所修正,亦即儘管三公的實權爲內朝所奪,但實際上在整個漢代,他們依然在國家大政的運作中起着核心的作用;[②]同時,內朝和外朝未必就是作爲對立的關係而存在,某種程度上他們也有着互相補充的一面。[③] 筆者在贊同

① 例如勞榦《論漢代的內朝與外朝》(《中研院歷史語言研究所集刊》13,1948 年)、增淵龍夫《漢代における國家秩序の構造と官僚》(1952 年初出,同氏《新版 中國古代の社會と國家》,岩波書店,1996 年收錄)、西嶋定生《武帝の死—〈鹽鐵論〉の政治史的背景—》(1965 年初出,同氏《中國古代國家と東アジア世界》,東京大學出版會,1983 年收錄)、鎌田重雄《漢代の尚書官—領尚書事と錄尚書事とを中心として—》(《東洋史研究》26 - 4,1968 年)等。
② 例如祝總斌《兩漢魏晉南北朝宰相制度研究》(中國社會科學出版社,1990 年)、紙屋正和《後漢時代における地方行政と三公制度》(2003 年初出,同氏《漢時代における郡縣制の展開》,朋友書店,2009 年收錄)、渡邊將智《兩漢代における公府·將軍府—政策形成の制度的變遷を中心に—》(《史滴》28,2006 年)、《後漢時代の三公と皇帝權力—宦官の勢力基盤と徵召の運用を手がかりとして—》(《史觀》156,2007 年)等。
③ 本書頁 42 注②富田健之的一系列考察即是從此一觀點出發的相關研究。

這些觀點的同時，以光武帝時期爲中心對其相互關係的發展過程加以重新審視，認爲下述兩種較大的變化在今後的研究中不應當被忽視：其一，從宰相制度框架下的丞相到三公的改制；其二，構成西漢時期皇帝側近集團的內朝官的調整。

關於前者，一般認爲，在漢代官制中原本作爲百官之長而主宰官僚機構的丞相，成帝綏和元年以後，逐步被改革爲三人宰相並立的三公制，[①]同時東漢也繼承了這一做法。可是如同紙屋正和所指出，章帝時期（76—88）以後，三公對行政，尤其是地方行政不再承擔責任的傾向逐漸增強，而究其緣由之一則在於“東漢時期，三公僅對自己職掌範圍內的事務負責，而如果在橫向上不能頻繁地相互聯絡的話，那麼三公就反而容易變成不負責任的體制”。[②] 儘管近年來的相關研究較高地評價了三公所發揮的重要性，但仍未完全澄清上述宰相制度的變化到底如何影響到中央官制的變化這一問題。所以，關於東漢時期的三公制在光武帝時期到底是基於何種目的被重新構建起來的這一點，筆者擬從經歷兩漢交替的戰亂而創立的光武帝政權的視角來重新加以探討。

而關於後者，亦普遍認爲，西漢的內朝由加官（侍中、中常侍、給事中、散騎、諸曹、諸吏等）所構成，皇帝即在這些官員的輔佐下處理朝政，而至東漢時期，侍中、中常侍變爲實職，給事中、散騎、諸曹、諸吏則被廢止。[③] 將這一看法同序論中所述及的尚書體制形成問題一起考量的話，可以認爲這兩者之間應存在着某種互動關

① 關於西漢末期三公制的形成，參閱山田勝芳《前漢末三公の形成と新出漢簡—王莽代政治史の一前提—》（《集刊東洋學》68，1992年）。

② 參閱本書頁45注②紙屋氏論文。

③ 參閱藤田高夫《前漢後半期の外戚と官僚機構》（《東洋史研究》48‐4，1990年）、米田健志《前漢後期における中朝と尚書—皇帝の日常政務との關連から—》（《東洋史研究》64‐2，2005年）。

係。但是，如同後述所論及，如考慮到王莽新朝時期尚書體制的形骸化以及由於戰亂所導致的"尚書故事"的消失等因素，那麼尚書體制也未必就以漸進式的模式發展演變。如此一來，或許也可以說，受到這一發展過程影響的光武帝時期官制改革也就更爲值得注意。因此，在西漢至東漢皇帝側近集團發展變化的前提下，筆者擬對光武帝時期在尚書體制形成過程中的地位問題加以論證。

本節即着眼於中央官制組織結構上的變化，通過光武帝時期的官制改革來考察東漢中央官制是如何形成的這一問題。

(1) 三公

如前所述，儘管近年來的相關研究較高地評價了三公所發揮的重要性，但亦如有些學者指出，實際上即便如此，這些研究仍然未能夠真正重視光武帝時期三公的作用。[①] 的確，從史料中隨處可見的光武帝對待國政的嚴格態度來看，光武帝也同樣以較嚴厲的態度來對待三公。基於此，本小節在充分注意到光武帝如何定位作爲宰相職能而存在的三公的同時，來對光武帝時期的三公制度加以論述。

首先，《後漢書》的作者范曄在《後漢書·伏湛宋弘等傳》的"論"中曾作如下評述（爲避免重複，下文引用《後漢書》中史料時略去書名）。

中興以後，居臺相總權衡多矣。……故惠公（伏湛）造次，急於鄉射之禮；君房（侯霸）入朝，先奏寬大之令。……宋弘止繁聲，戒淫色，其有關雎之風乎。

此"傳論"是范曄在記述東漢建國初期於內政方面較爲活躍的大

---

① 參閱頁45 注②祝總斌論著，以及紙屋正和論文。

司徒伏湛和大司空宋弘的事迹後所作。由此亦可見光武帝時期的三公作爲宰相而握有實權者確實不在少數。

反過來講，西漢末年三公制不過是依據經書記載的古制所設置，而從設置之初即並未承擔其作爲宰相制度的職能。關於成帝時期三公設置不久後的情況，《漢書·朱博傳》載：

> 議者多以爲古今異制，漢自天子之號下至佐史皆不同於古，而獨改三公，職事難分明，無益於治亂。

在當時人看來，由於"古今異制"，亦即古制同今制（漢制）相異，如僅對三公制加以改革，則其職務難以明確，容易招致混亂。這也就是説，儘管三公制在西漢末年得以建立，但與其下的官僚機構仍未有密切的聯繫。① 同時，又由於平帝和王莽新朝時期的中央官制②中尚有"四輔"，位居三公之上，所以我們可以認爲，只有至光武帝時期所謂三公"總權衡"，參與國家大政的運作方式才得以正式確立下來。

特別值得一提的是，在光武帝實現天下統一（建武十二年〈36〉）之前的階段，三公作爲戰時體制下的宰相則發揮了極其重要的作用。《伏湛傳》載：

> 時大司徒鄧禹西征關中，帝以（伏）湛才任宰相，拜爲（大司徒）司直，行大司徒事。車駕每出征伐，常留鎮守，總攝羣司。

---

① 哀帝時期也進行了三公制的改革（《漢書·哀帝紀》"元壽二年〈前1〉五月"條），但次月哀帝即駕崩，第二年就設置了四輔。

② 有關王莽新朝的官制，參閱東晉次《王莽 儒家の理想に憑かれた男》（白帝社，2003年）。

由此可知,大司徒司直伏湛在大司徒鄧禹遠征關中之時曾代行其事,而每每光武帝親征不在洛陽之際,伏湛亦"行大司徒事"而"總攝"羣臣。此亦即,在天下統一之前的戰亂狀態之下,伏湛的"行大司徒事"地位在光武帝離開洛陽之際被賦予統率羣臣的權力中得以保證。該傳緊接其後則記述了建武三年伏湛晉升爲大司徒之後的情形:

> 其(建武五年)冬,車駕征張步,留湛居守。時蒸祭高廟,而河南尹、司隸校尉於廟中爭論,湛不舉奏,坐策免。

在光武帝親征之際所舉行的蒸祭(冬季祭祀)中,河南尹同司隸校尉發生爭執,而伏湛卻由於並未將此事上奏而被罷免。由該伏湛罷免事件亦可佐證大司徒伏湛確有全權處理祭祀的權力,進而這也可以說明,三公在皇帝親征之際是擁有全權代理光武帝來處理事務之權力的。另外,對於大司農江馮提議三公應受司隸校尉監察這一問題,《陳元傳》中載有陳元(大司空李通的屬吏)如下的反對意見:

> 方今四方尚擾,天下未一,百姓觀聽,咸張耳目。陛下宜修文武之聖典,襲祖宗之遺德,勞心下士,屈節待賢,誠不宜使有司察公輔之名。

陳元認爲,在天下混亂而尚未完全統一的非常之時,"誠不宜使有司察公輔之名",最終光武帝亦采納了他的意見(見同傳)。如此一來,在兩漢交替的戰亂狀態之下,三公便作爲戰時體制下的宰相行使着國政運作的權力。而由此我們亦可以說,由西漢末期比擬古制所設立的三公制至此時則作爲今制(漢制)的宰相制度得以確立起來了。實際上,光武帝時期,以三公爲中心,軍事、貨幣、法律、祭祀等諸政策亦得以漸次實施。①

據《續漢書·百官志》(下文簡稱爲《百官志》),三公的職掌分別爲:太尉掌"兵事",司徒掌"人民事",司空掌"水土事"(《百官志一》)。可見,此時已然確定三公的各自職掌。確實亦如前述紙屋氏曾指出的,儘管由於三公制以三人來分掌宰相之職而存在使之陷入無責任體制的危險性,可是這也恰恰説明由於能夠承擔國家大政的責任者爲皇帝,所以三公制其本質上便是只有皇帝才能全權掌握的體制。對此,祝總斌氏認爲,光武帝之所以堅持使三公制得以存續,其主要原因當在於强化君權以及分散和弱化宰相權力。② 筆者認爲祝氏的此一見解確是一語中的,東漢建國初的三公制即是爲了使權力集中於光武帝之手而被設置的。對此,范曄在《朱浮傳》的"論"中提到"光武、明帝躬好吏事,亦以課覈三公"。這也就是説,由於光武帝及其後繼者明帝皆好吏事(同國家大政運作相關聯的具體事務),往往以吏事的成效來評價三公的治績。但是,此處必須加以注意的是,光武帝對三公的控制並非如范曄所言,而將其僅僅歸之於皇帝的個人性格方面,其實,在東漢時期的官制結構中,由於如同丞相那樣的百官之長已不復存在,所以不得不創設出只由皇帝來控制全體行政系統的體制來。

當然,同時還要將戰亂時期的特殊狀況這一因素考慮在內。如所周知,光武帝一直對由外戚出身的王莽篡奪政權一事引以爲訓,對於外戚專權尤爲警戒。《東觀漢記·孝明皇帝紀》載:

---

① 例如,對匈奴的政策(《耿國傳》、《南匈奴傳》),五銖錢的存廢(《馬援傳》),關於嚴刑、緩刑的議論(《杜林傳》、《梁統傳》),關於辟雍、明堂(《張純傳》)以及祭祀堯的議論(《續漢書·祭祀志上》)等。

② 參閱本書頁45注②祝總斌論著,頁58—60。

初,世祖(光武帝)閔傷<u>前世權臣太盛</u>,外戚預政,上濁明主,下危臣子。

由此可見,與對外戚集團的態度相同,光武帝對權臣勢力的抬頭亦保持警戒。如前所述,光武帝每每帶兵親征,不能在洛陽處理政事的時日亦較爲多有。此時,作爲宰相的三公即以皇帝代理的名義來統率羣臣。僅以此一點我們也可以認爲光武帝確實有必要對三公采取較爲嚴厲的態度。對此,前引大司徒伏湛免官一事亦可加以佐證。

綜上所述,東漢時期的三公制是重視吏事的光武帝出於集權目的而建構起來的。但是,由三公而分掌宰相權力本身同皇權的加强却並非直接相關,所以保障皇權强化的支配體制就必須進一步加以完善。如此一來,筆者認爲,由於從丞相制度到三公體制的變化,輔佐皇帝所應當承擔的吏事處理機構的創設就變得更爲必要了。下一小節便對在此過程中發揮着重要作用的尚書加以考察。

(2) 尚書

本小節將對光武帝時期的尚書進行考察。首先來看在此之前的王莽新朝時期的情況。其實,王莽新朝的尚書體制並未完全發揮作用。《漢書·王莽傳中》"天鳳二年(15)"載:

吏民上封事書,宦官、左右開發,尚書不得知。其(王莽)畏備臣下如此。……莽常御燈火至明,猶不能勝。<u>尚書因是爲姦寢事</u>。

此即是説,由於"宦官、左右"查看了吏民的上書,故而尚書對此無從干預。最終,即使王莽專心勤政至黎明仍無法避免國政的延誤。所以才由此導致尚書的爲惡不法、玩忽職守。當然,《漢書·王莽傳》本身也似乎在有意强調其失政的一面,但此一時期尚書體制的形骸化卻應該是不争的事實。

　故而,富田健之曾指出,光武帝時期重建尚書體制,尤其是對作爲皇帝官房的尚書加以重新改造在當時更成爲極爲重要的政治課題。① 筆者在此欲强調的是,光武帝時期的尚書其實並非是簡單地繼承西漢舊制的産物。《侯霸傳》載東漢建國後四年之事:

　　時(建武四年)無故典,朝廷又少舊臣,(尚書令侯)霸明習故事,收録遺文。

東漢初,因爲前代"故典"遺失,由精通"故事"的尚書令侯霸來收集佚文就顯得尤爲必要。由此亦可見,尚書所保有的"故事"在國政運作中成爲充分發揮其職能之重要依據,②另外又由於兩漢交替之際曾一時斷絶,所以光武帝時期以後通過佚文的收集來實現其職能的恢復。也就是説,東漢的尚書體制在沿襲西漢舊制的基礎上,至光武帝時期以後,被單獨地建立起來。

　富田健之曾將東漢尚書臺的主要政治職能歸納如下: ① 詔敕的草制、發布;② 奏章的上奏、披閲;③ 肅正官僚;④ 維持朝政、朝儀的正常運作;⑤ "問狀";⑥ 官員的人事調整;⑦ 政策的立案、審議等。③ 儘管東漢建國後不久的光武帝時期尚書的職能並不能同上述各項完全吻合,但其發揮文書及人事等相關職能的事例則隨處可見。④ 這也就是説,從東漢建國初始,尚書即發揮了作爲同時具備

---

① 參閲本書頁 42 注②富田氏論文 C 之注釋(30)。
② 參閲本書頁 42 注②富田氏論文 B,頁 43。
③ 參閲本書頁 42 注②富田氏論文 D,頁 5。
④ 關於文書處理的實例,除前述收集佚文之外,還接受各郡縣列侯世襲時的報告(《光武帝紀上》"建武二年"條)、"封胡降檄"的署名(《鮑永傳》附《鮑昱傳》)等。關於人事方面的實例有,官吏接受任命時日期的選定(《伏湛傳》)、三公推選時的相關調查(《馮勤傳》)、對三公掾屬禁錮的解除(《儒林傳上·戴憑》)等。

文書和人事職能的皇帝官房這一基本作用。繼而,光武帝時期得以進一步擴充的尚書組織則保障了尚書上述諸項職能的開展。

其具體的組織改革主要是 A 增設列曹尚書、B 增加尚書郎的名額這兩個方面。關於 A 增設列曹尚書,《百官志三》"少府"條在記述成帝建始四年(前 29)增設四曹尚書(常侍曹、二千石曹、民曹、客曹)後,載有:

> 世祖承遵,後分二千石曹,又分客曹爲南主客曹、北主客曹,凡六曹。

由此可見,光武帝時期六曹體制已經擴大。此一尚書六曹改革,尚書組織中人事部門的形成則尤爲值得注意。據池田雄一的研究,成帝時期所設置的三公曹(以斷獄爲主),自光武帝的改革起,其職能開始轉變爲州郡的考課以及處理三公府的文書事務等。[1] 也就是説,至光武帝時期,尚書中掌管州郡考課的列曹尚書開始出現。而與此同時,掌管選舉的吏曹也得以設置。關於吏曹的設置,蔡質《漢官典職儀式選用》[2]載:

> (尚書)典天下歲盡集課事。……<u>吏曹尚書典選舉、齋祀</u>,屬三公曹。
> (常侍曹尚書)主常侍、黃門、御史事,<u>世祖改曰吏曹</u>。

據此可知,吏曹掌管"選舉、齋祀",而光武帝時期則將常侍曹改作吏曹。從三公曹職掌的變革以及吏曹的設置來看,同成帝時期四

---

① 池田雄一《廷尉平と直指繡衣使者—漢代の司法行政一斑—》(1987 年初出,其後改題收入同氏《中國古代の律令と社會》,汲古書院,2008 年)。

② 本文從《漢官六種》所引用的史料,均以《漢官六種》(中華書局,1990 年)爲底本。

曹體制相比,光武帝時期的尚書諸曹改革則進一步加强了尚書的
人事職能。對此佐藤達郎氏亦曾指出,西漢末年以後,尚書依據功
次來處理通常的人事事務。① 可是通過光武帝時期的改革,其人
事職能在組織體系方面同西漢末年相比則得到了進一步加强。

關於 B 增加尚書郎(《百官志》中稱作尚書侍郎)的名額方面,
《晉書·職官志》載:

> 尚書郎,西漢舊置四人,以分掌尚書。……<u>及光武分尚書
> 爲六曹之後,合置三十四人</u>,秩四百石,并左右丞爲三十六人。
> 郎主作文書起草,更直五日於建禮門內。

據此,②我們或許可以認爲,由於掌管文書起草的尚書郎名額的增
加,其尚書組織内部文書起草的能力定會有較大的提高。③ 由上
述列曹尚書的增設以及尚書郎名額的增加可知,光武帝時期以後,
尚書的文書、人事職能的發揮亦獲得了組織機構上的保障。

如上所述,光武帝時期力圖重建作爲皇帝官房的尚書所實施
的一系列舉措可以説取得了顯著的功效。對此,章帝時期的韋彪
曾言及"天下樞要,在於尚書"(《韋彪傳》),而順帝時期的郎顗亦
有"尚書職在機衡"(《郎顗傳》)之語,這也充分表明作爲皇帝官房
的尚書在光武帝時期以後也被繼承了下來。

---

① 參閲佐藤達郎《尚書の銓衡の成立—漢代における〈選舉〉の再檢討—》(《史林》
78－4,1995 年)。

② 儘管在有些史料中不能將尚書郎的增置斷定爲光武帝時期(《宋書·百官志》所載
《漢官儀》),但列曹尚書的增置則同其屬下的尚書郎有着密切的關聯。而《晉書·
職官志》則將尚書郎的增置視作確立起尚書組織基本構造的光武帝時期的現象,這
無疑是正確的。

③ 關於文書傳達的核心機構尚書臺的研究,參閲渡邊將智《政策形成と文書傳達—後
漢尚書臺の機能をめぐって—》(《史観》159,2008 年)。

　　不僅如此,光武帝時期的尚書組織同西漢相比還得以進一步擴充,作爲皇帝官房的尚書也同時得到了組織機構方面的保障。於此,我們一般會直接聯繫到這是對延續了成帝時期的四曹體制的結果。其實,光武帝時期對尚書進行顯著的組織機構的強化還可以從其他方面得以明證。這就是本節開頭所提到的内朝官的調整問題。對此,富田健之認爲,西漢的内朝仍尚未實現同既有的官僚機構(外朝)完全的一體化,而東漢時期對内朝官的一系列調整,不論是在組織方面還是職能方面,某種程度上已經是在一體化的形式下向着建構新的官僚體制的方向努力了。這同時意味着内朝、外朝構造也是在發展變化的動態中逐漸解體的。① 那麼如此一來,西漢時期内朝官所擔負的皇帝側近官的職能又發生了如何的變化呢? 關於此一問題,東漢時期皇帝直屬官的"文屬"官引起了學者們的注意。根據山田勝芳氏的研究,所謂"文屬"官,儘管在名義上是九卿的屬官,但他們同九卿卻並没有直接的隸屬關係,反而同皇帝保持着更爲直接的關係。進而,光武帝時期則將作爲"文屬"官的尚書、宦官完全從三公九卿體制中剥離出來,使之直屬於皇帝,從而,尚書、宦官的權力也便獲得了制度上的保證。②

　　即使同樣作爲"文屬"官,光武帝對尚書的尊重從東漢建國當年所發出的詔令中亦可得以證明。《宣秉傳》載有建武元年之事:

> 　　光武特詔御史中丞與司隸校尉、尚書令會同並專席而坐,故京師號曰"三獨坐"。

① 　參閲頁42注②富田氏論文 A。對此,渡邊將智認爲"武帝時期以後'内朝官'解體,側近官則被縮小後重新編制"(渡邊將智《後漢洛陽城における皇帝・諸官の政治空間》,《史學雜誌》119—12,2010年)。

② 　參閲山田勝芳《後漢の大司農と少府》(《史流》18,1977年)。

由此可知,同司隸校尉(京畿地區的長官)一道,作爲少府"文屬"官的尚書、御史之長官尚書令、御史中丞也被視作三獨坐而特別提及,即使在光武帝的直屬官之中,尚書也有着特異的地位。由此我們也可以說,尚書組織機構的擴充也同時反映出,作爲重視吏事的光武帝的輔翼組織,尚書在其中則起到了核心的作用。

綜上所述,本節明確了以下幾點: ① 光武帝時期的三公作爲戰時體制下的宰相實際上掌握着國家大政的運作,從而使得本來是作爲古制而存在的三公制,在今制(漢制)的體制下作爲宰相制度而得以重新確立。② 東漢時期的三公制是由重視吏事的光武帝爲加强皇帝權力而構築起來的。另外,這也意味着,在當時,輔佐皇帝處理其所應當承擔之事務的組織創設也就變得更爲必要。③ 經過王莽新朝時期尚書體制的形骸化以及兩漢交替時期的戰亂狀況後,至光武帝時期,則謀求對作爲皇帝官房的尚書進行再次的建構,事實證明,這一建構取得了明顯的效果。④ 同西漢相比,光武帝時期的尚書組織得以進一步擴充,作爲皇帝官房的尚書也獲得了組織機構上的保障。從這一對尚書組織機構上的强化措施也反映出,作爲光武帝的輔翼組織,尚書在其中起到核心的作用。

二　光武帝時期的地方官制——郡縣和州

本節將對光武帝時期地方官制中的郡縣和州加以討論。

關於漢代的郡縣制,既往研究中曾積累了大量的成果。近年來,與長期以來靜態地理解郡縣制有所不同,較多的研究則更爲重視將郡縣制的發展置於兩漢四百年的進程中來加以把握。具體來講,其代表性研究認爲,地方行政的中心逐漸由西漢初期的縣向着西漢中期(武帝期—元帝期)的郡發生轉移。① 同時,關於東漢時期的郡縣制,紙屋正和氏認爲,由於郡國列曹員數的急速擴大,郡國的屬吏組織同縣的屬吏組織幾乎可以完全對應起來,如此一來,所有組織系統之間的有機關係也逐步形成。特別是,光武帝、明帝時期郡縣基本上是作爲中央的派出機構而發揮其職能。② 此外,在漢代的州制方面,最初作爲監察官而設置的刺史其本質上亦不久即演變成同地方行政長官一樣的地方官員(下文對此一概將其稱之爲刺史的"行政官化")。③

上述諸先行研究儘管對各個時期郡縣以及州的發展變化的看法有所差異,但從整體上來看,也存在將地方行政比例沿着"縣→郡→州"這一演進方向來把握的共通之處。進而,對於東漢時期的地方官制,亦普遍認爲,郡縣的組織體制逐步充實,而州也開始逐漸參與到地方的行政事務之中。

筆者也對上述諸見解基本上持贊同的態度。但是,筆者在對東漢時期地方行政的運作加以考察後認爲,由郡縣承擔實際事務運作這一直接性的行政活動同在州對郡縣的指揮監督這一形式之

---

① 參閱重近啓樹《前漢の國家と地方政治—宣帝期を中心として—》(《駿臺史學》44,1978 年)、本書頁 45 注②紙屋氏論著、佐藤直人《秦漢期における郡—県關係について—県の性格変化を中心に—》(《名古屋大學東洋史研究室報告》24,2000 年)、小嶋茂稔《前漢における郡の変容と刺史の行政官化についての覚書》(2004 年初出,其後改題收入同氏《漢代國家統治の構造と展開—後漢國家論研究序説—》,汲古書院,2009 年)等。

② 參閱頁 45 注②紙屋氏論著。

③ 關於漢代州制的研究,參閱櫻井芳朗《御史制度の形成(上)(下)》(《東洋學報》23−2、3,1936 年)、嚴耕望《中國地方行政制度史　甲部　秦漢地方行政制度》(1936 年初出,中研院歷史語言研究所專刊之四十五,1990 年),安作璋、熊鐵基《秦漢官制史稿》下冊(齊魯書社,1985 年),王勇華《秦漢における監察制度の研究》(朋友書店,2004 年);上注①小嶋氏論著等。

下所進行的間接性的行政活動之間還是存在着一定的差異性的。① 也就是説，筆者認爲，在東漢時期的地方官制中，郡縣和州之間的本質上的差異這一點，仍然有進一步加以探討的餘地。因此，本節即從光武帝時期的地方官制改革來分析如何理解郡縣和州這兩者的定位問題。

（1）郡縣

郡縣制改革，於建武六年開始漸次實施。其背景是，此一時期光武帝政權在與羣雄的角逐中亦逐漸開始出現重大的轉折。例如，建武五年征西大將軍馮異平定關中，同年二月討伐漁陽彭寵，六月捕獲南郡秦豐，八月捕獲梁國劉紆，十月降伏瑯琊郡張步，次年（建武六年）正月捕獲廬江郡李憲，二月捕獲東海郡董憲等等一系列戰果開始出現，光武帝軍隊在各地取得了顯著的勝利。② 總之，建武六年前後，光武帝政權完全有可能正式地對地方的統治體制加以重新調整。

首先來看郡國的組織機構改革。如所周知，光武帝時期的建武七年三月以裁撤郡國的常備軍開始着手實施軍備縮小的計劃，③ 而在前一年掌管郡内軍事大權的都尉已被廢止（《百官志五·州郡》）。④ 另外，至建武十四年邊郡太守丞也被廢除（《百官志五·州郡》劉昭注引《古今注》），由此可見，不管是内郡還是邊

---

① 參閲本書頁44注①拙稿A第二節。
② 關於兩漢交替期的羣雄割據，參閲木村正雄《中國古代農民叛乱の研究》（東京大學出版會，1979年）、本書頁57注①小嶋氏論著第一章《後漢建國に至る政治過程の特質と郡県制》。
③ 關於光武帝時期的軍備縮小問題，參閲濱口重國《光武帝の軍備縮小と其の影響》（1943年初出，同氏《秦漢隋唐史の研究》上卷，東京大學出版會，1966年收録）、小林聡《後漢の軍事組織に關する一考察—郡國常備兵縮小後の代替兵力について—》（《九州大學東洋史論集》19，1991年）等。
④ 但是，東漢時期在邊郡亦設有都尉（《百官志五·州郡》）。

郡,郡府的改革都逐次展開。

在廢止都尉的同一時期,光武帝政權亦着手整治地方官府的冗官問題。《光武帝紀下》"建武六年"條載:

> 六月辛卯,詔曰:"夫張官置吏,所以爲人也。今百姓遭難,户口耗少,而縣官吏職所置尚繁。其令司隸、州牧各實所部,省減吏員。縣國不足置長吏可并合者,上大司徒、大司空二府。"於是條奏并省四百餘縣,吏職減損,十置其一。

由此可知,400 個以上的縣實現了重新省并、調整,同時還削減了吏員的十分之一。而此一舉措的要因當在於,由當時戰亂所造成的户口減少以及職官的繁冗化,光武帝政權則據此判斷當時官府的規模和數量都已同實際不甚相符。

綜觀上述諸項改革,其主要着力點在於郡府的改制、縣的并廢、吏員的削減等郡縣官府的組織體制的調整之上。如本節開頭所述及,紙屋氏認爲,至東漢時期郡縣間所有組織之間的有機關係開始得以逐步確立。由此,筆者也認爲,此一郡縣制的變化,當是在光武帝時期改革的影響之下所産生的。

對此,筆者擬從郡縣數量上的變化來加以考察。自秦實施郡縣制以來,郡縣的數量開始由西漢末平帝時期的 103 郡、1,587 縣(《漢書·地理志下》),經王莽新朝的 125 郡、2,203 縣(《漢書·王莽傳中》"天鳳元年〈14〉"條),至東漢順帝時期則爲 105 郡、1,180 縣。[1] 同時,關於郡國的增置情況,我們可以從西漢高祖時期至昭帝時期、東漢明帝時期至安帝時期所實施的相關措施的史

---

[1] 關於兩漢時期的縣的數量,紙屋正和指出,《漢書·地理志》《續漢書·郡國志》的概述部分同各郡國下所記縣的總數並不完全一致(頁 45 注②紙屋氏論著,頁 591—592 之注釋〈56〉)。

料中得到證明(《漢書·地理志》《續漢書·郡國志》)。

在上述郡縣數量的變化中,我們應當注意到,同西漢時期郡縣數量保持增加的趨勢不同、光武帝時期則開始對其進行大幅度削減這一問題點。前文已述及建武六年對縣一級進行省并、調整的問題,而關於郡一級的情況,則分別於建武十年、建武二十年裁撤了定襄郡、五原郡(《光武帝紀下》)。同時,《續漢書·郡國志五》載有:

> 世祖中興,惟官多役煩,乃命并合,省郡國十,縣、邑、道、侯國四百餘所。

據此可知,由於"官多役煩",光武帝開始下令省并郡縣。其結果,10 個郡國[①]以及 400 個以上的縣被削減。此一光武帝時期削減郡縣數量的舉措同王莽新朝在西漢郡縣數量的基礎上對郡和縣都進行增置的做法形成了鮮明的對照。

另外,如同上引《光武帝紀下》所載建武六年的詔書所示,光武帝時期由於戰亂而導致户口的減少,同時郡縣官府亦產生冗官的問題,對此,光武帝政權也没有掉以輕心。其實,郡縣數量的減少也就意味着各官府所轄範圍的擴大以及實際管理的户口數量的增加。如此一來,我們可以認爲,正是由於兩漢交替時期戰亂所導致的户口減少,才促使光武帝時期開始對各郡縣官府進行重新整頓。如所周知,同樣經歷戰亂,魏晉南北朝時期的行政區劃則不斷增加,以致出現十羊九牧的狀況。[②] 與此相比,通過光武帝時期對郡縣的重新省并,可以説當時郡縣整體已經被調整到一個較爲適

---

① 關於光武帝時期諸侯王國的省并問題,參閲鎌田重雄《後漢の王國》(1960 年初出,同氏《秦漢政治制度の研究》,日本學術振興會,1962 年收録)。

② 參閲濱口重國《所謂、隋の鄉官廢止に就いて》(1941 年初出,本書頁 58 注③濱口氏論著下卷收録)。

當的規模了。

如上所述，由於郡府的改制、吏員的削減，各官府的組織體系被重新調整；而又由於郡縣的省并，郡縣制整體則被調整到較爲適當的規模。前引紙屋氏的論述提到，東漢時期的郡縣制所有組織之間的有機關係開始逐步確立。那麼筆者據此認爲，由於光武帝時期從當時的實際情況出發所實施的諸項改革措施而確立起來的郡縣制的基調則有着極爲重要的意義。其後，東漢時期的郡縣制即沿着光武帝時期的既定路線演進發展。

特別是，在郡國制方面，同西漢時期民政系統（太守）和軍政系統（都尉）並存的情況有所不同，由於前文所述及的都尉的廢除，以太守爲核心的民政系統逐步一元化，而光武帝時期的軍備縮小也可看作是光武政權重視郡國民政職能的結果。但是，此一體制也同時產生了另外的問題。鎌田重雄氏曾指出，西漢時期的郡制實際上是由太守和都尉相互牽制而抑制對方專權的制度。[①] 那麼如此一來，同西漢相比，東漢時期對郡太守加以控制也變得愈加重要起來。對此，東漢政權也采取了種種措施，而其中最具代表性的即是由州來實現牽制的功能。接下來，本文即對州制進行考察。

（2）州

關於東漢時期的州制，筆者曾撰有《後漢時代における〈刺史の行政官化〉再考》（《後漢時代刺史的"行政官化"再考》）[②]一文，在此，對該文的主要論點加以簡單介紹：① 建武十八年光武政權廢除了西漢末年至東漢初期所設置的州牧，並重置刺史，使之爲六百石的監察官（下文將其稱爲"刺史改革"）。此後，整個東漢時期（東漢末年除外）刺史在本質上則一直是作爲監察官員而存在

---

① 參閱鎌田重雄《漢代の郡都尉について》（1947 年初出，其後改題收入上頁注①鎌田氏論著）。

② 參閱頁 44 注①拙稿 A。

的。② 東漢時期的刺史儘管也曾實際參與到地方行政事務之中，但其本質仍不過是以指揮監督具體承擔地方事務的郡縣這一形式來實現其職能的。而州府的組織機構同郡縣相比，其規模並不大。③ 東漢時期的刺史一直是作爲"皇帝的使者"而被加以認識的，所以常被以"使君"（"使者"的尊稱）相稱。這也就極具象徵性地説明，與郡縣的行政官吏不同，刺史其實是作爲皇帝的代理而存在的。

在上述幾點認識的基礎上，本小節則通過對西漢末年以後州牧制度的比較，來進一步考察光武帝時期州制的特質，從而對筆者曾經提出的觀點加以補充。

成帝綏和元年，武帝時期所設置的刺史被改爲州牧。此時，丞相翟方進和大司空何武曾進言："刺史位下大夫而臨二千石，輕重不相準，失位次之序"，主張設置州牧（《漢書·朱博傳》）。藤岡喜久男氏認爲，州牧設置後，其官秩（真二千石），則被設定爲介乎九卿（中二千石）和郡國守相（二千石）之間的官僚。① 其後，關於王莽新朝時期的州牧，天鳳元年設置州牧之時曾規定，擁有五等爵（公、侯、伯、子、男）者，其後代當被任命爲地方各級官吏，故而其時公爵被任命爲州牧。州牧以下，侯爵被授以相當於漢代郡太守的卒正，伯爵被授以連率，子爵被授以相當於郡都尉的屬令，男爵則授以屬長，同時世襲罔替（《漢書·王莽傳中》）。

總之，在西漢末年的官制中，其官秩序列爲："九卿（中二千石）──州牧（真二千石）──郡國守相（二千石）"；而王莽新朝時期的爵位序列爲："州牧（公爵）──卒正（侯爵）、連率（伯爵）──屬令（子爵）、屬長（男爵）"。相較之下，兩者的共通之處

___

① 參閲藤岡喜久男《前漢の監察制度に關する一考察─特に、刺史と郡県制度との關聯について─》（《史學雜誌》66－8，1957年）。

在於皆重視"位次之序"（前引《朱博傳》），同時，在地方官制中，州牧都處於最高的官位。

對此，如同前稿所述及，光武帝時期的刺史改革則同西漢末年至王莽新朝時期的"位次之序"體制完全相反。也就是説，東漢時期的刺史並非只是西漢舊制的復活，其本身有着不同於"位次之序"的内在秩序原則。

此一内在秩序原則的萌芽其實在刺史改革之前亦可窺見。在光武帝時期曾任新汲令的王隆（《文苑傳上》）所著《漢官解詁》中有如下記載：

> 京畿師外，十有三牧，分部馳郡行國，督察在位，奏以言，録見囚徒，考實侵冤，退不録職，狀狀進一奏事焉。

由是可知，十三州牧（建武十一年朔方牧被廢除後則成爲十二牧）的基本職責即是巡行諸郡國，督查地方官吏。實際上，《朱浮傳》載有建武六年前後之事：

> 舊制，州牧奏二千石長吏不任位者，事皆先下三公，三公遣掾史案驗，然後黜退。帝時用明察，不復委任三府，而權歸刺舉之吏。

如該史料所言，光武帝廢除了州牧將郡縣不任其位者的上奏須先經三公府審查這一"舊制"，而其權限則歸於"刺舉之吏"（州牧）。同《傳》接下來記載了執金吾朱浮針對此事的上疏：

> （光武帝）即位以來，不用舊典，信刺舉之官，黜鼎輔之任，至於有所劾奏，便加免退，覆案不關三府，罪譴不蒙澄察。

> <u>陛下以使者爲腹心</u>，而使者以從事爲耳目，是爲尚書之平，決
> 於百石之吏。

由此上疏可知，朱浮較爲嚴厲地批判了將三公府排除在地方官員
的人事變動之外、同時將此權限歸於“刺舉之官”（州牧）的劾奏以
及尚書的判斷這一做法。對朱浮來講，作爲“使者”的州牧儼然就
是光武帝的“腹心”，而這是同“舊典”相違背的政治體制。由於朱
浮該奏疏的主要目的在於批判不尊“舊典”的光武帝，而作爲比較
了解當時政治體制的人物，朱浮的此一奏疏當引起我們的重視。

　　同時如果將此與西漢末年至王莽新朝時期的州牧制度相比較
的話，那麼也可以說，對光武帝來講，州牧不單是地方長官，更重要
的是，他們其實是被皇帝派往地方的“使者”，同時還是皇帝的“腹
心”。統一天下之後，則通過刺史改革從制度上明確了州牧的地
位。而謀求皇帝獨掌朝政的光武帝的政治姿態則是其改革的重要
參照。《東觀漢記·光武皇帝紀》載：

> <u>上躬親萬機，急於下情</u>，乃令上書啓封則用，不得刮璽書，
> 取具文字而已。

史料中提到，光武帝自身統理萬機並急於了解“下情”，而實際上
保證皇帝獨掌朝政的重要官員即是作爲皇帝代理人而被派往地方
的刺史。

　　在既往的研究中，儘管都曾注意到東漢時期的州積極參與
地方行政事務這一點，但州與郡縣之間所承擔的行政活動其本
質上的差異則尚未引起足夠的重視。對此，筆者在前文所提到
的已發表的文章中認爲，州在地方上所參與的具體行政事務其
實並非其主要職責，在多數情況下州更多的是以指揮、監督郡縣

的形式來開展其地方行政活動的。儘管監察和行政這兩者作爲州的職務内容的確有其相異之處,但州在行政職能方面所起到的作用其實是同其擔負統管郡縣的監察職能如出一轍。在某種程度上我們也可以說,州依靠於郡縣而開展的行政活動其實就是其統管郡縣的一種形式。如果上述考量同事實没有太大出入的話,那麼我們可以認爲,刺史改革當初所設定的州制,其基本職能本來就不是如同郡縣一樣積極介入具體的民政事務,而是對郡縣以下的民政機構進行指揮、監督。進而,州以指揮、監督郡縣這一形式來開展的行政活動同時也就意味着,在實現州本來所具有的監察職能的同時,其對郡縣的統管亦逐漸波及至行政實施的方面。

　　綜上所述,本節對下述諸問題作了澄清。① 光武帝時期由於戰亂所導致的户口減少以及郡縣官府冗官的出現,從而不得不對各官府的組織體系進行改革、完善。通過對郡縣的廢止、合併,從而使得郡縣制整體上被調整至較爲適當的規模。② 儘管光武帝時期的軍備縮小可以視作光武帝政權重視民政職能的結果,但同時又由於西漢時期太守同都尉相互牽制的體制至此則發生了變化,所以由州來對郡縣加以統管的重要性就變得更爲迫切了。③ 西漢末年至王莽新朝時期的州牧一直是作爲地方最高長官來加以定位的。而謀求獨掌朝政的光武帝則通過刺史改革,使得作爲監察官的刺史就不單是地方長官,更重要的是將其作爲皇帝的代理人在制度上加以重新定位。④ 在刺史改革當初,州制所應當承擔的基本職能並非如同郡縣一樣積極介入具體的民政事務,而是將其設定爲統管郡縣以下的民政機關。東漢時期的州以指揮、監督郡縣這一形式所開展的行政活動,同時也意味着,州在實現其本來所具有的監察職能的同時,對郡縣的統管亦逐漸波及至行政實施方面。

三　光武帝時期的官制改革及其影響

上一節，筆者對光武帝時期中央官制和地方官制相關改革中各種職官的具體情況進行了考察。在此基礎上，本節將對由此一改革所形成的官制體系進行總體性考量，尤其是對中央官制同地方官制的關聯性問題加以分析。進而論述光武帝時期的改革對於當時的歷史進程以及其後東漢官制的沿革所産生的影響及其歷史意義。

關於光武帝時期官制改革的特徵，《百官志》開頭即述及：

> 世祖中興，務從節約，并官省職，費減億計，所以補復殘缺，及身未改，而四海從風，中國安樂者也。

由此可知，其特徵就是"并官省職"同"節約"。另外，《陳忠傳》載有安帝時期陳忠的觀點：

> 建武之初，新承大亂，凡諸國政，多趣簡易。

據此可知，光武帝時期國政的特徵即是"簡易"。的確，正是由於光武帝時期以"節約""簡易"爲基調，才在中央使三公、尚書分別承擔宰相、皇帝官房的職能，在地方上使郡縣、州分別擔負民政機關、監察機關的功能，從而對其各自職能系統地加以調整、强化。但是，如果僅停留在此一層面上的話，那麼即使達到了各官府辦公的效率化，而對於在光武帝獨掌朝政的前提下實現官府之間有組織地協調合作這一框架的建構仍顯不足。對此，筆者認爲要實現該組織框架的有機建構,人事和監察當在其中發揮重要的作用。下文,筆者即在關注中央官制與地方官制關聯性的同時,對此一問題展開具體討論。

首先來對人事方面,特別是同地方官員相關的人事進行考察。對此,紙屋正和氏曾指出,漢代中央政府掌控地方政治的主要手段即是上計和考課制度。而東漢時期的體制則是由三公來統轄、指導地方行政的日常事務,同時受理郡國的上計簿進而對其加以審查。① 而另一方面,如同第一節第二小節所述及,西漢末年以後,尚書依據功次來處理通常的人事事務,而其對象則是六百石以上的官員(河南尹、三輔、郡國守相及郡丞、縣令等)。同西漢時期丞相作爲百官之長承擔上計、考課的同時還擔負人事權的運作相比較,東漢時期的三公儘管掌握着對地方官的上計、考課,但對六百石以上的地方官員的具體人事處理權則被委任於尚書。也就是說,中央政府在人事方面對地方官府加以掌控之時,分別使三公作爲宰相來擔任對地方官員進行上計、考課的職能,而同時使尚書作爲皇帝官房來承擔地方官員的人事職能。進而,亦如前所述,光武帝時期的尚書組織改革後,尚書的人事職能在組織機構方面得以加强,而其職能的開展也同時得到了組織機構上的保障。

接下來看監察方面。光武帝時期中央和地方的監察體制也同時被重新整頓。② 亦即,在中央,通過廢除大司徒司直(即西漢時期的丞相司直)和對御史臺的重視來謀求轉變西漢時期丞相系統和御史臺系統並存的體制;在地方上也同時廢除了州牧,並實施了重置刺史的改革。另外,御史臺同尚書之間的關係也變得愈加密

① 參閱頁45注②紙屋氏論著。特別是第八章《尹灣漢墓簡牘と上計·考課制度》(1997年初出)。

② 參閱頁57注③櫻井氏論文。同時,關於光武帝時期監察體制中重視任命官秩較低的官員進行監察活動的問題,參閱頁44注①拙稿A第一節。

切。光武帝時期的王隆曾撰《漢官解詁》（《太平御覽》卷二二五《職官部二三》所引），其中載道：

> 建武以來，省御史大夫，官屬入侍蘭臺。蘭臺有十五人，特置（御史）中丞一人以總之。此官得舉非法，其權次尚書。

據此可知，建武年間以後，御史大夫（西漢末年改稱大司空）的屬官開始入侍蘭臺，此時御史中丞的權限亦僅次於尚書。蘭臺令史"掌書劾奏"（《漢官儀》），而其中有才幹者即被提拔爲掌管尚書各曹文書的尚書令史（《漢官典職儀式選用》）。由此亦可見，基於此種各組織機構間人事上的流動，尚書同蘭臺之間的聯繫也得以進一步的加强。

此時對光武帝時期的三獨坐（御史中丞、司隸校尉、尚書令）加以重新審視後我們會發現，御史中丞爲中央監察機關的長官，而司隸校尉在擔任京畿地區長官的同時，亦承擔着監察職能。另外，尚書令也擔負同監察活動相關的文書傳達以及人事變動的職責，而對這三者的重視傾向其實在東漢建國初期即已顯現出來。《鍾離意傳》所載光武帝之子明帝時期的史料就極好地證明了尚書同監察活動之間的密切關聯。該史料在記載明帝使用"耳目"進行監察之事後，隨之述及：

> 朝廷莫不悚慄，爭爲嚴切，以避誅責；唯（尚書僕射鍾離）意獨敢諫爭，數封還詔書，臣下過失輒救解之。

由此可知，在衆多官吏懼怕明帝處罰之時，唯有尚書僕射鍾離意屢屢"封還詔書"，大臣們的過失亦數次爲之所解。儘管尚書僕射起到了緩和過於嚴苛的明帝政治從而對國家大政發揮較大影響的作用,但更爲值得注意的是,作爲尚書次官的尚書僕射也完全有可能通過行使監察權而左右對百官的待遇。

地方監察方面,如本文第二節第二小節所述,光武帝時期尚書在刺史(刺史改革前爲州牧)的奏劾基礎上來決定地方官員的人事變動(前引《朱浮傳》)。同時回復刺史的奏劾時往往以"制書"的形式下發,而此"制書"通常還在皇帝御璽的基礎上同時加蓋尚書令之印(蔡邕《獨斷》卷上)。這也就是説,尚書在參與地方人事變動的同時,在對刺史的奏劾以及對其答覆這一文書傳達過程中也支持着監察活動的開展。另外,亦如第一節第二小節所示,光武帝時期負責文書起草的尚書郎人員增加,尚書的文書起草也在組織機構上得以充實,而這其實也是在尚書積極支持監察活動基礎之上才能夠實現的。概言之,中央御史臺、地方的州,以及支持中央和地方監察活動並且承擔人事職能的尚書,其相互之間真正能在組織結構上實現協調運作的就是光武帝時期。

據上所述,我們可以認爲,光武帝時期正式確立了以人事和監察爲中心的中央同地方在組織機構上相互協調作用的體制。而光武帝和明帝時代(25—75),亦即東漢建國後的五十年間也正是皇帝獨掌朝政的時期。東晉次氏的研究亦表明,光武帝、明帝的統治理念即是在抑制諸功臣、外戚專權的同時利用文吏(熟稔實際事務的官僚)依法實施皇帝的一元支配體制。[1] 特別是在經歷王莽新朝時期尚書體制的形骸化以及兩漢交替之際的戰亂狀態後,光武帝時期的尚書組織被進一步擴充,而更爲重要的是,尚書作爲正式的組織機構直接掌握人事的變動,同時間接地參與監察活動的開展。富田健之氏即曾以西漢後期至東漢前半期這一長時段的視角

---

[1] 參閱東晉次《後漢初における皇帝支配と外戚・諸王》(1975 年初出,其後改題收入本書頁 40 注①東氏論著)。

對尚書體制的形成過程進行過討論。筆者在贊同富田氏所論的同時，還認爲光武帝時期以後由尚書所主導的組織上的支配形式在繼承西漢舊制的同時，其實同西漢時期也有着本質上的區別。進而，如果將目光轉向地方，那麼在地方官制中光武帝時期亦與之步調一致地實施了將刺史重置爲監察官的刺史改革。總而言之，對致力於皇帝獨掌朝政的光武帝來説，其當務之急就是重新創設輔助自身的組織體制，而位於該組織體制中心的就是中央官制中的尚書以及地方官制中的刺史。

那麼，在上述論考的基礎上，我們再來進一步對光武帝時期的官制改革同當時歷史背景之間的關聯來加以考量。首先，如第一節第一小節所述，光武帝之所以謀求支配體制强化的關鍵在於他對西漢時期權臣和外戚專權的警戒。因此，光武帝便采取了由皇帝自身來統理萬機的體制（前引《東觀漢記·光武皇帝紀》）。即所謂"每旦視朝，日仄乃罷"（《光武帝紀下》）。由此亦可見光武帝每日從早到晚勤政的政治姿態。但是，致力於皇帝獨掌朝政的不止是光武帝。與光武帝時代較近的還有王莽。由於王莽在其篡位前亦曾獨斷專權掌握着西漢朝政，所以他即位後就爲防止權臣的出現，凡事皆親力親爲，統理政務（《漢書·王莽傳中》）。也就是説，在爲防止大臣專權從而實現皇帝獨掌朝政方面，王莽同光武帝是有着共同之處的。那麼如此一來，光武帝時期所特有的現象又是什麼呢？

如果將光武帝同王莽以及西漢諸帝比較的話，除創業時期的高祖以及末帝漢獻帝外，可以説光武帝經歷了其他諸帝所未曾經歷過的殘酷戰亂。當然，光武帝也不過是當時兩漢交替之際羣雄角逐者之一，所以光武帝政權也不得不在戰亂的境況之中維持國政的運作，繼而，天下統一之後又必須盡力維持内政的安定。對光武帝政權來説，如果不能使維持國家統治的官僚制度適應於當時的時代環境,那麼在建國初期甚至連自身的生存都岌岌可危,進而統一天下後也會不利於統一帝國的運作。概言之,同繼承了西漢統一帝國並且"好變改制度"而以理念上國家體制的實現爲目標的王莽不同,爲重新建設並維持統一帝國的運作,當時的光武帝則不得不采取與時代環境相契合的統治策略。實際上,亦如第一節第二小節所述,輔翼王莽的各類組織機構也未必没有發揮作用,只是即使他每夜埋頭政務直至黎明,國政的運作依然遲滯難行,不久王莽新朝亦作爲短命王朝而滅亡。鑑於此,從兩漢交替之際羣雄割據之中脱穎而出的光武帝所采取的諸項措施則不得不根據當時實際的戰亂狀況而逐次展開。基於此,筆者認爲該時代背景當對光武帝時期的官制改革産生了不小的影響。本文第二節第二小節曾引用了朱浮的上疏,他認爲光武帝"即位以來,不用舊典"。其實反過來看,如果在當時即復歸"舊典"的話,很明顯也是不合時宜的。正是在這一戰亂形勢之中,以及光武帝獨掌朝政的前提下,才催生出當時皇帝集權的組織體制。而在目前相關研究中,對此一點,可以説仍未能夠引起學界的足夠重視。

最後,來探討光武帝時期的官制改革對其後東漢官制所産生的影響問題。既往研究中,對這一東漢官制中所出現的顯著特徵,中央官制中的尚書以及地方官制中的刺史所發揮的重要性已有充分認識。① 這基本上是既往研究的共識,同時與本文序論中所提到的"波紋式循環發生論"亦如出一轍。對此,關於中央官制中的尚書,對"波紋式循環發生論"持有批判態度的富田氏曾對尚書所發揮的皇帝官房的作用加以考察,認爲本來尚書就是以被寄予應當承擔起同作爲宰相的三公所不同的職責而被設置起來的。也就是説,由三公所主宰的官僚機構在強化國家大政運作的同時,輔翼

① 參閱櫻井芳朗《秦漢時代》(本書頁42注①和田氏所編論著收録)。

皇帝對組織結構進行支配的尚書體制也開始形成。由此，綜觀整個漢代官制史，富田健之認爲此一尚書體制的形成其實也就意味着官制的質的發展。基於此，筆者亦認爲，如果將此三公和尚書之間組織功能上的差異與郡縣的民政功能和州的監察功能之間的差別加以對比的話，那麽富田健之所勾勒出的中央官制結構同樣也適用於地方官制之中。概言之，東漢時期的郡縣體制中，作爲民政機關的屬吏組織得以加强，而郡縣的各組織機構間也實現了有機的聯繫。與此同時，在州一級的體制中，州在以監察職能爲核心的同時於行政事務上也對郡縣加以統管。由此，東漢時期郡縣和州在承擔着不同職能的同時又能夠有效地對地方進行統治的體制也被構建起來。

此處值得注意的是整個東漢一代關於尚書和刺史的別稱問題。亦即，尚書往往被冠以"陛下喉舌""喉舌之官"這種皇帝側近官的稱呼，[①]同時亦如筆者在前稿中所指出，作爲"皇帝使者"而爲人所知的刺史則被稱爲"使君"（"使者"的尊稱）。由是可知，當時人們也是將這二者同一般官僚區別開來而加以認識的。另一方面，至東漢末年，在中央官制中，由於相國董卓（中平六年〈189〉）、丞相曹操（建安十三年〈208〉）的登場，皇帝全權掌握的集權體制開始崩潰，而在地方官制中，以中平五年設置的州牧爲中心的地方軍閥割據開始出現，東漢的統一帝國也逐漸瓦解。[②]不論哪種情況，這也都是當時實際的政治態勢的反映，而如果從較長的視角來加以觀察的話，這也其實可以視作光武帝時期確立起來的皇帝支配體制所存在的破綻。

如本文序論所述，近年來漢代史研究中，西漢末至東漢初國家

① 關於尚書的"陛下喉舌"這一稱謂，參閱本書頁42注②富田氏論文 B。
② 關於東漢末年州制所發生的質的變化，參閱本書頁44注①拙稿 B。

體制的重新建構問題引起了較多的關注。而就其中不可忽視的官
制方面來說,筆者認爲通過光武帝時期的改革也同樣被加以重新
調整。但是,筆者想特別強調的是,由兩漢交替之際的戰亂時代所
產生的皇帝支配體制的變化。也就是說,經過兩漢交替期,在中央
作爲"陛下喉舌"的尚書以及地方上作爲"皇帝使者"的刺史相互
發揮作用,同時在組織機構上保證皇帝支配的體制被建構起來。
由此,我們也可以認爲,皇帝支配的體制化也同時得以確立。但
是,這完全不同於西漢以來所謂職務範圍的擴大或者職權的增加
這一簡單的量的方面的變化,而是要將其歸結於官僚制度的質的
發展上來加以重新認識和理解。

結　　語

最後對本文的論點總結如下:

① 光武帝時期的三公作爲戰時體制下的宰相擔當了國家大政
運作的職能。東漢時期的三公制是由重視吏事的光武帝爲實現權
力的集中而被設置起來的,這也同時說明輔助處理皇帝所承擔相關
事務的組織設置也就變得更爲必要了。經歷王莽新朝時期尚書體
制的形骸化以及兩漢交替期的戰亂狀態,光武帝時期則謀求重新建
構作爲皇帝官房的尚書,而最終該舉措也極爲奏效。這一時期尚書組
織機構的擴充也反映出,尚書其實已經成爲光武帝輔翼組織的核心。

② 由於光武帝時期郡縣官府開始出現冗官的現象,所以各郡
縣的組織體制也得以重新調整。同時該時期軍備的縮小,也可以
視作重視郡國民政功能的結果。另外,光武帝通過刺史改革,將作
爲監察官的刺史在制度設計上定位於地方上的皇帝代理人這一角
色。而州則承擔起對郡縣以下的民政機構進行統管的基本職能。

東漢時期的州以指揮、監督郡縣的形式來參與地方行政。這也同時意味着，州對郡縣的統管已延伸至行政事務實施的層面。

③ 在光武帝獨掌朝政的前提之下，以人事、監察爲中心，中央同地方組織機構上的相互協作體制也得以確立。對由戰亂時期所建立起來的光武帝政權來講，爲重新建設並維持統一帝國，其相關政策的實施就不得不與當時的時代環境相適應，而這一點也影響到了光武帝的官制改革。其結果，該時期的官制改革順利實施，同時集國家大權於光武帝之手的組織體制也被逐步建構起來。

④ 亦如既往研究所指出，綜觀東漢一代，儘管尚書和刺史的重要性逐漸突出，但這並非是西漢以來其職務範圍的擴大以及權限的增加這種單純的量的變化。光武帝時期在中央作爲“陛下喉舌”的尚書以及地方上作爲“皇帝使者”的刺史相互作用而從組織機構上保障皇帝支配的體制被建構起來。因此，皇帝支配的體制化也得以確立。但對此，要從官僚制度的質的發展這一點上來加以重新的認識和理解。

如果上述相關論述尚屬得當的話，那麼類似於富田健之氏所提及的尚書體制的形成這一官制的質的發展就不僅僅局限在中央官制之中，而在地方官制中也同樣出現。亦如和田清氏的“波紋式循環發生論”所示，中國史上的官制發展其實是在中央和地方兩個方面同時展開的。就漢代來講，通過光武帝時期的官制改革，皇帝支配的體制化是將中央同地方作爲一個整體來逐步確立起來的。而其時代背景則是兩漢交替期的戰亂狀態。重建東漢統一帝國的過程中，在光武帝獨掌朝政的前提下，集國家大權於皇帝的組織體制也被建構起來，進而促使官僚制度發生了質的發展，這便是本文的最後結論。

原載《九州大學東洋史論集》第 39 號，2011 年

"山胡"世界的形成及其背景

——東漢末至北朝黄河東西岸的地域社會

北村一仁著

張學鋒譯

緒　言
——意圖與問題

　　筆者在舊稿中①曾論到：東漢末年，居住在今山西省西部吕梁山脈周邊的南（五部）匈奴，與當地的勢力集團"白波"相互呼應，"胡""山胡""稽胡"等部族頻掀叛亂，使這一地區成爲魏晉北朝政權難以統治的"淵藪"之地。當初，筆者的主要任務在於廣泛把握當時各地的事態，對其實態只是作了簡單的考察。其後，筆者在閱讀相關史料時發現，在探討當地地域社會之際，完全可以把黄河西岸地區也納入其中，因此産生了必須將黄河兩岸地區作爲同一個區域，站在"山胡"等部族所形成的世界這一視野下，對其地域性

---

① 拙稿《南北朝期『淵藪』の地域的分布とその空間的特徵》[《南北朝時期"淵藪"的地理分布及其空間特徵》]《東洋史苑》第70、71合刊號，2008年。

展開探討的想法。

再者,在北朝晚期東西分裂之際,這一地區正處在東西政權的夾縫之中,成爲東西政權勢力角逐的場所,是事實上的邊境地區。與處於南北朝之間的非漢族"蠻人"集團,以及形成於氐羌之間的仇池等政權一樣,處於東西之間的"山胡"集團,在東魏北齊與西魏北周的抗爭中,也必定會起着某些重要的作用。

考慮到以上這些因素,本文試圖對"山胡"世界的形成以及得以維持的背景,即對作爲"山胡"世界的舞臺的黃河南流段東西兩岸(以下簡稱"黃河東西岸地區")所具有的歷史意義和地域特徵展開探討。具體地説,首先是在前人研究的基礎上,對北朝歷史上"山胡"的活動進行重新梳理;其次,在論述"山胡"之前,對居住在這一帶並形成勢力、與"山胡"有着密切關係的南(五部)匈奴,以及與"南(五部)匈奴"有着呼應關係的"白波"集團進行綜合探討,以期描繪出這一地區地域社會形成的軌迹。然後,參照地理類文獻,對孕育了他們的黃河東西岸地區的環境展開綜合分析;最後,以上述分析爲基礎,站在地域社會史的立場上,對當地勢力之所以能夠形成並得以維持這一問題,將之作爲東西政權夾縫中的一種現象加以探討。

一 北朝時期的"山胡""稽胡"

關於北朝時期的"山胡""稽胡",前人已有較多的研究。[①] 其

---

① 有關"山胡"的研究成果,有唐長孺《北魏末期的山胡敕勒起義》(載其《山居存稿》,中華書局,1989 年。初見《武漢大學學報》1964 年第 4 期)、《魏晉雜胡考》(載其《魏晉南北朝史論叢(外一種)》,河北教育出版社,2000 年。初見 1955 年);周一良《北朝的民族問題與民族政策》(載《周一良集》,遼寧教育出版社, <轉下頁>

中,新近發表的瀧川正博《北周"稽胡"的創設》一文,①不僅從以往的所謂民族史的視角,而且还從"中華"世界以及東魏北齊、西魏北周抗爭角逐中"稽胡"的意義這個視角,對"稽胡"問題展開了考察,意義非同尋常。接下來,我們首先在瀧川氏研究成果的基礎上,對北魏以降"山胡""稽胡"的實態及其動向進行梳理,從中追尋其勢力形成的過程。

關於"山胡""稽胡"的來源,《周書·異域傳上·稽胡》篇首稱:"稽胡一曰步落稽,蓋匈奴別種,劉元海五部之苗裔也。或云山戎赤狄之後。"據此,"山胡""稽胡"被視爲五部匈奴或山戎赤狄的後裔。②對這條記載,有着不同的看法,因史料的不足和混亂,並無定説。③ 不過,綜合考慮其居處的地理分佈以及"山胡"統帥的姓氏(詳見後述)等因素,"山胡""稽胡"應歸屬於以五部匈奴爲核心形成的"雜胡"。

關於五部匈奴,前人的研究成果非常多,④在此無需贅言。正如《晉書·劉元海載記》所言:"魏武分其衆爲五部,以(劉)豹爲左部帥,其餘部帥,皆以劉氏爲之。太康中,改置都尉,左部居太原茲氏(今山西汾陽),右部居祁(今山西祁縣),南部居蒲子(今山西隰

<接上頁> 1998 年。初見《燕京學報》39,1950 年)。此外,白翠琴《魏晉南北朝民族史》(四川民族出版社,1996 年)第五章第四節《羯胡、盧水胡、稽胡的興衰》中亦有概述。

① 瀧川正博《北周における『稽胡』の創設》[《北周"稽胡"的創設》],《史觀》160,2009 年。

② 《史記·匈奴傳》唐張守節《正義》引《括地志》:"潞州本赤狄地。延、銀、綏三州白翟之地。"此外,《太平寰宇記·關西道十一·丹州》"風俗"條引《隋圖經》稱:"近代謂之部落稽胡,自言白翟之後。"等等,黃河東岸的部落稽胡亦有"白翟"之後的説法。

③ 參閱前引周一良論文、唐長孺《魏晉雜胡考》"屠各"條,以及白翠琴著作中的相關章節。

④ 可參閱内田吟風《北アジア史研究·匈奴篇》[《北亞史研究·匈奴篇》]之《關於南匈奴的研究》所録各篇(同朋舍,1975 年),以及前引唐長孺各論文等。

表一 山胡"稽胡"大事年表

序號	時間	地點	山胡起事主體	規模	事件	北朝政府的應對	資料
01	登國六年(391)十二月	?→馬邑	山胡幡觰、業易于	三千餘家	山胡首大帥幡觰、業易于等率三千餘家降附，出居於馬邑		魏2
02	皇始三年(398)三月	離石、西河	離石胡帥呼延鐵、西河胡帥張崇	數千人	(呼延鐵等)不樂內徙，聚眾反叛	(廣)岳率騎三千討破之，斬鐵，摛崇、搜山窮討，散其餘黨	魏2、28
03	永興二年(410)十二月	離石、西河	山胡			(明元帝)詔將軍同觀率衆詣西河、離石，鎮撫山胡	魏3
04	永興五年(413)七月	河西→蒲子	河西胡曹龍、張大頭（＋西河張外、建興王紹）	二萬人	西河張外，建興王紹，自以所犯罪重，不敢解散……河西胡曹龍、張大頭等各領部，擁衆二萬人來入蒲子，遇酋長張外於蒲子壘。外懼，給以牛酒，殺馬爲盟誓，推龍爲大單于，奉美女良馬爲於龍馬	曹龍降，執送張外，斬之	魏3、28
05	永興五年(413)十月	吐京	吐京叛胡、離石胡		吐京胡與離石胡出以兵牛叛，置立將校，外引蠕蠕屈丐	屈督會稽公劉絜、永安侯魏勤拒之。勤没於陣，絜墜馬，胡執送屈丐，外屈丐猶存	魏3、28、33 北15

（續　表）

序號	時　間	地　點	山胡起事主體	規　模	事　　件	北朝政府的應對	資　料
06	神瑞二年(415)三月	河西→上黨	河西飢胡白亞栗斯、司馬順宰		河西飢胡屯聚上黨，推白亞栗斯為盟主，號大將軍，反於上黨，自號單于，稱建平元年，以司馬順宰為之謀主		魏3
07	神瑞二年(415)四月	上黨	白亞栗斯、劉虎、司馬順宰		衆叛栗斯而立劉虎，號率善王		魏3
08	太常元年(416)九月	上党→陳留	山胡劉虎、司馬順宰			前并州刺史叔孫建等大破山胡	魏3
09	延和三年(434)七月至九月	西河	山胡白龍			(太武帝)命諸軍討山胡白龍于西河。九月戊子，斬白龍及其將帥，屠其城	魏4 上，30,34,42
10	延和三年(434)十月	五原	白龍餘黨			破白龍餘黨于五原。詔山胡為白龍所逼及歸降者聽為平民。斬與白龍同惡，虜數千人，虜其妻子，班賜將士各有差	魏4 上

（續　表）

序號	時間	地點	山胡起事主體	規模	事件	北朝政府的應對	資料
11	太延三年(437)七月	西河	山胡白龍餘黨			使撫軍大將軍、永昌王王健，司空、上黨王長孫道生討山胡白龍餘黨於西河，滅之	魏4上
12	太平真君六年(445)二月	吐京	叛胡			(太武帝)西至吐京，討徒叛胡，出配郡縣	魏4下
13	太平真君八年(447)元月	吐京→河西	吐京胡、山胡曹僕渾		吐京胡阻險為盜。詔征東將軍武昌王提、征南將軍淮南王他討之，不下。山胡曹僕渾等渡河西，保山以自固，招引朔方諸胡。提等引軍討僕渾	(高涼王那)因與提等合軍共攻僕渾，斬之，其眾赴險死者以萬數	魏4下、16
14	太平真君八年(447)二月	朔方	朔方胡			高涼王那等自安定討平朔方胡	魏4下
15	和平元年(460)二月	河西、石樓	河西叛胡			衛將軍樂安王良督東雍、吐京、六壁諸軍西趣河西，征西將軍皮豹子等督河西諸軍南趣石樓，以討河西叛胡。六月……河西叛胡詣諸長安首罪，遣使安慰之	魏5、51

（續　表）

序號	時間	地點	山胡起事主體	規模	事件	北朝政府的應對	資料
16	和平三年(462)六月	石樓	胡賊帥賀略孫	千餘人	胡賊帥賀略孫聚衆千餘人叛於石樓	(陸)真擊破之,殺五百餘人	魏30 通鑑129
17	皇興末	石樓	山胡		詔洪之爲河西都將討山胡。皆保險拒戰。洪之築壘於石樓南白雞原以對之	諸將悉欲進攻,洪之乃開以大信,聽其復業,胡人遂降	魏89
18	太和初	吐京,西河	西河胡,山胡劉什婆		(僕羅)轉征東將軍……時西河吐京鎮將……胡叛,罷飲討之……山胡劉什婆寇涼郡縣,羆討滅之	自是部內肅然,莫不敬憚。後改吐京鎮爲汾州,仍以羆爲刺史。前此吐京太守劉升,在郡甚有威惠,限滿還都,胡民八百餘人詣羆請之。前定陽令吳平仁亦有恩信,户增數倍。羆以吏民懷之,並爲表請,高祖皆從之。羆既甄礪,威化大行,郡及安之。州民李軌,郭及祖等七百餘人,詣闕頌羆恩德,高祖嘉謂羆政和民悅,增秩延限	魏27

（續　表）

序號	時　間	地　點	山胡起事主體	規　模	事　件	北朝政府的應對	資　料
19	太和二十年（496）十月	吐京	吐京胡		是時吐京胡反	詔（元）彬持節，假平北將軍，行汾州事，率羽林之眾往討之，胡平	魏19下，73
20	太和二十年（496）十月	吐京	胡民去居	六百餘人	胡民去居等六百餘人，保險謀反，勑勒徒類	（元）彬請兵二萬，有司奏許之。高祖大怒，曰："何有動兵馬理也！可隨宜靜帖，若不能權方靜帖，必須發兵，則先斬刺史，然後發兵者。"彬奉詔大懼，而率州兵，身先將士，討胡，平之	魏19下，73
21	宣武帝時	汾州	山胡			（封軌）慰勞汾州山胡	魏32
22	永平四年（511）	汾州	劉龍駒（山賊，胡賊），山胡		（正月）汾州劉龍駒聚眾反。詔諫議大夫薛和率眾討之	（四月）薛和大破山胡	魏8、42、45
23	正光四、五年（523—524）前後	秀容	秀容內附胡民乞扶莫于		秀容內附胡民乞扶莫于破郡，殺太守	（爾朱）榮並前後討平之	魏74 參考：唐著P.86

（續表）

序號	時間	地點	山胡起事主體	規模	事件	北朝政府的應對	資料
24	正光四、五年（523—524）前後	南秀容	南秀容牧子萬子乞真		南秀容牧子萬子乞真反叛，殺太僕卿陸延	同上	同上
25	正光四、五年（523—524）前後	并州	并州牧子素和婆崙崳		并州牧子素和婆崙崳作逆		
26	正光四、五年（523—524）前後	汾、并、肆州	內附叛胡乞伏（扶莫于？），步落堅胡劉阿如		內附叛胡乞伏（扶莫于？）步落堅胡劉阿如等作亂瓜（或為汾或并之誤）肆	（爾朱）榮並滅之	魏74 參考唐著 P.86
27	正光五年（524）十二月	汾州正平、平陽	山胡		汾州正平、平陽山胡叛逆	詔復征東將軍章武王融封爵，為大都督，率眾討之	魏9，69
28	同時期	汾州吐京	薛羽		時汾州吐京羣胡薛羽等作逆	值別將李德龍爲羽所敗，與德龍數千人憑城自守。良入汾州，與刺史汝陰王景和及德龍力攻逼，詔遣行臺裴延儁、大都督章武王融，都督宗正珍孫等赴援	魏69

（續表）

序號	時間	地點	山胡起事主體	規模	事件	北朝政府的應對	資料
29	同時期	五城	山胡馮宜都、賀悅回成		時有五城郡山胡馮宜都、賀悅回成等以妖妄惑衆，假稱帝號，服素衣，持白傘白幡，率諸逆衆，於雲臺郊抗拒王師。融等與戰破敗績，賊乘勝圍城	(裴)良率將士出戰，大破之，於陣斬回成，復誘導諸胡令斬送宜都首	魏69
30	孝昌元年(525)前後	汾州吐京	薛胡薛悉公、馬牒騰、賊王郡康兒	數萬	正光末，汾州吐京薛胡薛悉公、馬牒騰並自立為主，聚衆作逆，衆至數萬	詔(裴)慶孫為募人別將，招率鄉豪，得戰士數千人以討之。胡賊慶孫來逆戰，慶孫身先士卒，每推其鋒，遂深入至雲郊，諸賊更相連結，大戰郊西，自日及夕，慶孫身自奮陳，斬賊王郡康兒。賊衆大潰	魏69
31	孝昌元年(525)前後	汾州	賊帥范多安族		於後賊復鳩集，北連蠕升，南通絳蜀，凶徒轉盛，復以(裴)慶孫為別將，從軹關入討。至齊子嶺東，賊帥范多、范安族等率衆來拒，慶孫與戰，復斬多首	乃深入二百餘里，至陽胡城。朝廷以此地被山帶河，衿要之所，因以慶孫為太守，假節，輔國將軍，當郡都督。民經賊荒闇之後，咸來歸業，逃竄者慶孫務安輯之	魏69

（續表）

序號	時間	地點	山胡起事主體	規模	事件	北朝政府的應對	資料
					又山胡劉蠡升自云聖術,胡人信之,咸相影附,旬日之間,逆徒還振	（李）德龍議欲拔城,（裴）良不許,德龍等乃止。（元）景和巍,以良爲汾州剌史……都督高防來援,復敗於百里候……賊知倉庫空虛,攻圍日甚,死者十三四。良以創肇,因與城人夜走西河,汾州之洽西河,自良始也	魏 9、12、69
32	孝昌元年(525)十二月至西魏大統元年(535)二月(東魏天平二年二月)	汾州雲陽谷→汾晉之間	山胡劉蠡升		魏孝昌年中,有劉蠡升者,居雲陽谷,自稱天子,立年號,署百官,屬魏氏政亂,力不能討。蠡升遂分遣部衆,抄掠居民,汾、晉之間,略無寧歲	齊神武遷鄴後,始密圖之。僞許以女妻蠡升太子,蠡升信之,遂遣其子詣鄴。齊神武既結和親,綏以婚姻,不爲之備。大統元年三月,齊神武潛師襲之,爲其北部王所殺,斬首外徼告慶。蠡升立第二子爲南海王,送於齊南海王。三子爲海王。齊神武擊破滅之,獲其皇后、夫人。及其弟西海王,并皇后、夫人、王公以下四百餘人,歸於鄴	周 49

（續　表）

序號	時　間	地　點	山胡起事主體	規　模	事　件	北朝政府的應對	資　料
33	武泰元年（528）前後	晉州?	山胡			（樊子鵠）洽有威信，山胡率服	魏80
34	天平三年（536）九月	汾州	汾州胡王迢觸、曹貳龍		汾州胡王迢觸、曹貳龍聚眾反，置立百官，年號平都	神武討平之	北6
35	大統四年（538）前後?	黑水	黑水稽胡			（楊忠）又與李遠破黑水稽胡	周19
36	大統六年（540）		白額稽胡			（宇文深）別監李弼率軍討白額胡，稽胡	周27,30
37	大統七年（541）三月	上郡	稽胡帥、夏州刺史劉平伏、別帥劉持鑒		稽胡帥、夏州刺史劉平伏據上郡叛	（西魏）遣開府于謹討平之	周2、16、27、49等
38	武定元年（543）以前	晉州	胡酋胡垂黎	部落數千口		（薛脩義）招降胡酋胡垂黎等部落數千口，表置五城郡以安處之	北齊20

（續表）

序號	時間	地點	山胡起事主體	規模	事件	北朝政府的應對	資料
39	大統九年(543)	（河東?）北山	稽胡			（韓果）又從大軍破稽胡於北山。胡地險阻,人迹罕至,果進兵窮討,散其種落。稽胡畏果勁捷,號為著翅人	周27
40	武定二年(544)十一月	汾州	山胡			高祖(高歡)出軍雙山胡,分為二道。以(斛律)金為南道軍司,由黃櫨嶺山。高祖自出北道,度赤洪嶺,會金於烏突戍,合擊破之。	魏12 北齊17
41	大統十四年(548)		北稽胡		北稽胡反	（李）弼討平之	周15
42	天保四年(553)正月	離石	山胡		山胡圍離石戍	帝討之,未至,胡已逃竄,因巡三堆戍,大狩而歸	北齊4
43	天保五年(554)正月	石樓	山胡			帝討山胡,從離石道。遣太師,咸陽王斛律金從顯州道攻之,大破之,斬首數萬,獲雜畜十餘萬,遂平石樓。石樓絕險,自魏世莫不能至。於是遠近山胡莫不懾服	北齊4

（續　表）

序號	時　間	地　點	山胡起事主體	規　模	事　件	北朝政府的應對	資　料
44	武成元年（559）	延州	稽胡郝阿保、郝狼皮、別部劉桑德		延州稽胡郝阿保、郝狼皮率其種人附於齊氏。阿保自署丞相，狼皮自署柱國，并與其別部劉桑德共爲影響	（延州刺史高琳）又從柱國（同州刺史）豆盧寧等討稽胡郝阿保、劉桑德等，破之	周19、29、49
45	武成二年（560）	延州	郝狼皮		（郝）狼皮等餘黨復叛	（北周）詔大將軍韓果討之，俘斬甚衆	周49
46	保定中	離石、汾北	離石生胡		離石生胡數寇汾北	勳州刺史韋孝寬於險要築城，置兵糧，以遏其路。及楊忠與突厥伐齊，稽胡等復懷旅拒，不供糧饋。忠乃詐其酋帥，云與突厥欲回兵討之，酋帥等懼，乃相率供饋焉	周49
47	保定前後？	丹、綏、銀州	丹州、綏州、銀州等部內諸胡，蒲川別帥郝三郎		其後丹州、綏州、銀州等部內諸胡，與蒲川別帥郝三郎等又頻年逆命	復詔達奚震、辛威、于寔等威窮討，散其種落	周49

（續表）

序號	時　間	地　點	山胡起事主體	規　模	事　件	北朝政府的應對	資　料
48	天和元年（566）		稽胡			（達奚震）率衆征稽胡，破之	周19
49	天和二年（567）	銀州	稽胡白郁久同、喬是羅、別帥喬三勿同			延州總管宇文盛率衆城銀州，稽胡白郁久同、喬是羅等欲邀襲盛軍，盛竝討斬之。又破其別帥喬三勿同等	周49
50	天和五年（570）	綏州	稽胡帥喬白郎、喬素勿同			開府劉雄出綏州，巡檢北邊，川路稽胡帥喬白郎、喬素勿同度河逆戰，雄復破之	周49
51	周武帝時	龍泉、文城	龍泉、文城叛胡			（侯莫陳穎）從滕王逌擊龍泉、文城叛胡，與柱國豆盧勣各帥兵分路而進。穎懸軍五百餘里，破其三柵	隋55

（續表）

序號	時間	地點	山胡起事主體	規模	事件	北朝政府的應對	資料
52	建德五、六年(576—577)	馬邑、河東、河西一帶	稽胡劉沒鐸(鸞升之孫),天柱,大帥穆支		稽胡乘間竊出,並盜而有之。乃立沒鐸升孫為主,號聖武皇帝,年曰石平	(建德)六年,高祖(宇文邕)定東夏,將討之,議欲窮其巢穴。齊王憲以為種類既多,又山谷阻絕,王師一舉,未可盡除。且當剪其魁首,餘加慰撫。高祖然之,乃以憲為行軍元帥,督行軍總管趙王招誅王倫王逈等討之。憲軍次馬邑,乃分道俱進。沒鐸遣其黨天柱守河東,又遣其大帥穆支據河西,規飲分守險要,掎角塞軍。憲命滕王倫攻擊穆支,立破之,斬首萬餘級。趙王招又擊沒鐸,稽胡盡降	周 49,周 6 等
53	宣政元年(578)	西河	稽胡		屬稽胡反叛,入寇西河	(宇文)神舉又率眾與越王盛討平。時突厥與稽胡連和,遣騎赴救。神舉以奇兵擊之,突厥敗走,稽胡於是款服	周 40

（續表）

序號	時間	地點	山胡起事主體	規模	事件	北朝政府的應對	資料
54	宣政元年(578)	汾州	汾州稽胡帥劉受羅干		汾州稽胡帥劉受羅干復反	越王盛督諸軍討擒之。自是寇盜頗息	周49,7
55	宣政二年(579)	隰州	稽胡		時稽胡數為反叛	越王盛、內史下大夫高熲討平之。將班師，熲與盛謀，須文武幹略者鎮遏之。表請以慶，於是即拜石州總管。甚有威惠，境內清肅，稽胡慕義而歸者八千餘戶	隋40

凡例:
1. 資料欄中的魏、北齊、周、北、隋，分別為《魏書》《北齊書》《周書》《隋書》《北史》的簡稱，數字差卷帙。
2. 唐著，指唐長孺《北魏末期的山胡敕勒起義》(載《山居存稿》，中華書局，1989年)。

縣),北部居新興(今山西忻縣),中部居大陵(今山西交城)。劉氏雖分居五部,然皆居于晉陽汾澗之濱。"可見自魏武帝曹操以降,遷入并州的南匈奴部落經過了多次改編。關於漢魏時期的并州胡人,西晉江統《徙戎論》作如下概觀:

> 并州之胡,本實匈奴桀惡之寇也。漢宣之世,凍餒殘破,國內五裂,後合爲二,呼韓邪遂衰弱孤危,不能自存,依阻塞下,委質柔服。建武中,南單于復來降附,遂令入塞,居於漢南,數世之後,亦輒叛戾,故何熙、梁懂戎車屢征。中平中,以黄巾賊起,發調其兵,部衆不從,而殺羌渠。由是於彌扶羅求助於漢,以討其賊。仍值世喪亂,遂乘釁而作,鹵掠趙魏,寇至河南。建安中,又使右賢王去卑誘質呼廚泉,聽其部落散居六郡。咸熙之際,以一部太强,分爲三率。泰始之初,又增爲四。

《徙戎論》接着描述了西晉時期并州胡人的狀況:

> 於是劉猛內叛,連結外虜。近者郝散之變,發於穀遠(今山西沁源)。今五部之衆,戶至數萬,人口之盛,過於西戎。然其天性驍勇,弓馬便利,倍於氏羌。若有不虞風塵之慮,則并州之域可爲寒心。[①]

在江統的筆下,這是一羣令人感到恐懼的"驍勇"之人。這裏值得注意的是"劉猛內叛,連結外虜"事件。劉猛既然屬於"內",但又"叛",並與"外虜""連結"。這種所謂的"中間性",也許被視爲其"苗裔"的"山胡""稽胡"所繼承。這一特徵,或許就是瀧川氏

---

① 《晉書·江統傳》。

提出"中華"與"胡"之間的"中間性格"這一觀點的基礎。再者,幾乎與江統同時的西河人郭欽,他在給晉武帝的上書中也稱:"北地(治泥陽,今陝西耀縣)、西河(治離石,今山西吕梁)、太原(治晉陽,今山西太原)、馮翊(治臨晉,今陝西大荔)、安定(治臨涇,今陝西鎮原)、上郡(或治膚施,今陝西佳縣)盡爲狄庭矣。"①郭欽上書中提及的諸郡,當時遍地是"胡"(這裏指匈奴),從并州中西部到雍州東部這一廣大的區域内,胡人擁衆自立,建立"狄庭"。詳細情況我們後文再敍,這裏想交代的一點是,"山胡""稽胡"的分佈範圍,與上述地域基本重合。

那麽,"山胡"結成的又是什麽樣的集團呢?首先他們是在什麽樣的"渠帥"即權勢者的統領下形成集團的呢?這裏引人注意的是劉氏的存在。從表一所列史料中稍加羅列的話,我們可以看到"山胡"中的權勢者除劉什婆、劉龍駒之外,還可以看到北魏末年的劉蠡升,以及北周時期的劉蠡升之孫劉没鐸。這個劉氏與郝氏、呼延氏、喬氏一起,是南匈奴即五部匈奴中最常見的姓氏。②此外,還可見曹、白等姓氏,這兩個姓氏通常被認爲是西域胡人的姓氏,周一良先生也曾基於這一點指出了"山胡"與西域人之間的關係。③這暫且不論,總之,"山胡""稽胡"以劉、曹、白、郝等姓氏爲中心,形成了"繁熾"的"種落"。

下面我們來看他們的語言習俗。據《周書·異域傳上·稽胡》,"稽胡"在服飾、葬儀等方面與"中夏"没有什麽區别,但語言上保持着"夷狄"的傳統,需翻譯才能溝通。關於"山胡""稽胡"的宗教信仰,《周書·異域傳上·稽胡》雖然未作記載,但在其他史

---

① 《晉書·四夷傳·匈奴》。
② 姚薇元《北朝胡姓考》(修訂本),中華書局,2007年,頁313、300。
③ 前引周一良著,頁194—195。又據姚薇元考證,郝氏原爲烏丸姓氏,見注②姚著,頁273。

料中卻留下了一些相關記録。"時有五城郡山胡馮宜都、賀悦回成等以妖妄惑衆，假稱帝號，服素衣，持白傘白幡，率諸逆衆，於雲臺郊抗拒王師。""山胡劉蠡升自云聖術，胡人信之，咸相影附，旬日之間，逆徒還振。"①參照其他史料可知，前一事件發生在公元524年前後，後者發生在525年十二月至次年二月（孝昌元年十二月至次年二月）之間，基本上屬同一時期。據唐長孺先生的研究，白色在彌勒信仰中屢屢出現，"白傘白幡"也應受到了彌勒信仰的影響。② 還有，《太平寰宇記·關西道十一·丹州》"宜川縣（今陝西宜川）"條引《（隋）圖經》曰：庫碢"川（今仕望河或其支流③）南是漢，川北是胡。胡漢之人，於川内共結香火，故喚香火爲庫碢，因此爲名。"④當然，"香火"一詞既可用於佛教也可用於道教，單憑這一點還很難斷定他們的具體信仰，但有一點是可以肯定的，這就是黃河西岸宜川縣的"胡"，通過"香火"，即某種宗教活動，與"漢"保持着交流關係。

唐長孺先生指出的彌勒信仰，不用説是佛教信仰的一部分。不過筆者覺得對唐先生的見解恐怕難以就此首肯，因爲目前還不能排除"山胡"有着獨自信仰的可能性。在唐先生⑤和瀧川氏看

---

① 均見《魏書·裴延儁傳附裴良》。

② 唐長孺《北朝的彌勒信仰及其衰落》（載其《魏晉南北朝史論拾遺》，中華書局，1983年，頁199—201）。除這一史料外，唐先生還基於《高僧傳》卷十三、《續高僧傳·感通上·釋慧達》，以及《梁書·諸夷傳·扶南》等，論證了"山胡"信奉佛教與劉薩何（竺慧達）有關。王青《魏晉南北朝的佛教信仰與神話》（中國社會科學出版社，2001年，頁125）也贊同這一觀點。

③ 《太平寰宇記·關西道十一·丹州》"宜川縣庫碢川"條稱："在縣西北二十里，從雲巖縣界入，合丹陽川。"可見庫碢川或爲丹陽川（今仕望河）的支流。

④ 又，今仕望河以北爲險峻的黃土塬（參閱《陝西省地圖册》，西安地圖出版社，2008年，頁220），仕望河以南的地形與之差異很大。地形上的差異，或許也是造成仕望河支流庫碢川"川南是漢，川北是胡"的一個原因。

⑤ 前引唐長孺著，頁200—201。

來,佛教信仰似乎在"山胡"中已經普遍存在,兩人的關鍵依據均
爲《續高僧傳》中慧達的事迹,然而,這些傳承和史料中存在着矛
盾,很難作出整體上的理解。因此,這裏將焦點集中在地域性及分
佈上,對《續高僧傳》的相關記載進行分析。《續高僧傳》的記載
如下:

> 釋慧達,姓劉,名窒和,本咸陽東北三城定陽(今陝西甘泉
> 東)稽胡也。先不事佛,目不識字,爲人凶頑,勇健多力,樂行
> 獵射。爲梁城突騎,守於襄陽(今湖北襄陽)。父母兄弟三人
> 並存,居家大富,豪侈鄉間,縱橫不理。後因酒會遇疾,命終,
> 備睹地獄衆苦之相。廣有別傳,具詳聖迹。達後出家,住於文
> 成郡①。今慈州(今山西吉縣)東南高平原,即其生地矣,見有
> 廟像,戎夏禮敬,處于治下安民寺中。②

據《慧達傳》的下文,這些情況基本上是太延元年(435)以前
的事。《傳》中稱釋慧達家族"居家大富,豪侈鄉間,縱橫不理",應
該是"稽胡"中的權勢人物。綜合考慮"本咸陽東北三城定陽(今
陝西甘泉東)稽胡"、"住於文成郡"、"今慈州(今山西吉縣)東南
高平原,即其生地"等記載可知,釋慧達的原籍是定陽,位於黄河西
岸,卻誕生於黄河東岸的慈州,即北魏時期的汾州南部。在其誕生
地慈州還建有"廟像"及"寺",受到當地"戎夏"的"禮敬"。也就
是說,雖然來源不是很清楚,但是在北魏太武帝時期這一帶已經出
現了佛教信仰,至少是類似佛教的信仰。其後,到了北魏末年,出
現了"服素衣,持白傘白幡"的人物,那些崇拜"聖術"的人們集中

① 或是文城郡(今山西吉縣西北)之誤。
② 《續高僧傳·感通上·釋慧達》。

到了“妖妄”的旗下。

如此看來，“胡”的習俗，雖然與“漢”“華”有着根本上的差異，但兩者之間絶非互不往來。在“漢”“華”的影響下，從漢代開始逐漸形成了“胡”的世界，北朝時期依然保持着與“漢”世界的直接交流。這正是具有“中間”性質的“異域”之民。

再次回到“山胡”的信仰問題上。據前引史料，當地的信仰將人們吸引到了一起，並成爲“叛”的紐帶之一。關於“叛”這一現象，從“吐京胡阻險爲盜”，[①]“（山胡）皆保險拒戰”，[②]“胡民去居等六百餘人，保險謀反”，[③]“山谷阻深者，又未盡役屬。而凶悍恃險，數爲寇亂”[④]等記載中不難看出，他們利用吕梁山脈的險要地形，以吐京、石樓爲中心，向北魏、東西魏、北齊北周頻頻掀起“寇亂”或“叛”。當地的地形地貌，下文再述，這裏我們首先來考察掀起這些“寇亂”的主體。

“叛”的主體，史料上除“山胡”外還有“羣盜”“丁零”“民”“飢胡”“賊”等多種稱法。[⑤] 其中最具典型意義的，是北魏神瑞二年（415）三月至次年泰常元年九月白亞栗斯等掀起的“寇亂”。關於這場動亂，《魏書·明元帝紀》稱：

> （神瑞二年三月）河西飢胡屯聚上黨，推白亞栗斯爲盟主，號大將軍，反於上黨，自號單于，稱建平元年，以司馬順宰爲之謀主。夏四月，詔將軍公孫表等五將討之。河南流民二千餘家内屬。眾廢栗斯而立劉虎，號率善王……（泰常元

① 《魏書·太武帝紀下》“太平真君八年正月”條。
② 《魏書·酷吏傳·李洪之》。
③ 《魏書·元彬傳》。
④ 《周書·異域傳上·稽胡》。
⑤ 參閲《魏晉南北朝農民戰爭史料彙編》（中華書局，1980年）。以下簡稱《彙編》。

年)九月戊午,前并州刺史叔孫建等大破山胡。劉虎渡河東
走,至陳留,爲從人所殺,司馬順宰等皆死。

　　白亞栗斯是"河西飢胡"中的一人,繼其而起"聚結流民,反於
上黨"的劉虎也是"河西飢胡"。① 另外,同樣掀起叛亂的"河內人
司馬順宰,自號晉王……"②,則司馬順宰似乎出身於河內司馬
氏。③ 也就是説,太行山脈南北的河內郡和上黨郡,不僅在地理上
相互鄰近,而且在社會上也有着密切的關聯,《魏書》所言"河內北
連上黨,南接武牢,地險人悍,數爲劫害,長吏不能禁"④,爲兩者之
間的緊密關係作了最好的注釋。因此,我們是否應該這樣來理解,
河內郡與上黨郡,與其説兩者被太行山的南端所阻隔,不如説兩者
均因"地險人悍",形成了一個叛亂多發的世界。
　　"山胡"與附近的地方勢力相互勾結掀起叛亂,類似的事件還
有很多。如"吐京胡與離石胡出以兵等叛,置立將校,外引赫連屈
丐"⑤"山胡曹僕渾等渡河西,保山以自固,招引朔方諸胡"⑥"於後
賊復鳩集,北連蠡升,南通絳蜀,凶徒轉盛"⑦"延州稽胡郝阿保、郝
狼皮率其種人附於齊氏。阿保自署丞相,狼皮自署柱國,並與其別

---

① 《魏書·公孫表傳》。
② 《魏書·明元帝紀》"神瑞元年十二月"條。
③ 隨着晉室南遷,河內司馬氏似乎大部分都遷往了江南,但也有部分留下在河北,如
　北魏時期,"(元)略遂潛行,自託舊識河內司馬始賓。始賓便爲獲筏,夜與略俱渡
　孟津,詣上黨屯留縣(今山西屯留東)栗法光。"又,關於北魏時期的司馬氏,可參閲
　堀内淳一《北魏における河内司馬氏—北朝貴族社会と南朝からの亡命者》[《北
　魏的河內司馬氏——北朝貴族社會與來自南朝的流亡者》],《史學雜誌》119—9,
　2010 年。
④ 《魏書·酷吏傳·李洪之》。
⑤ 《魏書·文安公泥傳》。
⑥ 《魏書·太武帝紀下》"太平真君八年正月"條。
⑦ 《魏書·裴延儁傳附裴慶孫》。

部劉桑德共爲影響"①等等。可見"山胡"與周邊游離於五胡北朝政權的集團或敵對勢力相互勾結，在東西分裂以後，又反覆於東魏北齊和西魏北周兩大勢力之間，保持了自身的勢力。類似的情況，同樣存在於下文將要詳述的南匈奴與"白波"之間。可以説，從黄河東西岸到河内、上黨這一廣袤區域，從東漢開始便逐漸成爲"賊""胡"相互勾結的土壤。

我們再詳細考察黄河東岸②的情況。尤其是今山西省吕梁山脈西南麓汾北的汾州吐京（今山西石樓）一帶，是"叛"集中的區域。③ 據《彙編》，共有 15 次，從時間上看以太武帝到北魏末爲多，基本上涵蓋了整個北朝時期。④ 在汾州吐京掀起叛亂的不用説幾乎全是"胡"或"山胡"。其中規模最大的是發生於正光五年（524）的叛亂。關於這場叛亂，《魏書·裴延儁傳附裴良》有詳細的記載。相關史料前文已有部分引用，爲便於論述，這裏不憚繁瑣再次引述如下：

　　　　時汾州吐京羣胡薛羽等作逆，以（裴）良兼尚書左丞，爲西

①　《周書·異域傳上·稽胡》。
②　又，關於與之相鄰的河東郡（今山西永濟）的情況，可參閲宋傑《兩魏周齊戰爭中的河東》（中國社會科學出版社，2006 年，頁 98—130）、谷川道雄《東西両魏時代の河東豪族社會——『敬史君碑』をめぐって》[《東西兩魏時期的河東豪族社會——圍繞"敬史君碑"》]（載碛波護編《中國中世的文物》，京都大學人文科學研究所，1993 年）、毛漢光《中國中古政治史論》（上海古籍出版社，2000 年，第三、四編）等。關於當地的風俗，《隋書·地理志》稱："河東、絳郡、文城、臨汾、龍泉、西河，土地沃少塉多，是以傷於儉嗇。其俗剛强。"
③　《魏書·穆羆傳》稱："後吐京鎮改爲汾州。"
④　據史料記載，記述吐京者有 397（《彙編》所加編號。413 年。下同）、401（434 年）、403（445 年）、404（447 年）、409（462 年）、418（太和初）、420（496 年），明確記述汾州（含隰縣或石樓）附近的有 425（511 年）、427（524 年）、482（553 年），記述石樓的有 328（471 年）、408（460 年）、411（皇興末），判斷發生在其附近地區的有 530（577 年）和 531（579 年）。

北道行臺。值別將李德龍爲羽所破,良入汾州,與刺史、汝陰王(元)景和及德龍率兵數千,憑城自守。賊併力攻逼,詔遣行臺裴延儁,大都督、章武王(元)融,都督宗正珍孫等赴援。時有五城郡山胡馮宜都、賀悦回成等以妖妄惑衆,假稱帝號,服素衣,持白傘白幡,率諸逆衆,於雲臺郊抗拒王師。融等與戰敗績,賊乘勝圍城。良率將士出戰,大破之,於陣斬回成,復誘導諸胡令斬送宜都首。又山胡劉蠡升自云聖術,胡人信之,咸相影附,旬日之間,逆徒還振。德龍議欲拔城,良不許,德龍等乃止。景和薨,以良为汾州刺史,加輔國將軍,行臺如故。都督高防來援,復敗於百里候。先是官粟貸民,未及收聚,仍值寇亂。至是城民大飢,人相食。賊知倉庫空虛,攻圍日甚,死者十三四。良以飢窘,因與城人奔赴西河。汾州之治西河,自良始也。

據這段史料可知,汾州吐京[①]、五城[②](今山西大寧南)的"羣胡""山胡"的勢力非常熾烈,北魏政府不得不將汾州的治所從蒲子縣(今山西隰縣)遷移至呂梁山另一方的并州西河縣(今山西汾陽)。

關於當地的社會狀況,史料中留下了如下的記載:"是時(天平四年,537),東雍(今山西新絳)、南汾(今山西吉縣)二州境多羣賊,聚爲盜,因(晉州刺史高)市貴平(柴)覽,皆散歸復業。"[③]這裏的"羣賊",從史料所載的地域上來看,應該是"山胡"。據這條史料的記載,雖然因高市貴平定柴覽而"復業",但實際上從"(天保

① 據《元和郡縣圖志·河東道一·河中府》"隰州"條,汾州吐京是漢之土軍縣,北魏稱"吐京",是胡俗音訛所致,以"軍"爲"京"。《圖志》又引《水經注·河水三》稱:"蒲川水出石樓山,南逕蒲城東,即重耳所奔處也。"是春秋時期晉國重耳的亡命之處。

② 參閱前引宋傑《兩魏周齊戰争中的河東》,頁 206—223。

③ 《北齊書·高市貴傳》。

五年）於是遠近山胡莫不懾服"①一句即可看出，"復業"和"反叛"在反反覆覆，直到北齊天保五年（544）才將山胡完全置於統制之下。北齊一代，這一地區確實沒有再"叛"，只是在北齊行將滅亡的577年和579年發生過兩次。不過，從這一現象中似乎也可以看出，當地的"山胡"或"羣賊"，雖然一時間懾服於政府的統轄，但一有風吹草動，他們馬上就會再次掀起"寇亂"。

正像"河西胡曹龍、張大頭等各領部擁衆二萬人，來入蒲子（今山西隰縣），逼脅張外於研子壘（今地不詳）。（張）外懼，給以牛酒，殺馬盟誓，推龍爲大單于，奉美女良馬於龍②那樣，當初"山胡"們使用的只是胡人的首領稱號"大單于"。後來，像前引史料中所見的馮宜都、賀悦回成等稱"帝號"，薛悉公、馬牒騰等"自立爲王"，③劉蠡升稱"天子""立年號，署百官"，王迢觸、曹貳龍等"署立百官，年號平都"，④郝阿保、郝狼皮等人各"署"丞相、柱國，等等，他們已經習慣了漢式的帝王稱號，並模仿漢式政權署百官立年號。這些變化，與仇池諸政權以及十六國各政權的成長過程有着驚人的相似。⑤

不管怎么説，有一點是可以確認的，那就是棲息在黄河東西岸的"山胡"，不受北魏、東魏北齊和西魏北周的統制，時而形成自己的勢力集團，處於半獨立的狀態。

---

① 《北齊書·文宣帝紀》"天保五年正月"條。石樓地區也有類似的記載，《魏書·酷吏傳·李洪之》："詔洪之爲河西都將討山胡。皆保險拒戰。洪之築壘於石樓南白雞原以對之。諸將悉欲進攻，洪之乃開以大信，聽其復業，胡人遂降。"

② 《魏書·明元帝紀》"永興五年七月"條。

③ 《魏書·裴延儁傳附裴慶孫》。

④ 《北齊書·神武帝紀下》"天平三年九月"條。

⑤ 事例有《宋書·氐胡傳》："（楊）難當自立爲大秦王，號年曰建義，立妻爲王后，世子爲太子，置百官，具擬天朝。"《晉書·吕光載記》："（吕光）自號太上皇帝。"《宋書·夷蠻傳·高句驪》："（馮）跋自立爲主，自號燕王。"同書《氐胡傳》："（段）業自號龍驤大將軍、涼州牧、建康公。"等等。

二　東漢末年的南（五部）匈奴與“白波”

在前面的論述中，筆者指出黃河東西岸地區在歷史上逐漸形成了“賊”“胡”兩者非常容易相互脅謀起事的土壤。關於這一點，這裏稍加詳述。

前面已經交代，“山胡”的前身是南（五部）匈奴。東漢末年，經常與南匈奴結成統一戰線的是被稱爲“白波”的勢力集團。關於南匈奴與“白波”之間的關係，《後漢書·靈帝紀》稱：“（中平五年二月）黃巾餘賊郭太等起於西河白波谷，寇太原、河東……九月，南單于叛，與白波賊寇河東。”又《獻帝紀》稱：“（中平六年十月）白波賊寇河東，董卓遣其將牛輔擊之……（初平元年正月）白波賊寇東郡……（興平二年十一月）楊奉、董承引白波帥胡才、李樂、韓暹及匈奴左賢王去卑，率師奉迎，與李傕等戰，破之。”“白波”原本只不過是一個流“賊”集團，後與匈奴相互勾結，最終甚至受到有權擁立皇帝的董承的青睞，並引以爲戰鬥力。

從下引的史料中我們可以進一步看出“白波”與南（五部）匈奴的關係。“持至尸逐侯單于於扶羅，中平五年立……會靈帝崩，天下大亂，單于將數千騎與白波賊合兵寇河內諸郡。時民皆保聚，鈔掠無利而兵遂挫傷。復欲歸國，國人不受，乃止河東。”[①]“於夫羅者，南單于子也。中平中，發匈奴兵，於夫羅率以助漢。會本國反，殺南單于。於夫羅遂將其衆留中國。因天下撓亂，與西河白波賊合，破太原、河內，抄略諸郡爲寇。”[②]可見“白波”集團與南匈奴

---

① 《後漢書·南匈奴傳》。
② 《三國志·武帝紀》注引《魏書》。

單于於夫羅以及前引史料中的左賢王(後又爲右賢王)去卑之間有着合作關係。

所謂"白波",正像前引"黄巾餘賊郭太等起西河白波谷,寇太原、河東"所稱,是以"白波谷"爲據點的"黄巾餘賊"。經考證,"白波谷"在今山西省襄汾縣永固鄉,[①]位於"山胡"的另一大據點五城山下東南約 70 公里,距離"羣賊"(可能是山胡)衆多的北齊東雍州東北30 公里。石井仁認爲,"白波"是"山西西南部一帶的村塢,以及以這些村塢的居民爲基礎形成的勢力"。[②] 總之,白波谷一帶,與東漢末年南(五部)匈奴的居住地以及北朝時期"山胡"的勢力範圍相鄰。

從以上分析可知,汾北、汾西與黄河以東,亦即北朝時期五城、吐京、石樓所在的吕梁山脈西南麓地區,東漢末年已經成爲孕育非漢人和"賊"勢力的温床,兩者的相互結托也很明顯。結合本文上一章的敍述,可以描繪出這樣一條軌迹:魏晉北朝時期,這一帶的非漢人或"賊"勢力,東與上黨、河内鄰接,西與黄河西岸的各種勢力相互結托。也就是説,從長時段來看,東漢末年這一地區多"叛"的地域特徵已經顯現,西晉時期,"胡"人跋扈,進入北朝以後,"胡"與"賊"相互呼應,形成了獨特的地域特徵。

三　黄河東西岸地區的環境與居民

那麽,這一"胡""賊"互爲影響的地區又是一個什麽樣的地區

---

① "白波谷"的地理位置有不同觀點,請參閱靳生禾、謝鴻喜《東漢白波壘古戰場考察報告》(《山西大學學報》2004 年第 1 期)。只是該説認爲白波谷在司州河東郡,不在西河郡。據靳、謝二人所説,當時"西河"是對南流黄河的稱呼,並非指西河郡(離石)。又,《中國歷史地圖集第二册》(頁 42—43)亦同。本文遵從其説。

② 石井仁《黑山・白波考—後漢末の村塢と公權力》[《黑山、白波考——東漢末年村塢的公權力》],《東北大學東洋史論集》9,2003 年,頁 73。

呢？他們又爲什麽會在這樣的地區形成自己的勢力的呢？接下來我們目光轉向這一地區，從地理的視角對這一地區進行考察。首先我們再次從其地理分佈上加以梳理。

據唐長孺先生的研究，胡人廣泛分佈在汾河兩岸特別是吕梁山地區到陝北、秦隴一帶，他們掀起“起義”的地點主要集中在三個地區：懷朔鎮；陝北的夏州、東夏州、幽州、北華州；汾水兩岸，特別是西岸。[①] 唐先生亦引《周書·異域傳上·稽胡》稱“自離石以西，安定以東，方七八百里”，將其視爲“山胡”“起義”的基本範圍。此外，據前引瀧川論文頁43圖2所示，雖説是“安定以東”，但將其視爲主要集中在延州以東比較妥當。再次閲讀這些史料時，我們發現汾州，而且是其中的石樓、吐京、離石等地尤其令人矚目（參閲本文表一）。這是一個被稱爲“汾州之北，離石以南，悉是生胡”[②]的地區，這裏雖然説的是北周的情況，但從表一所列史料中不難發現，這是北魏以來的常態。也就是説，“山胡”活動的地區，主要集中在以南流黄河爲中心的東岸汾西地區（尤其是吕梁山以西）和西岸的丹（今陝西宜川）、綏（今陝西綏德）、銀（今陝西榆林）、夏（今陝西靖邊）、延（今陝西延安）諸州之東地區。本節即以這一地區爲考察對象。

1. 自然環境與交通

首先是這一地區的自然環境問題。本文探討的地區可以黄河爲界分成東西兩大部分（參見所附地圖）。[③]

---

① 唐長孺《北魏末期的山胡敕勒起義》，載《山居存稿》，中華書局，1989年，頁61、79—86。

② 《周書·韋孝寬傳》。

③ 該地圖以谷歌地圖（http://maps.google.co.jp）爲底圖，參考並添加了《中國歷史地圖集》和嚴耕望《唐代交通圖考》卷五《河東河北區》（中研院歷史語言研究所，1986年）相關内容。（　）内的地名爲今地名，〔　〕内爲使用這個地名的朝代名。魏指北魏，東、西分别指東魏和西魏，齊、周指北齊和北周。

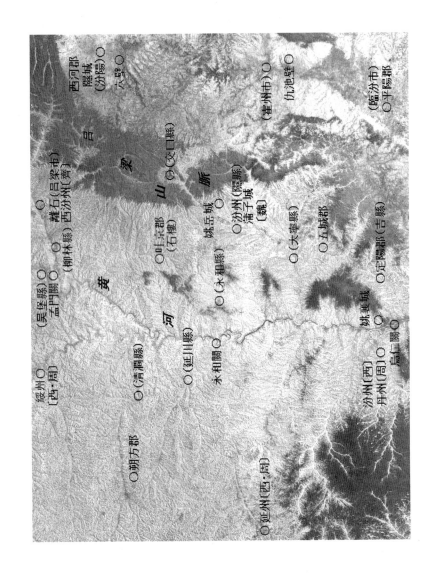

　　首先,在前人研究①的基礎上我們來看黃河東岸地區的地域背景。就其自然環境,從今天的行政區劃上來説,這一地區屬於吕梁市南部離石區以南各縣,以及臨汾市吕梁山脈以西地區,均位於吕梁山脈西麓,海拔 800—1,300 米,是所謂的"黄土丘陵(溝壑)區",即山谷縱横的黄土高原區。② 其實,南北朝時期的史料中也已經呈現出了這樣的地貌特徵。如河東郡"北山"的胡人,他們的居處"胡地險阻,人跡罕至"③。稽胡劉没鐸控制的地區也是"山谷阻絶"④。此外,汾州整體地貌是"被山帶河,衿要之所"⑤,"山胡"的中心地石樓,地形"絶險,自魏世所不能至"⑥,等等,都用"險阻"、"阻絶"、"絶險"等詞來描述這一地區險要的地形。

　　另一方面,正像"衿要之所"所體現的那樣,這一帶又是重要的交通要衝,有好幾條連接東西方向的交通路線經過此地。據嚴耕望先生的考證,作爲横渡黄河的交通要衝,自北往南有榆林關、河濱關、合河關、孟門關、永和關、馬門關、烏仁關、龍門關、蒲津關等九個通道,其中通過汾水和黄河之間、横斷吕梁山脈的通道主要是合河關以南的七個通道。尤其是對石樓附近的交通路綫,嚴耕望先生關注了以下兩條史料:"(天保)五年春正月癸巳,帝討山胡,從離石道。遣太師、咸陽王斛律金從顯州(今山西孝義)道,常山王演從晉州(今山西臨汾)道,掎角夾攻,大破之,斬首數萬,獲

① 魏晉南北朝時期河東地區的研究可參閲宋傑《兩魏周齊戰争中的河東》(中國社會科學出版社,2006 年)。此外,關於魏晉北朝并州的綜合研究,有汪波《魏晉北朝并州地區研究》(人民出版社,2001 年)。
② 《山西省地圖册》,星級地圖出版社,2008 年,頁 128—129。
③ 《周書·韓果傳》。
④ 《周書·異域傳·稽胡》。
⑤ 《魏書·裴延儁傳附裴慶孫》。
⑥ 《北齊書·文宣帝紀》"天保五年正月"條。

雜畜十餘萬,遂平石樓"①,"高祖出軍襲山胡,分爲二道。以(斛律)金爲南道軍司,由黃櫨嶺(今山西汾陽北)出。高祖自出北道,度赤鮭嶺,會金於烏突戍,合擊破之"②,認爲存在着自北越過離石赤鮭嶺通往石樓、自南越過隰州黃櫨嶺向石樓逼近這兩條通道。③ 據嚴先生所言,離石至隰州的交通路線位於朔州至長安的路線之上,是一條"主要的交通線"。④ 也就是説,作爲"山胡"居住地及勢力範圍的河東汾州、南汾州,位於重要的交通路線上。由此類推,東漢時期的"白波"和南匈奴,以及北魏的白亞栗斯等勢力,或攻伐上黨、河内地區,或與這些地區的人們結成紐帶,或許都與便利的交通有關。這種可能性雖然不能排除,但"山胡"的居處,基本上還是"魏世所不能至"的"險""阻""絶"地。

接下來看黃河西岸的情況。這個區域基本上在今陝西省榆林市東部無定河中下游地區至延安市東部黃龍山東麓一帶,平均海拔1,200米,與河東地區没有太大的區別。這一帶"梁茆"(條狀丘陵)與溪谷縱橫,地形險要,同屬"黃土丘陵(溝壑)區"。⑤ 很遺憾未能找到魏晉北朝時期有關當地地貌的歷史記載,但後世的《太平寰宇記》中,述鄜州時稱"秦塞要險,地連京師",述延州時稱其與鄜州"略同",⑥當地的"險""絶"即使比不上河東,但地形"要險"是毋庸置疑的。

---

① 《北齊書·文宣帝紀》"天保五年正月"條。

② 《北齊書·斛律金傳》。

③ 前引嚴耕望《唐代交通圖考》卷五篇三八《黃河汾水間南北交通線》,頁1405。但《讀史方輿紀要·山西四·汾州府》"永寧州"條稱赤鮭嶺、黃櫨嶺均在永寧州(離石)之北。

④ 前引嚴耕望《唐代交通圖考》卷五篇三八《黃河汾水間南北交通線》,頁1403—1405。

⑤ 參閱《陝西省地圖册》,西安地圖出版社,2008年,頁199等。

⑥ 《太平寰宇記·關西道十一·鄜州》《關西道十二·延州》。

可見,"山胡"掀起"寇叛"的根據地,都有着"險""絕""阻"的地貌特徵,而且還位於交通要衝之上。因此也可以說,"山胡"之地具有重要的戰略意義。顧祖禹《讀史方輿紀要》對全國各地的地理形勢作出了全面評價,據此我們可以看出,絳州(今山西新絳)作爲北朝"重鎮","控帶關、河,翼輔汾、晉,據河東之肘腋,爲戰守之要區";霍州(今山西霍縣),"太嶽鎮其東,汾水經其西,據山川之勝,爲阨要之所,爭衡於太原、平陽間,未有不以州爲孔道者也";呂梁山脈以西的吉州(今山西吉縣),"控帶黃河,有龍門、孟門之險,爲河東之巨防,關內之津要";隰州(今山西隰縣),"内阻山險,外控大河,東連汾、晉,西走關中,憑據高深,戰守之資也"。① 在論及西河郡所治的汾州府(今山西汾陽)時,除總結性地稱其"控帶山、河,肘腋秦、晉"外,還列舉了戰國、東漢、西晉末年的事例,指出"中原陸沉,禍亂之徵,未始不自西河始也",北周、北齊亦"爭勝於河、汾之間,郡常爲兵衝"。②

黃河西岸地區,同州(今陝西大荔)"前臨沙苑,後枕漊岡,左接平原,右帶沮水,又密邇河中,常爲孔道……蓋關中襟要,莫如同州矣";③延安府(今陝西延安)"東帶黃河,北控靈、夏,爲形勝之地";鄜州(今陝西富縣)"接壤延、綏,藩屏三輔,爲渭北之襟要";綏德州(今陝西綏德)"控扼高深,形勢雄勝,爲鄜、延之門户",④等等,均爲"形勝"、"形勢雄勝"之地。南部的同州地區又是"孔道",起到"襟要"、"藩屏"的作用,無疑都是戰略要地。

總之,黃河東西岸地區都有着峻險的地形,且位於或接近通往河北、關中的交通要衝之上,因此極具戰略意義。這一戰略意義在北

---

① 以上數條均見《讀史方輿紀要·山西三·平陽府》。
② 《讀史方輿紀要·山西四·汾州府》。
③ 《讀史方輿紀要·陝西三·西安府下》。
④ 以上數條均見《讀史方輿紀要·陝西六·延安府》。

朝歷史上的具體表現，我們想在下一節中通過典型史料來加以分析。

2. 該地區的戰略意義——"山胡"的動向與東西政權的逐鹿之地

首先，我們從行政地理的側面來看。關於北魏至東西魏時期的行政區劃，有《魏書·地形志》《隋書·地理志》等基本史料可資參考。不過，這些文獻記載，尤其是《魏書·地形志》的記述非常蕪雜，常與本紀、列傳相互齟齬。特別是東西兩大勢力爭霸角逐的黃河東岸汾州、南汾州等黃河、汾水之間的地區，隨着爭戰形勢的不斷變化，州、郡、縣以及軍事據點的置廢遷移非常頻繁，情況錯綜複雜。對這些紛亂的史料進行收集並加以精心分析的，是王仲犖先生的《北周地理志》和施和金先生的《北齊地理志》。① 本文所涉地區的行政區劃問題，由於史料的混亂和篇幅的所限，無法一一加以探討，因此以王、施兩著爲主，並參考宋傑的研究，對相關情況進行概述。

據王仲犖、施和金兩人的整理，在這一地區，北周設置了延州（北魏東夏州，今陝西延安）、丹州（西魏汾州，今陝西宜川）、綏州（今陝西綏德）、銀州（今陝西榆林）、介州（北魏汾州，北齊南朔州，今山西汾陽）、南汾州（北魏、東魏、北齊南汾州，西魏汾州，今山西吉縣）、汾州（北魏汾州，今山西隰縣）、石州（北齊西汾州，今山西呂梁），其中銀州以上在黃河西岸，介州以下在黃河東岸。北齊則設置了顯州（今山西孝義）、寧州（今山西介休）、西汾州（與北周石州同）、南汾州（與北周南汾州同）、南朔州（同北周介州）、汾州（北魏汾州，今山西汾陽）。北齊所置州均在黃河東岸。但是，正像施

---

① 王仲犖《北周地理志》（中華書局，1980年），其中與本文有關的有卷一"延州"、"丹州"、"綏州"、"銀州"條，及卷九"介州"、"南汾州"、"汾州"、"石州"條。施和金《北齊地理志》（中華書局，2008年），與本文有關的有卷二"顯州"、"寧州"、"西汾州"、"南汾州"、"南朔州"、"汾州"條。

和金和宋傑指出的那樣，①這一地區，尤其是汾州及南汾州，由於東西勢力的對峙争奪，加之"山胡"的活動，②政權的影響力在行政方面恐怕很難得以貫徹。施和金先生則進一步對南汾州及所轄縣户口的寡少進行了分析，認爲如此稀少的人口，使得縣一級的行政機構根本無法正常運作。正如施先生所言，據《魏書·地形志》，南汾州不過 1,932 户，7,648 口，其所治諸郡中，龍門郡人口最多，2,496 人，南吐京郡人口最少，僅有 73 人。人口超過千人的，除龍門郡外只有西五城和中陽兩郡。汾州也只有 6,826 户，31,210 口。

關於"山胡"的人口，没有史料能够作出明確的判斷，出現人數的史料僅見"正光末，汾州吐京羣胡薛悉公、馬牒騰並自立爲王，聚黨作逆，衆至數萬"一條。③ 雖然無法確定這裏的"衆"是否全是"山胡"，但有一點是可以進行比較的，這就是"聚黨"的"羣胡"超過"數萬"，這個數字遠遠超過了汾州吐京即南汾州的統計人口。有意見認爲這裏的"山胡"總人口在七八十萬以上。④ 不管怎麽説，南汾州内居住着相當數量的人口，而這些人口是北魏和東西魏政府無法把握的，他們游離於北魏和東西魏政權之外，維持着"自立"的狀態。北魏以及東魏北齊、西魏北周之所以對黄河東岸地區的州郡縣建置頻繁地進行調整，其諸多背景中至少有一點是可以確認的，這就是在這一帶的"山胡""稽胡"的勢力非常强大。

對這一地區而言，更重要的是北魏分裂以後的權力演變。北魏分裂以後，這一地區被捲入了東西政權持續的軍事緊張之中，成爲東西政權的逐鹿之地。據《北史·房謨傳》，東魏高澄當政時期，"(南汾州)先時境接西魏，土人多受其官，爲之防守。至是，酋

---

① 前引施和金著，頁 207—208；前引宋傑著，頁 210—212。
② 參閲"(汾州之)民經賊亂之後，率多逃竄"(《魏書·裴延儁傳附裴慶孫》)等史料。
③ 《魏書·裴延儁傳附裴慶孫》。
④ 前引白翠琴《魏晉南北朝民族史》，頁 222。

長、鎮將及都督、守、令前後降附者三百餘人,(房)謨撫接殷勤,人樂爲用。爰及深險胡夷,咸來歸服。謨常以已禄物,充其饗賚,文襄嘉之,聽用公物。西魏懼,乃增置城戍。慕義者自相糾合,擊破之。自是龍門已北,西魏戍皆平"。可見東魏和西魏針對居住在南汾州的"土人"及"深險胡夷",采取了種種方策,利用他們進行各種抗争。東西之間展開抗争之際,作爲據點的戰場,《讀史方輿紀要》作了很好的整理,本文以《紀要》的敍述爲基礎,製作了"黄河東西岸戰争地點一覽表"(表二)。

表二　黄河東西岸戰争地點一覽表

序號	《紀要》頁碼	地　　點	今　　　　地	對抗雙方	備考
		平陽府			
		臨汾縣			
01	1873	高梁城	臨汾西南	北齊　北周	
02	1874	柴壁城	臨汾西南汾水上;或與子奇壘相鄰	後秦　北魏	
		襄陵縣			
03	1877	乾壁城	臨汾西南,襄陵鎮東南	後秦　北魏	
		洪洞縣			
04	1878	洪洞城	洪洞縣北	東魏　西魏	
		太平縣			
05	1881	子奇壘	襄汾南柴莊附近;或與柴壁城相鄰	後秦　北魏	
		曲沃縣			
06	1883	喬　山	或在曲沃北(長20餘里),東接蒙坑	北齊　北周	

（續　表）

序號	《紀要》頁碼	地點	今　　　地	對抗雙方	備考
07	1883	蒙　坑	或在曲沃北（東西 300 餘里），西接 喬山	後秦　北魏	
		絳　州			
08	1916	華谷城	稷山西北	北齊　北周	
09	1917	龍門城	河津東南	北齊　北周	
10	1918	武平關	新絳西	北齊　北周	
11	1918	家雀關	新絳南	北齊　北周	
		稷山縣			
12	1918	玉壁城	稷山西南	西魏　東魏	
		絳　縣			
13	1919	車箱城	絳縣東南太陰山北	東魏　西魏	
		霍　州			
14	1924	雞棲原	霍州東北	北周　北齊	
		靈石縣			
15	1926	高　壁	靈石東南,北與雀 鼠谷接	北齊　北周	
16	1926	洛女砦	靈石南	北齊　北周	
17	1927	汾水關	靈石西南	北周　北齊	
		吉　州			
18	1928	吉鄉廢縣	吉縣	北周　北齊	
19	1928	南汾城	吉縣南	北齊　北周	
20	1929	**姚襄城**	吉縣西,西接黃河。 "數十里間,道險隘"	北齊　北周	

（續　表）

序號	《紀要》頁碼	地點	今　　地	對抗雙方	備考
		隰　州			
21	1933	姚岳城	隰縣東北	北周　北齊	與山胡有關
		大寧縣			
22	1934	浮圖鎮	大寧縣北	北齊	
		汾州府			
		孝義縣			
23	1943	六壁城	孝義西南	北魏　山胡	
		介休縣			
24	1943、1947	雀鼠谷	介休西南，南接高壁	北周　北齊	
		石樓縣			
25	1949	土軍城（吐京）	石樓西	夏　北魏	
		臨　縣			
26	1951	車突谷	臨縣東北	山胡　北魏	
		永寧州			
27	1953	赤磹嶺	呂梁東北（？）	北齊　北周	
28	1954	黃櫨嶺	呂梁西北（？）	北齊　北周	

資料依據：顧祖禹《讀史方輿紀要》，中華書局，2005年。

　　表二所列內容中，留下詳細記録的是571年圍繞南汾州定陽郡（今山西吉縣）之西、黃河東岸姚襄城展開的爭鬥。周齊爭戰的

戰場有很多,唯有姚襄城之戰,後人作了如下的評述:"蓋爭宜陽、汾北,周、齊更勝迭負,周師雖退,齊師亦疲也。"[1]"汾北"地區,在北周一步步統一華北的過程中,成爲與南方戰線宜陽(今河南宜陽)並重的激戰之地,而姚襄城更是激戰的重地。關於姚襄城的激戰,東西雙方都從各自的立場留下了比較詳細的記載。我們先看北周方面的記載,《周書・齊煬王憲傳》稱:

> (天和)六年(571),乃遣(宇文)憲率衆二萬,出自龍門。齊將新蔡王王康德以憲兵至,潛軍宵遁。憲乃西歸。仍掘移汾水,水南堡壁,復入於齊。齊人謂略不及遠,遂弛邊備。憲乃渡河,攻其伏龍等四城,二日盡拔。又進攻張壁,克之,獲其軍實,夷其城壘。斛律明月時在華谷,弗能救也。北攻姚襄城,陷之。時汾州又見圍日久,糧援路絕。憲遣柱國宇文盛運粟以餽之。憲自入兩乳谷,襲克齊柏社城,進軍姚襄。齊人嬰城固守。憲使柱國譚公會築石殿城,以爲汾州之援。齊平原王段孝先、蘭陵王高長恭引兵大至,憲命將士陣而待之。大將軍韓歡爲齊人所乘,遂以奔退,憲身自督戰,齊衆稍却。會日暮,乃各收軍。

北齊方面的記載見於《北齊書・段韶傳》,《傳》稱:

> 武平二年(571)正月,出晉州道,到定隴,築威敵、平寇二城而還。二月,周師來寇,遣韶與右丞相斛律光、太尉蘭陵王長恭同往捍禦。以三月暮行達西境。有栢谷城者,乃敵之絕險,石城千仞,諸將莫肯攻圍。韶曰:"汾北、河東,勢爲國家之

---

[1] 《資治通鑑・陳宣帝太建五年(573)》"四月"條元胡三省注。

有，若不去栢谷，事同痼疾。計彼援兵，會在南道，今斷其要路，救不能來。且城勢雖高，其中甚狹，火弩射之，一旦可盡。”諸將稱善，遂鳴鼓而攻之，城潰，獲儀同薛敬禮，大斬獲首虜，仍城華谷，置戍而還……

是月，周又遣將寇邊。右丞相斛律光先率師出討，詔亦請行。五月，攻服秦城。周人於姚襄城南更起城鎮，東接定陽，又作深塹，斷絕行道。詔乃密抽壯士，從北襲之。又遣人潛渡河，告姚襄城中，令內外相應，渡者千有餘人，周人始覺。於是合戰，大破之，獲其儀同若干顯寶等。諸將咸欲攻其新城。詔曰：“此城一面阻河，三面地險，不可攻，就令得之，一城地耳。不如更作一城壅其路，破服秦，併力以圖定陽，計之長者。”將士咸以爲然。六月，徙圍定陽，其城主開府儀同楊範固守不下。詔登山望城勢，乃縱兵急攻之。七月，屠其外城，大斬獲首級。時詔病在軍中，以子城未克，謂蘭陵王長恭曰：“此城三面重澗險阻，並無走路，唯恐東南一處耳。賊若突圍，必從此出，但簡精兵專守，自是成擒。”長恭乃令壯士千餘人設伏於東南澗口。其夜果如所策，賊遂出城，伏兵擊之，大潰，範等面縛，盡獲其衆。

姚襄城，據《元和郡縣圖志·河東道一·慈州》記載，“本姚襄所築，其城西臨黃河，控帶龍門、孟門之險，周齊交爭之地”。關於龍門，《圖志》同卷《絳州》引《三秦記》稱：“水陸不通，魚鼈之屬莫能上。江海大魚集龍門下數千不得上，上則爲龍，故曰‘曝鰓龍門’。”關於孟門山，《圖志》同卷《慈州》引《水經注》稱其“與龍門相對，即龍門之上口也”，“實爲黃河之巨阨”。[①] 據前引史料，在姚

---

① 原文見《水經注》卷四“河水”條。其他史料，可參見《讀史方輿紀要·陝西一·龍門》。

襄城之南、定陽郡城之西,北周又築"城鎮",其附近還存在着服秦城。在其南通往龍門的交通線路上,還築有臨秦、統戎、威遠、伏龍、張壁五城。在姚襄城之南、今山西新絳縣西有華谷城。此外,雖然具體地點不明,但在姚襄城附近還有接近齊界的柏社、石殿二城,定隴附近有威敵、平寇城,西魏邊境附近有栢谷等城。這些"城""壁"數量多,分布廣,既有舊城,又有新築,雖然具體地點尚待進一步明確,但均集中在姚襄城附近。可以説姚襄城一帶是東西勢力交鋒的最前線,是事關大局的重要地點。① 此外,像表二所揭示的那樣,這一地區還可以確認到多處齊周交鋒的戰場。

"山胡""稽胡"也參與到了東西政權的交鋒之中,形成了更加錯綜複雜的形勢。能夠反映這種形勢的記載如下:

> 汾州之北,離石以南,悉是生胡,抄掠居人,阻斷河路。(韋)孝寬深患之,而地入於齊,無方誅剪。欲當其要處置一大城。乃於河西徵役徒十萬,甲士百人,遣開府姚岳監築之。岳色懼,以兵少爲難。孝寬曰:"計成此城,十日即畢。既去晉州四百餘里,一日創手,二日偶境始知;設令晉州徵兵,二日方集;謀議之間,自稽三日;計其軍行,二日不到。我之城隍,足得辦矣。"乃令築之。齊人果至南首,疑有大軍,乃停留不進。其夜,又令汾水以南,傍介山、稷山諸村所在縱火。齊人謂是軍營,遂收兵自固。版築克就,卒如其言。②

亦即居住在北齊境内的"生胡",也給北周政權造成了麻煩。

---

① 關於這一地區交通地理的詳細情況,參閱嚴耕望《唐代交通圖考》卷一(中研院歷史語言研究所,1985 年)頁 309—310;同書卷五(同前,1986 年)篇三八《黃河汾水間南北交通線》。

② 《周書·韋孝寬傳》。

北周將軍韋孝寬也試圖在這一帶築城，以期控制這些"生胡"。

因勢力強大，歷來桀驁不馴或在東西紛爭中立場不明的"山胡"，由於居處邊境地帶，在戰略上受到了政府的重視。北魏及東魏北齊、西魏北周，爲了確保對這一地區的統治，第一步就是在這裏修築"城""壁"，配置軍隊，對"山胡"加以統制，並因此牽制敵對政權，逐步設置軍鎮或州郡縣，將"山胡"吸收進自己的勢力範圍。

那麼，北魏及東魏北齊、西魏北周爲什麼要采取這樣的行動呢？雖然無法找到能夠説明理由的直接史料，但依然能夠從當地政治地理學的意義上來加以理解。雖然與上文有些重複，但這裏還是想再次強調一下筆者的觀點。首先在北魏時期，黄河東西岸地區位於太原、平城與以長安爲中心的關中地區，以及與河北地區的重要交通線上，但"山胡"的勢力非常強大，政府亦無法完全控制，因此，爲了確立對"山胡"地區的控制權，或者爲了顯示對"山胡"地區擁有統治權，北魏政府通過武力鎮壓或法令教化等手段來實現其目的。與此同時，還力圖通過設鎮或推行州郡縣制度，將"山胡"吸納進政府體制。[①] 東、西分裂後，黄河東西岸地區成爲東西兩政權的中間地帶。在這樣的新形勢下，不用説，控制這一地區，並將之建設成攻擊對方的橋頭堡，是雙方攻占對方領土的第一步。從以上這些理由來看，北魏及東魏北齊、西魏北周，在這一帶強行建立"城""壁"，建置州郡縣，就是向當地宣示自己的勢力，擴大自己的影響力。然而，政府施行的各種政策，並沒有能夠完全治服這些"胡"人，在東、西分裂後的長年抗争中，黄河東西岸地區反

---

① 不用説，北魏政府的種種手段也用在對其他地區的統制之中，參閱谷川道雄《隋唐帝國形成史論》（筑摩書房，1971年）頁131—132。此外，關於南北朝政權所施行的類似政策，參閱拙稿《南北朝政権の辺境統治に関する一考察—仇池地区を中心として》[《關於南北朝政府邊境統治的考察——以仇池地區爲中心》]，河合文化教育研究所《研究論集》7，2009年。

而成了政治上的空白地帶,政府的法令教化亦日趨微弱。正因爲如此,"胡"才得以在這一地區形成並長期維持着獨立的勢力。

代　結　語
——黄河東西岸地區地域性質的形成與變遷

綜上所述,我們可以得出以下一些見解。

本文的撰述目的在於探討"山胡"勢力形成的背景。黄河東西岸地區原本就存在着出自"白狄"或南匈奴的"山胡""稽胡"所構成的世界,且憑藉地勢的"險""絶""阻",成爲中央法令教化無法推廣的地區,也可以説是非常容易形成游離"中華"政權的空白地帶。正因爲如此,東漢時期形成了"白波"集團,北朝時期形成了以"山胡"爲中心的勢力集團,且頻繁地掀起"寇亂"。在他們的勢力轉移或擴大之際,雖處地形險峻之地,但又因處在重要的東西交通路線上,他們可以西與黄河西岸朔方一帶的勢力,東與上黨、河内地區的勢力相互呼應,結成同盟關係。

作爲北朝特有的現象,在東西政權分裂以後,這一地區成爲東西政權之間的只能中間地帶,法令教化更難深入,這也成爲他們能夠形成勢力,保持獨立的一個原因。但另一方面,也正因爲這一地區處在東西政權的交鋒之地,他們也蒙受了沉重的打擊。與之相似的現象,也見於南北政權交界的淮水南岸地區和漢水流域,以及東西政權爭戰的商洛和山南地區的"蠻"人集團。①

關於"蠻"的世界,筆者曾經有過論述,認爲,隋唐時期,之前

---

① 關於商洛、山南地區的地方勢力集團,參閲魯西奇《西魏北周時代"山南"的"方隅豪族"》(《中國史研究》2009 年第 1 期)。

的"蠻"人集團及其所形成的世界,逐漸被所謂的"中華"世界所吸收。那麼,本文所談的"胡"人世界,又是經歷了哪些歷程呢? 如果先講結論的話,那就是:漢代以降,黃河東西岸地區以"胡"爲中心形成的世界,在性質上有別於"中華"世界,甚至在政權和體制眼中也是如此。但在以後的歷史發展中,由於黃河南流段作爲"分界線"的觀念逐漸被認識和利用,這個地區作爲"中華"世界各地"分界線"或"邊緣"地帶的色彩日漸濃厚。關於這一點,最後再稍作些推論。

這一地區本身就具有劃分行政區劃的天然界限,這就是南流的黃河。現在,黃河的東側是山西省,西側是陝西省。[1] 秦代,在黃河西岸置上郡,東岸置太原郡和河東郡。但是,兩漢四百年間,黃河東西岸北部,具體說就是在今"内蒙伊克昭盟東部,山西蘆芽山、呂梁山以西,石樓及陝西宜川以北的黃河沿岸地區",[2]基本上自東岸石樓附近,往北至西岸的北魏東秦州定陽縣稍南的範圍内設置了西河郡,橫跨黃河的東西。西河郡設置的理由不詳,或許與匈奴的南下與分裂以及南匈奴的形成有關。不管是什麼理由,至少在漢代,在黃河南流段的中部地區,雖然有大河橫亘,但東西兩岸是被視爲同一個地區的。

東漢末年至魏晉時期,舊西河郡成爲"胡"的天下,[3]具體情況雖然不明,但其分界線不是黃河,而是舊西河郡的東境。也就是説,橫跨黃河東西的"胡"人世界依舊存在。事實上,西晉武帝時

---

① 河流、山地作爲國界或邊境的分界線是通常的做法。黃河南流段在這一地區的意義,王波在其《魏晉北朝并州地區研究》中認爲:"黃河是并州地區西南部的天然分界線,而且也是并州地區西南部的天然保護線。"頁 36—37。

② 梁允麟《三國地理志》,廣東人民出版社,2004 年,頁 232—233。

③ 《晉書·地理志上》"并州"條稱:"靈帝末,羌胡大擾,定襄、雲中、五原、朔方、上郡等五郡並流徙分散。"

期的郭欽上書中也稱北地、西河、太原、馮翊、安定、上郡盡爲"狄庭"。六郡之中,西河、太原兩郡在黄河以東,其餘的在黄河以西。稍後,惠帝元康年間,又發生了"匈奴郝散攻上黨,殺長吏,入守上郡。明年,散弟度元又率馮翊、北地羌胡攻破二郡"①的事件。也就是説,"匈奴"郝氏兄弟的勢力範圍東可至上黨,西可至上郡,南北可達馮翊、北地。從這些史料中可以看出,在西晉時期的行政區劃上,黄河雖然已經被用作分界線,但實際上黄河東西兩岸依舊是一個以"胡""匈奴"爲中心的世界,而且當時的人們也認識到那是一個特殊的存在。

經十六國進入北朝,"山胡"依然廣布於黄河的東西兩岸。不僅如此,正像"(劉)没鐸遣其黨天柱守河東,又遣其大帥穆支據河西,規欲分守險要"②那樣,"山胡"首領依然遣將分守黄河東西。又如"山胡(吐京胡)曹僕渾等渡河西,保山以自固,招引朔方諸胡"③等,屢屢可見馳騁黄河東西兩岸相互呼應的樣子。從這些史料中不難發現,"山胡"自己其實根本没有把黄河兩岸看成是兩個不同的世界,而是把黄河流經的大峽谷,以及向東西兩側延伸的高原、山地視爲同一個世界的。也就是説,黄河不是分界線,而是"山胡"活動的中心。至少在"山胡"眼中,自己生活的空間雖然被黄河隔成東西兩片,但卻是一個完整的世界。

這一過程簡單地説就是,從漢代南匈奴遷入,到"山胡""稽胡"熾盛的時代,這個地區是一個"胡"的世界,而且漢人也充分認

---

① 《晉書·四夷傳·北狄》。
② 《周書·異域傳·稽胡》。
③ 《魏書·太武帝紀下》"太平真君八年正月"條。又,《扶風公處真傳》也有類似的記載,稱"吐京胡"。又,《孝文帝紀上》"延興元年十月"條亦載"朔方民曹平原,招集不逞,破石樓堡,殺軍將"。曹平原是否爲"山胡",不詳,但本文所引用的史料中,"山胡"中有曹姓,結合"朔方之民""破石樓堡"等地域性因素,曹平原爲"山胡"的可能性很大。

識到了我他之間的差異。這一"胡"人世界，在西晉以後被割裂，以黄河爲界，東西兩岸被劃分爲不同的州郡。在東魏北齊、西魏北周的相互對峙下，這裏成了事實上的邊境地區。從更加寬廣的視角來看，河北（冀州、并州）、關中（雍州）、河南（司州），作爲漢魏西晉時期"中華"腹地的三個地區，在其周邊形成的"胡"人世界，因黄河的自然條件，加上東西政權對立這個政治條件，分界線的色彩日益濃厚。

根據以上線索，黄河南流的地區，十六國北朝時期，分界線的意義越來越大，這一趨勢到了隋唐以後也没有什麽變化，黄河作爲這一地區分界線的做法一直没有改變，但南北朝時期"胡"人世界這個意義當然並没有完全消失。隋代以後，"蠻"逐漸"華"化，最終在史料上消失了蹤影。與"蠻"相比，"胡"卻依舊存在，依然是横跨黄河東西兩岸的一大勢力。例如，白翠琴就指出，隋唐時期，黄河東西仍然存在着"離石胡"劉氏、"部落稽胡"白氏等羣體。[1] 陳子昂的上表文中，也可以看到"綏、延、丹、隰等州"居住着"稽胡"，[2]所言數州依然涉及到黄河的東西兩岸。

對"蠻"相比，"胡"之所以能夠長期活躍的理由，我是這樣想的，即黄河東西岸地區，與"蠻"的勢力範圍相比有一個很大的區别，它位於與遊牧民族交界的邊境地帶，而"胡"本身又帶有遊牧民族的血統。也就是説，處於淮河漢水流域的鄂豫交界地區，即魏晉隋唐時期"中華"世界腹地的"蠻"，從地理位置上來説，他們處於單方面被"漢"化或"華"化的境地，而"胡"則可以不斷地吸納遊牧民族新的血液。也許正是因爲這樣的地理環境，使得黄河東西岸地區的"胡"一直到唐末都還保持着相對的獨立性。

---

[1]　前引白翠琴《魏晉南北朝民族史》，頁 226—228。

[2]　陳子昂《上軍國機要事八條》，《陳伯玉集》卷八。

以後的情況,據白翠琴所言,大部分漢化後融入到了漢族之中,殘餘的部分,或者融入了北方的突厥,或者融入了西方的唐古特或吐谷渾,馳騁於秦晉之間的稽胡,也逐漸消失了蹤影,宋代以後完全不見於史載。似乎是踏上了消亡之途。關於這個問題,因篇幅問題無法再作展開,只能留待今後的進一步探討。

原刊龍谷大學東洋史學研究會《東洋史苑》77號,2011年3月

南齊派遣柔然的使臣王洪範

——南朝政治史中的三齊豪族與歸降北人

榎本あゆち著

宮海峰譯

前　言

　　本文探討受南齊王朝建立者蕭道成派遣出使柔然的王洪範的出身和經歷。蕭道成即將篡奪之前，遣使王洪範到柔然，與其締結共同進攻北魏的盟約。由於路途遙遠，出使柔然本身就是一項極爲艱巨的使命，如後文所述，王洪範另外還背負着巨大的壓力。被蕭道成委以如此重大使命的王洪範究竟是個怎樣的人物呢？若先説結論，筆者推測：他是在蕭道成革命軍團中占有很大比重的青冀二州三齊豪族所率集團中的一員。若再向前追溯，應爲自北魏歸降的北人，可能屬烏丸族出身。另外，在蕭道成死後自武帝直至明帝時期，他在南北朝邊境地區一直與三齊豪族參與了重要的軍事活動。本文爲筆者此前討論的南朝中歸降北人問題的續篇。① 通過了解這位特殊經歷的人物，可以考察迄今在軍事層面不十分清楚的南齊王朝與三齊豪强之間的關係。②

第一章　王洪範出使前的邊境形勢

本章將討論蕭道成遣使柔然時的情況。探討有關南朝與柔然交往的問題，必須考慮南朝、北魏、柔然三者，以及在南朝與柔然交通上處於中介地位的吐谷渾，這四者間的相互關係。

首先簡要回顧一下南朝與北魏間的關係。與宋明帝即位（泰始元年〈465〉十二月）幾乎同時出現了晉安王子勛叛亂。該叛乱使劉宋王朝一分爲二並迅速蔓延，翌年以叛亂方失敗而告一段落。但淮北四州（青、冀、兗、徐）的叛亂勢力招來北魏軍後，長達三年時間，北魏軍與劉宋王朝軍，以及抵抗北魏占領的原叛亂勢力之間的戰爭一直没有停止。在東陽（青州）沈秀文最終向慕容白曜率

① 拙文《歸降北人と南朝社會—梁の將軍蘭欽の出自を手がかりに—》，《名古屋大學東洋史研究報告》16，1992年。
② 有關南齊王朝與三齊豪族之間關係的文章有：羅新《青徐豪族與宋齊政治》（《原學》1，中國廣播電視出版社，1994年）和韓樹峰《青齊豪族與南齊高、武二帝關係之探討》（同《南北朝時期淮漢迤北的邊境豪族》第1章《青齊豪族在南北朝的變遷》第2節，社會科學文獻出版社，2003年）。二位學者均重視蕭道成革命中包括三齊豪族在內的淮北四州出身豪族的活動。但指出南齊王朝建立後，皇族與他們之間並未融爲一體，他們在朝廷中的實力很小。羅氏概述其原因爲：豪族因喪失鄉里而失去了地主性，不能擺脱將門的身世而未取得朝廷中的顯貴地位，因同族有人依附北魏而遭到朝廷猜忌。韓氏的論述稍詳，強調豪族遭到皇帝，特別是武帝的猜忌，原因是他們與武帝的政敵、其弟豫章王嶷關係密切。二位學者的觀點值得傾聽，但筆者認爲通過關注南北之間的軍事狀況及《南史》《南齊書》中記載的差異，聚焦於王洪範其人，亦可得出與二位學者不同的看法。本文在按照時間順序討論南北之間軍事狀況時參考《資治通鑑》，必要時在正文或注中標注史料出處。

領的北魏東面軍投降（泰始五年一月）後，淮北四州完全歸北魏所有。但原來以此爲根據地的當地豪族在逃亡地淮陰投靠了劉宋武將蕭道成，成爲他革命軍團的主要成員。淮北四州豪族經過劉裕對南燕的征服終於登上了南朝的政治舞臺，然而卻被中央貴族階層視爲寒門而遭到排擠，因此他們的地位僅停留於地方豪族的程度而未得到重用。擺脱寒門的地位和奪回鄉里是他們與蕭道成結盟的主要原因，這一點已被安田二郎、羅新氏所證明。[1] 安田氏還指出，這一豪族的特徵是，以卓越的人格作爲鄉里民衆的領袖和保衛者即"望族"而存在的。

因晉安王子勛叛亂陷入長期戰爭狀態的劉宋王朝自不必説，獲勝方北魏也如文獻所載：

> 劉彧（明帝）淮北青、冀、徐、兗、司五州告亂請降，命將率衆以援之。既臨其境，青冀懷貳，進軍圍之，數年乃拔。山東之民咸勤於征戌轉運，帝（獻文帝）深以爲念。（《魏書·食貨志》）

因在淮北四州的戰爭中消耗巨大，民力迫切需要修養生息。在這種情況下，北魏於泰始五年十一月遣使劉宋要求和親。[2] 此後雖因南朝方面的進攻出現以淮、泗水方面及鬱洲（今江蘇省連雲港市）爲中心的小規模戰争，但直至南齊王朝建立（建元元年〈479〉

---

[1] 安田二郎《蕭道成の革命軍團—淮陰時代を中心に》（《愛知縣立大學文學部論集（一般教育編）》21，1970年。後改名收入同作者《六朝政治史の研究》，東洋史研究叢刊之62，京都大學學術出版會，2003年）。前引羅新論文。

[2] "（泰始五年）十一月丁未，索虜遣使獻方物。"（《宋書·明帝紀》）。但據《魏書·顯祖紀》記載，奪取青徐地方後北魏初次遣使劉宋年月爲皇興五年（471）。

四月）和親路線一直得以延續。① 在這種對北方形勢得到暫時緩解的期間，蕭道成反抗明帝、後廢帝迫害，擊敗了桂陽王休範、建平王景素的皇族叛亂以及政敵荆州刺史沈攸之與門閥貴族袁粲的反蕭道成聯盟勢力，建立了南齊王朝。但他對北魏的警戒並未放鬆。

即位不久，他對以督兗青冀三州諸軍事、兗州刺史、鎮守淮陰的徐州豪族出身人垣崇祖説：

> 我新有天下，夷虜不識運命，必當動其蟻衆，以送劉昶爲辭。賊之所衝，必在壽春。能制此寇，非卿莫可。（《南齊書・垣崇祖傳》）

任命崇祖爲豫州（壽春）刺史。劉昶爲宋文帝第九子，因躲避前廢帝迫害，於景和元年（465）自刺史任地徐州亡命北魏。很明顯，蕭道成高度警戒北魏會乘王朝更替之際擁立劉昶來進攻南齊。他之所以在即位前一年派遣王洪範出使柔然，並使其締結共同攻打北魏的盟約，也應出於這種戒備心理。此外，對柔然與北魏間的關係，道成也有相當程度的把握，對盟約實現的可能性也應當有一定的自信。

周偉洲氏認爲，柔然在5世紀初社崙統治時開始至487年、其統治下的敕勒反叛獨立期間最爲强盛。但其間429年，大檀率領的柔然軍慘敗於北魏太武帝親征軍後，逐漸轉入衰退。隨後三十、四十直至七十年代主動遣使南朝，試圖構築應對北魏的統一戰線。② 另外，何德章氏以北魏皇帝向陰山以北親征柔然爲線索，指

---

① "宋明帝末年，始與虜和好。元徽昇明之世，虜使歲通。"（《南齊書・魏虜傳》）。

② 周偉洲《敕勒與柔然》（上海人民出版社，1983年。後再版，廣西師範大學出版社，2006年）。參閲《柔然篇》第2章《柔然的興衰及其與中原等地的關係》。

出在頻繁進行親征的道武、明元、太武帝時期是柔然勢力強盛時期。文成帝後柔然實力轉衰，皇帝行幸陰山地區也只變成了形式上的示威行爲。獻文帝時期、馮太后執政期對柔然的防禦轉化爲重點強化北鎮地區武裝力量，北魏高層的關注點已轉向南方中原地區和南朝方面。[①] 通過以上兩位學者的觀點，可以把握蕭道成受禪前柔然和北魏對待南朝方面的態度。

柔然與南朝之間的通好是通過絲綢之路的一條支綫，所謂河南道進行的。有關河南道的具體路綫和占有其大部的吐谷渾的情况，在充分吸收了松田壽男氏等前輩業績及考古學成果的陳良偉氏的著作中有詳細論述。[②] 陳氏就南北朝時期的吐谷渾指出：在政治、軍事上，面對北魏日漸加大的壓力，迫切需要加強與南朝的聯盟；在經濟上，對南朝出產的物品有強烈的需求；王朝經濟大部分依賴從南朝與西域、漠北間從事貿易的商人徵收的商稅。認爲：吐谷渾積極承擔了南朝與柔然的中間人角色，同時自己也在加深與南朝的交往。但是，吐谷渾的外交政策也並非是南朝一邊倒的。和田博德、周偉洲兩氏認爲，473年（北魏延興三年）是北魏與吐谷渾關係的分水嶺。[③] 此前吐谷渾於444—445年（北魏太武帝太平真君五—六年）受到北魏的進攻而一度滅亡，460年（文成帝和平元年）再次受到大規模進攻。後於470（獻文帝皇興四年）至

① 參閲何德章《陰山卻霜之俗解》（武漢大學歷史系魏晉南北朝隋唐史研究室編《魏晉南北朝隋唐史資料》12，1993年）。

② 參閲陳良偉《絲綢之路河南道》（中國社會科學出版社，2002年）第2章第2節（3）"吐谷渾經營河南道"。此外，該書頁247介紹了吐魯番出土佛經卷子本殘片兩件，兩件均記有蕭道成的名字。據陳良偉考證，卷子爲劉宋昇明元年由道成提議製作的。這些卷子被送到了高昌，與王洪範出使可能有關，頗爲有趣。

③ 和田博德《吐谷渾と南北兩朝との關係について》（《史學》25－2，1951年）。周偉洲《吐谷渾史》（寧夏人民出版社，1985年。後再版，廣西師範大學出版社，2006年）第2章《吐谷渾國的興盛及其與南朝各政權的關係》。

473 年間,北魏軍隊又來進攻並要求朝貢和派遣質子。吐谷渾王拾寅接受了要求,自此二者間的關係變得親密。吐谷渾在政治方面表明臣屬北魏的同時,不斷加深與其貿易方面的往來。也就是說,自 473 年以後北魏對吐谷渾的影響力加大了。

在這種國際環境中,王洪範出使了柔然。首先,王洪範所要途經的吐谷渾在政治、經濟方面均與南朝的劉宋王朝處於友好關係,通行應不存在問題。但如上所述,自數年前開始北魏對吐谷渾的影響力在加大,這不能不讓王洪範一行戒備和小心。正如唐長孺氏所指出,南朝前往柔然的使臣需要吐谷渾王的資送。① 欲要從日益受北魏影響的吐谷渾王手中切實得到這種援助,勢必需要情報收集能力和臨機應變的外交手腕。而柔然方面又如何呢?確實存在柔然苦於長期受北魏壓迫這一有利條件。但正如周偉洲氏曾指出,過去劉宋王朝對柔然提出的結盟共同對付北魏的請求一直採取了消極的態度。② 若要解釋對北魏的態度為何由不積極轉變為積極,可能需要向柔然方面說明自己不是劉宋王朝而是蕭道成的使臣,告知目前道成即將奪取政權的國內形勢,並獲得其理解。本來有關南朝社會的這種情況,柔然方面可能通過往來於柔然與南朝間的商人等非正式途徑的傳言已經有一定程度的了解。但他需要說明新王朝具體建立的時間,以及隨後蕭道成打算何時對北魏採取行動。還要說服柔然按照道成指定時間採取行動。所以他所肩負的任務絕非易事。另外,王洪範必須在一定時間前到達柔然,好說服柔然並給柔然充足的時間作戰前準備,所以還有一個受時間限制的問題。還應強調的是,他與通常派往異域時的冊封使臣是不同的。

---

① 唐長孺《南北朝期間西域與南海的陸路交通》(同《魏晉南北朝史論拾遺》,中華書局,1983 年,所收)。

② 參閱前引周偉洲再版《敕勒與柔然》,頁 115。

那麼被蕭道成委以如此艱巨使命的王洪範究竟是個怎樣的人物呢？以下就進行這方面的考察。

第二章　王洪範的出身和出使前的經歷

有關王洪範，《南齊書》《南史》兩書記載有很大差異。下面就把有關他的兩書記載內容相對應部分列爲一組，以時間爲主線進行對比介紹。本文以下在比對兩書相關內容時，爲使一目了然，會揭示原文。

1. 元徽四年（476），太祖（蕭道成）從南郊，望氣者陳安寶見太祖身上黃紫氣屬天，安寶謂親人王洪範曰：“我少來未嘗見軍上有如此氣也。”（《南齊書·祥瑞志》）

① （蕭道成）及爲領軍，望氣者陳安寶見上（蕭道成）身上恒有紫黃氣，安寶謂王洪範曰“此人貴不可言”。（《南史·齊紀上·高帝》）

2. 昇明二年（478），太祖輔政，遣驍騎將軍王洪範使芮芮，剋期共伐魏虜。建元元年八月，芮芮主發三十萬騎南侵，去平城七百里，魏虜拒守不敢戰，芮芮主於燕然山下縱獵而歸。上（蕭道成）初踐阼，不遑出師。（《南齊書·芮芮虜傳》）

② 宋昇明中，遣王洪範使焉，引之共謀魏。齊建元三年（元年之誤），洪軌始至。是歲通使，求并力攻魏。其相國刑基祇羅回表，言“京房讖云：‘卯金卒，草蕭應王。’歷觀圖緯，代宋者齊。”又獻師子皮袴褶。（《南史·夷貊傳下·蠕蠕》）

以上有關王洪範的記載，兩書基本一致。在 1 和①中王洪範以蕭道成稱帝預言聽話人的身份登場,暗示王洪範起到了證明和傳播預言内容的作用。在2與②中記載了劉宋末昇明二年,即蕭道成打敗最大政敵沈攸之後基本掌握霸權之際,洪範被遣往柔然的情況。而關於洪範的出身和與蕭道成相遇結合的經過,以及自柔然返回後的活動的記載兩書有很大分歧。

3.永明元年(483),王洪範還京師,經途三萬餘里。洪範,齊郡臨淄人,爲太祖所親信。建武中,爲青冀二州刺史。私占丁侵虜堺,奔敗結氣卒。(《南齊書·芮芮虜傳》)

③王洪範,上谷人也。宋泰始中,魏剋青州,洪範得別駕清河崔祖歡女,仍以爲妻。祖歡女說洪範南歸。宋桂陽王之難,隨齊高帝鎮新亭,常以身捍矢。高帝曰:"我自有楯,卿可自防。"答曰:"天下無洪範何有哉,蒼生方亂,豈可一日無公。"帝甚賞之。

後爲晉壽太守,多昧贓賄,爲州所按。大懼,棄郡奔建鄴。高帝(宗之誤)輔政,引爲腹心。建武初,爲青冀二州刺史,悔爲晉壽時貨賕所敗,更勵清節。先是,青州資魚鹽之貨,或强借百姓麥地以種紅花,多與部下交易,以祈利益。洪範至,一皆斷之。啓求侵魏,得黄郭、鹽倉等數戍。後遇敗,死傷塗地,深自咎責。乃於謝禄山南除地,廣設茵席,殺三牲,招戰亡者魂祭之,人人呼名,躬自沃酹,仍慟哭不自勝,因發病而亡。洪範既北人而有清正,州人呼爲"虜父使君",言之咸落淚。(《南史·循吏傳·王洪範》)

試舉3與③之幾點不同。第一,關於洪範原籍,《南齊書》中爲齊郡臨淄縣,而《南史》中爲上谷郡。第二,關於和蕭道成相遇前的經歷,《南史》記載了在北魏獻文帝征服淮北四州時他娶青州別駕從事史崔祖歡女爲妻，以及在妻子勸説下“南歸”的“北人”、“虜父”等情況。而這些内容在《南齊書》中不見蹤影。第三，《南史》中記録了桂陽王休範叛亂時蕭道成與王洪範的對話，詳細描繪了二者的關係。而《南齊書》中只談到洪範爲道成親信，具體情況未載。有關此後洪範的經歷、描述，仍以《南史》更詳細。

關於第三點，將在本文篇末以《南齊書》《南史》性質上的差異爲基礎進行討論。第一與第二點可作如下理解：

即該齊郡臨淄縣，並非爲可能自古就存在於山東半島的臨淄，而是蕭道成於京城建康附近江北瓜步（今江蘇省六合縣東）僑置的縣。在蕭道成的革命軍團中青州三齊地方出身的豪族占有重要比重，革命之初因家鄉被北魏占領而過着流亡生活。蕭道成計劃將他們安置於此地。有關這一問題，《南齊書·州郡志上》是這樣描述的：

> 青州，宋泰始初淮北没虜，六年，始治鬱州上。鬱州在海中，周迴數百里，島出白鹿土，有田疇魚鹽之利。劉善明爲刺史，以海中易固，不峻城雉，乃累石爲之，高可八九尺。後爲齊郡治。建元初，徙齊郡治瓜步，以北海治齊郡故治，州治如舊。流荒之民，郡縣虚置，至於分居土著，蓋無幾焉。

在此段引文之後，有“齊郡”［原注］“永明元年，罷秦郡并之，治瓜步”、“臨淄”［原注］“永明二年，省華城縣并”的記載。

此外，《南齊書·劉懷慰傳》還記載：

> 齊國建，上（蕭道成）欲置齊郡於京邑，議者以江右土沃，流民所歸，乃治瓜步。以懷慰爲輔國將軍、齊郡太守……懷慰至郡，修治城郭，安集居民，墾廢田二百頃，決沈湖灌溉。

可見三齊豪族平原劉氏之一劉懷慰曾經爲整治新設齊郡一展身手。從以上《州郡志》和《劉懷慰傳》記載可知,北魏占領三齊地方後,逃亡到南朝的當地人的大多數,並非安集在一度爲齊郡治所東海郡沖的海島鬱洲,而是在瓜步新設的齊郡。所以《南齊書》記載洪範爲新設齊郡臨淄人,間接指明他是三齊地方出身豪族集團之一員,而且是一位移居瓜步的人士。

通過上引《州郡志》的記載可以判明,蕭道成死後的武帝永明元年至二年間,曾以實土郡存在於江右的南兗州秦郡被并入齊郡,華城縣被并入臨淄縣。華城縣之名僅見於此處,其被合并的意義不很清楚,但可以判明僑置於瓜步的無實土齊郡,武帝使他變成了并有秦郡疆域的實土郡。[①] 擁有實土,對遠離家鄉成爲流民的人來説意義重大,以下記載説明了這個問題。

> 永明七年,光禄大夫(兗州中正)呂安國啓稱:"北兗州民戴尚伯六十人訴'舊壤幽隔,颺寓失所,今雖創置淮陰,而陽平一郡,州無實土,寄山陽境内。竊見司、徐、青三州,悉皆新立,並有實郡。[②] 東平既是望邦,衣冠所係。希於山陽、旴眙二界間,割小户置此郡,始招集荒落。使本壤族姓,有所歸依'。臣尋東平郡既是此州本領,臣賤族桑梓,願立此邦。"見許。(《南齊書·州郡志上·北兗州》)

---

① 秦郡爲永嘉大亂時僑置於關中流民寄居的堂邑郡(今江蘇省六合縣北)的僑郡。東晉安帝時期,即義熙土斷後堂邑郡被更名爲秦郡。不過,真正實土化應爲其治下實土臨塗縣與秦郡一同被僑置的秦郡合并的劉宋文帝元嘉八年以後的事。參見《宋書·州郡志一》"南兗州秦郡太守"條。

② 司州於劉宋泰始年間設於義陽郡。其義陽郡爲《南齊書·州郡志下》的北義陽郡。參閱胡阿祥《六朝疆域與政區研究》(學苑出版社,2005年,頁672)。此外,該史料原文所稱徐州,應指《南齊書·州郡志上》所載之劉宋末元徽元年置於淮水河岸鍾離郡的北徐州。

胡阿祥氏引用該史料，認爲這是高門大族爲了維持其政治社會上的特權，特別是在選舉方面擁有的特權，迫切希望設置冠以鄉里之名的僑州郡縣的例證。① 這無疑是正確的，不過戴尚伯等人提出僑郡一定要爲實土郡，説明鄉土觀念不僅在選舉方面，在生活安定方面更加與土地有着密切的現實意義。其上訴文中的青州實郡，當指以瓜步爲中心涵舊秦郡於疆域的齊郡。齊郡三齊地方出身者成了僑民羨慕的對象。這是蕭道成及武帝給予三齊豪族特別關照的結果。

就三齊豪族移居瓜步的問題，韓樹峰氏將其與東晉初期瑯琊王氏移居建康郊外南瑯琊郡事進行比較，認爲在蕭道成與三齊豪族之間並未形成像東晉元帝和王導之間那樣密切的關係，而且由於三齊豪族中的多數與武帝之弟、潛在的政敵豫章王嶷關係密切，故與武帝處於對立的關係。② 但筆者基於永明年間將齊郡實土化這一特別關照的措施考慮，認爲武帝未必是反對三齊豪族的。再有齊郡的實土化也使三齊豪族的本土意識有一定的恢復。

《南史》認爲洪範原非三齊豪族，而是因爲在北魏軍入侵時娶了三齊豪族中實力豪族清河崔氏之女而被稱爲南歸之“北人”、“虜父”，其原籍爲上谷。根據這些記載，我們可以推測洪範是參與攻略三齊地方的北魏軍人，與崔氏的邂逅，確切地説她是他的戰利品。但在崔氏的勸説下亡命南朝，與三齊豪族一道與蕭道成結合。然而，他雖然變成了三齊豪族的一員，但北人出身的洪範可能意識到了，若想獲得蕭道成的信任，要麼比其他三齊豪族加倍努力，要麼有不同於豪族密切接觸的途徑。③中描述的劉宋桂陽王

---

① 前注所引胡阿祥書，頁 258。
② 參見前引韓樹峰書，頁 15。

休範叛亂之際的小插曲,可以視作洪範這一心理的反映。再如1、①中記載,洪範爲蕭道成稱帝擔負了鳴鑼開道的角色,這也是洪範對道成此種心理使然。而且這些做法也確實令他獲得了道成的信任。在《南齊書》中,將他用"親信"一語概括。

這裏存在的一個問題是洪範的南歸,即亡命的原因。有其妻子説服、懇求的原因,但還應有他自身內在的原因。以下就北魏軍人在這一時期南歸、南叛的一般情況再作一些考察。

筆者曾經引述西野正彬、唐長孺氏等前賢的觀點提出以下見解:從北魏南部邊境鎮戍歸降南朝,特別是梁朝的北魏軍人中相當一部分人被鮮卑拓跋部上層稱爲"胡人",他們在政治、社會方面均被疏遠,是拓跋族以外的北族軍人。① 他們多爲北魏統一華北過程中被征服的胡族的子孫。在明元帝時期攻下河南,太武帝南伐及獻文帝獲得淮北四州等北魏南下活動中,逐漸與拓跋部精鋭一道被安排鎮戍北魏南部邊境。但可能由於逐漸被統治階層拓跋部疏遠,地位低下,於是叛逃南方。尤其是孝文帝遷都洛陽後,拓跋部精鋭以近衛軍及四中郎將府所屬部隊開始常駐於洛陽及其周邊地區,遇南部邊境有事,拓跋部的任務並非由鎮戍南部邊境的常駐部隊,而是由來自洛陽的派遣部隊以及以中品羽林、虎賁而聞名的河北山東方面派遣的部隊來承擔。南邊常駐部隊中的比重由拓跋鮮卑變成了"胡人"兵士,而且當失去與拓跋部共事和同處的空間後,"胡人"兵士們感到自己真正開始淪落成了半不自由民。那麼,在洛陽遷都二十七年前,取得淮北四州時也會有"胡人"兵士叛逃南方嗎?

有關這一點,非常耐人尋味的是曾任占領徐州的北魏軍統帥尉元太和十六年(492)的一則奏文。

---

① 筆者前引拙文。

今計彼（彭城）戍兵，多是胡人，臣前鎮徐州之日，胡人子都將呼延籠達因於負罪，便爾叛亂，鳩引胡類，一時扇動。賴威靈退被，罪人斯戮。又團城子都將胡人王敕懃負釁南叛。（《魏書·尉元傳》）

尉元在奏文中首先提到徐州彭城戍軍多爲胡人，隨後説到天安元年（466）末占領徐州當初發生的彭城胡人子都將呼延籠達叛亂事件，以及團城（徐州東安郡，今山東沂水縣）子都將胡人王敕懃南逃事件。[①] 團城投降北魏軍於皇興二年初。[②] 此後北魏軍當開始進駐，故王敕懃南逃事件應發生在此後不久。這些胡人兵士的叛亂發生在進駐徐州不久的北魏軍內，説明在北魏軍隊內部出現了令胡人兵士不滿的情況，比如在論功行賞方面與鮮卑軍人有不平等的現象，這些可能導致了他們的叛亂。基於這一點，筆者認爲王洪範南逃也是因北魏軍隊內出現胡人兵士不滿情緒引起的。

前文所見王敕懃的名字，和延興三年即劉宋後廢帝之元徽元年（473）與蕭順之一道爲奪回淮北諸城而出軍的南朝軍將領“王敕懃”幾乎相同。[③] 此外，劉宋昇明元年十二月，沈攸之於荆州舉兵反蕭道成。《宋書·沈攸之傳》中記載了一道尚書符，符中記録了派遣討伐沈攸之的陣容，其中與“龍驤將軍射聲校尉王洪範”的名字並列出現“冠軍將軍遊擊將軍并州刺史南清河太守太原公軍主王敕勤”的名字。此外，《南齊書·柳世隆傳》中也記載了該尚

① 前引拙文中將王敕懃誤記爲王敕勤，今訂正。
② 與北魏軍戰鬥方酣之劉宋泰始三年十一月，於團城置東徐州，曾任東安、東莞二郡太守的三齊豪族清河張讜任刺史（《宋書·明帝紀》《薛安都傳》）。但翌年三月劉懷珍被任命爲東徐州刺史（《明帝紀》）。此蓋因張讜降魏事。團城被北魏占領當在此前後。
③ “三年，劉昱將蕭順之、王敕懃等領衆三萬，入寇淮北諸城。（尉）元分遣諸將，逆擊走之。”（《魏書·尉元傳》）

書符,此處二人被稱爲"輔國將軍王敕勤"和"屯騎校尉王洪範"。王敕(勑)勤(懃)與蕭道成的左膀右臂並常隨其身邊的蕭順之一起共事,還與在淮陰和道成結合並成爲其親信的王洪範共同行動,這説明王敕勤本人也在泰始三年八月至七年三月間與出鎮淮陰的蕭道成結合了。《宋書》中提到的并州刺史及太原公等稱號,暗示他叛逃南朝後自稱爲太原王氏,而他被尉元直呼爲"胡人",又説明了歸降南朝的北族人動向,這一點是非常有趣的。

如果王洪範原是北魏軍的一個胡人兵士,因對鮮卑拓跋部不滿而叛逃到南朝,那麼他的民族歸屬該如何呢? 筆者基於《南史》中上谷出身的記載,認爲屬烏丸(桓)。在此借用已包羅烏桓通史的馬長壽氏的觀點,探討烏桓與上谷的關係。①

在烏桓首次見於文獻的《史記·貨殖列傳》中記載,公元前2世紀武帝統治時期,漢朝攻打匈奴,烏丸被漢朝遷徙至上谷、漁陽、右北平、遼東、遼西五郡之塞外。此時已出現有關上谷的記載。後匈奴南北分裂之際,除上述五郡外後漢王朝還允許他們遷入廣陽、代、雁門、太原、朔方等郡的障塞之内。前、後漢兩王朝均於上谷郡置護烏桓校尉,監視烏桓的同時將其兵力用於維護王朝的統治。後漢末靈帝時期,上谷地區的烏桓已擁有九千餘部落,成爲烏桓中最強大的勢力。207年,曹操討伐與袁氏結盟的右北平、遼東、遼西三郡烏桓勢力即所謂三郡烏丸,并遷其於内地。又將上谷、代郡的烏桓勢力置於麾下。此後,包括上谷在内的幽州烏桓進入西晉幽州都督王浚,乃至石勒的控制之下,石勒將幽州烏桓遷至都城襄國附近。但在襄國附近,已有起初加入"乞活"集團,遷移至太行山東麓,最後投降石勒的并州烏桓已經移居於此地。各地烏桓雜居於

---

① 馬長壽《烏桓與鮮卑》(上海人民出版社,1962年。後再版,廣西師範大學出版社,2006年)。

襄國,4 世紀後半期,前燕慕容氏政權建立後,襄國附近的烏桓進入其控制之下。前燕被前秦苻堅滅亡後慕容垂開始復國活動,襄國附近的烏桓成爲後燕的主要兵力來源,在北魏拓跋珪征服後燕時期也對北魏軍進行了頑强抵抗。但此後不見有關幽州、并州烏桓的記載,馬氏認爲這説明他們已經漢化。如馬氏所言上谷與烏桓之間關係極其密切,這是筆者認爲王洪範是烏桓人的第一個理由。

再者,王這一姓氏也會使人聯想到與烏桓的關係。姚微元氏已指出烏桓的姓氏中有王氏者。[1] 姚氏例舉了《三國志·魏志·牽招傳》中叛逃雁門郡(北魏以降爲代郡)之塞外的烏桓中有歸義侯王同、王寄的名字。又指出,《晉書·慕容盛載記》中有關於後燕末期昌黎龍城的慕容盛、慕容寄與蘭汗一族鬥争的記載,其中有烏丸王龍之的名字。根據這些記載,姚氏認爲唐代太原王氏中極盡顯貴、所謂烏桓王氏的實際始祖、由北魏歸降梁朝的王神念就出身於北魏代郡的烏桓族王氏。[2] 後燕末起直至劉宋南齊交替期約八十年間以王爲姓氏的烏桓族已不知去向,但根據以上兩點,筆者認爲王洪範是烏桓族出身的北魏胡人兵士。不僅如此,幾乎與王洪範同時期叛逃南朝、自稱太原王氏的團城之子都將王敕懃也可能屬于烏桓。

這些來自北魏的歸降北人跟隨於蕭道成、蕭順之左右,可能使道成很容易獲得有關北魏或者北魏軍隊的各種情報。筆者曾在舊稿中關注歸降南朝梁朝的北魏南邊的城民。與其相比,此時的歸降北人在數量上很少,可能在軍事上幾乎未造成多少直接的影響。

---

[1] 姚微元《北朝胡姓考》外編,第一"東胡諸姓十王氏"(科學技術出版社,1958 年。中華書局重印,1962 年。修訂本,中華書局,2007 年)。

[2] 有關烏桓王氏,守屋美都男在《六朝門閥の一研究》(日本出版協同株式會社,1951 年)中認爲是太原王氏的支系。日中兩位碩學見解不同,對此問題有必要進行重新探討。

但其情報源價值一定作爲不可忽視的力量得到了南朝軍事將領的重視。此外，王洪範及王敕懃曾與鮮卑拓跋部一起行動，這也顯示其擁有操持鮮卑語的能力。蕭道成之所以派遣王洪範出使柔然，理由當然有他忠誠的因素，在占據其漫長旅途多半的吐谷渾境内搜集情報和對形勢作出判斷所需要的鮮卑語能力也是很重要的。吐谷渾是4世紀初慕容鮮卑的一支進入羌族之地、今青海省西北白蘭建立的政權。周偉洲氏認爲當時其社會上層使用鮮卑語。① 因此，王洪範在進行外交活動時可能不必借助翻譯就可以直接與吐谷渾上層進行交流，這使他能夠對事態作出迅速而準確的判斷。這種收集情報、判斷形勢的能力，如果結合南北朝及其周邊廣大區域存在的軍事上的緊張狀況來考慮的話，可以稱其爲諜報功能。而王洪範本身柔然行的動機也不難推測。他對曾經排擠自己的北魏懷有怨恨。此外，他不久前加入的三齊豪族想恢復鄉里、克服在南朝貴族社會中被疏遠的心理和自己產生了共鳴。蕭道成將時間緊迫，任務艱巨的柔然遣使托付給王洪範，原因大概就在於此。

以上在上一章和本章中，考察了王洪範出使柔然時的形勢和洪範的出身，以及與蕭道成結合的經過。下一章將以洪範歸朝後經歷爲中心，探討南齊軍事史的發展過程。

第三章　歸朝後的王洪範和南齊軍事史

第一節　永明期——梁州與三齊豪族的關係

如上一章所引3《南齊書》中記載所示，永明元年王洪範返回

① 　前引周偉洲再版《吐谷渾史》，頁8。

南齊。《資治通鑒·齊武帝永明元年》不知何據記爲八月庚申日。前一年三月蕭道成已經死亡，其子武帝即位並迎來他統治的第二年。洪範出使柔然期間，北魏與南齊之間的直接戰爭在東部海岸的鬱州直至西部的豫州、司州間展開，此外處於北魏影響下的諸蠻及本地勢力與南齊軍之間的戰爭從司州、雍州、荆州蔓延至梁、南秦州地區。

蕭道成即位當年（479）十一月，果然未出道成預料，北魏軍擁立劉昶，入寇壽春和鍾離。《魏書·高祖紀上》記載，此時"蠕蠕率騎十萬餘南寇，至塞還"。上一章所引 2 中記載，八月柔然三十萬騎南下，這大概是爲了踐行與王洪範所簽訂盟約，柔然軍隊於八月至十一月間采取的行動。進攻壽春與鍾離的北魏軍在第二年即建元二年三月被垣崇祖及徐州（治所在鍾離）刺史崔文仲擊退。雖不能確定柔然軍的行動給北魏軍造成多大影響，但蕭道成將垣崇祖安排在壽春等預先的準備收到了效果。

但對蕭道成來説，北魏軍入侵司州，和與其遥相呼應的司、雍、荆州蠻族的動向似乎是未曾料到的。當時此數州中以太陽蠻桓誕爲首的衆多蠻酋配合北魏軍動向，采取了反南齊的軍事行動。據《南齊書·豫章王嶷傳》記載，自劉宋末期，蕭道成就將寄以厚望的第二子蕭嶷（豫章王），以荆州刺史、都督荆湘雍益梁寧南北秦八州諸軍事安置在江陵，而建元元年四月即位不久，一度以蕭嶷爲尚書令、揚州刺史召回。但九月北魏軍開始行動後，立即於都督八州諸軍事、荆州刺史加南蠻校尉、湘州刺史，任其爲荆州及從司州、雍州直至梁州的漢水沿岸地區總監。這説明起初並未估計到北魏軍會進攻司州，對此地蠻酋的動向也未能引起足夠的警戒。再度擔任荆州刺史的蕭嶷，當聽到鎮內流傳北魏軍或從隨郡及鄧縣即司州南部進軍襄陽方面的傳言時，如史書記載"以荆州鄰接蠻、蜑，慮其生心"（《南齊書·豫章文獻王傳》），不知荆州周邊蠻族配合北魏軍會采取何種行動,神經高度緊張。於是針對進攻司州(義陽)的北魏軍和桓誕的軍隊,派遣了南蠻府司馬崔慧景至方城(北襄城郡,今河南省方城縣),造成準備襲擊其背後的態勢。據《南齊書·蠻傳》記載,司州及雍州蠻配合北魏軍進攻了司州平昌戍及雍州潼陽(今湖北省沮水上游)。針對進攻荆州汶陽郡(今湖北省遠安縣北)的北上黃蠻文勉德,豫章王派遣了其府的中兵參軍劉俧緒前往征討。蕭嶷還指揮了梁、南秦二州,即漢中地區的戰鬥。在該地,可能爲晉壽郡氐族的勢力豪族李烏奴,自劉宋末期至建元二年八月間與仇池氐族楊氏聯手,一直與中央對抗。據李文才氏考察,他們的背後也有北魏的存在。[①] 蕭嶷以崔慧景爲梁、南秦二州刺史負責討伐李烏奴。

二年閏九月,北魏軍隊進攻了鬱洲及其對岸的胸山戍,但被青冀二州刺史盧紹之和其子兖、胸山戍主玄元度,以及自淮水河口前來救援的崔靈建等軍擊退(《南齊書·魏虜傳》)。[②] 此後直至翌建元三年,由淮北四州之民歸順南齊而引起的南齊軍與北魏軍之間持續發生戰爭,但四月亦宣告結束。

以上爲建元年間南北方戰爭的大致情況。與北魏軍之間戰線的擴大,遠遠超過了蕭道成的預測,使南齊完全處於被動防禦狀態。前引 2 中"上(蕭道成)初踐阼,不遑出師"的記載,不過是未能配合柔然軍隊進行北伐的一個藉口。可以説未能實現北伐是意想不到的戰線擴大造成的。而且在此次防禦戰中非常活躍的是垣崇祖、崔氏一族等淮北四州的豪族,這恰好説明南齊初期軍事力量的主力正是這些人。

王洪範回朝的永明元年,北魏與南齊間暫時采取了和平政策。

---

① 李文才《南北朝時期益梁政區研究》,商務印書館,2002 年,頁 249。

② 關於盧紹之,《南齊書·魏虜傳》載:"紹之,字子緒,范陽人。自云盧諶玄孫。"可能是與清河崔氏有很深姻親關係的范陽盧氏之一員,應爲屬三齊豪族之一員。

若如《通鑒》所載洪範回朝爲八月，那麼在上月北魏方面李彪以聘使來朝，十月南齊劉纘出使北魏。雙方的聘使交換持續至永明三年八月李彪來聘。但這不過是蕭道成死後的喪期中出現的短暫和平。永明五年，占據南陽故城的大陽蠻桓誕，一方面扇動雍、司州之蠻，另一方面邀北魏軍隊入境，自翌六年三月至四月間戰線擴大至角城戍（今淮陰淮水對岸）、隔城戍（雍州南襄城郡，今河南省桐柏市）。南齊軍奪回該二戍，於隔城俘虜北魏軍二千人（《南齊書·周盤龍傳》《曹虎傳》）。翌永明七年（北魏太和十三年）孝文帝提議再開交換聘使（《魏書·高祖紀》），目的可能是爲了使俘虜得到遣返。遣返俘虜於永明八年初得以實現（《南齊書·武帝紀》）。此後直至南齊明帝建武元年（494）末北魏文帝開始南伐時爲止，南北間一直保持和平。

在該永明年間，如前引③《南史》記載，王洪範爲梁州晉壽郡（四川省廣元縣）太守。晉壽郡位於連接四川與甘肅方面的重要通道、西漢水和白水的匯合處附近，是梁州西北的仇池諸勢力與北魏、南齊兩王朝鬥爭中的極其重要戰略地點。如在劉宋泰始年間進攻梁州的仇池國就曾截斷晉壽道，即進行了封鎖。針對這一情況，范柏年率手下數百人打破封鎖，自益州道覆命朝廷，被任命爲晉壽太守。① 范柏年先祖自梓潼（今四川省梓潼縣）徙居華陽（今四川省廣元縣），世代爲該地土豪。南齊建元三年，仇池楊文弘歸降南齊，但在此前預先令從子後起占據了晉壽郡上游白水郡。對此，南齊晉壽太守楊公則上奏請求奪回白水。② 晉壽郡、白水郡，

---

① "柏年，梓潼人，徙居華陽，世爲土豪，知名州里。宋泰始中氐寇斷晉壽道。柏年以倉部郎假節領數百人慰勞通路，自益州道報命。除晉壽太守。"（《南齊書·文惠太子傳》）

② "三年，文弘歸降……文弘遣從子後起進據白水。白水居晉壽上流，西接涪界，東帶益路，北連陰平、茄蘆，爲形勝之地。晉壽太守楊公則啓經略之宜。"（《南齊書·氐傳》）

以及統轄它們的梁州均屬戰略要地,自然要安排軍事上有能力的人物擔任長官。王洪範也應以這樣的人物被派到此地的。

與王洪範的經歷有關還有一件有趣的事。郭啓玄同樣曾於劉宋時期任晉壽太守,在其死後元嘉二十八年的詔書中有這樣一段話:

> 故綏遠將軍、晉壽太守郭啓玄,往銜命虜庭,秉意不屈。(《宋書·良吏傳》)

詳情雖然不明,但可以肯定郭啓玄也有出使胡族政權的經歷,對梁州周邊的仇池及其後方的近鄰北魏、柔然的信息比較熟悉。這對任命晉壽太守可能有一定影響。王洪範被任命晉壽太守的情況也可能類似。

梁州地區本來對蘭陵蕭氏一族具有重要意義。據李文才氏詳細考察,自劉宋時期蕭思話、惠開父子之後,梁州和其鄰近的益州屢有蘭陵蕭氏出身人士出鎮,尤其是梁州有蕭道成本人及其父承之以應對仇池爲主要任務出鎮。李氏強調,蕭氏的這段經歷使他們加深了對該地情況的理解,這也成了蕭氏鞏固軍事、政治基礎的重要原因。[①] 筆者認爲李氏的這一見解是非常重要的,但梁州與蘭陵蕭氏之間的關係比李氏所指出更有實際意義。從中央出鎮地方的軍府長官若想在當地實施卓有成效的軍事行動,必然需要當地實力派的協助,這是不言而喻的。在梁州地區蕭氏一族也必定有過這種經歷。此外,地方的諸勢力也會期待中央派遣的將帥幫助解決自己無法單獨處理的各種問題。在梁州,會期待中央派來的將帥幫助解決仇池及北魏的入侵,以及受其影響出現的地區不

---

① 前引李文才書,頁 255、259。

安等問題。應當説由此所産生的將帥與地方勢力間的紐帶被後代所繼承,這成了蕭氏家族的根本。梁州本地的實力派人物中有前述晉壽太守范柏年。他於劉宋末元徽四年(476)以梁、南秦二州刺史被任用於自己的原籍地。正如李文才氏所指出,該人事任命是由蕭道成決定的。① 沈攸之起兵反蕭道成後,柏年在沈攸之和蕭道成之間采取左右搖擺的態度。昇明二年,刺史之位被徐州豪族出身的王玄邈所取代,自己被雍州刺史蕭長懋(後來的文惠太子)殺害。雖然他最終站到了蕭氏的對立面,但他在原籍地以刺史被任用的背後,作爲地方實力派一定與蕭氏一族之間有着某種聯繫。對蕭氏一族的南齊王朝來説,無論從實力基礎還是從戰略要地來考慮,梁州晉壽郡太守的人選都是非常重要的。王洪範被委以此任,可以説原因是武帝對他有一定的期待和信賴。

但如前引③中所述,他因犯非法蓄財之罪,受到梁州刺史調查,畏罪逃歸建康。永明年間以梁州刺史而知名者,首先有建元二年繼王玄邈之後赴任、前文提到的崔慧景。他是三齊豪族出身的傑出將領,永明三年被中央召回(《南齊書》本傳),他的後任爲崔慶緒。同七年非三齊豪族的陰智伯繼任(《南齊書·武帝紀》)。崔慶緒是崔慧景的叔父(《南齊書·文學傳·崔慰祖》)。陰智伯於永明十年仇池楊集始進攻漢中時將其擊潰,迫使集始亡命北魏(《南齊書·氏傳》)。又同十一年,以北魏長安爲據點的支酉發動叛亂時,陰智伯派軍主席德仁等去支援支酉。這次軍事行動使原計劃南伐的孝文帝暫時放棄了計劃(《南齊書·魏虜傳》)。從這一點來看,陰智伯作爲軍人也是一個傑出的人物。

除軍事方面的才能外,崔慧景、崔慶緒、陰智伯還有一個共同點,即均在梁州積累了大量的財富。崔慧景如下文所述,將所畜財

---

① 李文才前引書,頁243。

物都獻與了武帝。

> 在(梁)州蓄聚,多獲珍貨,永明三年,以本號還。遷黃門
> 郎,領羽林監。……出爲持節、督司州軍事、冠軍將軍、司州刺
> 史。母喪,詔起復本任。慧景每罷州,輒傾資獻奉,動數百萬,
> 世祖以此嘉之。(《南齊書·崔慧景傳》)

關於崔慶緒,從"父(慶緒)梁州之資,家財千萬"(《南齊書·
文學傳·崔慰祖》)的記載可了解其蓄財的情況。而有關陰智伯,
據南齊鬱林王時期的記載:

> (兼御史中丞江淹)又奏前益州刺史劉悛、梁州刺史陰智
> 伯,並贓貨巨萬,輒收付廷尉治罪。(《梁書·江淹傳》)

在梁州刺史之任因不法蓄財之罪被彈劾。

從該三位梁州刺史均積累了巨額財富,可見梁州此地特點之
一端。首先,自梁州尤其是自晉壽郡直至南、益州的梓潼郡地區,
它相當於東晉前的梓潼郡,這一帶以出産丹、漆、藥蜜和金銀而著
稱。[①] 除了本地區內出産以外,如以下史料顯示,從鄰近的仇池得
到的財物亦相當豐富。

> (劉)真道、(裴)方明並坐破仇池斷割金銀諸雜寶貨,又
> 藏難當善馬,下獄死。(《宋書·劉懷肅傳附真道》)

---

① "(梓潼郡)土地出金銀丹漆藥蜜……(同郡涪縣)屠水出屠山,其源有金銀鑛,洗
取,火融合之爲金銀,陽泉出石丹……(晉壽縣)有金銀鑛,民今歲歲洗取之。"(《華
陽國志·漢中志》)

這裏記載的是，劉宋元嘉十八年至翌年前後，被任命爲梁、南秦二州刺史的劉真道和裴方明，戰勝進攻四川方面的仇池楊難當，戰後二人私吞戰利品事情。這些財富的形成自然是由於仇池本身"出名馬、牛、羊、漆、蜜"（《華陽國志·漢中志》"武都郡"），但更重要的事可能是因仇池位於主要貿易通道上。前述流經仇池的西漢水，因其連接長江上游水系和渭水流域的重要地位，早在後漢時期就施行過水道改造，以圖轉運的便利。[①] 也就是説，仇池是連結四川及陝西南部和渭水流域的天水、隴西方面，甚至河西走廊的重要貿易通道。往來於貿易通道的各色商旅人等帶來的遠方貨物，以及向他們徵收的通行税等豐富了仇池的財政。這些仇池的財富，加之梁州刺史及重要據點晉壽郡的太守們通過控制仇池及與北魏間的貿易通道，獲得了各種各樣的財富。

筆者曾提出，青州（鬱洲）處於北魏和南朝梁的軍事最前線，同時又是在邊境附近地區盛行的地下貿易的據點。還曾借用唐長孺氏的觀點指出，這些貿易活動中邊境附近地區的北魏地方軍府長官本人多參與其中。[②] 在此還應考慮③《南史》中記載的南齊時期與青州貿易活動有關的地方長官的情況：

> 先是青州資魚鹽之貨，或强借百姓麥地以種紅花，多與部下交易，以祈利益。

這裏詳細描述了除從事魚、鹽交易外，還强行徵用轄境内農民麥田種植商品作物紅花，然後將收穫物交給部下（大概爲治理區域内的商人，或從事商貿活動的下屬）進行貿易獲取利益的青州刺史

---

① 羅傳棟主編：中國水運史叢書《長江航運史（古代部分）》，人民交通出版社，1991年，頁78。

② 前引拙文。

的形象。想必南朝方面的邊境梁州也應如此。南齊永明年間的三位梁州刺史和晉壽太守王洪範聚斂財富,被問以"受賄"、"贓貨"之罪,説明了在軍事對立背後存在的商業行爲的情況。此外,崔慧景將積蓄財物的大多數獻與武帝並受到嘉獎,令人感到他與武帝間的關係與道成相比更顯功利性。在南齊初期劉懷珍、劉善明等三齊豪族領袖接連辭世的情況下,慧景變成了三齊豪族的代表性人物,同時也成了被稱作"齊武舊臣"(《南史·梁紀上·武帝》)的武帝親密大臣。而他以這樣的身份卻藉助財物來維持和皇帝的關係,原因不僅因爲他蓄財和保身的慾望,更説明武帝治政本身是以財物爲基礎的。[①] 晉壽太守王洪範亦是在這一風潮中從事受賄勾當,受到上述三人中的一位(本身也在蓄財)梁州刺史的追查辭去了太守之任。[②] 梁州地區雖很狹小,但從此可以窺見從高帝到武帝時期治政的變化。

　　此外,提到淮北四州出身人員,他們作爲地方官,有一個不得不受賄的特殊原因。安田氏曾介紹平原劉善明的一段軼聞。劉善明南歸前,鄉里青州北海郡都昌縣遭遇饑饉,他用私粟賑卹災民,鄉里民眾稱劉氏私田爲"續命田"。安田氏特别指出,他是在三齊豪族中能體現望族標準的人物。[③] 但正是該劉善明,《南史》中記載也有受賄行爲:

---

① 有關武帝的統治,筆者較爲關注川合安氏就武帝時期財政政策的闡述。川合否定了過去認爲南齊永明年間發生唐寓叛亂的原因爲戶籍調查的觀點,指出原因是由於武帝時期在戶籍檢查的名義下所進行的收斂財物,徵收僮卹、通行税、商税等的財政政策,以及因此造成的對水上民夫及商人的壓迫。見川合氏《唐寓之の乱と士大夫》(《東洋史研究》54-3,1995年)。

② 從洪範歸朝時間來看,他任晉壽太守的時間,很有可能是在永明三年至七年之間,在梁州刺史崔慶緒之治下。此外,譴責他的人可能是其後任,非三齊豪族人陰智伯。

③ 前引安田氏書,頁295。

　　(善明)質素不好聲色,所居茅齋,斧木而已。牀榻几案,
不加刻削。少立節行,常云:"在家當孝,爲吏當清,子孫楷杖
足矣。"及累爲州郡,頗黷財賄。崔祖思怪而問之,答曰:"管
子云,鮑叔知我。"因流涕曰:"方寸亂矣,豈暇爲廉。"所得金
錢皆以贖母。(《南史》本傳)

這段記載説明,淮北四州豪族的親人在北魏攻打淮北時成了俘
虜,他們不得不用金錢贖回,這使成爲地方官的他們陷入不得不
受賄的境地。北魏對淮北豪族進行人質交易的故事還發生在薛
淵(徐州刺史薛安都從子,見《南齊書·薛淵傳》)、劉靈哲(《南
齊書·劉靈哲傳》《南史·劉靈哲傳》)的身上。薛淵雖未能贖
回其母,但時爲梁州刺史的崔慧景爲救出薛淵的母親提供過幫
助。説明淮北出身人爲救出親人是相互協作的,淮北豪族共同
面對如此重大的問題。

　　王洪範自晉壽逃回建康,但在武帝死後的政變中覓到了活路。

第二節　武帝死後至明帝即位——
明帝與三齊豪族的關係

　　永明十一年七月,武帝亡。在他臨終前,琅邪王融等人反對皇
太孫鬱林王即位,圖謀發動政變擁立武帝二子竟陵王子良,但計劃
暴露以失敗告終。朝廷内鬱林王的輔政蕭鸞(蕭道成侄)執政體
制已經形成。這期間,蕭懿、蕭衍兄弟等原與子良親近的人士卻站
在了蕭鸞方面。關於這一情況,《南史》的觀點是:蕭衍兄弟與武
帝間圍繞其父蕭順之的死亡存在矛盾,蕭衍對武帝血統懷有仇恨,
蕭順之抑鬱而死的背後有武帝與其弟豫章王嶷以及文惠太子與其
弟巴東王子響之間的對立。筆者過去曾指出,《南史》的這一觀
點,強烈地反映了後代舊北齊士人試圖從皇室兄弟間的對立探求

王朝衰亡原因的心理。① 因此，如果將《南史》中強調的兄弟間的矛盾、蕭衍爲主謀從武帝血統篡奪皇位的觀點儘量相對化，再客觀一些看問題的話，蕭鸞體制確立的特徵是宗室勢力已進入南齊政治，特別是整個軍事領域。

作爲南齊王朝核心，道成淮陰的革命軍團，正如安田氏所指出，原由道成的私屬隨從的宗族人員、門客和淮北四州出身豪族的武將構成。但私屬隨從人員力量極其弱小，使這一軍團真正成爲軍閥的是淮北四州豪族的武將們。② 也就是説宗族成員只限於擔任蕭道成的貼身衛隊。但南齊王朝建立後，蕭順之（《南史・梁紀上・武帝》）、蕭景先（道成從子，《南齊書・蕭景先傳》《南史・齊宗室傳・新吳侯景先》）、蕭誕、蕭諶、蕭誄兄弟（蕭道成絶服之族子，《南齊書・蕭諶傳附蕭誕、蕭誄》《南史・齊宗室傳・衡陽公諶》）、蕭坦之（蕭諶同族，同前）、蕭赤斧（蕭道成從祖弟，《南齊書・齊南豐伯赤斧傳》《南史・齊南豐伯赤斧傳》）等宗室成員均在高帝、武帝時期得到重用，實力增強。蕭順之和蕭景先被任命爲統管禁軍的領軍將軍，蕭赤斧被任命爲重鎮雍州的刺史。但三人均在永明三年間死亡。蕭諶在武帝尚爲皇太子時期掌東宮宿衛，武帝即位後被委以宮殿内的齋内兵杖。蕭坦之成爲東宮直閤，勤直爲武帝所知。但蕭諶與蕭坦之都拋棄了鬱林王，成爲蕭鸞的心腹，蕭諶憑藉手中掌握的宮殿内軍權，在明帝即位時發揮了至關重要的作用。他們雖然在軍事方面參與了重要的行動，但直至明帝即位前，這些宗室人員軍事活動的範圍，除蕭赤斧任雍州刺史外，幾乎都是負責皇帝、皇太子身邊的安全。這可以説是淮陰革命軍團中親衛隊職責的某種延續。但如下節所述，到了明帝建武年間，

① 拙文《再び〈南史〉の説話的要素について—順之の死に関する記事を手がかりとして—》（《六朝學術學會報》8，2007 年）。

② 前引安田氏書，頁 321。

蕭誕、蕭諫兄弟和蕭坦之以及蕭懿、蕭衍兄弟等宗室勢力在對北魏
戰爭中站到了最前線。本來自高、武帝時期起，比如前述豫章王嶷
被再次任命鎮守荆州那樣，按照劉宋以來的傳統，外藩的重鎮由皇
帝的兒子、兄弟擔任長官。而與北魏爲鄰的最前線諸州，如上節所
述委以三齊或徐州淮北四州出身的豪族武將。從此宗室勢力開始
進入此地，蕭衍出鎮雍州爲將來的齊梁革命埋下了伏筆。那麼此
時三齊豪族處於怎樣的狀況呢？ 王洪範的動向能夠很好地解釋這
個問題。

通過前引③《南史》的記載可知，王洪範自梁州返回後變成了
高宗即明帝蕭鸞的心腹。這從以下《南齊書》和《南史》的記載也
很清楚。

    4 高宗輔政……時新立海陵，人情未服，高宗胛上有赤
誌，常秘不傳，（江）祏勸帝出以示人。晉壽太守王洪範罷任
還，上袒示之，曰："人皆謂此是日月相。卿幸無泄言。"洪範
曰："公日月之相在軀，如何可隱。轉當言之公卿。"上大悦。
（《南齊書·江祏傳》）

    ④ 明帝輔政……時新立海陵，人情未服。祏每説明帝以
君臣大節，明帝轉顧而不言。明帝胛上有赤誌，常秘不傳，既
而祏勸帝出以示人。晉壽太守王洪範罷任還，上袒示之曰：
"人皆謂此是日月相，卿幸無泄之。"洪範曰："公日月在軀，如
何可隱？ 轉當言之公卿。"上大悦。（《南史·江祏傳》）

以上兩處記載爲隆昌元年（494）七月鬱林王廢位後，蕭鸞爲篡
奪作準備擁立廢帝之弟海陵王蕭昭文時的情形。除《南史》記
載爲江祏（明帝之表弟，亦其心腹）當初對明帝篡奪不太積極
外，其他内容完全一致。與1、①的記載一樣，此處王洪範仍站

在爲即將稱帝之人證明其有帝王徵兆的立場，强調了王洪範與明帝間的親密關係。但以下記載則顯示起初王洪範並非站在明帝一側。

> 會明帝知權，蕭諶用事，（杜）文謙乃謂（綦母）珍之曰："天下事可知，灰盡粉滅，匪朝伊夕，不早爲計，吾徒無類矣。"珍之曰："計將安出？"答曰："先帝故人多見擯斥，今召而使之，誰不慷慨。近聞王洪範與趙越常、徐僧亮、萬靈會共語，皆攘袂槌牀。君其密報周奉叔，使萬靈會、魏僧勔殺蕭諶，則宮內之兵皆我用也。"（《南史・恩倖傳・茹法亮》）

鬱林王在位時受恩倖的杜文謙、綦母珍之，預感到將來遭受蕭鸞的滅頂之災，圖謀召集先帝故人即受武帝重用的大臣，聯合對蕭鸞執政不滿人士，計劃殺死掌握宮殿內兵權的蕭諶。作爲先帝故人提到了王洪範的名字，説明洪範此時與鬱林王站在一起，處於反對明帝的立場。但不詳何由，他開始支持明帝，並且相當積極，從而成爲了明帝的心腹。説明這一情況的正是 4 和④的記載。

這時期三齊豪族的領袖崔慧景處於困境。有關自永明年末爲防備北魏南侵而被任命爲豫州刺史的慧景的情況，《南齊書》本傳中有如下記載：

> 鬱林即位，進號征虜將軍。（崔）慧景以少主新立，密與虜交通，朝廷疑懼。

《南史》本傳的記載亦大致相同。《南齊書》《南史》本傳説，因爲少主，即年幼的君主即位，慧景預想到國內會混亂，故與北魏私通。崔慧景此時是否真正與北魏私通雖不清楚，但他具備使周圍的人產生疑慮的條件。如唐長孺氏所指出，以崔氏爲首被北魏軍俘虜稱爲平齊戶的三齊地方的豪族，從北魏太和六年（南齊建元四年）前後，已被孝文帝恢復了原來的名譽，獲得了朝廷的官位，並且正準備召他們回歸三齊地方。① 換句話説，崔氏一族已獲得了一條在北魏社會也可飛黃騰達的途徑。大概是這一情況使南齊方面對崔慧景的去留產生了恐懼心理。而且鬱林王即位之年（隆昌元年，493）正值孝文帝洛陽遷都。在深感北魏的壓力越來越近的情況下，可能對崔慧景的擔心越發加深了。

在《南史·梁紀上·武帝》中，對這一時期慧景的描述是

　　豫州刺史崔慧景既齊武舊臣，不自安。齊明憂之……

《南史》記載明帝計劃在蕭衍的協助下從武帝的血統中奪取帝位，爲實現這一目的正在逐步排擠武帝的子孫及其親信王敬則。接下來的內容就是以上的引文。慧景不安的原因在於自己是武帝近臣，所以懼怕被新帝的輔弼者且朝廷的實力派明帝所疏遠和排擠。而明帝的憂慮是慧景會因爲不安在前線豫州（壽春）采取反對明帝的行動。《南齊書》《南史》本傳認爲，崔慧景在南齊王朝內不安的原因是他與北魏王朝之間的關係。而《南史》之《梁本紀》，則將明帝、蕭衍與武帝子孫及舊臣之間的對立視爲武帝死後至明帝治世時期的政治史展開的基礎，因此將慧景不安的原因歸結於與明帝之間的關係。

在《南齊書》《南史》的慧景本傳中，繼上述記載之後的內容是：明帝派蕭衍前去安撫慧景，慧景送密信於明帝誓言忠誠並勸其即位，其結果被徵還朝廷，升散騎常侍、左衛將軍。這暗示派遣

---

① 參閱《北魏的青齊士民》（前引唐氏書所收）。

蕭衍的目的,在於告知慧景在南齊王朝,特別是未來明帝統治下有飛黃騰達的可能。《南史》之《梁本紀上》中也提到派遣蕭衍一事,但其目的是"外聲備魏,實防慧景"。由於蕭衍制止了提議殺死慧景的部下,"曲意和釋之",慧景遂安。其說服的內容大概爲能與明帝改善關係。所以《南齊書》《南史》慧景本傳與《南史》之《梁本紀上》所載明帝和崔慧景之間的關係有一定差異,真實情況很難確定。① 但如果結合明帝對王洪範所采取的一些策略來考慮,此時對明帝、蕭衍來說,崔慧景等三齊豪族的力量同樣是不可或缺的,可以肯定,通過蕭衍的斡旋使崔慧景投靠了明帝一方。

基於這一點,筆者認爲即使在明帝即位前後,三齊豪族集團的實力在南齊王朝中仍是不可動搖的。而確實自高帝至明帝時期,宗室勢力在軍事層面的存在感在增強。原因之一如上文所述三齊豪族采取的復權行動使北魏對崔慧景產生猜忌;其次如下文所述,高、武帝時期三齊豪族發生了變化。

高帝建元末至永明年間,崔祖思、崔文仲、劉善明、劉懷珍等三齊豪族領袖接連辭世。崔祖思於建元二年,劉善明於同年四十九歲,劉懷珍於建元四年以六十三歲,崔文仲於永明四年。他們家族後人於史書被立傳者,分別有懷珍之子靈哲(《南齊書·劉懷珍傳附》《南史·劉懷珍傳附》)、齊郡僑置時被提拔的劉懷慰(《南齊書·良政傳》《南史·劉懷珍傳附》)及其子劉霽(《梁書·孝行傳》《南史·劉懷珍傳附》)、劉杳(《梁書·文學傳下》《南史·劉懷珍傳附》)、劉歊(《梁書·處士傳》《南史·劉懷珍傳附》)、懷珍從孫劉訏(《梁書·處士傳》《南史·劉懷珍傳附》)、懷珍從父弟劉峻即劉孝標(《梁書·文學傳下》《南史·劉懷珍傳附》)、其兄劉孝

---

① 此外,蒙明帝恩寵的三齊豪族還有清河的房僧寄。此人在南齊末期説服郢州刺史張沖,在郢州抵抗蕭衍革命軍持續二百多日。他在談到抵抗的動機時提到受"先帝(明帝)厚澤"(《南齊書·張沖傳》)。

慶(《南史·劉懷珍傳附》)、崔祖思堂兄弟元祖(《南史·崔祖思傳附》)、梁州刺史崔慶緒之子崔慰祖(《南齊書·文學傳》、《南史·文學傳》)。他們的身份除在梁朝任青州刺史的劉孝標外,被描繪成孝子、處士或者文學之士,三齊豪族在政治、軍事方面的實力人物幾乎只有崔慧景一人了。這些領袖人物的相繼死亡,也是三齊豪族的整體實力在一定程度上被削弱的原因。

不過如上節所述,在永明年間,對蘭陵蕭氏極爲重要的梁州管理權由崔慧景傳給了慶緒,其治下的重鎮晉壽郡則安排了王洪範。從這一點和本節所述明帝對崔慧景、王洪範的態度來看,南齊對軍事基礎三齊豪族的期待並未動搖。

延興元年十月,以廢除海陵王明帝即位爲契機,北魏孝文帝開始南伐。對此,包括王洪範在內的三齊豪族集團與宗室勢力一道抵抗北魏軍。

第三節　建武年間——與北魏的戰爭和王洪範之死

明帝即位的建武元年,即北魏太和十八年十二月,孝文帝從洛陽出發,翌年二月經由壽春攻打由蕭惠休等守衛的徐州城(鍾離)。崔慧景自建康前去救援徐州,三月在鍾離以北的邵陽洲擊退了由孝文帝率領的北魏軍(《南齊書·張欣泰傳》)。另外,劉昶、王肅率領的北魏軍進攻蕭衍守衛的司州,被蕭衍、蕭誄、崔恭祖等人的南齊軍擊敗(《梁書·武帝紀》《南齊書·魏虜傳》)。在西方漢中,元英率領的北魏軍一度圍攻南鄭(今陝西省漢中市),但未能打破梁州刺史蕭懿的防守(《南齊書·魏虜傳》)。而王洪範如前引文3和③中所述,建武元年被任命爲青冀二州刺史,但據《南齊書·明帝紀》的記載則爲十一月。南伐開始後史書記載:

建武二年,虜寇淮泗……(假節、都督青冀二州北討諸軍事張)沖遣軍主桑係祖由渣口攻拔虜建陵、驛馬、厚丘三城,多所殺獲。又與洪範遣軍主崔季延襲虜紀城,據之。(《南齊書・張沖傳》)

如引文所述,他與時任都督青冀二州北討諸軍事張沖一道,率領崔季延等三齊豪族出身人員,在紀城(江蘇省贛榆縣北)等沿海地區參加了與北魏軍的戰爭。

結果孝文帝從邵陽洲經下邳、彭城、魯城、磽敖,五月返回洛陽。此後以禁胡語爲開端,實施一系列的漢化政策。而在南齊,明帝開始誅殺蕭諶(當時爲領軍將軍)、蕭誕(司州刺史)兄弟及功臣。新即位和在北魏戰爭中有功的宗室勢力及大臣干涉皇帝權威,使明帝陷入高度的神經緊張和心力交瘁狀態,對高、武帝子孫的殘害更能證明他的這種心理狀態。①

二年後的建武四年(北魏太和二十一年),孝文帝開始發動第二次南伐。八月自洛陽出發,向南陽進軍。受宛城守將房伯玉抵抗後,孝文帝本人經新野進軍襄陽(《南齊書・魏虜傳》《魏書・高祖紀下》)。南齊方面爲救援襄陽,十月派太子中庶子蕭衍、右軍司馬張稷,又於十二月派度支尚書崔慧景前往應對。翌建武五年(四月改元永泰元年,太和二十二年)三月崔慧景和蕭衍率領的南齊軍在襄陽的漢水對岸鄧城與孝文帝親征軍激戰遭到慘敗(《南齊書・崔慧景傳》《魏虜傳》)。孝文帝經樊城、湖陽戍到達懸瓠(汝南郡)並在此地停留。四月發州郡兵二十萬命八月中旬集結至懸瓠。這明顯是繼續南伐意志的體現。但七月明帝死亡,北方又發生敕勒叛亂後,九月宣告退出南伐,離開懸瓠。十一月到達

---

① 建武四年初尚書令王晏、永泰元年四月大司馬王敬則被逼謀反,五月被殺害。這些事件均發生在與北魏的軍事狀況得到緩和之時。

鄴,爲治療疾病停留此地,翌太和二十三年正月自鄴返回洛陽。這是長達一年半出征的回歸,可是三月又開始了第三次南伐,向受南齊太尉陳顯達攻擊的馬圈城(河南省鄧縣東北)進發。但出發後不久病情加重,雖勉强到達馬圈城但已病危,四月死於穀唐原(《魏書·高祖紀下》)。

也就是説,自孝文帝第二次南伐開始直至孝文帝死亡,南齊方面除了孝文帝離開懸瓠返回洛陽的七個月外,一直處於高度緊張的臨戰狀態。這期間的王洪範如前文③《南史》所載,攻陷北魏黃郭(江蘇省東海縣北)和鹽倉等戍,但不久敗北,於謝禄山祭奠部下戰死者亡靈後悲憤而死。據 3《南齊書》記載,此時王洪範未經朝廷允諾擅自徵發丁男與北魏開戰。從這裏可以看出洪範有必死的決心。此事的時間不好確定,不過據《南齊書·明帝紀》記載,明帝臨死之前,永泰元年(498)七月王國珍被新任命爲青冀二州刺史。以此來看,他死亡時間大概在此前後。所以攻擊黃郭、鹽倉戍及以後的敗北,應是孝文帝二次南伐時的建武四年中期至第二年永泰元年間的事情。

如上所述,孝文帝南伐期間的南齊軍,主要由蕭懿、蕭衍兄弟爲首的宗室和崔慧景爲首的三齊豪族指揮。王洪範直到死亡前也一直在指揮三齊豪族勢力中的一支重要力量。

本章通過綜合考察王洪範與三齊豪族的活動,理清了過去模糊不清的三齊豪族與南齊王朝之間的關係。南齊建立至明帝死亡,三齊豪族集團一直是南齊軍事力量的基礎,在爲抗擊北魏而長期處於高度緊張狀態的朝廷中,占據着穩固的地位。前一章所述將僑置於瓜步的齊郡實土化政策,應看作是南齊皇帝對軍事基礎三齊豪族的特別關照和優遇。此外,明帝在遺詔中作爲可委以“心膂之任”的顧命大臣中,與劉悛、蕭惠休一道還提到了崔慧景的名字(《南齊書·明帝紀》)。

但三齊豪族以朝廷重鎮存在的過程中,出現了不得不放棄以前在鄉里時作爲望族的生活態度的局面。前文曾提到作爲梁州刺史的崔慧景、崔慶緒蓄財的情況,在武帝統治時期他們不得不借助財物來巴結皇帝。另外還指出,鬱州的青州刺史多由三齊、徐州的淮北豪族擔任,但這些刺史利用他們的地位,在鬱洲通過漁業、製鹽業、紅花種植和貿易,帶頭與部下一道聚斂財物。① 雖説這種行爲的背後存在要從北魏贖回親人這個不得已的苦衷,但蓄財這一行爲確確實實將他們引入了與作爲望族的生活態度背道而馳的境地。比如就種植紅花來説,從農民手中强行徵用他們生產生活必需品小麥的土地,這實際上是逼迫農民爲獲得糧食而從事交換經濟。無疑使農民陷入困苦的境地。這與爲了保護鄉里農民散發私財的行爲明顯是背道而馳。對此,三齊豪族集團內部出現了反對這種做法的動向。最先想到的例子是王洪範徹底查禁刺史們在鬱洲所有的商業行爲,前文③《南史》稱其爲"清正"的例子,《南史》認爲這是他對自己在晉壽郡時期的受賄行爲反省而采取的舉措,但更應看作是他直接耳聞目睹自己周圍,特別是前任青州刺史們的所作所爲,以及由此造成當地民衆的窮困後所產生的行爲。只不過這種行爲與洪範的過去是有本質不同的。他出使柔然是因其歸降北人的特殊背景所決定的。如本章第一節所指出,他自柔然返回後任梁州晉壽太守的活動也同樣,除了軍人的才能外,還需要他有了解異域情報的能力。他還對異域尤其對北魏格外關注。在這一點上,雖説他爲三齊豪族集團的一員,但卻依靠歸降北人的能力獲得了發展空間。但擔任青州刺史時的行爲,是在關注南朝基層社會內部問題後所產生的。

導致王洪範采取後來行動的原因還有一條,即三齊豪族內部出

① 參閱萬斯同《宋方鎮年表》《齊方鎮年表》(《二十五史補編》所收)。

現了對慧景等人批評的聲音。如上一節末尾指出，三齊豪族後裔在南齊乃至梁代，在政治、軍事方面並無建樹。他們成爲良吏、處士、孝子或文學之士，不單是因爲他們天性抑或是周圍政治環境使然，而可能是因他們對同族中實力人物的做法不滿而作出的選擇。在此只舉一例，梁州刺史崔慶緒之子慰祖《傳》中有如下一段記載：

> 父梁州之資，家財千萬，散與宗族……料得父時假貰文疏，謂族子紘曰：“彼有，自當見還；彼無，吾何言哉！”悉火焚之……爲始安王（遥光）撫軍墨曹行參軍，轉刑獄，兼記室。遥光好碁，數召慰祖對戲，慰祖輒辭拙，非朔望不見也。建武中，詔舉士，從兄慧景舉慰祖及平原劉孝標，竝碩學。帝欲試以百里，慰祖辭不就……少與侍中江祀款，及祀貴，常來候之，而慰祖不往也。（《南齊書·文學傳·崔慰祖》）

這是如實描述了慰祖漠視錢財，對政界及其實力人物（侍中江祀爲第三章第二節中出現的明帝心腹江祐之弟，始安王遥光爲受明帝重用的侄子）完全敬而遠之的態度。特別是他受從兄崔慧景舉薦，獲得就任百里即縣令的機會時推辭不就，與其説這是他對參政以及參政所獲得財富的厭惡和忌諱，不如説是他對近親元勳慧景做法强烈不滿的反映。同時他將家財散與同族，銷毀某人向父親慶緒借款證據的行爲，反映了他想再成爲望族的願望。

該慰祖與王洪範在鬱洲的活動可能有些關聯。王洪範在崔慧景、慶緒和二位崔氏人物擔任過刺史的梁州做過晉壽太守。這本來就不偶然，因在崔氏之中也應與該血統有特別親近的關係。很可能洪範之妻崔氏就與該血統有親近的關係。所以與慶緒之子慰祖也很親近，慰祖的行爲使洪範回想起三齊豪族原來的形象，給他留下了深刻印象。可以説洪範的做法，是歸降北人的他正視鬱洲的現實,將過去青州刺史時的做法與慰祖相比較,理解了生活在基層社會人民的訴求之後所産生的。

崔慧景抵抗東昏侯的暴政和誅殺大臣的行爲,於永元二年(500)三月在廣陵發動叛亂,次月被蕭衍征討,崔氏與三齊豪族在南朝的政治、軍事地位被一舉消滅。但他們這些南齊政治、軍事領域中實力人物之死,慰祖等來自集團内部的批評早就有所警示。

結　語

以上通過王洪範的一生,考察了歸降北人在南朝社會的活動情況。從這裏可以了解南北朝間,以及包括其周邊廣大疆域内信息流通的狀況。這一信息的力量對南北朝政治史、軍事史所帶來的影響值得進一步關注。此外,王洪範查禁鬱洲的營利性商業行爲的做法,反映了生活在南朝基層社會人民的意願。底層社會的動向與政治、軍事之間的關聯也值得再次關注。

最後附帶討論一下記載王洪範事迹的《南史》與《南齊書》内容的差異,來結束本文。

本文第二章所引③的《南史》記載中明確指明王洪範原爲歸降南朝的北人。而且在同則記載中還具體而詳細地描述了他和蕭道成的對話,直至於鬱洲悲憤而死的情形。這些記載並非出於南朝的記録,而是源於北朝方面的記録,因爲在③中將建康表述爲建業。正如藤家禮之助氏考證的那樣,這些表述可能是由於《南史》的編撰者李延壽依據了北朝系統的史料造成的。① 大概王洪範的

① 參見藤家氏《建業考─南史の構成と關連して─》(《早稻田大學大學院文學研究科紀要》第4分册44輯,1998年)。

事迹在姻親，就是北朝中極盡顯貴的崔氏一族中，以與家族有密切關係的人物流傳的。此外，李延壽不受正統觀念束縛，將南北兩王朝視爲平等並列作爲編撰兩史的方針。[①] 正因爲李延壽具有兼顧南北兩王朝的視角，作爲歸降北人一生事南北兩朝的王洪範的形象才被描述得如此栩栩如生。另一方面，在 3《南齊書》的記載中，王洪範被描繪成蕭道成的"親信"。按照斷代正史的通例，出場人物在以皇帝爲中心的世界中，由與皇帝距離的遠近、關係的親疏涇渭分明。在《芮芮虜傳》中，只介紹其出使柔然相關內容及爲高帝親信，未被立傳，這大概是由於隨着南朝崔氏的滅亡而信息欠缺的緣故。但在《南齊書》編撰者蕭子顯的眼中他只不過是自己敬畏的祖父蕭道成忠實的臣子，而他人性方面事情大概是無關緊要的。這與在《南史》本傳中描繪王洪範人性的一面時，通過他與青州部下、州人之間的關係來描寫形成鮮明的對照。

也正因此，通過對兩書比較利用，才有可能考察王洪範這位過去未被人們熟悉的歸降北人，及其與三齊豪族、南齊王朝之間的關係。最後強調這一點以結束本文。

原載《名古屋大學東洋史研究報告》35 號，2011 年

---

① 有關李延壽編撰《南史》《北史》的經過和編撰方針，請參閱本書頁 147 注①所引拙文。

東亞比較都城史研究的現在—都城時代的誕生①

妹尾達彦著

黃海静譯

前言——東亞比較都城史研究的必要性

本文的目的,是對近年有很大進展的前近代比較都城史研究的部分現狀進行整理,並從中提出東亞都城研究的問題點。本文以 7—8 世紀的約兩個世紀間的東亞,即歐亞大陸東部爲主要分析對象。

此時間、空間之所以成爲研究東亞都城史的一個關鍵,其原因在於,7—8 世紀東亞各地相繼建立國家和都城,而産生了可被稱作"都城時代"的同時代現象。② 有關都城時代的誕生,存在着幾

① 本文是在妹尾達彦《比較都城史研究的現在—都城の時代の誕生—》(《中国—社会と文化—》26,東京:中国社會文化學會,2011 年,頁 177—192)的基礎上,經增補修改而成。

② 本文所使用的"都城"一語,是指前近代國家王權的所在地,區別於近代國家政權所在地的"首都"。前近代的都城與近代的首都,它們的象徵性和機能是 <轉下頁>

個問題,比如:

（1）爲什麼7—8世紀時期的東亞會誕生都城時代?

（2）都城時代建造的各都城有什麼樣的特色?

（3）都城時代對後代有怎樣的影響?

等等。爲了解決這些問題,就必須在廣範圍的時間空間中來評價7—8世紀東亞的都城。這也就是比較都城史研究需要被探討的原因。

近年,學術界指出了隨着近代國家的形成而產生的"比較"研究方法的局限性,逐漸把研究重點移到了"關係"的分析上。然而,以 M.Weber 爲首的學者們進行比較分析而獲得的龐大研究成果仍然告訴我們,對於不能進行實驗的人文、社會科學來説,采用比較史的方法來探究因果關係所具有的價值意義是不變的。①

<接上頁>不同的。前近代國家,是得到超自然界的承認使統治變得正統化。因此,前近代國家的都城,是擁有可以連接超自然界和人間界能力的統治者之都。對此,近代國家,是僅受到國民的支援使統治得到正當化。所以,近代國家的首都,不是統治者之都,而是作爲國民之都發揮其作用。正因爲如此,代表前近代國家都城的建築物是宮殿,而代表近代國家的首都的建築物則是國民廣場(人民廣場)。關於筆者對前近代國家的都城和近代國家的首都之差異的考察,參閲妹尾達彦《前近代中國王都論》(中央大學人文科學研究所編《アジア史における社会と国家》,中央大學人文科學研究所,2005年,頁183—229);同《中国の都城とアジア世界》(鈴木博之、石山修司、伊藤毅、山岸常人編《都市・建築・歴史1 記念的建造物の成立》,東京大學出版會,2006年,頁151—222);同《首都と国民広場—天安门广场の誕生》(関根康正編《〈都市的〉なるものの現在—文化人类学的考察—》,東京大學出版會,2003年,頁271—317)等等。另外,關於前近代國家向近代國家過渡時國都的機能和象徵性的變遷,參閲妹尾達彦《都市の千年紀をむかえて—中国近代都市史研究の現在—》(《アフロ・ユーラシア大陆の都市と宗教 中央大学人文科学研究所研究丛书50》,中央大學人文科學研究所,2010年,頁63—140)。

① 近年論述比較史方法的重要性的研究,參閲齊藤修《比較史の远近法》(東京：NTT出版,1997年)、太田有子《比較分析の方法と課題—海外における历史社会学の研究动向に关する一考察—》(《社會學研究》57,2006年)。比較分析,是隨着近代國民國家的形成,爲了對國民國家間進行比較而產生的分析方法。因此,<轉下頁>

由於都城史的研究是與文獻史學、思想史、文學史、社會經濟史、考古學、建築史、美術史、環境史、歷史地理學、地域研究等諸領域相互關聯的複合領域，而個人研究能力畢竟有限，這就需要多種領域的專家們進行共同研究。而比較都城史，要對不同地域進行比較，這就更加需要各領域間的共同努力。從這種意義上來説，本文因專攻唐代文獻史學的筆者能力有限，内容粗淺，希望本文作爲一個研究基礎，能爲今後更加系統性的整理與分析略盡綿力。

1. 關於東亞都城時代誕生的近年的研究動向

比較都城史研究的盛況

關於 7—8 世紀東亞的都城研究，數量衆多，因此不可能在本文中作出網羅性的介紹。特別是日本，由於日本的建國始於都城的營造，所以日本學者對於都城史尤其關心。日本都城的建造因受中國大陸和朝鮮半島都城的强烈影響，所以在日本的學術界中，爲了探究日本古代都城的歷史特性，東亞都城的比較研究一直以來都是一個很大的課題。在此，通過關注日本東亞都城史研究的研究機構及研究組織的動向，來探討今後的研究方向。

────────────

<接上頁>比較的主要對象都是發生在近代的事情，多容易形成以近代國家的存在爲前提的分析。與近代社會相比，前近代社會不管是時間還是空間都富有多樣性，因此，在前近代很難設定比較分析的對象。但是，本文所論述的 7-8 世紀東亞各地域的國家和都城誕生的現象，是在東亞這同一大空間中，幾乎同一時期所産生的現象，所以，我認爲這可以成爲比較分析的合適對象。一個城市的歷史個性和普遍性，通過與不同空間、時間、規模的城市相比較，才可以弄清，這樣看來，比較的方法在進行城市史研究時是很重要的，這一點是毋庸置疑的。關於對城市歷史進行比較的重要性，參閱日本的比較都市史研究會《比較都市史研究》(東京：比較都市史研究會，1982 年創刊，現在 29 號〈2〉)、都市史研究會編《年報都市史研究》(山川出版社，1993 年創刊，現在 11 號)、大阪市立大學的都市文化研究中心和同大學都市研究廣場編輯的《都市文化研究》(大阪市立大學都市文化研究中心，2003 年創刊，現在第 13 號)等等。

　　日本國公立的研究機構，即以奈良文化財研究所（1952 年設立）①、橿原考古學研究所（1938 年設立）②、國立歷史民俗博物館（1983 年開館）、③國際日本文化研究中心（1987 年設立）④等所屬

---

① 奈良文化財研究所，長年以來以對平城京進行發掘爲中心，舉辦了數次展覽會和專題研討會，在東亞都城的比較分析研究中起了帶頭作用。參閱古代都城制研究集會實行委員會編《古代都城制研究集会第 3 回报告集　古代都市の构造と展开》（奈良文化財研究所，1998 年）；奈良文化財研究所編《奈良文化財研究所創立 50 周年記念　日中古代都城圖錄》（奈良文化財研究所，2002 年）；奈良文化財研究所、朝日新聞社事業本部大阪企画事業部編《奈良文化財研究所創立 50 周年記念　飛鳥·藤原京展》（大阪：朝日新聞社，2002 年）；奈良文化財研究所編《創立 50 週年記念　奈良文化財研究所學報第 66 冊　研究論集 14 东アジアの古代都城》（奈良文化財研究所，2003 年）；同編《东アジアにおける理想乡と庭园—〈东アジアにおける理想乡と庭园に关する国际研究会〉报告书—》（奈良文化財研究所，2009 年）。

② 橿原考古學研究所，以飛鳥京和藤原京的發掘工作爲中心，從不同于奈良文化財研究所的角度，對東亞都制的成立問題進行研究。參閱奈良縣立橿原考古學研究所附屬博物館編《奈良縣立橿原考古學研究所附屬博物館圖錄第 70 冊　宮都飛鳥》（奈良縣立橿原考古學研究所附屬博物館，2008 年）；奈良縣立橿原考古學研究所附屬博物館編《宮都飛鳥》（東京：學生社，2011 年）。

③ 國立歷史民俗博物館，是以日本的歷史學、考古學、民俗學、建築學爲主進行調查研究，在都城史研究方面，正開展日本都城在東亞中的位置評價的研究工作。參閱山中章、仁藤敦史編《国立历史民俗博物馆研究报告 134 律令国家转换期の王权と都市（论考编）》（佐倉：國立歷史民俗博物館，2007 年）；同編《国立历史民俗博物馆研究报告 135 律令国家转换期の王权と都市（资料编）》（佐倉：國立歷史民俗博物館，2007 年）；國立歷史民俗博物館編《长冈京迁都—桓武と激动の时代—》（佐倉：國立歷史民俗博物館，2007 年）；玉井哲雄編《国立历史民俗博物馆 国际シンポジウム 2007 日中比较建筑文化史の构筑—宮殿、寺庙、住宅—》（佐倉：國立歷史民俗博物館，2007 年）；國立歷史民俗博物館、玉井哲雄編《アジアからみる日本都市》（東京：山川出版社，2013 年）等等。

④ 國際日本文化研究中心，是研究日本文化的研究機構。參閱千田稔編《东アジアの都城形态と文明史 国际シンポジウム21》（京都：國際日本文化研究中心，2002 年）；宇野隆夫編《世界の历史空间を读む—GISを用いた文化·文明研究—国际シンポジウム24》（京都：國際日本文化研究中心，2005 年）；王維坤、宇野隆夫編《日文研丛书 42 古代东アジア交流の总合的研究—国际日本文化　<轉下頁>

的研究者們爲主體,近幾年,陸續舉辦關於東亞比較都城史的國際
專題研討會及研究集會,其成果也被相繼公開。此外,和東亞比較
都城史有關的各種研究中心、研究所及研究組織也異常活躍。以
奈良女子大學古代學學術研究中心(2005 年設置)①、大阪市立大
學都市文化研究中心(2003 年設立)②、專修大學東亞世界史研究

<接上頁>研究センター共同研究报告—》(京都:國際日本文化研究中心,2008 年);宇
　　野隆夫編《ユーラシア古代都市・集落の历史空間を読む》(東京:勉誠社,
　　2010 年)等等。

①　奈良女子大学 21 世纪 COEプログラム　古代日本形成の研究教育据点編《奈良女
　　子大学 21 世纪 COEプログラム报告书 Vol.16 都城制研究(1)》(奈良女子大學古
　　代學學術研究中心,2007 年);同編《奈良女子大学 21 世纪 COEプログラム报告书
　　Vol.23 都城制研究(2):宮中枢部の形成と展开 —大极殿の成立をめぐって—》
　　(同上,2009 年);同編《都城制研究(3):宮中枢部の形成と展开 —古代都城と条
　　坊制—下三桥遗迹をめぐって—》(同上,2009 年);奈良女子大學古代學學術研究
　　中心《奈良女子大学 21 世纪 COEプログラム报告书 Vol.27 都城制研究(4):東
　　アジアの複都制》(奈良女子大學古代學學術研究中心,2010 年);《都城制研究
　　(5)—都城における坪・町と小规模宅地の检证—》(奈良女子大學古代學學術
　　研究中心,2011 年);《都城制研究(6)—都城の废绝とその后—》(奈良女子大
　　學古代學學術研究中心,2012 年);奈良女子大学 21 世纪 COEプログラム　古
　　代日本形成の研究教育据点編《奈良女子大学 21 世纪 COEプログラム报告书
　　Vol.5 東アジアにおける古代都市と宮殿》(奈良女子大学 21 世纪 COEプログラ
　　ム古代日本形成の研究教育据点,2005 年);同編《奈良女子大学 21 世纪 COEプ
　　ログラム报告书 Vol.6 古代日本と東アジア世界》(同上,2005 年);同編《奈良女子
　　大学 21 世纪 COEプログラム报告书 Vol.14 古代都市とその形制》(同上,2007
　　年);同編《奈良女子大学 21 世纪 COEプログラム报告书 Vol.22 东アジアにおけ
　　る都市の成立》(同上,2008 年);館野和己編《古代都城のかたち》(東京:同成社,
　　2009 年)。

②　大阪市立大学大学院文学研究科 COE・大阪市立大学重点研究共催シンポジウム
　　报告书《中国の王权と都市—比较史の观点から—》(大阪市立大學大學院文學研
　　究科　都市文化研究中心,2007 年);都市文化研究中心編《都市文化研究　第
　　1 號—第 15 號》(大阪市立大學都市文化研究中心,2003—2013 年,續刊中)。

中心（2007年設立）①、明治大學古代學研究所（2009年設立）②、明
治大學東亞石刻文物研究所（2006年設立）③、東洋文庫（1924年
設立）④、東亞比較都城史研究會（2004年設立）⑤、都城制研究會
（2006年設立）⑥、都市史研究會（1990年設立）⑦等機構所屬的研
究者們爲核心進行研究，最近每年都會邀請東亞各國的研究者參
加研討會，不斷地公開出版卓越的研究成果。另外，以應地利明先
生與布野修司先生爲核心的亞洲都市建築研究會所作的系統性的
城市分析，在考察7—8世紀東亞都城時代的誕生的諸多問題時，
給了我們極大的啓示。⑧

　　韓國的都城史研究，與中國、日本的研究動向密切相呼應，與
都城史研究有關的國立公立的研究機構及各種研究組織，推動了
從整個東亞中來評價三國時代至新羅統一時期的都城研究。⑨　越

① 《東亞世界史研究中心年報　1—5》，東京：專修大學社會知性開發研究中心，
2008—2011年。

② 吉村武彦、山路直充《都城—日本古代のシンボリズム　飞鸟から平安京へ—》，
東京：青木書店，2007年。

③ 氣賀澤保規編《洛阳学国际シンポジウム报告论文集—东アジアにおける洛阳の
位置—》，明治大学大学院文学研究科、明治大学东アジア石刻文物研究所，
2011年。

④ 田村晃一編《东アジアの都城と渤海》，東京：東洋文庫，2005年。

⑤ 橋本義則編《东アジア都城の比較研究》（京都大學學術出版會，2011年）；妹尾達
彦編《都市と环境の历史学（增補版）1—3》（中央大學文學部東洋史學研究室，
2009—2013年）。

⑥ 積山洋編《东アジアにおける难波宫と古代难波の国际的性格に关する总合研
究》，平成18—21年度科學研究費補助金〔基盤研究（B）〕研究成果報告書，
2010年。

⑦ 都市史研究會編《年报都市史研究13 东アジア古代都市论》，山川出版社，2005年。

⑧ 參閱布野修司編、亞洲都市建築研究會執筆《アジア都市建築史》（京都：昭和堂，
2003年）等研究（後述）。

⑨ 國立慶州文化財研究所編《新羅王京本文篇、遺物圖版》（慶州：國立文化財研究
所，2002年）；韓國國立文化財研究所、國立慶州文化財研究所編《新罗 <轉下頁>

南的都城史研究,通過對李朝以來之都——昇龍(現河內)的發掘,把在東亞都城史中定位越南都城的問題一舉推向研究的焦點。①另外在蒙古,從 2008 年開始蒙古科學研究所和德國考古學研究所的聯合考古隊對回鶻的都城遺址(斡耳朵八里)進行了發掘,7 世紀前半葉初次登場於遊牧地域的大規模的"遊牧都城",其真實面貌正逐步被揭開。②

中國 80 年代以後,中國古都學會(1983 年設立)確立了都城學,從此開始了此項研究的研究活動。③ 近年,由於考古學成果的增加和研究經費的增多,有都城遺址的歷史城市中的許多研究機

<接上頁>王京調査の成果と意義》(慶州:國立文化財研究所《文化財研究国际学术大会发表论文第 12 辑》,2003 年);忠南大學校百濟研究所編《古代都市と王权》(大田:忠南大學校百濟研究所,2004 年);圓光大學校馬韓百濟文化研究所編《古代都城と益山王宫城》(益山:圓光大學校,2005 年);同編《古代东アジア宫城の后苑》(同上,2010 年);國立慶州文化財研究所、國立扶餘文化財研究所、國立加耶文化財研究所編《国立庆州·扶余·加耶文化财研究所开所 20 周年记念国际学术研讨会 三国-朝鲜 发掘调查と成果:韩国の都城》(國立慶州文化財研究所,2010 年)。另參閱中尾芳治、佐藤興治、小笠原好彦編《日本古代と朝鮮の都城》(京都:ミネルヴァ书房,2007 年)。

① 柴山守編《国际公开シンポジウム论文集 ハノイ 1000 年王城—地域情報学と探る—》(京都大学东南アジア研究所,2006 年);桃木至朗編《中·近世ベトナムにおける权力据点の空間の构成》(2008 年度—2010 年度科學研究費補助金基盤研究(B)研究成果報告書,2011 年)。

② Hans-Georg Huettel and Ulambayar Erdenebat, *Karabalgasun und Karakorum — zweispätnomadische Stadtsiedlungenim Orchon-Tal*, Ulaanbaatar, 2009. 也可参考擔當斡耳朵八里發掘工作的德國考古學研究所的 HPhttp://www.dainst.org/sites/default/files/imagecache/keyvisual/media/crop_daikv_10.jpg. 另參見 Arden-Wong, Lyndon A., "The Architectural Relationship between Tang and Eastern Uighur Imperial Cities," in Zs. Rajkai / I. Bellér-Hann (eds.), *Frontiers and Boundaries: Encounters on China's Margins*, (Asiatische For schungen, 156), Wiesbaden: HarrassowitzVerlag, 2012, pp. 11 - 47.

③ 中國古都學會編《中國古都研究》1 輯—23 輯,中國古都學會,1985—2008 年。

構,都在制定研究計劃來推動發展研究。① 相信在不久的將來,中國都城史的研究一定會迎來一個全新的階段。

　　以上大半是進入 21 世紀以後的研究成果,回顧這些研究可以知道,都城研究是如此興盛。都城史的研究動向的確與近年東亞的政治、經濟、文化動向密切相關。即使作爲一個共同的研究課題來分析比較東亞都城,各國的研究者們也會有偏重於評價自己國家都城地位的傾向,由於國家不同而引起觀點和理解上出現分歧,這是不可避免的事情。不過,可以確切地說,

---

① 比如,漢唐長安城的所在地——西安,最近數年間,以陝西師範大學爲中心的研究者出版了許多長安史方面的論著,提倡創造“長安學”。關於長安學的創造,參閱李炳武總主編《長安學叢書》全 8 卷(陝西師範大學出版社,2009 年)。該叢書的主編李炳武先生表示,《長安學叢書》的編輯規劃共六部分 150 卷,本次完成的 8 卷爲首批,即《綜論卷》《政治卷》《經濟卷》《文學卷》《藝術卷》《宗教卷》《歷史地理卷》《法門寺文化卷》,這套叢書預定完成爲大部頭的叢書。此外,還有陝西師範大學西北歷史環境、經濟社會發展研究中心的主任侯甬堅先生主編的《長安史學》第 1 輯—第 4 輯(中國社會科學出版社,2007 年),此書收集了以往關於長安史的重要論文。同大學歷史地理研究所的所長、已故的史念海先生主編的《古長安叢書》(三秦出版社,1993—1995 年),史先生雖參加了此書的編輯工作,可是出版了兩册之後,由於史先生去世,計劃被中斷,後來,魏全瑞主編《長安史史迹叢刊》(三秦出版社,2006 年),經過新的裝幀後出版了續刊。《古都西安》叢書編委會編的《古都西安》叢書 30 卷(西安出版社,2002 年),也順利出版。從 2010 年度,陝西師範大學文學院編的學術雜誌《長安學術》第 1 輯(商務印書館,2010 年),也開始出版了。

　　另外,北京大學中國古代史研究中心的榮新江先生主編的《唐研究 第 9 卷〈長安：社會生活空間與制度運作舞臺〉研究專號》(北京大學出版社,2003 年),及同《唐研究 第 15 卷〈長安學〉研究專號》(同,2009 年),也提倡創造與“敦煌學”、“簡牘學”並立的“長安學”,同大學研究中心,是中國隋唐長安研究的中心機構。關於近年提倡“長安學”的研究動態,參閱李小成《長安學權議》(《社科縱橫》2009 年第 6 期)。另外,前注所提到的氣賀澤保規編《洛阳学国际シンポジウム报告论文集—东アジアにおける洛阳の位置》,與研究中國洛陽的學者們一同提倡創造“洛陽學”。筆者對於洛陽學的見解,參閱妹尾達彦《洛阳学の可能性—洛阳学国际シンポジウムから学んだこと》(氣賀澤保規編《洛阳学国际シンポジウム—东アジアにおける洛阳の位置》,頁 207—217)。

近年研究的進步,爲更廣更細緻的東亞比較都城史研究奠定了基礎。

東亞都城時代的誕生

　　圖 1 是一覽東亞主要都城變遷的概觀圖,全面依據了上述近年的比較都城史的研究成果,橫軸代表空間(東亞具有代表性的都城),縱軸代表時間(西曆)。① 圖 2 是圖示了 7—8 世紀的都城時代東亞具有代表性的都城,圖 3 則爲都城時代之後的 13—18 世紀東亞都城的變貌圖。② 如圖 1 所示,6 世紀末隋重新統一了分裂已久的中國,而隋之後的唐於 630 年把遊牧地域和農業地域一並納入統治範圍,成爲最初的帝國,於是,東亞各地相繼建立國家和都城的時代也便由此誕生。

　　583 年,隋在當時所利用的漢長安城的東南部新建了大興城,以此爲起點,605 年建造了洛陽城,7 世紀前半葉吐蕃建了拉薩(邏些),日本於 667 年建了近江京、694 年建了藤原(新益)京、710 年建了平城京、740 年建了恭仁京、744 年修建了難波京(所謂"後期難波京")、784 年建了長岡京、794 年建了平安京。南詔於 738 年建造了太和,779 年建了陽苴咩(大理),回鶻 744 年建了斡耳朵八里(Ordu-Baliq、哈拉巴勒嘎斯、回鶻牙帳、回鶻單于城),渤海在 7 世紀末建了舊國,8 世紀相繼建造了上京、中京、東京、南京、西京的五京,並對其進行了整飭。在朝鮮半島,676 年統一了半島的新羅,參照唐長安,對金城(王京)進行了整飭。就這樣,東亞都城時代誕生了。

---

① 　圖 1,是在筆者幾次已出版的圖的基礎之上進行了增補,代表筆者目前最新的見解。
② 　圖 2、圖 3 的都城圖,爲了比較各都城的規模和構造,使用了同一比例尺進行繪圖。各都城圖進行繪圖時所參考的論著、資料出處的一覽表本應一同列出,可由於篇幅所限,不便列舉。不過,大半都城圖都是依據本文中所引用各論著的研究成果繪製而成的。

2. 爲什麽 7—8 世紀時期的東亞會誕生都城時代?

——中國大陸的再統一産生了東亞都城時代

東亞都城時代的形成過程

東亞都城時代,是由 3 世紀持續至 6 世紀的中國大陸政治性的分裂,至 6 世紀末被隋再次統一爲開端而誕生的。隋的再次統一,正是在歐亞大陸大規模的人類遷移時期之中完成的。

筆者回顧世界歷史,查閱了産生大規模的人類與文化的移動時期,注意到有以下 2 個較大的變動期,即:(1)以遊牧民向農業地域遷移爲開端的 4—7 世紀的變動期;(2)以西歐人的海路移動爲開端的 16—18 世紀的變動期。[①]

上述的(1)4—7 世紀人類與文化的移動,大概與北半球的年平均氣温的低下,導致向遊牧、農業的低緯度地帶南遷的動向相關而産生。此時期,遊牧民越過遊牧地域與農業地域交界處的農牧交錯地帶而入侵農業地域,在各地建立了征服王朝。而再次統一了中國的隋唐王朝,其統治階層的大部分是繼承了遊牧民的血統,所以隋唐王朝也是一種"征服"王朝。[②]

遊牧民的遷移,引發了歐亞非大陸各地域的人類遷移,爲社會

① 妹尾達彦《都市と環境の歴史学》(同編《都市と環境の歴史学(増補版)第 1 集》,中央大學文學部東洋史學研究室, 2011 年)。

② 歐亞大陸的遊牧民和西域人,將隋唐王室看作是繼承了北魏以來的鮮卑遊牧民血統的王朝,這從他們把唐朝稱之爲 Taugas、Tamghaj、Tabgac, 即 "拓跋(游牧國家的鮮卑拓跋部)"中可以知道。關於這一點,參閱杉山正明《大モンゴルの世界—陆と海の巨大帝国》(東京:角川書店,1992 年,頁 43);白鳥庫吉《东胡民族考》(白鳥庫吉《白鳥庫吉全集 4》,東京: 岩波書店,1970 年〈論文原載 1911 年〉,頁 63—320);Henry Yule and Henri Cordier, *Cathay and the Way Thither, being a Collection of Medieval Notices of China*, 4vols. Vol.1, London, 1914, p.29(Henry Yule 著, Henri Cordier 补正);東亞研究會編譯《东西交渉史—支那及び支那への道支那及通向支那之路》(東京: 帝國書院, 1944 年, 頁 1—384); Joseph Needham, *Science and Civilisation in China Vol.1, Introductory Orientations*, Cambridge: Cambridge University Press, 1954, pp.168 - 69 等等。

整體帶來了前所未有的混亂。人口激減,而之前的由血緣、地緣等把人們結合在一起的原有生存方式也因此瓦解,於是人們孤立分散開來。這就使與出身、性別無關,對孤立的個人進行個別救濟的世界宗教在歐亞各地域傳播開來,隨之取代了從前的以家族、地緣、職業團體等集體救濟爲目的的傳統宗教。在這裏重要的一點就是,佛教圈、伊斯蘭教圈、基督教圈等世界宗教圈,創造了人類最初所經歷的廣域的商業圈,並建立了連接歐亞非大陸東西的交通、情報網絡。

另外,與個人的出身、職業無關,而趨向於普遍的世界宗教,產生了跨遊牧地域與農業地域的農牧複合國家的王權思想,維持了擁有廣泛地域且複雜的統治空間和種族構成的政權。例如,以佛教爲主的隋唐、吐蕃,以伊斯蘭教爲主的阿拔斯王朝、倭馬亞王朝,以基督教爲主的東羅馬帝國(拜占庭帝國)、法蘭克王國等等。①

6世紀末重新統一中國大陸的隋王朝,廢止了分裂期時東魏、北齊的鄴、南朝的建康等等,建立了以大興城爲中心的新集權國家,這便是都城時代的開始。而中國大陸的都城,在都城時代誕生以後便由長安時代向北京時代轉變。

隋的都城大興城,是以儒教思想爲基礎同時參照佛教的王權思想而建造的。唐原封不動地繼承了隋的都城,與東亞最強的軍事國家突厥進行了長年之戰並最終獲勝,630年成爲中國史上第一個把遊牧地域和農業地域一並納入統治範圍的大國。②

由於唐的軍事力而再次統一了中國大陸,加上以都城的長安

① 關於這一點,有數量衆多的研究,這裏僅列舉 Mircea Eliade, *A History of Religious Ideas*, *Vol. 1—Vol. 3*, University of Chicago Press, Chicago, 1978—1985 這一代表研究。

② 關於630年唐朝統一中國大陸的歷史意義,參閱妹尾達彥《长安の変貌—大中国の都から小中国の都へ—》,《歴史評論》2010年4月號,東京:校倉書房,頁47—60。

爲核心的行政城市網絡和統治空間的擴大，給鄰近地域帶來了強烈的緊張感，這就促使了與唐抗衡的具有政治組織和外交機能國家的建設。各國紛紛建造與唐的長安相抗衡的都城，欲與長安建立外交關係來維持國家的安定。統一了西藏的吐蕃邏些、中國大陸西南部的南詔大理、蒙古回紇（回鶻）的 Ordu-Baliq（哈拉巴勒嘎斯、回鶻單于城）、東北亞的渤海上京、朝鮮半島的新羅金城（王京）、日本列島的藤原京、長岡京、平城京、平安京等都城，相繼被建。東亞的都城時代便由此誕生。在 7 世紀以前，除了中國大陸與朝鮮半島，東亞並沒有都城的存在。

　　總之，對於 7—8 世紀都城時代的誕生，我認爲有兩大原因：第一，唐再次統一了中國大陸，加上以長安爲核心的行政城市網絡的擴大，給鄰近地域帶來了強烈的緊張感，這也許就促使了各地域的政治勢力，建設可與唐相抗衡的國家與都城；第二，7—8 世紀，包括唐在內的新誕生的東亞國家之間互相競爭，修建了作爲防衛、外交、貿易據點的都城。

　　對於唐統治空間的擴大，統一了西藏高原的吐蕃、蒙古高原的回紇、中國大陸西南部的南詔、中國東北部的渤海、朝鮮半島的新羅、日本列島相繼建立政權，建造與長安相抗衡的都城，欲與唐建立外交關係來維持國家的安定。同時，東亞諸國的形成產生了各國之間在軍事上的對立及外交、貿易關係，這樣就建立了東亞的國際關係。應該特別注意的是，都城的建造、整修爲納貢和外交的行政城市網絡的構築和整飭製造了必然性。在同時期的東亞誕生了許多建立都城和行政城市網絡的國家，這使都城的納貢體系得到強化，以都城爲主要舞臺的各國間的外交關係便從此開始了。①

①　關於論述始於 7—8 世紀東亞國際關係的特色，有數量龐大的研究。這裏可以舉出鈴木靖民先生的最新的研究成果，鈴木靖民《日本の古代国家形成と東アジア》（東京：吉川弘文館，2011 年）。

可以勉强地説,以都城爲核心的整個行政城市網絡即形成了一個"都城",東亞都城時代也是東亞行政城市網絡誕生的時代。在各都城的行政城市網絡的鄰接地,修建了交易港(指前近代的交易、外交據點,内陸也存在交易港),成爲連接都城與都城之間貿易和外交的前線基地。交易港,是設置互市、市舶司的場所。比如,唐的明州、廣州,日本的太宰府等等。①

都城時代的各都城

①隋唐的長安、洛陽

7—8世紀的都城時代,始於中國大陸隋的大興(長安)與洛陽的營造。開皇二年(582),隋文帝在沿用的漢長安城的東南部建造了新都城,翌年的開皇三年大興城建成。②繼文帝之後的隋的

---

① 本文所説的交易港(貿易港)的概念,參閲經濟人類學的K. ポランニー著、栗本慎一郎、端信行譯《経済と文明——ダホメの経済人类学の分析—》,東京:築摩書房,ちくま学芸文庫,2004年。〔Karl Polanyi, *Dahomey and the Slave Trade: An Analysis of an Archaic Economy*(American Ethnological Society Monographs, 42),Washington:University of Washington Press,1966〕。當然,東亞的交易城市與西非的交易城市不能輕易地加以比較,但如果找出兩者的共同點,我認爲就可以對西非和東亞的歷史構造進行比較。關於這一點,參閲妹尾達彦《中国の都城と东アジア世界》(鈴木博之、石山修司、伊藤毅、山岸常人〈共編〉《都市·建築·历史1 記念的建造物的成立》,東京大學出版會,2006年,頁157—162)的叙述。

② 陝西省文物管理委員會編《唐長安城地基初步探測》(《考古學報》1958年3期,頁79—91)和中國科學院考古研究所西安唐城發掘隊編《唐代長安城考古紀略》(《考古》1963年第11期,頁595—611),至今仍爲研究隋大興城城市構造的基本文獻。之後,雖然出版出很多發掘報告,可仍然没有可以超過上記兩篇全面性的論文。隋大興城的最新研究,有辛德勇《〈冥報記〉報應故事中的隋唐西京影像》(《清華大學學報(哲學社會科學版)》2007年第3期,頁29—41),後收錄於同著《縱心所欲·徜徉於稀見與常見書之間》(北京大學出版社,2011年,頁256—280);同《隋大興城坊考稿》(《燕京學報》2009年12月,後收錄於同著《縱心所欲·徜徉於稀見與常見書之間》,頁200—255)。關於隋大興城的城市構造,報告者近年的想法,參閲妹尾達彦《漢長安故城與隋唐長安城》(北京大學中國古代史研究中心編《輿地、考古與史學新説——李孝聰教授榮休紀念論文集》,中華書局,2012年,頁272—286)。

第二代皇帝煬帝,又於大業元年(605),在漢魏洛陽城的西方約10公里之處建造了新洛陽城。[①] 以大興城和洛陽城的營造爲起點,在此之後,7—8世紀的東亞各國建造新都城的時代誕生了。

　②吐蕃的拉薩(邏些)

　統一了西藏高原的松贊幹布(約581—649),7世紀初建立吐蕃,並於匯入雅魯藏布江的拉薩河北岸建造了新的都城—拉薩("拉爲氏族之街"〈山口瑞鳳〉或"山羊之地""佛地"之意)。[②]

　據説松贊幹布在建造拉薩時分別從唐和尼泊爾迎請了釋迦牟尼像。唐朝文成公主帶來的釋迦牟尼像,被安置於拉薩城内建立

① 在探討隋洛陽城的城市構造時,中國科學院考古研究所洛陽發掘隊編《隋唐東都城址的勘查和發掘》(《考古》1961年第3期,頁127—135)和中國科學院考古研究所洛陽發掘隊編《"隋唐東都城址的勘查和發掘"續記》(《考古》1978年第6期,頁361—379),至今也是研究這個問題的基本文獻,只是以上論文中所繪製的隋唐洛陽城的復原圖,根據近年的考古發掘,被修正了很多地方。關於隋唐洛陽城城市構造的考古發掘報告論文,收錄於楊作龍、韓石萍主編《洛陽考古集成 隋唐五代宋卷》(北京圖書館出版社,2005年)。近年的最新發掘成果,參閲洛陽市文物鑽探管理辦公室編《洛陽文物鑽探報告 第1輯》《第2輯》(文物出版社,2008年)、洛陽市文物管理局編《洛陽大遺址研究與保護》(文物出版社,2009年,頁156—207)等等。對於隋洛陽城的城市構造,報告者的觀點,參閲以往論文,妹尾達彦《隋唐洛阳城の官人居住地》(《東洋文化研究所紀要》,東京大學東洋文化研究所,133册,1997年,頁67—111)。上述拙文,可在 http://repository.dl.itc.u-tokyo.ac.jp/dspace/handle/2261/2064 閲覽。

② 關於吐蕃的都城—拉薩(邏些)的城市構造,雖然保存下片斷的文獻史料,但目前還没有系統性的研究,也没有進行考古發掘,因而其詳細情況無從知曉。17世紀以後的拉薩城市空間的特徵,參閲 Knud Larsen and AmundSinding-Larsen, *The Lhasa Atlas: Traditional Tibetan Architecture and Townscape*, Boston: Shambhala Publications, 2001(李鴿譯《拉薩歷史城市地圖集——傳統西藏建築與城市景觀》,中國建築工業出版社,2005年)。另參閲高田將志《東部ヒマラヤとその周邊地域にみられる囲郭・城塞の建築物と都市・集落》(户祭由美夫編《ユーラシアにおける都市囲郭の成立と系譜に関する比較地志学的研究》,平成6年度—平成9年度科學研究費補助金基盤研究(A)(2)研究成果報告書,1998年,頁25、115—130);石濱裕美子《千年の都ラサ》(《旅行人》2006年夏號,東京:旅行人,頁54—61)。

的小昭寺(亦作小招寺,拉薩第一的大建築之意)內,尼泊爾的尺尊公主帶來的釋迦牟尼像則被供奉在大昭寺內(亦作大招寺)。①

拉薩的城市構造,是以這兩所佛教寺院爲核心構成的。拉薩的各佛教寺院呈南北對峙的布局,這充分説明了位於印度次大陸和中國大陸之間的吐蕃的外交關係。衆所周知,9世紀以後,與佛教相對立的西藏民俗宗教——苯教復興後,中國佛教開始衰退,從印度、尼泊爾傳入的佛教逐漸在西藏得到發展。② 布達拉宮就是17世紀建造的(1660年完成)。

伴隨拉薩的建造,連接拉薩與長安,所謂的"唐蕃古道"被進行了整修,與唐之間使者的往來變得頻繁了。此外,從拉薩越過喜馬拉雅山到達印度平原的連接幹線也被整修。③ 8世紀末,利用這條道路從印度請來了12名佛教僧到拉薩布教,還從唐請來了僧人良琇和文素。印度和中國兩佛教爭奪主導權的結果,印度佛教最終取代了中國佛教。④ 因此,在考察拉薩的問題時,必須要重視與印度之間的關係。

---

① 山口瑞鳳《チベット 下卷》(東京大學出版社,1988年,頁17—50、328—348)。山口先生認爲,646年前後,先建造了小昭寺之後,651年建造了大昭寺(同書頁329)。另外,他還指出,文成公主和松贊幹布通婚,從唐帶釋迦牟尼像來到拉薩的承傳,和之後的金城公主(約698—740,李守禮之女)與西藏貢贊王締結姻緣的承傳被混淆而流傳下來,文成公主是先嫁給貢松貢贊王的,和松贊幹布是屬於再婚(同書頁17—50)。此外,參閱石濱裕美子《图说 チベット历史纪行》(東京:河出書房新社,1999年,頁26—47)。

② 山口瑞鳳《吐蕃王國成立史研究》(東京:岩波書店,1983年,頁740—782)。

③ 關於吐蕃的交通網,佐藤長《チベット历史地理研究》(東京:岩波書店,1978年),第二章"唐代における青海・ラサ間の道程",是復原長安至拉薩間陸路(唐蕃古道)的基礎研究。同《古代チベット史研究 上卷・下卷》(京都:同朋舍,1959年),以及同《中世チベット史研究》(京都:同朋舍,1986年)的兩研究中,也有關於吐蕃以來西藏高原交通路的叙述。此外,山口瑞鳳《吐蕃王國成立史研究》是吐蕃王國史的古典研究,文中也有對吐蕃的驛傳制度和長安至拉薩間交通路的分析。

④ 山口瑞鳳《チベット 下卷》,頁332—333。

③ 日本的藤原、平城、近江、恭仁、長岡、平安京

在日本列島,相繼建造了藤原京、平城京、近江京、恭仁京、長岡京和平安京。即 667 年建造了近江京、①694 年建了藤原(新益)京、②710 年建了平城京、③740 年建了恭仁京、④744 年修建了難波京(所謂"後期難波京")、⑤784 年建了長岡京、⑥794 年建了平安京。⑦

---

① 關於近江京(大津京),參閱林博通《大津京迹の研究》(京都:思文閣出版,2001年);同《幻の都大津京を掘る》(東京:學生社,2005 年)等等。

② 關於藤原京(正確地來説,是新益京),參閱八木充《研究史 飛鳥・藤原京》(東京:吉川弘文館,1996 年);林部均《古代都城形成過程の研究》(東京:青木書店,2001 年)、小澤毅《日本古代宮都構造の研究》(東京:青木書店,2003 年)、寺崎保広《藤原京の形成》(東京:山川出版社,2002 年)、木下正史《藤原京:よみがえる日本最初の都城》(東京:中央公論新社,2003 年)等等。

③ 關於平城京,參閱大井重二郎《平城京と条坊制度の研究》(京都:初音書房,1966 年);井上和人《古代都城制条里制の実証的研究》(東京:學生社,2004 年);同《日本古代都城制の研究》(東京:吉川弘文館,2008 年);奈良縣平城遷都1,300 年記念 2010 年委員會編、樋口隆康等監修《平城京 その歴史と文化》(東京:小學館,2001 年);渡邊晃宏《平城京と木簡の世紀》(東京:講談社,2001 年);舘野和己《古代都市平城京の世界》(東京:山川出版社,2001 年);吉村武彦、舘野和己、林部均著《平城京誕生》(東京:吉川弘文館,2010 年)等等。

④ 關於恭仁京,參閱瀧川政次郎《京制並に都城制の研究》(東京:角川書店,1967年);小笠原好彦《日本の古代都城と隋唐洛阳城》;前注氣賀澤保規編《洛阳学国際シンポジウム报告论文集》,頁 156—168 等等。

⑤ 關於難波京,參閱难波宮址を守る会編《难波宮と日本古代国家》(東京:塙書房,1977 年);前注積山洋編《东アジアにおける难波宮と古代难波の国際的性格に关する总合研究》等。

⑥ 關於長岡京,參閱山中章《日本古代都城の研究》(東京:柏書房,1997 年);同《長岡京研究序説》(東京:塙書房,2001 年);國立歴史民俗博物館編《長岡京遷都—桓武と激動の時代》(佐倉:國立歴史民俗博物館,2007 年)等等。

⑦ 關於平安京,參閱井上滿郎《研究史 平安京》(東京:吉川弘文館,1978 年);北村优季《平安京—その歴史と构造》(東京:吉川弘文館,1995 年);橋本義則《平安京成立史の研究》(東京:塙書房,1995 年);吉川真司編《日本の時代史 5 平安京》(東京:吉川弘文館,2002 年);西山良平《都市平安京》(京都大學學術 <轉下頁>

④ 南詔的太和、陽苴咩

在雲貴高原，南詔 738 年於洱海的西岸建立了太和，779 年又在太和的北方建造了陽苴咩（大理）。①南詔都城的建造，促進了連接洱海西岸的南詔都城與吐蕃的拉薩間的內地路和連接長安內地路的整修。②

另外，越南對 1010 年成爲李朝之都的昇龍（現河內）的發掘，使歷代王朝的都城——昇龍城市構造的復原和在東亞都城史中定位越南都城的問題一舉成爲研究的焦點。③ 昇龍曾是安南都護府

<接上頁>出版會，2004 年）；西山良平、藤田勝也編《平安京の住まい》（京都大學學術出版會，2007 年）；金田章裕編《平安京—京都都市図と都市構造》（京都大學學術出版會，2007 年）；京樂真帆子《平安京都市社會史の研究》（東京：塙書房，2008年）等等。

① 關於南詔太和及陽苴咩（大理），參閱藤澤義美《西南中国民族史の研究》（東京：大安，1969 年）；方國瑜《中國西南歷史地理考釋》（中華書局，1987 年）；林荃《南詔城址概說》（楊仲録等編《南詔文化論》，雲南人民出版社，1991 年，頁 229—247）；李昆聲《南詔大理城址考》（雲南省文物管理委員會編《南詔大理文物》，文物出版社，1992 年，頁 114—127）；何金龍《南詔都城防衛體系“九重城”的研究》（林超民、楊政業、趙寅松主編《南詔大理歷史文化國際學術討論會論文集》，民族出版社，2006 年，頁 140—151）；同《洱海區域南詔諸城址功能性質的分類》（同上書，頁152—159）；張增祺《洱海區域的古代文明・南詔大理國時期（上卷）》（昆明：雲南教育出版社，2010 年，頁 120—151）等等。太和的復原圖，依據上書，頁 123 所載的《大理太和城遺址實測平面圖》。根據 2010 年 8 月的實際所見，太和城西部的金剛城有殘存遺構，陽苴咩殘存着一部分城牆。

② 關於南詔的交通，方國喻《中國西南歷史地理考釋（上）（下）》（中華書局，1987年）、藤澤義美《西南中国民族史の研究》（東京：大安，1969 年）、林謙一郎《“中国”と“东南アジア”のはぎまで—云南における初期国家形成》（池端雪浦等編《岩波講座　東南アジア史　第 1 卷》，東京：岩波書店，2001 年，頁 147—171），對其進行了基礎性的考察。又張增祺《洱海區域的古代文明（下卷）》（雲南教育出版社，2010 年），在第四章第六節交通貿易（頁 324—334）中，概述了交通路。

③ 關於昇龍，參閱桃木至朗《大越（ベトナム）李朝の升龙都城に关する文献史料の見直し》（《待兼山論叢》44，2010 年，頁 1—29）、櫻井由躬雄《ハノイ・ホアンキム地区の道路网》（《中国—社会と文化—》27，2012 年，頁 46—69）、桃木至朗編《中・近世ベトナムにおける权力据点の空間的构成》（2008 年度—<轉下頁>

的治所,是唐代以來政治的樞紐之地。

⑤ 回鶻的斡耳朵八里與白八里

在蒙古高原,744 年回鶻可汗國營建了都城斡耳朵八里（Ordu-Baliq、哈拉巴勒嘎斯、回鶻牙帳、回鶻單于城）,[①]757 年建造了白八里（Bay-Baliq、富貴城）。[②] 現存的斡耳朵八里的遺迹内,殘存着帶有城牆的被認爲是宫城遺址的建築遺構。根據森安孝夫先生的兩次測量結果可知,北城牆長 424 米（423 米）、西城牆 335 米、南城牆 413 米（418 米）、東城牆 337 米（342 米）,[③]城牆高。斡耳朵八里被看作是遊牧國家最初的都城建築。

近年,學術界指出,遊牧國家的城市建設是從紀元前開始的,而對於遊牧國家,也開始關注起作爲掌控貿易的據點、讓居民從事商業的城市的重要性。[④] 只是,匈奴、突厥的政治據點是牙帳,並没有建造固定的都城。突厥雖然在鄂爾渾河東岸肥沃的牧草地上設置了牙帳作爲遊牧國家的據點,居住着很多商人、手工業勞動者及非生産者,但是,卻没有建造作爲統治中樞的都城。而斡耳朵八里,是遊牧地域最初的正式的都城,這一點是無可置疑的。

＜接上頁＞ 2010 年度科學研究費補助金基盤研究〈B〉研究成果報告書,2011 年）、西村昌也《ベトナムの考古・古代学》（東京：同成社,2011 年）、柴山守編《国際公开シンポジウム論文集　ハノイ1000 年王城—地域情報学と探る—》（京都大學東南亞研究所,2006 年）《ユネスコ日本信托基金　タンロン・ハノイ文化遺产群の保存事业　日越タンロン城关联研究论集》（東京文化財研究所,2012 年）。

① 關於回鶻的都城,參閱田坂興道《漠北時代に於ける回纥の諸城郭について》（善鄰協會内蒙古研究所《蒙古學報第二號》,1941 年,頁 192—243）;森安孝夫・オチル編《モンゴル国現存遺迹・碑文调查研究报告》（大坂：中央ユーラシア学研究会,1999 年所載《カラ＝バルガスン宫城と都市遺迹》,頁 199—208）等等。

② 前注森安孝夫・オチル編《モンゴル国現存遺迹・碑文调查研究报告》所載《バイバリク遺迹》,頁 196—198。

③ 同上注,頁 199。

④ 羅新《漢唐時期漠北諸遊牧政權中心地域之選擇》,（本書頁 171 注②《輿地、考古與史學新説—李孝聰教授榮休紀念論文集》,頁 641—649）。

　　從 2008 年開始,蒙古科學研究所和德國考古學研究所的聯合考古隊對回鶻的都城遺址(斡耳朵八里)進行了發掘,7 世紀前半葉初次登場於遊牧地域的大規模的"遊牧都城",它的實際形象正被逐步揭開。①

　　在突厥被唐朝所統治時期,連接長安與鄂爾渾河牙帳的"參天可汗道(參天子尊道)"被整修,並設置了 66 個驛站(《舊唐書·太宗紀上》)。伴隨回鶻的斡耳朵八里的建造,連接斡耳朵八里與唐長安的道路網〔所謂回紇(回鶻)路〕被整修。② 唐利用此道,通過馬絹貿易來購入回鶻馬。

　　⑥ 渤海的五京(上京、中京、東京、南京、西京)

　　在東北亞,渤海建造了五京。渤海 7 世紀末建了舊國,8 世紀陸續營建了上京、中京、東京、南京、西京的五京,並對其進行整飭。③ 上京以外的都城,其建築構造的詳細情況有許多不明之

---

① Hans-Georg Huettel and UlambayarErdenebat, *Karabalgasun und Karakorum-zweispätnomadischeStadtsiedlungenimOrchon-Tal*, Ulaanbaatar, 2009. Arden-Wong, Lyndon A., "The Architectural Relationship between Tang and Eastern Uighur Imperial Cities," in Zs. Rajkai / I. Bellér-Hann (eds.), *Frontiers and Boundaries: Encounters on China's Margins*, (AsiatischeForschungen, 156), Wiesbaden: HarrassowitzVerlag, 2012, pp. 11-47. 另可參閱担當斡耳朵八里發掘工作的德國考古學研究所的 HP http://www.dainst.org/ sites/default/files/imagecache/keyvisual/media/ crop_daikv_10.jpg。

② 關於以斡耳朵八里爲核心的交通網,參閱田坂興道《漠北时代に於ける回纥の诸城郭について》(善鄰協會内蒙古研究所《蒙古學報第二號》,1941 年,頁 192—243)、齊藤勝《唐·回鶻絹馬貿易再考》(《史學雜誌》108-10,1999 年,頁 33—58、174—173)。

③ 關於渤海舊國及上京等五京的都城,參閱中國社會科學院考古研究所編《六頂山與渤海鎮　唐代渤海國的貴族墓地與都城遺址》(中國大百科全書出版社,1997 年);田村晃一編《东アジアの都城と渤海》(東京:東洋文庫,2005 年);楊雨舒、蔣戎《唐代渤海國五京研究》(香港亞洲出版社,2008 年);黑龍江省文物考古研究所編《渤海上京城》上册、下册、附圖(文物出版社, 2009 年);酒寄雅志《渤海の都城》(妹尾達彥編《都市と环境の历史学　增补版　第 2 集》,中央大學文學　<轉下頁>

處,還有待於今後更進一步的研究,而近年的研究,逐漸弄清了渤海交通路的實際情況。①

⑦ 新羅的王京(金城)

676年,統一了朝鮮半島的新羅,參照唐長安,對金城(王京)進行了整修。② 近年,韓國與都城史研究有關的國立公立研究機構和各種研究組織,推動了從整個東亞中來定位三國時代至統一新羅時期的都城研究,使都城史研究取得了更大的進展。③ 田

<接上頁>部東洋史學研究室,2009年,頁465—483)等等。關於渤海的交通路,參閱小嶋芳孝《渤海の产业と物流》(《アジア游学》6,東京:勉誠社,1999年,頁65—81)。

① 關於渤海五京和交通路,河上洋《渤海の交通路と五京》(《史林》第72卷第6號,1989年,頁76—101);小嶋芳孝《渤海の交通路》(鈴木靖民、荒井秀規編《古代东アジアの道路と交通》,東京:勉誠社,2011年,頁211—232);同《渤海の产业と物流》(《アジア游学》6,東京:勉誠社,1999年,頁65—81),以上三篇是基礎研究。河上的論文頁101的復原圖,是把五京作爲核心的交通路根據文獻而復原的。韓國教員大學歷史教育科著、吉田光男監譯《韓國歷史地圖》(東京:平凡社,2004年,頁58—59)所載"渤海の对外交易"圖,與河上的復原圖稍有不同。另參閱楊雨舒、蔣戎《唐代渤海國五京研究》(香港亞洲出版社,2008年);赤羽目匡由《渤海王国の政治と社会》(東京:吉川弘文館,2011年)。目前,關於渤海五京的立地和交通路,仍有許多不明之處,而近年的研究成果,正逐漸填補研究的空白。

② 三國統一後的新羅,參照唐的長安對大規模的都城金城進行了整飭,參閱田中俊明《新罗における王京の成立》(《朝鮮史研究會論文集》30,1992年)、黃仁鎬《新罗王京の变迁—道路を通じてみる都市计画—》(《東アジアの古代文化》126,2006年)。

③ 國立慶州文化財研究所編《新羅王京 本文篇、遺物圖版》(慶州:國立文化財研究所,2002年);韓國國立文化財研究所、國立慶州文化財研究所編《新罗王京调查の成果と意义》(《文化財研究國際學術大會發表論文第12輯》慶州:國立慶州文化財研究所,2003年);忠南大學校百濟研究所編《古代都市と王权》(大田:忠南大學校百濟研究所,2004年);園光大學校馬韓百濟文化研究所編《古代都城と益山王宮城》(益山:園光大學校,2005年);同編《古代东アジア宮城の後苑》(同上,2010年);國立慶州文化財研究所、國立扶餘文化財研究所、國立加耶文化財研究所編《国立庆州·扶余·加耶文化財研究所开所20周年记念国际学术研讨会 三国—朝鮮 发掘调查と成果:韩国の都城》(國立慶州文化財研究所,2010年)。另參閱中尾芳治、佐藤興治、小笠原好彥編《日本古代と朝鮮の都城》(京都:ミネルヴァ书房,2007年)。

中俊明、①黄仁鎬②先生指出,統一新羅的都城改造,是參照唐長安,才開始修建以都城爲核心的交通網。

3. 都城時代建造的各都城有什麼樣的特色?

——各國都城共有相似的建築構造、主張相異的傳統

東亞各國的都城,包括隋唐的都城,都是作爲各地域所建國家的中樞而被營造的。如果一個國家沒有作爲各國之間外交主要舞臺的都城,就不會被看作是一個獨立的國家。因此,各國的都城,作爲與其它國家進行外交儀禮的舞臺而被設計,爲了把各國都城間的交流進行制度化,在東亞國家間外交的共同原則就是以都城爲舞臺來制定的。③

當時的東亞廣泛采用唐王朝的度量衡,宮殿、佛教寺院的建造,都有唐王朝的標準尺度。④ 當時,東亞各國都城的建築物,基本上都使用相同的尺度和相似的形式來進行建造,所以我們可以看到,宮殿和城門等各都城建築物的景觀有很多相似之處。

可是,從維持各都城的王權思想中可以看到存在着地域性的

---

① 田中俊明《新羅における王京の成立》,《朝鮮史研究會論文集》30,1992 年。

② 黄仁鎬《新羅王京の変遷—道路を通じてみる都市計画—》,《東アジアの古代文化》126,2006 年。

③ 關於唐代長安的外交儀禮,參閱石見清裕《唐の北方問題と国際秩序》(東京: 汲古書院,1998 年)。

④ 關於東亞的度量衡,參閱日本江戸時代的狩谷棭齋《本朝度量衡考》,富谷至校注《本朝度量衡考》(東京: 平凡社東洋文庫,1991 年);吴承洛著、程理浚修訂《中國度量衡史》(商務印書館,1957 年);藪田嘉一郎編譯註《中國古尺集説》(京都: 綜芸社,1969 年);國家計量總局、中國歷史博物館、故宮博物院主編《中國古代度量衡圖集》(文物出版社,1984 年);丘光明編著《中國歷代度量衡考》(科學出版社,1992 年);藤本康雄、田端修、樋口文彦《中近東・アジアの古都市・建築平面構成と尺度》(《芸術》22 號,大阪芸術大學,1999 年,頁 136—153);張十慶《中日古代建築大木技術的源流與變遷》(天津大學出版社,2004 年)等等。本書頁 174 注③井上和人在《日本古代都城制の研究》一文中指出,平城京的平面範圍可完全納入長安的範圍之中。這或許也是當時有共同的基本尺度的原因。

差異。爲了理解7—8世紀東亞各國的都城建造所帶有的普遍性和固有性的關係,從文獻的記載中,可以窺視到當時執政者建造都城的意圖,下面以隋大興城和日本平城京爲例,試對都城王權思想的特色作一論述。奠都的詔書,除了中國大陸以外,就只有日本有所記載,把這兩個都城奠都的詔書進行比較,可以看到東亞各國都城思想存在的一些差異。

從藤原京到平城京、長岡京、平安京的日本都城,確實是參照了漢代以來儒教的王權思想而建造的。宮殿爲核心的都城形式、律令制、國號、年號、曆法、正史、貨幣等的實施,都是基於儒教的王權思想,是建立獨立的正統王朝的要素。若具備了這些要素,就可以主張國家的正統性。北魏以來的遊牧政權末裔的隋唐王朝自身,就是采用儒教思想順利統治中國的國家之一。而日本之所以可以建立與中國的皇帝制相抗衡的君主制度——天皇制,與高句麗、百濟、新羅、渤海不同,多半是由於没有受到唐朝的册封的結果。[1] 日本所提出的以日本爲中華的主張,是相對於朝鮮半島和東北亞來説的,而對於唐朝,卻始終是保持着朝貢國的身份,采取兩重規則,朝着靈活、具有現實性的國際交流方向發展的。[2]

關於隋唐和日本的都城思想的具體差異,通過比較以下的遷都詔書,我們可以得到詳細的了解。隋文帝開皇二年六月丙申,頒佈了詔書,決定自漢代以來的長安故城遷都於大興城,其詔文如下:[3]

（開皇二年六月）丙申,詔曰:

---

[1] 關於這一點,吉田孝《历史の中の天皇》（東京：岩波書店,岩波新書987,2006年）；同《日本の誕生》（東京：岩波書店,岩波新書510,1997年）中有明快的叙述。

[2] 妹尾達彦《都城と律令制》,大津透編《史学会シンポジウム叢書　日唐律令比较研究の新段階》,東京：山川出版社,2008年,頁97—118。

[3] 《隋書·高祖紀上》（中華書局,頁17—18）。根據辛德勇《隋大興城坊考稿》改字。

"朕祇奉上玄,君臨萬國,屬生人之敝,處前代之宮。常以爲'作之者勞,居之者逸',改創之事,心未遑也。而王公大臣陳謀獻策,咸云:'**羲、農以降,至於姬、劉,有當代而屢遷,無革命而不徙。曹、馬之後,時見因循,乃末代之宴安,非往聖之宏義。**此城從漢代以來,彫殘日久,屢爲戰場,舊經喪亂,今之宮室,事近權宜,又非謀筮從龜,瞻星揆日,不足建皇王之邑,合大衆所聚。'論變通之數,具幽顯之情,同心固請,詞情深切。然則京師百官之府,四海歸向,非朕一人之所獨有,苟利於物,其可違乎?且殷之五遷,恐民盡死,是則以吉凶之土制長短之命。謀新去故,如農望秋。雖暫劬勞,其究安宅。今區宇寧一,陰陽順序,安安以遷,勿懷胥怨。龍首之山,川原秀麗,卉物滋阜,卜食相土,宜建都邑。定鼎之基永固,無窮之業在斯。公私府宅,規模遠近,隨來條奏。

對此,日本元明天皇,根據隋文帝遷都詔文,和銅元年(708)二月戊寅,頒佈從藤原京遷都於平城京的詔書,其詔文如下:[1]

(和銅元年二月)戊寅,詔曰:

"朕祇奉上玄,君臨宇內。以菲博之德,處紫宮之尊。常以爲'作之者勞,居之者逸',遷都之事,心未遑也。而王公大臣咸言:'往古已降,至於近代,揆日瞻星,起宮室之基,卜世相土,建皇帝之邑。定鼎之基永固,無窮之業斯在。'

衆議難忍,詞情深切。然則京師者,百官之府,四海所歸。唯朕一人,獨逸予,苟利於物,其可遠乎。昔殷王五遷,受中興

---

① 《續日本後紀》卷四"二月戊寅"條,新日本古典文學大系本,頁130。

之號;周后三定,致太平之稱。安以遷其久安宅。方今平城之
地,四禽叶圖,三山作鎮,龜筮並從。宜建都邑。其營構資,須
隨事條奏。亦待秋收後,合造路橋。子來之義,勿致勞擾。制
度之宜,合後不加。

我們把這兩個詔文進行比較,可以發現有很多相同的字句,毋
庸置疑,日本的詔文是根據隋文帝的詔文而撰寫的。[①] 但是,在內容
上卻有很大的差別。而最大的差別就在於,大興城奠都緣由的開頭部
分所述的以王朝交替爲前提的易姓革命一文,沒有出現在日本元明天
皇的詔文中(參閱黑體字部分)。建造後漢洛陽時,基於儒教的易姓革
命論,都城首次在中國誕生了。而後漢洛陽以後至明清的北京,都城
雖然伴隨儒教王權論的變化而發生改變,但基於易姓革命論繼續進行
了都城的建造。[②] 可是,日本的都城,卻刻意回避易姓革命論。

中國的歷代都城,周圍都設有祭祀天地之神的祭壇等儀禮設
施。這些儀禮舞臺,從都城的內城的宮殿及外郭城的城門的距離
來決定它們的位置。儀禮設施,依據儒教的王權思想(五德終始
説),把都城看作是由天命的回圈(五德的回圈)而發生政權交替
的主要舞臺。這樣的天命思想=易姓革命論,實際是基於征服王
朝易朝換代的中國大陸歷史現實的思想。[③]

7 世紀,日本列島初次建立統一政權"日本"時,執政者不得不
參照當時的王權論中最充實的儒教王權論。漢代以後的儒教王權

① 關於隋和日本奠都之詔的比較,已有許多論著對此進行探討,在此僅舉一代表例,
即鍋田一《隋大興城造營の詔と平城遷都の詔》(《法律論叢(明治大學)》60‐4·
5 合併號,1982 年,頁 759—774)。

② 妹尾達彥《隋唐長安城と郊外の誕生》(橋本義則編《東アジア都城の比較研究》,
京都大學學術出版會,2011 年,頁 111—119),同《隋唐長安城の皇室庭園》(同上
編《東アジア都城の比較研究》同上,頁 283—286)。

③ 同上注。

論,都匯集於皇帝制度(天子=皇帝制度)之中。而日本若自稱皇帝,就意味着與唐爭奪世界統治的正統性,所以必須避開這個問題。比如,受唐朝册封爲王的南詔第 11 代國王——世隆,859 年自稱皇帝,改國號爲大禮,定年號爲建極,因此引發了與唐之間全面的軍事衝突。蒙古高原、西藏高原的遊牧民的統治者,擁有可以和唐相匹敵的軍事力量,采用與中國皇帝的君主號平等的可汗(qaɣan)、贊普(bTsan-po)是理所當然的。而日本的執政者,使用天皇的稱號與皇帝對峙,可以認爲在當時的國際地位中已没有其它選擇的餘地了。

日本采用了"萬世一系"的天皇制度來與以易姓革命爲前提的皇帝制度相對峙,這就決定了日本的制度,也決定了都城的性格。基於以政權交替爲前提的天命思想(易姓革命論)的設施(壇廟)被排除在外,構成中國都城核心的儒教王權儀禮也没有被實行。① 基於天皇制的日本王權,没有必要制定像儒教那樣具有抽象性的王權論,而相當於中國太廟的伊勢神宮,是有固有地名的特定的土地,是具有神聖性的場所,並一直保持着這種特性。② 日本都城重視四神(四禽),或許是因爲四神没有與日本的王權思想發生衝突的緣故。日本的都城,是"天皇之都",與中國都城的"天子=皇帝之都"是不同的。③

① 當然,中國的革命思想在日本也早已所聞,實際上在政治方面也深受影響。比如,從天武系向天智系血統轉換時,爲了賦予其正統性,天智系的桓武天皇實施了祭昊天上帝的郊祀。只是,桓武天皇是在同一皇統中進行的王位轉換,而不是中國所謂的易姓革命。

② 中國,在漢代中期因儒教的興起而進行國家祭祀改革以前,都城周圍的神聖場所是王權儀禮的主要舞臺。儒教,在非常抽象地構築王權論的同時,剝取土地的神聖性,而編織出根據王權理論不管在何處都可以設爲都城來進行易姓革命和王朝交替的思想,爲後世帶來決定性的影響。

③ 關於日本古代天皇制度的特徵,參閱大津透《古代の天皇制》(東京:岩 <轉下頁>

日本都城的形狀表面看上去確實和長安很相似，可是城市構成的理論卻是完全不同的。日本都城，比起依據儒教，更是基於東北亞、朝鮮半島的天的思想和日本列島自古以來的習俗所融合的君主思想，以及從中國以外的其它地方傳來的世界思想的佛教思想等而建造的（神祇令、僧尼令）。特別是佛教，由於是從外部傳來的世界宗教而具備了中立性，被包括日本在內的與隋唐的王權形成相對化的東亞各國所重視。[①]另外，關於日本都城有無外郭城的問題，也與回避儒教王權論的日本的思想有關。[②]

4. 都城時代爲後代帶來怎樣的影響？

——都城立地於環境的境域並由內陸移向沿海

東亞各國都城立地的變遷，與中國大陸都城的變遷是相對應的。東亞的城市與國家的形成，與黃河中下流域東亞最古老的城市網絡的誕生是密切相關的。這是因爲黃河中下流域處於生態環境的境域，是進行各種物產交易的主要場所。紀元前2000年由於氣候的乾燥化和寒冷化的加劇而推動了遊牧從農業中獨立，使農業與遊牧這兩種不同的生業在農牧交錯帶形成的對峙環境從此誕生。因此，與農牧交錯帶接壤的農業地域成爲交易和軍事的據點，並誕生了許多城市。這些城市，到了紀元前1000年時，聯合起來形成了複數的國家，遍布中國大陸的城市網絡由此誕生。

<接上頁>波書店，1999年）、水林彪《天皇制史論　本質・起源・展開》（東京：岩波書店，2006年）等。日本列島的特色，在於没有發生歐亞非大陸那樣通常的"征服王朝"的經歷，因而不存在王朝交替。而不依據王朝交替來進行的日本史獨特的時代區分（奈良時代、平安時代、江户時代、明治時代等），充分説明了日本史的特殊性。

①　吉川真司《天皇の历史02 圣武天皇と佛都平城京》（東京：講談社，2011年）；河上麻由子《古代アジア世界の対外交涉と佛都》（東京：山川出版社，2011年）。

②　參閲妹尾達彦《隋唐长安城と郊外の誕生》（橋本義則編《东アジア都城の比较研究》，京都大學學術出版會，2011年，頁106—140）。

　　由此而誕生的城市網絡至今 3,000 年間的變遷,都匯集在中國五個歷代都城變遷的形式之中。到了 9 世紀以後,東亞的主幹交通路漸漸地開始由陸路向海路轉移,主要遊牧民的政治據點由中國大陸西北部移向東北部,糧倉地帶由中國北部移至中南部。因此,中國的城市網絡,亦由內陸部的以長安爲中心的城市網向沿海部的以北京爲中心的城市網轉變。而這種由內陸向沿海的中國大陸都城和城市網絡的變遷,與東南亞、朝鮮半島、日本列島的都城和城市網絡的變遷是相聯動的。

　　根據以往的研究,筆者繪製了 7—8 世紀東亞的各都城形態圖,參閱圖 2 都城時代的誕生。如圖 2 所示,各種規模與形態的都城,營造於 7—8 世紀的東亞。圖 3 都城時代以後,是都城時代之後的 13—18 世紀東亞都城的變貌圖。圖 2、圖 3 的都城圖,便於把各都城的規模和構造進行比較,使用了同一比例尺。

　　圖 2,表示了中國大陸以長安爲核心的城市網中所建造的都城的形態;圖 3,表示中國大陸以北京爲核心的城市網中所建造的都城的形態。總之,圖 2 與圖 3,是表示了長安城市網向北京城市網的轉換,說明了其間東亞國際關係的變化情況。

　　從圖 2 可以看出 7—8 世紀的東亞都城存在着幾個特徵,列舉如下:

　　　　(1) 作爲內陸交通網的要地,大半的都城都建在內陸;

　　　　(2) 許多農業地域的都城都呈方格狀城市,而吐蕃和南詔的都城是基於自然地形而建造,因而不是方格狀城市;

　　　　(3) 都城可以分爲:有外城(有城牆)的(唐的長安、洛陽,吐蕃的拉薩,渤海的上京、中京、東京,南詔的太和、陽直哶)都城與無外城的〔幹耳朵八里(內城有城牆)、新羅金城、日本都城（平城京有南城牆和羅城門）〕兩種類型；

（4）大半的都城都因多種族的聚集而形成了富有國際性的多樣性文化；

（5）所有的都城都建有一些世界宗教的佛教寺院。

從圖3中可以弄清13—18世紀都城的特色，列舉如下：

（1）作爲連接沿海城市網絡與内陸的水運、陸運的要地而被建造，大半的都城位於沿海部；

（2）除了北京之外，有效運用自然地形，擁有機能性的構造；

（3）商業的發展使市民階層抬頭，形成了地域獨特的世俗文化的場所；

（4）佛教寺院土著化，許多民俗宗教的設施分布於城内。

總之，圖2表示：都城時代，是在包括遊牧地域和農業地域的涉及整個歐亞非大陸人類移動的混亂期之後誕生的；在農業地域和遊牧地域上分別誕生了擁有都城的國家，世界宗教（佛教）的普及緩和了各國家之間的衝突，東亞共通的外交儀禮和建築物的標準尺寸得到完善，這就是“内陸都城”的時代。

從圖3的13—18世紀東亞都城的變貌圖可以看出，隨着政權的相對安定和經濟的發展，各國開始重視各自的傳統，於内陸水運和沿海航路的要衝上建造都城的“沿海都城”時代到來了。東亞的都城，隨着内陸向沿海交通幹線的轉換，都城的立地與形態也隨之發生變化。

綜上所述，都城的立地與建築構造的變化，可以認爲是象徵着東亞社會的世俗化與近代化的發展。7—8世紀東亞的都城時代，因內陸的變動,中國大陸被再次統一而誕生。9 世紀以後,隨着歐亞大陸交通幹線的轉換,都城的立地由內陸向沿海部轉移,在13—18 世紀這一時期,前近代國家的都城逐漸向近代國家的首都轉變。

5. 都城論的源流與遺留下來的問題

最後,來看一下都城論的源流和被遺留下來的問題。在考察7—8 世紀東亞都城的特色這一問題時,我認爲,在對同一時間和空間的都城進行比較的同時,與不同時間和空間的都城進行比較也是有效的。在這一節裏,根據筆者所關心的方面,在更廣泛的比較都城論的脈絡之中,對今後東亞都城的研究提出幾個問題。即(1)宇宙論的構造;(2)建築空間與社會構造的關聯;(3)王權儀禮的城市序列;(4)都城間的關係性。除此之外,對於近年受到關注的都城的軍事、經濟、性別意識、環境等問題,因篇幅關係這裏不作討論。

(1)宇宙性構造的發現

以往的都城論,以文化人類學和民俗學的研究者爲主體進行研究,所以,對近代國家的城市所失去的宇宙論構造的問題比較關注。宗教學的 M. Eliade[①]、民族學家的 Heine-Geldern[②],從不同的角度對作爲神聖中心的城市的象徵性作了古典式的研究,特別指出了作爲天體寫照的都城宇宙論構造的普遍性。[③]

---

① M. Eliade 著、久米博譯《エリアーデ著作集第 3 卷 圣なる空間と時间 宗教学概论 3》,東京:せりか书房,1974 年。

② Heine-Geldern 著、大林太良譯《东南アジアにおける国家と王权の观念》(大林太良編《神話・社會・世界觀》,東京:角川書店,1972 年)。

③ M. Eliade 和 Heine-Geldern 之後關於聖都的研究進展,參閱 Bardwell Smith and Holly Baker Reynolds(eds), *The City as a Sacred Center: Essays on Six Asian Contexts*, Leiden, New York: E.J. Brill, 1987.

　　繼承了這個觀點的 M. Eliade 的學生——Paul Wheatley[1] 和 Jeffrey Meyer[2]，努力弄清了中國歷代都城所帶有的神聖之都的特質，把中國都城定位於世界的聖都之中。日本研究中國都城論的代表學者，有大室幹雄和中野美代子，他們的研究可以説也屬於這個源流之中。

　　都城的宇宙論構造的分析，也是建築史學研究領域的一個課題，在這方面，有布野修司[3]、村松伸[4]、陣内秀信和高村雅彦[5]等學者的卓越研究。特別是布野修司編、亞洲都市建築研究會執筆的《亞洲都市建築史》（京都：昭和堂，2003 年），是包括都城在内比較城市論的劃時代的研究成果，爲以後的比較城市史奠定了基礎。

　　在考察 7—8 世紀都城的宇宙論時，經過 3—6 世紀的大分裂

[1]　Paul Wheatley, *The Pivot of the Four Quarters: A Preliminary Enquiry into the Origins and Character of the Ancient Chinese City*, Edinburgh: Edinburgh University Press, 1971.

[2]　Jeffrey Meyer, *The Dragons of Tiananmen, Beijing as a Sacred City*, University of South Carolina Press, 1991. 關於本書，參閲妹尾達彦的書評《表征の帝都—Jeffrey Meyer 著〈天安門の龙—圣なる都市・北京—〉》，《アジア史における制度と社会》（《アジア史研究》20），東京：刀水書房，1996 年。

[3]　布野修司先生，以本書亞洲城市建築史總論爲基礎，陸續出版了各地域城市建築史的專論，試着構築亞洲城市史的整體形象。參閲布野修司《曼荼羅都市　ヒンドゥー都市の空間理念とその変容》（京都大學學術出版會，2006 年）；同、山根周《ムガル都市—イスラーム都市の空間変容—》（京都大學學術出版會，2008 年）；同編《近代世界システムと殖民都市》（京都大學學術出版會，2005 年）；同、韓三建、朴重信、趙聖民《韓国近代都市景观の形成—日本人移住渔村と铁道町》（京都大學學術出版會，2010 年）等等。另布野修司《都市のかたち—その起源、変容、转成、保全—》（《岩波讲座 1　都市の再生を考える 都市とは何か》（東京：岩波書店，2005 年，頁 37—66），參閲文中有關比較城市史的明確且系統性的分析。

[4]　村松伸《中华中毒—中国的空间の解剖学》，東京：築摩書房，ちくま学芸文庫，2003 年。

[5]　陣内秀信、朱自煊、高村雅彦《北京　都市空間を読む》，東京：鹿島出版會，1998 年。

期,以佛教爲代表的世界宗教傳入中國文化圈以後,以往的王權論發生了多大程度的變化成爲關鍵問題。關於這一點,論述儒教的王權論和宇宙論變容的小島毅①,論述佛教王權論的中田美繪②,論述歷史中的王權變容的渡邊信一郎③,以及從多方面來對太極殿(日本爲大極殿)的歷史進行分析的内田和伸④,他們的研究給予很大的啓發。今後的研究道路雖然艱難,但也要把思想史和建築史相融合的研究繼續發展下去。⑤

(2)建築空間所反映的社會構造

都城,是普遍性的宇宙論和地域固有的傳統相結合的表現。都城生活的社會構造,反映在可視的建築構造上。關於這一點,已有研究城市社會學的 GideonSjoberg⑥、歷史學的 Philippe Wolff、文化人類學的 Clifford Geertz⑦ 等學者的論述。即"'社會構造',是以'城市形態'的形式,對所有人展現出可視性的影像,並且映照出自己","所以,觀察城市景觀,就是在了解城市

---

① 小島毅《郊祀制度の変迁》,《東洋文化研究所紀要》108,1989 年。

② 中田美繪《五台山文殊信仰と王权—唐朝代宗期における金閣寺修筑の分析を通じて—》,《東方學》117,2009 年。

③ 渡边信一郎《天空の玉座—中国古代帝国の朝政と仪礼—》(東京:柏書房,1996 年);同《中国古代の王权と秩序—日中比较史の视点から—》(東京:校倉書房,2003 年)。

④ 内田和伸《平城宫大极殿院の设计思想》,東京:吉川弘文館,2011 年。

⑤ 關於這一點,參閱妹尾達彦《天と地—前近代の中国における都市と王权—》(大阪市立大学大学院文学研究科 COE・大阪市立大学重点研究共催シンポジウム报告书《中国の王权と都市—比较史の观点から—》,大阪市立大学大学院文学研究科都市文化研究センター,2007 年)。

⑥ Gideon Sjoberg 著、倉澤進譯《前产业型都市 都市の过去と现在》,東京:鹿島研究所出版會,1968 年。

⑦ Clifford Geertz 著、小泉潤二譯《ヌガラ:19 世纪バリの剧场国家》,東京:みすず书房,1990 年。

的社會構成"①。

　　這個觀點也爲地理學的研究者們所共認,矢守一彥②、高橋誠一③、應地利明④、户田由美夫⑤等學者,對都城、城市和集落等建築空間的意義進行了多方面的分析。近年,東京大學出版會出版了《シリーズ都市・建築・历史》全 10 卷和《傳統都市》全 4 卷這兩種論文集,探討建築與社會關係的研究一擧有了進展。⑥

　　關於 7—8 世紀都城的建築與社會的研究,圍繞方格狀城市規劃的歷史性問題將會成爲一個研究焦點。其理由在於,不僅僅是城内,居住地區自身也被牆壁所包圍的制度(坊牆制),形成了這一時期中國北部建築空間的特色。⑦ 關於日本的都城,井上和人先生對方格狀城市規劃作了綜合性的研究。⑧ 今後,希望可以對遊牧和農業這兩地域的方格狀城市規劃的相互關聯問題,進行更

① 高橋清德《都市の"社会構造"と"都市形态"—都市史研究国际委员会サンフランシスコ会议(1975.8)へのヴォルフ报告》,《法律論叢》48 - 3,明治大學法律研究所,1976 年,頁 116。

② 矢守一彥《都市プランの研究：变容系列と空間构成》,東京：大明堂,1970 年。

③ 高橋誠一《东アジアの都城遗迹》,《人文地理》42 - 5,1990 年。

④ 應地利明《前近代アジア都市论构筑のための試论》(《计画都市の立地决定に至る意思及び经过の历史地理学的再检讨》,平成 4—5 年度科學研究費補助金(一般研究 B)研究成果報告書,1994 年)。近期,京都大學學術出版會預定出版應地先生至今爲止關於都城論的集大成論著。

⑤ 户祭由美夫等編《ユーラシアにおける都市围郭の成立と系谱に关する比较地志学的研究》,平成 6 年度—平成 9 年度科学研究費補助金基盤研究（A）(2)研究成果報告書,1998 年。

⑥ 鈴木博之、石山修司、伊藤毅、山岸常人編《シリーズ都市・建築・历史》(東京大學出版會,2005—2006 年);吉田伸之、伊藤毅編《傳統都市》(東京大學出版會,2010 年)。

⑦ 關於方格狀城市規劃與社會構造的關係,筆者的見解參閱妹尾達彦《中国都城の方格状街割の沿革》(《都城制研究》3,2009 年)。

⑧ 井上和人《古代都城制条里制の实证研究》(東京：學生社,2004 年);同《日本古代都城制の研究—藤原京・平城京の史的意义》(東京：吉川弘文館,2008 年)。

廣泛更深入的研究。

（3）王權儀禮的階層序列

近年，王權儀禮的研究，從權力轉化成權威，被統治者主動服從統治的儀禮作用問題受到關注。以金子修一先生爲代表的中國王權儀禮的研究，①把近代歷史學長久以來空白的王權儀禮研究，刷新成爲目前最有豐碩成果且多彩的研究領域之一。②

從都城史的角度來看王權儀禮問題時，正是王權儀禮"創造"了都城，這是值得注意的一點。爲了把某一場所作爲都城進行特權化，並讓人們得以認知，王權儀禮的確是不可缺少的。關於這一點，前面所提到的 Clifford Geertz，弄清了 19 世紀巴厘島的王權儀禮；渡邊浩以德川政權（把非都城的江戶定爲"都"）的王權儀禮爲例，根據律令制，進行巧妙分析，對僅屬於地方政權的德川政權獲得至高權威的原因進行了説明，這些學者的研究都具有古典性的價值。③

隋唐的王權儀禮，明確地展示了以都城爲核心的城市構造，這個問題雖然已由雷聞④和吳麗娛⑤展開了全面研究，可是，仍有許多問題未被論及。西嶋定生先生所提倡的"東亞世界論""册封體制論"，是建立以中國王朝的都城爲核心的等級性的象徵秩序，從廣義上來説也是王權儀禮的研究。繼承西嶋先生的觀點，要繼續努力研究：唐把自己定位於世界秩序頂點的儀禮行爲的詳細情況

---

① 　金子修一《中國古代皇帝祭祀の研究》，東京：岩波書店，2006 年。

② 　近年的王權儀禮的研究史，參閲本書頁 189 注⑤妹尾達彦《天と地—前近代の中國における都市と王权—》，同《長安：禮儀之都—以圓仁〈入唐求法巡禮行記〉爲素材》（榮新江主編《唐研究》15，2009 年）。

③ 　渡邊浩《御威光と象征—德川政治体制の一側面—》，《東アジアの王權と思想》，東京大學出版會，1997 年。

④ 　雷聞《郊廟之外—隋唐國家祭祀與宗教》，生活·讀書·新知三聯書店，2009 年。

⑤ 　吳麗娛《唐禮摭遺—中古書儀研究》，商務印書館，2002 年。

和其整體形象的復原問題。

　　當然,以中國的都城爲中心的王權儀禮和周邊諸國的王權儀禮,按時代的狀況其協調和對立的程度隨之發生變化。以强大的軍事力量爲背景,遊牧地域的國家,擁有不同於中國統治者的稱號(可汗、贊普等),而日本的律令國家和越南的國家與遊牧地域國家不同,自稱着與中國皇帝相對立的天皇(日本)、皇帝(越南),卻又向中國進行朝貢,采取這樣的雙重規則,來進行現實性的外交。① 可是,鄰接於中國華北都城圈的朝鮮半島的國家,像日本和越南那樣的做法卻是行不通的,伴隨中國王朝的興衰,引起了迫切的政治問題。關於這一點,桑野榮治先生的一系列研究對其進行了精湛的分析。②

　　(4) 關係性的東亞

　　研究都城的目的在於,探討都城的象徵性和機能性(時間的、空間的、社會的特徵)的總體情況。關於這一點,上述的文化人類學家 Clifford Geertz,以 19 世紀巴厘島的王權這樣一個特定的時間空間爲例,通過儀禮,權力把都城的中心性戲劇性地進行視覺化,對這樣的權力進行了描述,並提出了作爲島民劇場的聖都的都城論。Geertz 的劇場國家論,雖然給包括中國大陸在内的世界各地的國家論和都城論帶來了影響,但是,在與其它國家的對外關係中都城始成爲都城,對這一方面卻没有太注重。

　　之後,學術界所關注的問題,轉向以下研究。關注王國及都城

① 酒寄雅志《渤海と古代の日本》,東京: 校倉書房,2001,頁435—472。

② 桑野榮治《册封体制下における高麗・李朝の王权仪礼—圜丘坛祭祀を中心に—》(《國學院大學文學部共同研究費〈東アジアにおける王权の比较研究〉シンポジウム〈東アジアにおける王权の态样—陵墓・王权仪礼の视点から〉》,國學院大學文學部古代王權研究會,2007 年);同《高丽末期から李朝初期における对明外交仪礼の基础的研究》(平成 13 年—平成 15 年度科學研究費補助金基盤研究(c)—(2)研究成果報告書, 2004 年)。

與都城間聯繫的 Stanley J. Tambiah 的銀河系政體論 (galactic policy) ①、Victor Lieberman 的太陽政體論 (solar polity) ②、Oliver W. Wolters 的 mandala 國家論③。近年,以個別的都城爲研究焦點對其進行論述的同時,在都城與都城、國家與國家的關係中來探討都城特徵的研究被重視起來。

Stanley J. Tambiah、Victor Lieberman 和 Oliver W. Wolters,分別從不同的角度,以東南亞爲例,描述了沒有明確國境線的前近代政治單位(王國),建立以核心城市爲象徵性中心的勢力圈,現實中按照政治軍事力量的强弱采取具有靈活性的外交關係使其並存的構造。與主張明確國境線的近代國家不同,東南亞王國的勢力圈的邊緣部分,彼此重複不清的情況較多,王國的權力和都城的勢力圈,就隨其它王國和都城之間的關係而發生變化。

東南亞和東亞的國家,在國家和都城的規模、官僚制的傳統、集權制的程度上確實存在着很大的差異。可是,包括中國在內的東亞各國,也都因爲有定期交換使節、通婚政策、納貢—授受爵號、

---

① Stanley J. Tambiah, *World Conqueror and World Renouncer*, *A Study of Buddhism and Polity in Thailand against a Historucal Background*, Cambridge University Press, 1976, ch.7. 關於 Stanley J. Tambiah 的銀河系政體論的特色,參閱關本照夫《东南アジア的王权の构造》(伊藤亞人、關本照夫、船曳建夫編《现代の社会人类学 3 国家と文明への过程》,東京大學出版會,1987 年);永渕康之《东南アジアにおける王国と仪礼》(網野善彥等編《岩波讲座天皇と王权を考える 1》東京:岩波書店,2002 年,頁 257—279)。

② Victor Lieberman, *Strange Parallels: Southeast Asia in Global Context*, *c. 800 - 1830. Volume 1: Integration on the Mainland*, Cambridge:Cambridge University Press, 2003, pp.31 - 36. 關於 Victor Lieberman 的太陽政體論,參閱桃木至朗《中世大越国家の成立と变容》(大阪大學出版會,2011 年)頁 7—15 的論述。

③ Oliver W. Wolters, *History*, *Culture and Region in Southeast Asian Perspectives* (revised ed.), Singapore:ISEAS, 1999.pp.27 - 40.

儀典的共有等等,而彼此追認複數政治單位的並存,擁有避免戰爭謀求外交關係安定化的結構。[1] 特別是東南亞的諸國和東北亞朝鮮半島、日本列島的諸國,在根據中國歷代王朝的變遷來構築外交關係這一點上,有很多的相似性。

都城與其它都城在發生外交關係時成爲都城,正因爲是都城,所以可以建立以其爲中心的具有磁場性質的勢力圈。在考察7—8世紀的東亞都城時,今後也有必要對各都城間的外交關係和國內政治的相互關聯進行詳細的復原。從這種意義上說,弄清了唐朝的外交和內政的密切關係的陳寅恪先生(1890—1969),他的古典式的分析,至今仍大放光彩。[2] 今後,基於陳先生的研究方法可以對唐以外的其它國家的情況進行分析,在此基礎之上,或許可以復原東亞國際關係的整體結構。

8世紀後半期,包含了遊牧地域和農業地域的前期唐王朝(大中國),向僅統治農業地域的後期唐王朝(小中國)的轉換,爲唐和周邊的都城帶來了影響。[3] 對於7—8世紀都城時代之後的都城變化,也有必要進行綜合性的分析。

結語——東亞都城論的構築

在2005年春禦水取(奈良東大寺的儀式)的季節,我曾帶來日

---

[1] 以往的學說把前近代東亞的國際秩序看作是以中國爲中心的朝貢體系,對此,夫馬進指出,中國和東亞各國是相互影響的外交關係,從多方面對此其變遷進行了分析,夫馬進編《中国东アジア外交史の研究》,京都大學學術出版會,2007年。

[2] 陳寅恪《唐代政治史述論稿》下編,商務印書館,1943年。

[3] 妹尾達彥《長安の変貌—大中國の都から小中國の都へ—》,《歷史評論》720,2010年。

的中國和臺灣的研究中國都城史的學者們到過奈良。穿過東大寺的南大門(鐮倉時代重建),轉過了院落內之後,來到平城京遺址,站在了 1998 年被復原的朱雀門前。當時,有好多學者發出疑問,爲什麼日本的宮城城門比佛教寺院的寺門規模還要小?

確實,基於儒教禮制的中國都城,宮殿和官僚的宅邸有嚴密的規定,一般的建築物的建造規模不得超過宮殿建築(《營繕令》)。儒教規範把中國定爲世界中心,在和其抗衡而不得不主張獨自的傳統和王權論的中國周邊的地域,雖形成了中國化的佛教,但世界宗教佛教所帶有的普遍性,是可以和以儒教爲核心的中國國際秩序形成相對化的。各國的都城,依據了和儒教相對的佛教的普遍性,所以,被與宮殿規模相當的佛教寺院所裝點的城市景觀,便成爲理所當然的。

都城,是最敏感地體現不同地域而共有其歷史的同時代性的空間場所,該時期所存在的諸問題,都表露在作爲國家組織核心的都城的構造和文化之中。從近年各國都城研究的發展中,很明顯地表現出都城研究的重要性和趣味性。

比較都城論,是通過把前近代世界各地都城的特色與其它都城相比較,對都城的歷史性進行理論性、實證性的探討,從而來明確現代首都的特性。都城存在於前近代的各個國家,現在仍有許多都城遺迹和建築尚存。這就爲具體考證和比較都城的機能、象徵性的共通性和地域性的差異創造了條件。這是進行比較分析時最好的題材之一。

本文中所説的"都城時代",是筆者關注東亞共通的都城時代誕生的現象、爲弄清 7—8 世紀東亞都城的特徵而立的一個研究假説。筆者認爲,從遊牧地域和農業地域共通的"都城時代的誕生"這一角度,可以補充以往研究的以東亞農業地域爲主要研究對象的東亞世界論的論點,在此基礎之上,更可以對整個東亞進行比較分析。另外，不是單獨來論述都城，而是從以都城爲核心的整個城市網絡中來對都城進行評價，如此方可弄清關於都城本身的情況。最後，希望今後的研究取得更大的進展。

十五—十六世紀的東亞經濟與貨幣流通

大田由紀夫著

李濟滄譯

序　言

　　近年來有關 15—16 世紀東亞歷史的研究,與過去重視"兩國間"對外交涉的關係史研究不同,不再拘泥於國家的框架,而是關注地域空間,分析在此出現的各種人際交流及其所産生的矛盾。這種研究,或可稱爲海域史研究,最近的傾向十分顯著,而且成果也十分豐富[桃木等編,2008][1]。其中代表性的研究,可以舉出村井章介的"環中國海地域"論[村井 1993、1997 等]。村井針對那些生活在邊境地區,國籍和民族身份比較曖昧的人們(marginal man)作了分析,指出 15 世紀以後"倭人"、"倭寇"在日本、朝鮮、中國之間頻繁從事交易活動,由此帶來了"環中國海地域"的成熟。與此同時,村井在研究中還細緻地勾勒出日本白銀在東亞地區的流通過程。

---

[1]　本文[　]內參考文獻請檢索本文篇末之"參考文獻目録"。

再如,朝鮮史研究者李泰鎮注意到明、朝鮮、日本在歷史變動上的同質性與同時代性,以 15—16 世紀的東亞發展爲背景,論述了朝鮮經濟史的展開過程[李泰鎮 1984、2000]。其中值得注意的觀點是,伴隨着農業生產力的發展,農村市場走向發達,這種現象在明、朝、日三個地域具有同質性、共時性的特點,也就是說國際交易的繁榮引發了東亞三地域之間的連動性。當我們試圖構建一個包括朝鮮半島在內的新的東亞經濟史形象時,上述研究無疑提供了十分重要的觀察視角。

本文從這些探討東亞諸地域的交流以及關聯性的研究那裏受到了極大啓發。但是,村井、李的研究基本上是以日本、朝鮮爲中心,對同時代的中國經濟動向並沒有作十分充足的涉及和分析。如下面的章節所述,除了明代商品經濟的發達以及白銀需求的高漲這些所熟知的動向以外,還有一些在理解當時東亞經濟的展開時,需要加以考慮的要素存在。此外,要弄清中國與其他地域之間經濟關係的具體狀況,似乎還可以找到一些有助於重新思考東亞經濟史的新論點和新語境。

從這一點來看,對包括中國在內的亞洲貨幣史的各個階段作出總體論述,提出了嶄新的"歷史=貨幣論"的黑田明伸的一系列研究,可以說是探討當時經濟、貨幣動向的重要成果[黑田 2003、2007]。就其中與本文有關的視點而言,針對明朝中國出現的銅錢流通動搖以及對東亞的影響等共時性事象所作的概括分析,無論從理論還是從歷史認識上都充滿了創見(如自律性"支付協同體"的形成及其構造,圍繞"環中國海錢幣共同體"的解體等見解),也證明完全可以從貨幣這一視角揭示出東亞諸地域之間的相連性。

不過,黑田的研究側重於貨幣系統的結構與變化,對 15—16 世紀的東亞經濟動向並沒有作全盤深入探討。例如,對於由

"撰錢"(挑揀流通錢幣的行爲)所代表的 15 世紀後期的通貨變動,僅僅只是注意到了圍繞中國錢的日、明(或是中國錢流通圈)關係這一問題。其實在中國錢的流通過程中,一般不太注意的朝鮮貨幣動向具有十分重大的意義,有助於我們理解上述通貨變動的歷史背景,這一點應該予以高度重視。也就是説,中國錢流通圈以外的東亞地域的經濟動向也應放入視野之内,這對考察當時的通貨變動是有必要的。①

在 15 世紀後期的東亞,可以看到兩個饒富趣味的共時性經濟現象。第一是迄今並没有引起足夠重視的東亞各地的經濟增長。正如李泰鎮所指出的,農村市集的發達、商品經濟的活性化、國際交易的繁榮等現象,在 15—16 世紀的東亞三地是共通的,而在 15 世紀後半期開始出現這一點上,又反映出了共時性特點。當時各個地域在流通經濟上呈現出了活性化,這一事實本身爲大家所熟知,但是針對這種共時性經濟成長產生的背景,並没有認識到可從共時性、共通性等方面進行探討,因而也就缺乏相應的分析和研究。

另外一個共時現象是迄今研究都有所涉及的通貨變動。衆所周知,日本因爲粗劣錢幣泛濫而引發了撰錢的出現,而在經濟上處於發達地位的明朝中國,也發生過私鑄粗劣錢的流布與類似撰錢的現象("揀錢")。還需要注意的是,同時代的朝鮮半島使用粗劣綿布(惡布)的貨幣,導致了基準通貨"五升布"的安定流通趨於崩潰。錢與布有着不同,但是因爲粗劣通貨的横行而引發的原有通貨秩序的動摇,這樣一種模式在明、朝鮮、日本是共通的。可是管見所及,還没有針對這種通貨變動的關聯性所作的研究。

---

① 足立啓二所展開的先驅性研究[足立 1991],是從貨幣的視野探討東亞諸地域連動性,但基本上可以説是針對中國錢流通圈的研究。

　　鑒於以上所述問題，本文主要想考察的是，從地域間的相連性這一視野來考察 15 世紀後期——16 世紀初期東亞經濟與貨幣流通的動態。[①] 這項工作也是筆者以前針對 15—16 世紀東亞錢幣流通所作分析的重新思考［大田 1997、1998。以下稱爲“舊稿”］。在舊稿中有一個重大的問題，就是對上述東亞諸地域經濟的連動性（尤其是日、明、朝）缺乏足夠的認識。另外，本文所敍述的現象許多都爲人們所熟知，但是這些已知的諸現象是在什麼樣的關聯下引發了共時性經濟、通貨變動的呢？ 關於這一點，也準備在本文中提出若干見解。

一、經濟變動——第一共時性現象

　　根據行文需要，我們首先來看明朝時期的中國。14 世紀中葉的元末動亂之後，明朝得以建立，但是大陸的經濟、消費活動卻趨向停滯。根據一位明人的回顧，經過王朝交替時期的動亂以及明朝建國後將市民強制遷移到南京、中都，在元代號稱“繁華”的蘇州走向了衰敗，此後直到 15 世紀中葉仍然沒有恢復往日的繁盛（王錡《寓圃雜記·吳中近年之盛》）。江南是中國經濟的心臟所在，而其中心都市蘇州的衰退，充分反映了明朝建立後的經濟停滯

---

① “東亞”爲本文所探討的對象，主要是指以圍繞東海的中國大陸、朝鮮半島、日本列島爲中心的地域。另外，針對 16—17 世紀以降的東亞（以及東南亞）經濟、歷史動向，進行框架式概觀研究的有岸本美緒的論考［岸本 1998］。本文所考察的東亞諸地域的交流情況，就時期而言，要早於岸本所研究的時期，也就是試圖分析 16 世紀中葉以降東亞產生的社會、經濟大變動的原因。此外本文是在筆者 2010 年所撰以中世紀日本爲中心的論文［大田 2010，以下寫作“別稿”］基礎上（特別關於 15 世紀後期以降的通貨變動的背景），將分析對象擴大到東亞所作的探討，所以本文與別稿在內容上有些重複之處。

狀況。有學者甚至將 15 世紀中葉的中國經濟稱作"大蕭條"。
[アトウェル〈Atwell〉1999]

　　導致明初經濟蕭條的原因,當然是元末的動亂,但是明朝海禁
政策的影響也不容忽視。所謂海禁,也就是禁止私人出海,並且將
對外交易局限於朝貢貿易之內,這對從海外交易中獲得利潤的沿
海地域造成了巨大打擊,例如宋元時期的江南,由於對外交易的繁
榮,商業活動十分顯著,當時出現了許多由富人捐資興建的寺院,
這無疑正是經濟發展的象徵。然而到了明朝草創期,上述寺院基
本上都消失得無影無蹤[Glahn 2003, pp.205－211]。再如,明初約
一百年間,江南地區的出版業也陷入極度低迷之中,與宋元時期相
比,出版量急劇減少[井上 2002,第 12 章]。一般而言,宗教、文化
活動只有在經濟條件良好的狀況下才會出現繁盛的景象,當它們
趨向衰退的時候,也就反映出與元代帶來的歐亞大陸範圍內的國
際交易繁榮相比,明朝海禁之下的江南在對外交易以及流通經濟
方面,只能用"倒退"二字來形容。

　　15 世紀後期是一個分水嶺,明朝經濟由此擺脱了低迷狀態。
上面提到的蘇州到成化年間(1465—1488)開始恢復活力,到該世
紀末,被人們稱作"繁盛",由此可以想見到其盛況(《寓圃雜記·
吳中近年之盛》)。在蘇州周圍廣闊的江南農村地域,也在這個時
候出現了許多商業型聚落也就是"市鎮"[樊 1990]。這種現象還
並不限於江南。同一時期,京師北京出現了明顯的人口遷入現象。
都市地域呈現出來的這種迅速擴大(徐階《答重城諭一》,載《世經
堂集》卷二),到 15 世紀末,使城市發展到了"生齒益繁,物貨益滿
坊市,人蹟殆無所容"的地步(吳寬《太子少保左都御史閔公七十
壽詩序》,載《匏翁家藏集》卷四十五)。1460、70 年代,沿大運河水
域的南北沿海地區,也同樣可以看到都市經濟的繁榮。隨之而起
的,就是在各地逐漸出現了巨大商業勢力,如新安商人、山西商人、

洞庭商人等“商幫”［范 2006］。

與經濟動向相關聯，需要注意的是同時期還出現了奢侈風潮的盛行［巫 2007 等］。據説當時的北京是“近來京城内外，風俗尚侈，不拘貴賤，概用織金寶石，服飾僭儗無度”（《明憲宗實録·成化六年（1471）》“十二月庚午”條），都城居民追求華美的衣裝與高價的寶飾品，這是一種與身份並不相符的鋪張消費。在當時人看來，“四方風俗，皆本于京師”，北京的奢侈性消費風尚被地方所模仿，於是京師的奢侈風潮逐漸擴大到了以江南爲首的沿海地域（董穀《碧里雜存》）。風靡北京以及江南的奢侈性消費，可以説是一種從財力、身份、審美觀等方面展示自我優越性的“顯示慾消費”，追求服飾的華美，可以説就是其中典型。在蘇州、杭州等地，不僅是富豪，就連藝人、妓女或市井庶民都是“夏則紗羅，冬則段疋，織金繡綵、花樣服色，争尚奇巧”（《皇明條法事類纂》卷二十二“軍民之家服飾不許違禁例”條〈1484〉），奢侈帶來了高級絹織物（所謂“紗羅綾段”）的消費增長，江南地區的絹業也由此趨向繁榮［范、金 1993 等］。除了絹等高級衣料以外，15 世紀中葉以降，屬於大衆消費品的綿布等關聯產業也在松江、太倉等地興起，江南生産的綿、絹製品被販往全國各地［西嶋 1966，頁 815—819］。

隨着奢侈化的高漲，絹綿製品以外的寶飾品、海外香辛料等等，需求也在迅速增加，飲食、宴會、冠婚時的享樂消費也日益盛大，這些都促進了流通經濟的發達。值得注意的是，位於寒冷地區的北京，從 1460 年代起針對高級毛皮的需求急速增加，其中尤其是東北亞原産的“貂皮”最受歡迎，其價格當然也是居高不下，作爲最典型的奢侈品，據説當時還引發了一些社會問題［河内 1992，頁 592—596］。奢侈風潮的盛行，意味着以都城市民爲中心的廣範圍階層的消費擴大，由此引發了各種各樣的商品需求，也擴大了商品的流通。

　　可是,這一時期明朝經濟的恢復有着什麽樣的背景呢? 首先可以指出的是,伴隨着南京到北京的遷都(1421),南北物流體制得以建立。遷都到北京以後,爲了從財政上支持中央政府,明朝花費大力氣整頓從南方經由大運河運往北京的物流體制。爲了減輕運送費用,增加向中央輸送財物的效率,開始着手利用運費低而且價值高的財貨(即白銀)而不單純地運送米穀等實物。結果,這一傾向加速了以銀代納實物税的租税銀納化[大田 2009]。到 15 世紀中葉以後,明朝的國家財政運營逐漸發展到以銀爲中心("白銀財政化"),與此同時,白銀在民間社會也迅速作爲通貨使用("白銀經濟化"),而這對北京的經濟産生了直接而顯著的影響。隨着白銀財政的比重增大,投入到市場中的白銀數量也在不斷增加,這些通過支付在京文武官員、士兵的俸禄以及政府購買物資等行爲得到了反映。銀的投入增加,也就象徵着購買力的增大,這正是北京市場迅速擴大的關鍵因素[足立 1989,頁 95]。由此來看,可以説 1470 年代前後是北京開始出現經濟增長的分水嶺。隨着北京市場的擴大,負責向京師運送或供給公用物資、民間商品的江南以及沿海地區的各個都市,幾乎同時都出現了商品流通的活性化現象。

　　與此同時,對外關係上也迎來新的局面。英宗正統時期(1436—1450)以後,由於遷都北京導致中央政府在維持運營上的費用激增,再加上朝貢使節的大規模化增加了許多額外負擔,國家財政越發困窘。針對這一狀況,明朝開始對周邊地域派遣的朝貢使節采取了一些限制措施,例如延長貢期(嚴格執行三年一貢等)、限制使節人數、減少對朝貢品的回賜等等[岡本 2010,頁 34—40]。但是這樣做的結果,卻是引發了一場與蒙古瓦剌部也先之間的一大紛爭。也先爲了與西方的帖木兒帝國通商,希望擴大對明交易[萩原 1980,頁 60—74]。1449 年,也先軍擊敗明軍、俘虜了正統帝,這就是"土木之變"。事變後,北京的中央政府不得不重新構建首都的防衛、補給體系，而要做到這一點，就必須有效利用白銀財政，於是白銀的支出猛然間增加不少［奧山 2003，頁 267—69］。應該説，土木之變是北京市場擴大的重大契機之一。

順便説一下，明朝限制朝貢的結果，是 15 世紀中葉以降來自東南亞各地的朝貢逐漸減少［邱 1995，頁 223—234］，由此帶來的連鎖反應是東南亞從明朝進口的陶瓷器也急劇減少（即所謂“Ming Gap”〈明代空窗期〉），代之而起的是泰國或越南製的陶瓷開始流行［Brown 2009，p.69］。但是不久，因爲倭寇之患趨於平静，明朝的海防也隨之弛緩，到 1470 年代左右，浙江、福建沿海地區的南海走私貿易愈演愈烈［佐久間 1992，頁 235—237］。胡椒、沉香等産自東南亞的香辛料與絹製品、陶瓷器等“唐物”（中國物産）是走私貿易的中心。胡椒、沉香在明朝社會有着極大的需求，南海走私貿易盛行之後，“夷貨”（從海外流入中國的物産）大量進入，這就刺激了明朝社會的消費，加速了都市經濟的成長。也正是在這一時期，明朝的青花瓷器開始大量生産，如同“洪水”一樣席捲了東南亞。明朝陶瓷重新取代了泰國、越南製的陶瓷，再次開始流通，“Ming Gap”被劃上了句號［Brown 2009，pp.69‐70］。

正統年間以後，朝貢貿易的規模縮小，其原因並不僅僅是在於明朝內部。促使明朝政策發生轉換的主要原因之一，是來自周邊地區的壓力。因爲海禁削弱了他們與中國的通商渠道，於是便試圖通過朝貢加以確保以及進一步擴張，如擴大使節人數以及要求增加回賜等等。這些壓力逐漸加大了維持朝貢體制的費用，明朝最終因爲無力承擔這樣的財政負擔，於是對朝貢采取了限制措置。所以説，周邊地域興起的對明通商熱潮，實際上是導致朝貢貿易縮小的重要原因，同時也是土木之變這類紛争發生的遠因所在。

將以上所述各類現象綜合起來看，似可説明 1470 年代前後明朝經濟開始走向復興。尤其是南北物流體制的確立與白銀財政化,是北京市場擴大的重要推力,同時也帶來了沿海各個都市的經濟繁榮。值得關注的是,明朝通過與外部世界的緊密聯繫來推動經濟的成長,這與後面將要展開的議論大有關聯。

接下來再來看朝鮮半島的經濟動向。高麗王朝臣服蒙古時期(13世紀後期—14世紀後期),通過陸路與中國開展的對外交易處於一種"自由"化狀態,從王侯、權門到民間商人都加入到元、高麗之間的交易之中,盛況非常[須川1997,頁32。李憲昶2004,頁113]。從元朝進口的絹製品等唐物,給高麗帶來了一股奢侈風潮,與身份不相符合的鋪張引起了身份秩序的混亂[朴2004,頁77—78]。從這種奢侈消費的擴大,可以看到朝鮮方面的經濟動向是通過對元交易的擴大而刺激自身的經濟發展。

然而到了14世紀末,出現了截然相反的狀況。在明朝強力推行封閉式對外政策的影響下,高麗也全面禁止私人從事對明交易。高麗之後的朝鮮王朝也繼承了這一方針,與中國之間的通商急速縮小。而且,新王朝爲了制止國境附近的走私貿易動搖農業基礎以及從事商業的人口大量增加等事情的發生,積極推行行狀制度,這是一種禁止無許可行商的商業統制政策[須川2000,頁74—80]。與中國的交易牽引着高麗時期的商業繁榮,但是隨着對中交易的縮小,15世紀前期的商品流通逐漸走向衰落,我們通過"各道州郡皆無市"(《朝鮮王朝實錄·世宗十五年(1433)》"正月壬申"條)一類的語句,可以想象到當時地方流通經濟的低迷狀態。

上述狀況在成宗時期(1469—1494)出現了轉機,其時,奢侈性消費以都城漢城(首爾)爲中心又重新回潮。據《朝鮮王朝實錄·成宗六年》"七月甲子"條所載:

> 傳旨曰……屢降從儉之教,猶不反樸歸厚,競尚異土之物。赴京(北京)者濫市綵段器物,馱載輪轉,驛路彫弊。至

於貂鼠皮，則雖曰土物，獨産兩界（平安、咸鏡道）。今商賈輻
輳牟利，守令、鎮將，亦索取於民，甚者至與彼人交市。……
（鄭麟趾等）議，世宗朝（1418—1450），雖堂上官，服紗羅綾段
者甚少，近來紗羅綾段衣服甚盛。……

據此可知，朝鮮的奢侈化風潮具體表現在大量消費紗羅綾緞或青
花瓷、寶飾品等“異土之物”（即“唐物”＝中國物産）之上。與明朝
之間的通商形式，主要依靠每年數次派遣到北京的“燕行使”，也
就是使節或隨行員等攜帶布貨、金銀等與唐物進行交換，即所謂
“使行貿易”。因此，奢侈風潮的高漲必然導致“使行貿易”的擴大
[韓 1983]。

　　需要注意的是，朝鮮的奢侈消費與明朝（尤其是北京）有着十
分相似之處，如喜愛紗羅綾緞，把玩青花瓷器以及流行貂皮等等，
這些都是雙方共通的消費模式。其中，青花瓷以及絹製品在明朝
廣泛流通，受此影響，朝鮮也非常崇尚此類物品。再如貂皮的流
行，在北京大約是在 1460 年代左右開始出現，而朝鮮則要晚一些，
大致在 1470 年代左右。這也似乎可以説明使行貿易在其中的作
用[河内 1992，頁 604]。也就是説，明朝的消費模式經由使行貿易
傳到了朝鮮半島。隨着 1470 年代前後開始盛行於北京的奢侈化
浪潮，加上經濟的成長以及各地物産的紛紛湧入，在北京市場比較
容易地就可以購買到各種各樣的物産。朝鮮對於中國物産一直有
着很高的潛在需求，因此上述狀況的出現，也就意味着朝鮮購買唐
物的機會在增加。我們可以作這樣的理解，即伴隨着明朝的經濟
成長，各種消費品的生産、流通也在擴大，與之相呼應，明—朝鮮間
的使行貿易日趨頻繁，奢侈風潮於是也蔓延到了朝鮮。爲了進一
步擴大對明交易，朝鮮開始注意到明朝急需大量用銀，16 世紀初
端川銀山的急速開發正是在這一背景下展開的。朝鮮白銀的出

現,果然擴大了明、朝之間的交易,儘管政府發佈了一些禁令,但奢侈風潮終於在中宗—明宗時期(1506—1567)走向巔峰狀態。上述狀況,我們可以從明朝的銀需求以及朝鮮的唐物需求這兩種現象的擴大和相互作用之中進行理解。

15世紀後期,值得矚目的經濟現象實際上並不限於奢侈風潮或對明交易的擴大。在這一時期,漢城市場也在迅速擴大。都城的商品流通走向繁榮,在此背景下,成宗三年(1472),擴大了現有空間已十分狹窄的公設商業區域("市廛")。到16世紀,都城之中出現了大量沒有在官府市籍上登錄的違法之市[朴1999,頁140—143]。這一時期漢城經濟的成長原因有二:

第一,財政原因(徵稅方式的變化)。主要包括貢納中"防納"(=代納承包)的盛行以及兵役的布納化。所謂貢納,是將各地的土特產品作爲貢物上納的一種稅目,據説占據了王朝財政收入的一大半。從建國初期開始,朝鮮便以直接繳納實物作爲原則。可是,隨着實施不繳納貢物的賦課,以及實物所産生的繳納上的困難,逐漸出現了一些負責承包的中間人。世祖時期(1455—1468),在貢納負擔者的希望下承認可以代納,從此防納之勢鋭不可擋[田川1964,第6編第1章]。在進行防納的時候,承包人首先領到代替貢物的布、米,然後再到偏遠地區的市場采購貢物上納。在這一過程中,作爲他們采購、上納的主要舞臺,正是商品豐富,而且收繳貢物的諸官廳也比較集中的漢城。可以認爲,防納的普及結果促進了漢城市場的擴大。

與此同時,因爲當番而上京勤務的地方正兵("番上兵")向漢城居民支付布貨,以此換取他們代自己服兵役,這種現象在15世紀後期逐漸流行。16世紀前期,上述行爲得到了政府的承認,由此形成單獨將布貨送往中央的納布制[李泰鎮1984,頁27—28]。兵役的布納化以及布貨的送納,作爲一種購買力,它們爲漢城市場

的流通經濟注入了活力。不僅如此，雇人替代服兵役，帶來了勞動
力的需求，於是大量人口從地方蜂擁而至，都城人口迅速增加（意
味着消費市場的擴大）。尤其是在世祖以後，軍額不斷增加，成宗
時期的番上兵逐漸成爲土木役卒（勞役過重化），這也進一步加速
了替代服役的發展[田川 1964，頁 685—686]。貢物防納和兵役納
布制的實施，當然是以商品市場的發達爲前提的，不過在另一方
面，防納、替代制的進展也刺激了漢城的商品流通。

第二，外在原因。15 世紀後期，朝鮮半島進入南北對外交易
擴大的時期。前面已談到了對明交易，此時與位於南面的近鄰日
本之間，相互交易也呈現出了繁榮景象。1460 年代以降，以對馬
地區的宗氏爲首，朝鮮遣使十分頻繁，同時僞使也驟然增加，而許
多倭人也常常到朝鮮的三浦（薺浦、鹽浦、釜山浦）從事貿易活動
[橋本 2005、荒木 2007]。朝鮮與日本之間的交易，主要是朝鮮的
綿布、綿紬與"倭銅"、南海產蘇木、胡椒等"倭物"（來自日本的物
產）之間的交換。從日本以及明朝進口的物品大多用於半島內的
消費，而主要的享受者，當然是那些居住在漢城的王族、官僚、商人
們。因此可以説，對外交易的興盛與漢城市場的奢侈化、擴大化有
着密不可分的關係。

此外，15 世紀前期還處於低迷狀態的地方經濟，到後期開始
出現了許多"場市"（即農村定期的市集），這無疑顯示了商品流通
的活力。1470 年代，場市首先出現於南部的全羅道，到 1520 年代，
盛行於整個朝鮮[宮原 1956]。場市出現的基礎，在於地方商品流
通的擴大。然而，地方市場的發達與都城市場的擴大，這兩者之間
也是相互連動的。爲什麼這樣説呢？因爲中央消費需求的擴大必
然會增加中央和地方之間的商品交換，這當然會刺激作爲都城物
資供給源的地方經濟，同時還加速了商品流通的擴大（即中央與地
方相互作用引發的商品流通的擴大）。此時，在中央與地方之間往

來頻繁,作爲商品流通的媒介發揮了主導作用的是那些漢城的大商人們,他們被人稱作"京中富商大賈"[白 1997,頁 253—254]。

在思考 15 世紀朝鮮經濟時,不容忽視的現象是綿布生產以及流通的擴大。從中國元朝移植來的木綿在 15 世紀前期已經在半島南部大規模栽培,同一世紀後期,除了北部以外,基本上在全境普及,成爲大衆的主要衣料[周藤 1942]。在此背景下,政府將綿布作爲"國幣",代替既存的法定通貨麻布[須川 1999,頁 78]。綿布生產的增加與貢物防納、兵役納布制的進展以及中央地方間的商品流通擴大是有着互動關係的,這些在 15 世紀的朝鮮發展迅速。此外,綿業的增長對日朝交易也產生了影響。通過朝鮮政府的賞賜而獲得的綿布也大規模地進口到了日本,引起了木綿需求的增加[永原 1990,第 4 章]。當時的日本列島還生產不了被視作珍寶的綿布這種衣料,爲了獲得綿布,"倭人"或真或假扮作使節湧到朝鮮。在這樣的狀況下,日朝交易迅速擴大,到 15 世紀末已經是每年渡航船達到了 100 艘,盛況空前[荒木 2007,補論]。對日交易的擴大增加了對朝鮮物產的需求,當然對半島流通經濟的活性化也產生了作用[李正守 1997,頁 146]。

在 15 世紀後期—16 世紀前期的朝鮮,經歷了以漢城爲中心的奢侈品、大衆消費品的需求增大以及流通經濟的成長。在都市經濟(即漢城市場)發展的基礎上,出現了大衆消費品市場的擴大,這一點與同時代的明朝有着相似的經濟增長模式,也是過去不曾出現的新傾向。奢侈風潮的高漲、都城市場的擴大、地方市集的出現和普及、對明對日交易的盛行,這些現象相互連動,在 1470 年代左右十分突出。當然,旱田二年三作方式以及水田連作法的固定等等,也帶來了集約型農業的發達以及低平地開墾的擴大,農業部門在 15 世紀取得了顯著發展[宮嶋 1980。李泰鎮 2000,第 1、4 章]。不過,僅僅只是農業生產力的發展這一個原因還不能說明經濟的成長。當然，這種單方面的因果關係也不能忽視，但是從對外交易和外來奢侈品的消費擴大等原因鞏固了農業基礎這一角度思考，似乎更爲妥當。來自明朝奢侈風潮的風行和對明對日交易的擴大，這些與經濟成長之間存在着共時性，反映了對外交易的發展與朝鮮經濟的動向之間有着密切的關聯性。也就是説，在與外部的經濟接觸中，朝鮮經濟得到了發展，由此帶來了漢城市場的擴大和場市的形成。

不僅是明朝和朝鮮，在15世紀後期以降的日本列島，經濟也出現了相似的發展。筆者在別稿中曾經指出，從《市場法》《寺院保護法》的發布時期[佐佐木1994b，第1編第1章]以及中世紀京都的陶瓷器出土量的變遷[鋤柄1996]等方面可以預測當時的經濟動向，上述數據反映出，在《市場法》《寺院保護法》的“空白時期”，也就是京都市內陶瓷器出土量極端減少的14世紀後期—15世紀前期屬於流通經濟的停滯時期，而到了15世紀後期，市場法等相關法規的發布數量與上述“空白時期”相比，呈現出了增加的傾向，再加上中世紀京都的陶瓷器出土量急劇增長，這些都説明商品流通突然之間迅猛擴大。另外，反映15世紀後期經濟成長的現象，其他地方還可以看到。當時，由於城下町、寺內町等“新都市”的成長，“爆發式的消費量擴大”在各地廣泛可見[小野1997，第4章]。與此相呼應的是，大量價格便宜的唐絲（中國生絲）、青花瓷器從大陸進口並席捲了日本列島，備前窯、越前窯、瀬户美濃窯等主要窯業産地也進入到量産化階段[佐佐木1994a，第1篇第3章。吉岡1994，第4章第2節]。各地的生産、流通、消費迅速擴大，過去以京都爲中心的求心式流通結構由此發生變化，在日本列島經濟之內開始形成各個“領國經濟圈”[櫻井2002，頁224—231]。

14世紀後期，日本列島經濟停滯，這也是在明朝海禁的影響下與大陸交易渠道極度減少的時期。到15世紀前期，作爲日、明中介的琉球轉口貿易，以及日本的遣明船貿易相繼得到發展。當時的對明交易規模不大，日、琉每年派遣的船數不過4—5艘程度，無法與宋元時期每年數十艘"倭船"往來的景象相比(包恢《敝帚藁畧·禁銅錢申省狀》)。明朝以前常見的渡來錢(來自中國的錢幣)到14世紀後期同樣急劇減少，即便到15世紀前期也仍舊處於低潮[大田2008]。在日本列島各地發掘的中國製陶瓷器的出土量，與前後時期相比較明顯少很多[長谷部、今井1995，頁122]。日本的流通經濟處於停滯的14世紀後期—15世紀前期，也是對明交易處於低調的時期，作爲彌補，15世紀以後對朝鮮交易受到一定程度的重視，不過也還是小規模。應該説，對外交易的縮小與商品流通的停滯呈現出共時性特點並非偶然。15世紀後期以降，通過日趨繁榮的日朝交易而流進來的綿布，創造出巨大的軍事需求，帶來了商品市場的擴大，將不同階層的人們都捲入到了交換經濟之中[永原1990，第5、6章]。唐絲、青花瓷的大量流入刺激了日本列島内各個產業的成長[佐佐木1994a。小野2006]。在日本室町時期的經濟發展中，錢幣、絹製品、陶瓷器等重要財貨都依靠海外進口，因此與海外經濟進行交易的多寡扮演了重要角色，這一點必須予以考慮。

至於當時中國物產進入日本的路途，因爲無法確認日明之間直接交易(走私貿易等)擴大的迹象，應該説很大程度上是經由琉球流入日本的。不過，琉球的對明進貢貿易在1475年將貢期從"朝貢不時"改爲二年一貢，似乎有着縮小的趨勢[岡本2010，頁38—40]。但另一方面，在針對15世紀後期的考古發掘中，中國陶瓷依然是大量出土，而且出土地區遍布整個沖繩。古琉球期的遺址中，屬於這一時期的數字最多[瀨戶2009，頁113、129]，所以也並不能説與明朝之間的交易渠道在縮小。此外還有一點，這就是有些史料反映了與華商之間的頻繁交易(《朝鮮王朝實錄·成宗十年（1479）》"六月乙未"條等），因此也可以推測在進貢貿易之外，隨着明朝經濟的繁榮，琉明之間的走私貿易也趨向頻繁，由此帶來了唐物。

15世紀後期的日本列島經濟開始成長，這就反映出與朝鮮以及（琉球作爲媒介的）明朝之間的交易擴大應是主要的推動力。在明朝、朝鮮以及日本出現了一些共時性現象，那麼其背景，應考慮到南海、明—朝、日—朝、日—明之間頻繁的國際交易存在。如本章前面所述，15世紀後期的共時性經濟成長之中，不單是各個地區的生產力以及市場經濟的發展等内在要因在起作用，與近鄰地域之間的交易擴大實際上也有着重大影響。也就是説，中世紀日本在内外各方面呈現出來的經濟繁榮，其實是東亞各個地域經濟互動下産生的連動現象，從大局來看，中世紀日本的經濟成長實際上就是東亞相互依存型經濟發展的一個環節。

二、通貨變動——第二個共時性現象

不難想象，前章所述共時性經濟成長與東亞各地發生的通貨變動之間有着千絲萬縷的關係。首先，我們來看1460年代以降中國明朝發生的錢幣流通的動摇狀況，它被視爲當時通貨變動的導火索。

衆所周知，揀錢首先是在北京出現問題的。對北京的貨幣流通而言，前述土木之變是一個的轉折點。在這場事變之後，以銀爲中心的財政支出在增加，北京的市場也隨之擴大。與此同時，從俸禄的形式也可以看到，發給在京官僚、兵士的銀子與作爲日常交易的主要手段的銅錢之間可以互相兑换。由於這種關係的存在，錢幣的需求同時出現增長［足立1989，頁95。黑田2007，頁20—

21]。當時,明朝並沒有鑄造銅錢,但僅僅依靠現有的流通錢量顯然無法應付不斷增長的錢幣需求,爲了彌補貨幣流動性的不足,低錢(粗劣的私鑄錢)也就應運而生,出現在了市場上。良惡混雜的錢幣流通於市場,激化了挑揀各種流通錢的揀錢,使錢幣流通秩序產生了巨大震蕩。值得留意的是,北京的粗劣私鑄錢在史料首次出現,正好是土木之變之後的 1456 年(《明英宗實錄·景泰七年》"七月甲申"條)。

如前章所述,進入 15 世紀後期,受到北京經濟的盛況影響,沿海地域的都市經濟也迅速發展,與此同時,對於"夷貨"的需求也在增加,浙江、福建等地的走私貿易出現增長勢頭,香辛料等舶來品的輸入增加使沿海各個都市的消費逐漸擴大,加速了經濟發展。當各種流動性需求增加時,在廣範圍交易中扮演重要角色的銀的流通也在擴大。另一方面,在地域內交易中發揮媒介作用的銅錢的需求也在增加,始於北京的揀錢和低錢流通逐漸南下到沿海各個地域,對這種"地域流動性"進行自發性調整的所謂"支付協同體"在各地都十分普遍[黑田 2003,第 5 章]。進一步而言,伴隨着迅速發展的對外交易,在明朝泛濫的各種私鑄錢逐漸流散到東亞、東南亞地區,這也是導致明朝以外的中國錢流通圈中出現撰錢的原因所在。

揀錢發生初期,對流通錢有着高低不等的評價。以 1 枚當 1 文的流通錢貶值之後,引發了物價飛漲。面對這一問題,明朝政府經常發布《揀錢禁止令》,結果是受人們歡迎的 1 枚 1 文的宋元時期好錢與 2 枚 1 文的粗劣低錢("新錢"、"倒好"、"板兒")同時存在。經過一段時期之後,到弘治末、正德年間(1500—1520 年左右),流通錢幣的低劣化現象再次趨於明顯,好錢逐漸被驅逐出流通界。這種現象首先出現在 1500 年初的北京,接着在 1520 年前後出現在江南,儘管中央與地方有着時間上的先後之別,但出現了相同的現象。在北京的市場，2 枚 1 文的“折二”錢以及 3、4 枚 1 文的“折三、折四”錢成爲主流，嘉靖初年（1520 年代）以降，出現了折五、折六，到後來甚至有折九、折十，流通錢的低劣狀況隨着時間的推移愈發嚴重，而這種狀況在江南也同樣如此（以上據陸深《燕閒録》、俞弁《山樵暇語》卷六、董穀《碧里雜存》等）。

與錢幣流通動向相關聯，16 世紀初還有一個值得關注的現象，這就是一直呈上升趨勢的以銀計值的米價、田價卻出現了停滯［彭 1965，頁 705 的明代米價表〈二〉。岸本 1997，頁 217—219］。之所以出現這種現象，可以推測是因爲白銀出現了相對不足。到 15 世紀後期，從海外流入的白銀並不多，所以明朝的白銀財政化以及白銀流通擴大在開始的時候主要是依靠國內的遊休銀建立的。然而，隨着公私用銀量越來越大，對銀的需求也在擴大，進而超過了有限的內部供給量（即銀不足），結果導致以銀計值的物價出現停滯。爲了解決銀不足（即流動性的乏力）問題，通過錢幣需求的相對性增長，使得流通錢的粗劣化迅速波及了沿海部的南北地區。所以說，朝鮮白銀的生產與流入在這個時候開始並非偶然。可以認爲，這種現象的產生與中國沿海部的流通錢粗劣化爲同一原因（伴隨明朝對銀需求的擴大而出現的銀不足的顯在化）。

1460 年代以降錢幣流通出現的激蕩與動搖，可以說以沿海地區經濟發展爲主要原因。從這一角度而言，足立啓二有關低錢就是“新貨幣”的觀點［足立 1989，頁 97］，確爲中肯之論。在此，筆者撤回在舊稿中針對足立的批判［大田 1997，頁 17］。不過，揀錢是一種與國家信用並無關聯的現象。對錢幣的國家信用的喪失，發生於 15 世紀中葉以前（1394 年禁止使用銅錢等）。從洪武末年到揀錢出現激蕩之間，銅錢作爲阻礙鈔（紙幣）流通的主要原因，基本上是被禁止通用的（廣東一帶除外）。儘管有時候也承認錢鈔的“相兼行使”，但也不過是對那些與王朝禁制相抵觸卻又進展迅速的民間用錢所作的事後追認而已,並不能説明在揀錢發生以前,錢幣的流通得到了國家信用的支持。還有一點也值得關注,這就是在主張國家信用的學説之中[足立1991],並没有涉及同一時期朝鮮通貨的變動情況。前面提及,這一時期的朝鮮並没有中國錢流通的迹象,很顯然,在東亞各個地區產生的那些含義深遠的事實並没有受到前人的足夠重視。有鑑於此,應該立足於國家信用這一視角之外,對當時包括朝鮮在內的東亞通貨變動的產生作出整體説明和分析。

在15世紀後期的朝鮮,綿布代替麻布,成爲流通貨幣的主流。成宗時期以後,在漢城流通的布貨出現了升尺縮減現象[宋1985]。按照朝鮮政府的規定,凡"公私行用"的綿布,1匹爲5升(1升爲布匹縱絲80根)、35尺(布匹長度)的"五升布"(《經國大典續録》卷二,"户典"、"雜令")。然而到成宗初年(1470年代)以後,市中流通的綿布尺數逐漸減少,剛開始是33尺、34尺的布貨流通,後來爲30尺,到成宗末年甚至出現20尺的布貨。緊接着這種尺變短的,是開始使用端布(將1端之布予以分割),並且在交易的時候,以布的長短來衡量其價值。儘管政府禁止使用這些規格之外的布貨,但並没有多大實際效果。

到15世紀末,布貨的粗劣化現象更加嚴重,綿布的升數縮減也日益明顯。剛開始是四升布,接着是三升布等惡布(長30尺)在市中流通,燕山君末年(1500年代)甚至出現了毫無布料實用性的二升布。結果是四升布幾乎不再流通,二升、三升布作爲"常布"成爲市場的主要通貨,惡布流通成爲一般化。儘管中宗初年(16世紀初期),二、三升布依然被認爲是惡布,經常會有對之加以取締的政策,但是到1530年代左右,三升、四升布作爲一種納税手段得到了公認(《經國大典後續録》卷二,"户典"、"税貢"),可見政府也默認了惡布的流通。由此形成了在納税以及對外交易的時候使用正布（五升布），而作爲一般流通手段的則爲常布（二、三升布）這樣一種布貨的“二重流通”狀態。這種布貨流通的分層化在成宗時期先開其端，從燕山君末年開始成爲常態［李正守1998，頁150］。

上述惡布在朝鮮流通的背景，主要是以漢城爲中心的商品流通的擴大以及伴隨而至的流動性需求的高漲。如前所述，在惡布出現的同一時期，可以看到貢物防納的進展、兵役的代納布化以及奢侈風潮的盛行，這些帶來了漢城消費市場的擴大。在這種狀況下，爲尋求在都城就業以及從事商業的機會，外地遊民蜂擁而至（外來者主要是代服兵役以及從事小商販），漢城的外來人口在二、三升布成爲一般化的16世紀初期（燕山君末年—中宗初年）達到了高峰［田川1964，頁707］。在漢城市場購買以穀物爲中心的各種生活必需品的都市民在增加，與此同時，大量購買都城居民所需物資的商人的活動也日趨頻繁，結果是大量的商品從地方運到了都城。都城人口的增加帶來了日常品交易的擴大，以這種交換爲媒介的小額通貨的需求隨之增加。作爲高額通貨的五升布使用不便，而日常交易的流動性需求又在增加，於是端布、尺短布、升減布等惡布紛紛出現在漢城的市中，不久都成爲主流通貨［宋1985，頁399］。

除此以外，中央與地方在流通布貨的質量上也存在着差異。來自南部下三道（忠清、全羅、慶尙道）的上京兵的滯在費用，是自己帶來的五升綿布，在漢城市中卻與“常用之貨”的三、四升綿布作等價交易（《朝鮮王朝實錄·燕山君八年（1502）》“八月己酉”條）。可見16世紀初期地方的使用布貨（五升布）與中央的“常用”布貨（三、四升布）之間是有着差距的。後來據説是“中外惡布，行用已久”（《朝鮮王朝實錄·中宗十年（1515）》“六月庚辰”條），在地方也開始廣泛流通惡布，而京中流通的是比“外方之布”

還要粗劣的布(端布等)(《朝鮮王朝實録・中宗十七年(1522)》"正月癸酉"條)。從這些事實來判斷,惡布的流通首先出現在都城漢城,然後普及到地方。

但是,朝鮮的惡布流通及其發展並不僅僅只是半島經濟的動向,應考慮其與對外交易的關聯性。15世紀後期以降,與對明對日交易的擴大密切相關,奢侈性消費日漸高漲,加上漢城市場的成長,擴大了都城中的流動性需求,這也成爲引發惡布出現的重要原因。此外,在對明交易擴大的16世紀初期的燕山君末期,也正是漢城的布貨的粗劣化最爲顯著的時期,從這一點也可以看到對外交易與惡布流通之間的密切關係。與1510年發生的"三浦之亂"有關的現象是:15世紀末前後的對日交易的過熱化(大量綿布通過交易流往日本),16世紀初期朝鮮白銀的出現以及由此帶來的對明唐物貿易的增加,隨着對外交易的增長,漢城市場、遠距離物品的交換也逐漸擴大等。這些現象增加了各種商品的需求,促進了地方市場的成長(即地域流動性需求的高漲),在此過程中,惡布的流通也波及了地方。

最後,簡單談談同時代日本的貨幣動向(關於中世後期日本的整體貨幣動向,請參閱別稿)。首先,我們需要確認一下當時中國錢流入日本的狀況。因爲九州博多是中世紀日本的對外交易的窗口,中國錢從博多流入以及流通的動向尤其值得重視。應該説最能反映這一動向的研究數據是櫻木晉一針對中世紀博多遺址羣的"個別出土錢"(以1枚乃至幾枚左右出土的錢幣)的整理。該研究以50年爲期,指出能夠判定出土年代的錢幣之中,代表性的有5種(元豐通寶、皇宋通寶、祥符元寶、洪武通寶、永樂通寶),它們在不同時期有着不同的出土數,但在14世紀前期以及15世紀後期分別出現了一個高潮[櫻木2009,頁195—196]。如果這種動向能夠直接反映中國錢流入狀況的話,那麽大致可以推斷出,15世紀後期包含公鑄、私鑄在内的錢幣流入量,比 15 世紀前期要有明顯增加。[①]

在上述中國錢的流入狀況中,撰錢所引發的社會問題值得關注。現在能夠確認到的是,日本最初的撰錢令(不許撰錢的禁令)爲 1485 年統治博多的大内氏所發布。如果説這一舉措具有一定意義的話,那就是爲什麼首先在大内氏領内發布呢? 這是一個關鍵。在此,需要注意 1485 年這一時期。如前章所述,1480 年代前後正是日朝交易過熱化,而且也是大量中國物産經由琉球流入進來的時期。同時期的東亞各地都呈現出了對外交易的繁榮景象,與這一動向直接相關的是日朝間、(經由琉球的)日明間的交易迅速擴大,綿布、藥劑等朝鮮物産以及以唐絲爲首的絹製品、青花瓷器、精粗不等的錢幣等中國物産(即廣義上的"唐物")大量流入日本,由此可以推測以博多爲中心的北部九州一帶的商品流通隨之發展。商品交換的增加促進了地域内的流動性需求,同時也逐漸醞釀出接受惡錢的環境。不僅僅是作爲良貨的精錢,明製、日本製的惡錢也在市中横行,對這些精粗不等的流通錢,人們進行了排序(即撰錢)。當這種狀況頻繁出現時,就會演變成爲社會問題。最初的《撰錢令》在大内領内發布,其中關鍵應該在於中世紀博多是對朝鮮、對明(基本上是對琉球)交易的門户,也就是位於"唐物"流入口這一點上。

源於九州北部的撰錢問題,進而波及畿内以及東日本等地。1500 年以降,在畿内(京都),針對惡錢流通的增加,室町幕府不斷

---

① 屬於 15 世紀後期博多遺址羣的個別出土錢之中,還包含有一些可視爲私鑄錢的錢幣,此外一些特定的錢種("洪武通寶")也較爲突出,數量不少[櫻木 2009,頁 195]。對這些錢幣的實際情況(是否是公鑄錢)、來源(是中國還是日本)等,還需要作進一步的研究。根據研究的結果,或許本文一些有關當時中國錢流入狀況的分析也有修正的必要。

發布《撰錢令》,雖然東日本還没有看到《撰錢令》的發布迹象,但撰錢在1510年代的甲州卻是十分盛行的(《勝山記》"永正九年"條)。這一連串的現象說明,"唐物"流入增加帶來的影響(加上商品流通的擴大這一動向)從日本列島西部擴大到了東部。順便提及,埋藏於16世紀前期的窖藏錢,現在出土的有60例,錢幣總數達到60萬枚以上。雖然總數很多,但是平均1例的數量並不多,不到1萬。鈴木公雄認爲,這反映出當時錢幣成爲以日常交換爲媒介的小額通貨,而且在廣泛階層的人們之間流行埋藏錢幣的習慣[鈴木1999,頁77]。可以認爲,來自明朝、朝鮮的"唐物"的增加(伴隨而來的商品流通的擴大)是導致上述錢幣流通變化的背景所在。

我們初步可以得出如下結論:種類繁多的中國錢流入以及流動性需求的高漲,這兩種現象交織在一起,引發了日本列島錢幣流通的震蕩。如果將這兩個現象作爲毫無關聯的要素來認識,由此來探討哪一個是撰錢產生的主因(內因說或外因說),顯然是有失偏頗的。因爲它們都是由共通的要因(日本列島的消費擴大和源於東亞內部的交易發展帶來的"唐物"流入增大)引發而產生的。所以,中世紀日本的撰錢可以說是明、朝鮮、琉球、日本等各個經濟動向相互作用之下的產物。從1470年代前後開始的明、朝、日的共時性經濟發展,是在與周邊地域保持緊密關係、互相影響之下開始的。明朝的揀錢、日本的撰錢、朝鮮的惡布流通等通貨變動的主要原因,都是源於上述東亞範圍內發生的共時性現象(經濟成長和對外交易的繁榮)。

進一步來說,經濟成長、流動性需求的高漲這些現象,並不只是在明、朝鮮、日本呈現出擴大趨勢,被包含於中國錢流通圈的北部越南("大越")也在同一時期出現了揀錢以及"僞錢"的問題(《大越史記全書》本紀卷十三"洪德十七年(1486)五月初一"條等）。15 世紀後期的北部越南是否與明、朝、日一樣也出現了經濟成長以及對外交易的繁榮呢？筆者作爲門外漢，對此並不清楚，不過從揀錢的發生過程可以推測，極有可能是流動性需求的高漲以及來自明朝的惡錢湧入所致。此外，15 世紀後期屬於 13 世紀以來紅河三角洲"大開發"時代的最終段階，即農業基礎的確立時期，而且與明朝之間的經濟交流也不太可能處於低潮［桃木 2011，第 3 章、終章］。

值得關注的還有 15 世紀後期左右的爪哇，開始出現標準中國錢與粗劣錢並存流通的狀況［Aelst 1995，p.379］，而放眼整個東南亞地區，15 世紀末—16 世紀初是小額通貨大量鑄造的最初時期［Miksic 2010，pp.385 - 386］。[①] 這些通貨現象的背後，有一個被稱作繁榮的"交易的時代"，依靠香辛料等商品作物的輸出，東南亞的許多港市都呈現出了經濟的繁榮景象［リード〈Reid〉2002］。而這種繁榮，很大程度上應該是和南海産香辛料的最大需求者也就是明朝的經濟之間有着很深的關聯。總而言之，本文所論述的明、朝鮮、日本等地的共時性經濟現象，並非只是出現在東亞，可以說是一個更爲廣闊的地域間經濟動向的反映。

小　結

本文所論述的兩種共時性經濟現象，也許可以看成是伴隨着中國明朝的經濟成長，中國物産大規模流向海外並以此作爲導火索而産生的。也就是説，明朝消費的擴大刺激了絹製品、陶瓷器等

---

① 這些小額通貨屬於伊斯蘭形式的硬幣，像錢幣一樣，中間開孔，然後通過紐帶結成一串（Miksic 2010，p.386）。

生產,於是中國物産大量流向域外,以此爲契機,朝鮮也出現了奢侈的風潮,以漢城爲中心的經濟開始迅速發展。另一方面,唐物通過琉球湧入到中世紀日本,風靡一時,由此引發都市消費的擴大並且爲日本列島的商品流通注入了活力。與此同時,撰錢、惡布流通等通貨變動在東亞沿海各個地域也同時出現。可是,如果稍微改變一下角度來看的話,對於似乎爲所有現象起點的明朝經濟成長,也可以作出截然不同的評價。

一直以來,便對中國物産有着强烈需求的周邊地域,通過朝貢或者掠奪、走私貿易等方法,帶着明朝中國想得到的各種財貨(東南亞的香辛料,北亞的馬、毛皮,朝鮮或日本的銀、銅、硫黄等),試圖擴大因海禁而相對縮小的對中國交易的途徑。來自周邊地域的這種壓力,最終造成了如土木之變這樣的紛爭。如前所述,這場變故成爲引發明朝白銀財政化以及北京市場擴大的重要發端。在那之後,周邊地域仍然不斷要求甚至施壓,希望與明朝進行交易,這也成爲邊境走私貿易頻繁出現以及紛爭激化的重要原因,不過人、物、金錢的大量湧入,同時也促進了明朝的經濟成長。

如果對當時的動向作上述理解的話,那麽15世紀中葉以降出現的一系列現象,諸如朝貢使節的增加、北方遊牧勢力的侵略、東北亞毛皮交易的盛行、來自東南亞的南海物産增加等,都可以視爲周邊地域針對明朝中國的一種"門户開放"運動。有一點可以肯定,即明朝經濟成長帶來的海外物産需求也是一股强大的力量,它牽引着東亞地域內的交易盛行。不過,從另一方面來説,周邊地域利用各種機會,將各種各樣的物産送往明朝,引發明朝對這些物産的需求。對於這樣一種側面,顯然是不能否定的。就周邊地域的經濟而言,似乎與己無關的明朝經濟成長,已經不再是明朝內部的事情。對此,我們應該將其視爲包含明朝在內的東亞諸地域的相互作用的産物並且加以理解。拉動15世紀東亞經濟的主要原動力,是明朝中國與周邊地域分別針對"夷貨"和"唐物"所體現出來的强大需求,在它們的相互作用之下,15世紀後期的東亞各地一道走向經濟成長。進一步來看,這種相互作用的過程累積到最後,終於在16世紀中葉的東亞海域引發了一大變動,這就是在日本白銀的浪潮之下出現的大範圍內交易膨脹以及晚期倭寇的横行。

在本文中,"東亞"這一概念的實體不過是中國、蒙古、東北亞、朝鮮、日本、琉球以及東南亞一部分地域之間結成的多重交流關係的集聚而已。不過就現在的研究狀況而言,並不能説對當時東亞各個地域之間經濟關係有具體而深刻的認識。正因爲如此,對上述各種關係作綜合性、體系性思考的視角,是我們理解東亞經濟以及一些特定地域(中國、朝鮮等)的經濟、貨幣動向時應予以充分利用的。

【參考文獻】

足立啓二 1989《明代中期における京師の錢法》,熊本大學《文學部論叢》29。

足立啓二 1991《中國からみた日本貨幣史の2、3の問題》,《新しい歷史學のために》203。

アトウェル(Atwell, W.S.) 1999《ユーラシアの〈大金銀荒〉》,見浜下武志編《東アジア世界の地域ネットワーク》,山川出版社。

荒木和憲 2007《中世對馬宗氏領國と朝鮮》,山川出版社。

井上 進 2002《中國出版文化史》,名古屋大學出版會。

大田由紀夫 1997《15、16世紀中國における錢貨流通》,《名古屋大學東洋史研究報告》21。

大田由紀夫 1998《15、16世紀東アジアにおける錢貨流通》,《鹿兒島大學人文學科論集》48。

大田由紀夫 2008《14、15世紀の渡來錢流入》,《歷史の理論と教育》128。

大田由紀夫 2009《鈔から銀へ》,見伊原弘編《宋錢の世界》,勉誠出版。

大田由紀夫 2010《渡来錢と中世の經濟》,見荒野泰典等編《日本の對外關係 4》,吉川弘文館。

岡本弘道 2010《琉球王國海上交涉史研究》,榕樹書林。

奧山憲夫 2003《明代軍政史研究》,汲古書院。

小野正敏 1997《戰國城下町の考古學》,講談社。

小野正敏 2006《戰國期の都市消費を支えた陶器生産地の對應》,《國立歷史民俗博物館研究報告》127。

河內良弘 1992《明代女真史の研究》,同朋舍出版。

韓相權 1983《16 世紀對中國私貿易의展開》,見《金哲埈博士華甲紀念 史學論叢》,知識產業社。

岸本美緒 1997《清代中國の物價と經濟變動》,研文出版。

岸本美緒 1998《東アジア、東南アジア伝統社會の形成》,見《岩波講座 世界歷史 13》,岩波書店。

邱炫煜 1995《明帝國與南海諸蕃國際關係的演變》,蘭台出版社。

黑田明伸 2003《貨幣システムの世界史》,岩波書店。

黑田明伸 2007《東アジア貨幣史の中の中世後期日本》,見鈴木公雄編《貨幣の地域史》,岩波書店。

佐久間重男 1992《日明關係史の研究》,吉川弘文館。

櫻井英治 2002《中世の商品市場》,見櫻井英治等編《流通經濟史》,山川出版社。

櫻木晉一 2009《貨幣考古學序說》,慶應義塾大學出版會。

佐佐木銀彌 1994a《日本中世の流通と對外關係》,吉川弘文館。

佐佐木銀彌 1994b《日本中世の都市と法》,吉川弘文館。

須川英德 1997《高麗後期における商業政策の展開》,《朝鮮文化研究》4。

須川英德 1999《朝鮮時代の貨幣》，見歷史學研究會編《越境する
　　貨幣》，青木書店。

須川英德 2000《朝鮮初期における經濟構想》，《東洋史研究》
　　57－3。

鋤柄俊夫 1996《土器と陶磁器にみる中世京都文化》，見《京都、激
　　動の中世》，京都文化博物館。

周藤吉之 1942《高麗末より朝鮮初期に至る織物業の發達》，《社
　　會經濟史學》12－3。

瀬戸哲也 2009《琉球から見る中世後期の流通》，見《中世後期の
　　流通を考える 資料集》，廣嶋縣立歷史博物館。

宋在璇 1985《16 世紀綿布의貨幣機能》，見《邊太燮博士華甲紀念
　　史學論叢》，三英社。

田川孝三 1964《李朝貢納制の研究》，東洋文庫。

永原慶二 1990《新、木綿以前のこと》，中央公論社。

西嶋定生 1966《中國經濟史研究》，東京大學出版會。

荻原淳平 1980《明代蒙古史研究》，同朋舍。

橋本雄 2005《中世日本の國際關係》，吉川弘文館。

白承哲 1997《16 세기商業발달과流通構造의　변동》，見《金容
　　燮教授停年紀念　韓國史學論叢2》，知識産業社。

長谷部樂爾、今井敦 1995《日本出土の中國陶磁》，平凡社。

范金民 2006《明代地域商幫的興起》，《中國經濟史研究》2006－3。

范金民、金文 1993《江南絲綢史研究》，農業出版社。

樊樹志 1990《明清江南市鎮探微》，復旦大學出版社。

巫仁恕 2007《品味奢華——晚明的消費社會與士大夫》，聯經出版
　　公司。

彭信威 1965《中國貨幣史　第三版》，上海人民出版社。

朴平植 1999《朝鮮前期商業史研究》,知識産業社。

朴平植 2004《朝鮮初期의對外貿易政策》,《韓國史研究》125。

宮原兔一 1956《15、16 世紀朝鮮における地方市》,《朝鮮學報》9。

宮嶋博史 1980《朝鮮農業史上における15 世紀》,《朝鮮史叢》3。

村井章介 1993《中世倭人伝》,岩波書店。

村井章介 1997《海から見た戰國日本》,筑摩書房。

桃木至朗 2011《中世大越國家の成立と變容》,大阪大學出版會。

桃木至朗ほか編 2008《海域アジア史研究入門》,岩波書店。

吉岡康暢 1994《中世須惠器の研究》,吉川弘文館。

李憲昶 2004《韓國經濟通史》(須川英德、六反田豐監譯),法政大學出版局。

李正守 1998《15、16 세기의對日貿易과經濟變動》,《釜大史學》22。

李泰鎮 1984《16 世紀の韓國史にたいする理解の方向》,《朝鮮學報》110。

李泰鎮 2000《朝鮮王朝社會と儒教》(六反田豐譯),法政大學出版局。

リード(Reid, A) 2002《大航海時代の東南アジアⅡ》(平野秀秋等譯),法政大學出版局。

van Aelst, A. 1995 "Majapahit Picis: The Currency of a 'Moneyless' Society 1300 – 1700," Bijdragen tot de Taal-, Land-en Volkenkunde 151 – 3.

Brown, R. 2009 The Ming Gap and Shipwreck Ceramics in Southeast Asia. The Siam Society.

von Glahn, R. 2003 "Towns and Temples: Urban Growth and Decline in the Yangzi Delta, 1100 – 1400," in P. J. Smith & R. von Glahn ed. The Song-Yuan-Ming Transition in Chinese History. Harvard

University Press.

Miksic, J. N. 2010 "Before and After Zheng He: Comparing Some Southeast Asian Archaeological Sites of the 14th and 15th Centuries," in G. Wade & L. Sun ed. Southeast Asia in the Fifteenth Century: The China Factor. Hong Kong University Press.

原載《新しい歴史學のために》第 279 號, 2011 年

中國近世的親子間訴訟

水越知著

凌　鵬譯

前　　言

　　"訴訟社會"是指怎樣的社會呢,目前還沒有明確的定義。其中,訴訟件數是一個重要指標。前近代的中國有龐大數量的訴訟案件,因此過去就被認爲是了不起的"訴訟社會"。不過,從現在通常懷着畏懼而言的"訴訟社會"概念來看,除訴訟件數之外,訴訟的内容也是一個重要指標。即是説,"訴訟社會"的大致圖景是:任意兩者關係中任意種類的紛爭都能夠變爲訴訟、甚至連最不適宜訴訟的人際關係都會成爲原告與被告關係的社會。在前近代的中國,雖然所有種類的紛爭都曾被提交法庭,但親與子之間的訴訟依然是最不適宜訴訟的。究其原因,並不僅僅在於"感情"方面。更要認識到,儒教倫理和以此爲基礎的包含法思想在内的整個社會系統,都在阻止親與子在法庭上相争。

在中國法制史研究中,基本上没有從親子間訴訟①這一角度來論述家庭法的研究。正如"百行孝爲本"一語所表達的,自古以來在中國社會中,"孝"思想就具有極重大的意義。對父母與祖先盡孝,是所謂"儒教社會"、"封建社會"的核心倫理。由該理念支撐的家庭作爲基本單位而構成的秩序,被歸納爲父家長制的中國社會。在所有的社會關係都無法確定其穩定形態的中國社會中,家庭(正因爲被視作親子間關係)是幾乎唯一一個没有疑問的組織。於是,家庭法被認爲是可以貫徹這一儒教倫理、對違反者加以處罰的系統。特別是給違反者加上的"不孝"罪名與重罰,更是顯示這一系統的嚴固性。

桑原隲藏氏所作的經典研究,從法這一側面概述了中國社會中"孝"的重要性,以及歷代王朝展現出來的對於違反者(即"不孝")的嚴屬態度。② 尾隨其後對中國的家庭法展開論述的研究者們,都論及了對"不孝"罪的處罰,明確了父母在法律上的絕對優勢地位。即是説,即使有親與子在法庭上訴訟的案件,一般認爲也是對子的"不孝"給予控訴而斷罪的案件。前近代中國没有民事訴訟與刑事訴訟的明確區分,親子間的訴訟也大都是以"不孝"或

① 譯者補注：在日語原文中,雖然有"親"、"子"、"親子"這三個用語,但由於日語與現代漢語在語義和用法上都有一定的差別,因此需要稍加解説。在日語中,"親"是指父母雙親,或者説可以指父親或母親的任何一方,而現代漢語中很少單獨使用"親"這個詞指代父母。因此,在本文翻譯中,如果指父母雙方的話則譯爲"父母",如果具體指某一方的話則譯爲"父親"或者"母親"。此外在日語中,"子"一詞既指兒子也指女兒,在日語原文中基本没有區別。由於親子間訴訟的當事者是女兒的例子雖然很少,但也存在,因此可以翻譯爲"子女"。不過,由於本文所引用的史料和事例中並没有"女兒"出現,因此統一譯爲"兒子",以方便讀者理解。此外,與"親"、"子"這種單音詞不同,"親子"一詞在現代漢語中依然存在,而且大致意義相同。因此本文依舊使用"親子間訴訟"一詞,而不譯爲"父母子女間訴訟"。

② 桑原隲藏《支那の孝道特に法律上より觀たる支那の孝道》,《桑原隲藏全集》第三卷,岩波書店,1968 年。

其他刑罰爲前提的刑事訴訟。因此，先行研究大都對貫徹了"孝"原理的法律制度加以關注，或者對"不孝"罪的成立及其具體處罰進行檢討。與此同時，他們還經常提到：國家意圖利用"不孝"罪增强父母的權力，以此來穩定秩序。①

在此，最合適的例子是清末同治四年湖北省某地發生的、某位士人同其妻子一起笞打母親的事件。桑原隲藏氏在研究中對此作了介紹：在皇帝的嚴命下，士人夫婦被活生生地剝了皮。不僅如此，甚至連地方官、親戚、近鄰都一一被處罰。桑原氏將其作爲"從孝治主義出發，對不孝的行爲給予超乎想象的嚴厲處罰"的具體事例。② 但是，與這一事件幾乎完全同時，在四川省重慶府的巴縣發生了另一起訴訟，繼母起訴兒子，兒子也反訴詈罵繼母，最終地方官對繼母給予了處罰。而且這類案件不止一件，同樣的親子間訴訟發生了好幾起。我們從現存的巴縣檔案史料中，得知了這些訴訟的存在。即是說，即使在前近代的中國，也能夠看到親與子在法庭上相争的場景。

對於以儒教倫理爲基礎的中國社會而言，這無疑是極嚴重的事態。對於這種親子間訴訟的實態，一直以來幾乎無人論及，但我認爲這是法制史與家庭史上必須進行研究的重要問題。近年，柳立言氏將此作爲宋代家庭史研究的一環，對親子間的紛争訴訟給予探討，指出了幾個特徵。③ 根據柳氏的觀點，在宋代的親子間紛

---

① 對於親子間紛争，與刑法和家庭法相關的研究不遑枚舉。對於這個問題的通史式的研究，有前頁注②引桑原隲藏論文、仁井田陞《中國身份法史》（複刻版，東京大學出版會，1983 年）、同《補訂中國法制史研究 奴隸農奴法・家庭村落法》（東京大學出版會，1980 年）、滋賀秀三《中國家庭法的原理》（創文社，1967 年）、瞿同祖《中國法律與中國社會》（中華書局，1981 年）等經典研究。這些研究大體上理清了親子間紛争的法制問題以及歷史脈絡。

② 前頁注②引桑原隲藏論文，頁 39。

③ 柳立言《子女可否告母？——傳統"不因人而異其法"的觀念在宋代的局 ＜轉下頁＞

爭中，已經有不少由兒子控告父母而發生訴訟的案件，父母敗訴的例子也屢屢可見。而且，由兒子控告的案件，對象往往都是繼母。因此，他認爲在宋代，繼母的地位開始動搖了。

在研究中，柳氏雖然明言其意圖是對作爲明清時代家庭關係基礎的宋代家庭進行分析，但卻完全沒有論及這一特徵在明清時代是否得以持續和發展。此外，他分析所依據的史料大都是南宋的判例集《名公書判清明集》（以下略稱《清明集》），但若要探究親子間紛爭的性質，單單利用法庭上解決的案件是不夠的。因此，史料的範圍也必須擴展到小説以及筆記等。此外，還需要對柳氏整體論點的關鍵——紛爭增加的原因是依據父系原理進行的家庭再編——進行再考察。

本文以同治年間的《巴縣檔案》作爲考察的主要史料，同時與其他關聯史料相對照，目的在於描畫出宋代以降至於清末的親子間訴訟的實態，同時也希望盡可能回答“親與子雙方通過訴訟獲得了什麼”、“各自是如何主張其立場的”等問題。

第一節　與不孝相關的法令與處罰

一、“不孝”罪的定義

本節首先想就親子間訴訟中的焦點問題“不孝”罪加以探討。在《孝·五刑章》中有著名的“五刑之屬三千，而罪莫大於不孝”一節，雄辯地説明了“不孝”罪的古老起源，以及其罪行的重大性。不過，在實際的審判中，對於怎樣的行爲會被認定爲“不孝”這一

<接上頁>部實現》（《臺灣大學法學論叢》30—6，2001 年）、《從法律紛糾看宋代的父權家長制——父母舅姑與子女媳婿相争》（《宋代的家庭和法律》，上海古籍出版社，2008 年），此外還有此書所載諸論文。

問題,含糊的部分還有很多。《唐律疏議》(以下簡稱《唐律》)中對於"不孝"的論述是"善事父母曰孝。既有違犯,是名'不孝'",①即"孝的違犯者＝不孝"這種特別粗疏的定義。另一方面,《唐律》中還列舉了屬於"不孝"的具體事例。即是説,就"不孝"罪的内容而言,除違反儒教倫理這一"不孝"的定義之外,還必須認識到"不孝"罪的多層性,即存在作爲具體違反行爲的"不孝"罪。

先來看違反儒教倫理這一"不孝"的定義。《孟子》中有"不孝有三,無後爲大"一句,經常爲儒家諸人所引用。《孟子》雖然没有言及三不孝的具體内容,但後漢趙岐的注中有:

(1) 阿意曲從,陷親不義。

(2) 家窮親老,不爲禄仕。

(3) 不娶無子,絶先祖祀。

這三者被歸爲"於禮有不孝者"。② 但在現實中,真正會發展爲親子間紛争的不孝,與其説是没有後嗣,更應該説是兒子的行爲不端。同樣是在《孟子》中,有對日常生活中五種不孝的論述,爲以下五條:

(1) 惰其四支,不顧父母之養。

(2) 博弈好飲酒,不顧父母之養。

(3) 好貨財,私妻子,不顧父母之養。

(4) 從耳目之欲,以爲父母戮。

(5) 好勇鬥狠,以危父母。③

在日常生活中,大概都能見到以上這些行爲。這些行爲雖然會受到社會的直接指責,但卻很難認定其犯罪性。不過在秦漢時代,只要被稱作"不孝",便會立即被判處死刑。對於這種法律上

---

① 《唐律疏議・名例一・十惡》。

② 《孟子・離婁上》,以及後漢趙岐注。

③ 《孟子・離婁下》。

“不孝”罪的具體行爲,若江賢三氏列舉了“企圖殺害父母”、“懈怠經濟援助”,以及“在親喪中有性犯罪”等條,這些都被認爲是“破壞親子關係的犯罪”。①

在法典中,最早對“不孝”的定義作出系統説明的是《唐律》,其後的法律大都以此爲基準,没有大的變化。《唐律》在開首的《名例》中,將“不孝”列爲“十惡”之一。具體列舉的“不孝”行爲如下：① 告言(告發、控告父母);② 詛;③ 詈;④ 別籍異財(在父母生前就分割財產別居);⑤ 供養有闕(没有充分供養父母);⑥ 居父母喪,身自嫁娶(在父母的喪中嫁娶);⑦ 作樂釋服從吉(在服喪中脱去喪服,换上吉服,舉辦宴會);⑧ 匿不舉哀(隱匿父母的喪事);⑨ 詐稱死(詐稱父母死),以上九種。但《唐律》並不像秦漢時代那樣全部處以死刑。在《唐律》中相當於死刑的是①、②、③,其他有徒刑、流刑等,其中⑤供養有闕爲“徒二年”,是處罰最輕的。此外,不包含在十惡的“不孝”中,但與此相關的罪,在各篇《律》中都有條文規定。例如十惡的“惡逆”中就包含有謀殺父母條,《鬥訟律》中有毆打祖父母、父母條,這種場合都處以斬罪。②

其中,在訴訟的場合下,最重要的是禁止告言,即後世稱爲“干名犯義”之罪。“干名犯義”是禁止觸犯名分,即禁止家庭内的卑幼起訴尊長。在“干名犯義”中,最重的莫過於子訴親的情況。《唐律》中,對於起訴父母、祖父母,原則上是處以絞刑,即使在告發父母犯罪的場合也是同樣。這一點被宋代《宋刑統》、元代《元典章》所繼承。③ 與“干名犯義”相爲表裏的“親屬容隱”原則(作爲兒子,隱匿父母和尊長的犯罪),也是傳統上一直存在的。在

---

① 若江賢三《秦漢律 における“不孝”罪》,《東洋史研究》第 55 卷第 2 號,1996 年。
② 若江賢三《〈元典章〉及び〈唐律疏議〉に見られる前近代中國の“不孝”罪〉》,《愛媛大學法文學部論集(人文學科編)》第 2 號,1997 年。
③ 《元典章·刑部·禁例》“禁止干名犯義”條。

《唐律》《宋刑統》中記載的能夠告發的例外規定,只有謀反、大逆、謀叛等國家重罪,以及告發母親殺害父親這一情況。① 即是說,"干名犯義"是對訴訟中親子間地位差異進行規定的決定性條款。

一方面,這些"不孝"罪都列舉了具體的行爲,但另一方面,無法否認其中還存在着相當曖昧不明的部分。例如詈罵父母是相當於死刑的重罪,但是罵到什麼程度算作罪,其標準並不明確。最典型的是《鬥訟律》中"子孫違犯教令"條。對於"教令"有各種解釋,依據森田成滿氏對於清代教令的詳細研究,教令的内容是勸誡不法行爲、勸行妥當行爲等"生活全面的指導"。其具體内容涵蓋很廣,包括從賭博、盜竊等犯罪到浪費、浪蕩等道德過失。② 可以說,這一規定給予了父母一方在法律上相當有效的許可證。總體而言,"子孫違犯教令"可謂是輕微的"不孝"罪,但在清代也要被處以發遣(遣至邊境地帶的流罪),這一處罰並不輕。

如上所述,明文規定的"不孝"罪確實存在,但其内容尚有很多曖昧不清的部分。因此,以此爲標準進行的審判缺乏穩定性。其中最明顯的是"子孫違犯教令"條,該條由於將法律條文中没有具體規定的違背儒教倫理的"不孝"作爲内容,因此可以包含兒子的所有行爲。不過,由於包含了太過廣泛的行爲,反而在處理個別案件時不得不對事情加以斟酌,結果正如以下所見,其處罰缺乏一貫性。

二、地方官的處罰——懲罰與教化

中國歷代王朝對於"不孝",原則上都表現出嚴罰的姿態。這是一脈相承直至清末的同一系統,而且不時還伴隨着極端情況。但另一方面,如若江賢三氏指出的,與直接判處死刑的《秦律》的

① 中村茂夫《親屬容隱考》,《東洋史研究》第 47 卷第 4 號,1989 年。
② 森田成滿《清代家庭法に於ける教令の秩序とその司法的保護》,《星藥科大學一般教育論集》第 15 卷,1997 年。

不孝罪"不同,由於自漢代開始儒教的德治受到重視,一部分"不孝"變爲教化的對象,結果没有處以死刑的"不孝"罪事例也增加了。① 虚心考察的話,以"不孝"作爲起訴理由的案件千差萬别,其中也存在由於父母恣意而産生的訴訟。如果全都以嚴罰來處理的話,地方官也必然抱有疑問。以此種審慎態度爲基礎對"情理"給予最大的考慮,是作爲"民之父母"的地方官的理想形態。對此,最具有典型性的是後漢仇覽的故事,後世的官箴書中亦時常言及這一先例:

> 覽初到亭,人有陳元者,獨與母居,而母詣覽告元不孝。覽驚曰:"吾近日過舍,廬落整頓,耕耘以時。此非惡人,當是教化未及至耳。母守寡養孤,苦身投老,奈何肆忿於一朝,欲致子以不義乎?"母聞感悔,涕泣而去。覽乃親到元家,與其母子飲,因爲陳人倫孝行,譬以禍福之言。元卒成孝子。②

在其他書中也有仇覽授予不孝子《孝經》令其誦讀的説法。③ 具體方法姑且不論,但對於必須以教化來處理不孝之事這一立場,該事例便是重要依據。④ 由此看來,對於"不孝",從很古

---

① 前引若江賢三《秦漢律 における"不孝"罪》。若江氏認爲,此時已經"伏流水化"的《秦律》的不孝罪在《唐律》的"十惡"中得到集大成,再次獲得了法體系的主流地位。

② 《後漢書·循吏傳》。援用仇覽故事的文獻還有南宋的《清明集》卷十"母訟其子而終有愛子之心不慾遽斷其罪"條、真德秀《西山先生真文忠公文集》卷四十"潭州諭俗文"條、明代張萱《西園聞見録》卷八六"刑部三"、楊昱《牧鑒·應事三》等,在各個時代都有例子。

③ 《後漢書·循吏傳》注引謝承《後漢書》。

④ 而且,選擇教化的另一個要因,是考慮到有可能因不孝誣告而誤對孝行者施以冤罪的處罰,經常被引用的例子是所謂"東海孝婦"故事。該故事出自《漢書· <轉下頁>

的階段開始，嚴罰與教化便是並用的手段了。

　　唐代以降，這一狀況也基本未變。過去的研究認爲，在《唐律》對於不孝作出嚴厲規定的基礎上，宋代、特別是到了南宋，由於道學家們對孝道的宣揚，結果處罰變得更加嚴厲。① 作爲證據的例子是，宋代的某個地方官將毆打父母的兒子綁上石頭沉入河中，以同樣的方法對三人進行了處刑。於是，一縣皆驚愕，而風俗得以改善。② 這雖然是非常極端的例子，但稱讚這樣嚴罰的人確實存在。另一方面，也如很多論者承認的，在宋代以降的判例中，對"不孝"的處罰往往止於輕罪。《宋刑統》中相當於"徒二年"的刑罰，在南宋《清明集》的判例中被大幅減少爲"杖六十"或"仗十五"，③甚至還有令其誦讀《孝經》一個月的處分。④

　　自地方官的立場而言，不孝之事是關係到秩序根本的問題，不能等閒視之。但在實際處置的時候，對於應該如何解釋"孝"的大原則並加以處罰，卻經常在嚴罰與教化之間搖擺。嚴罰與教化，兩方都有明確的根據，而且都可作爲模範的先例存在，於是審判便只能委托於地方官個人的裁量了。不過，如果徹底實行嚴懲，則很可能產生由於父母誣告而導致的冤罪；如果只實行教化，則會放任不孝者，甚至可能引起更加嚴重的事態。基於這個背景可以看到，

<接上頁>于定國傳》。由於婆婆的誣告，孝婦被處以死刑，結果其冤魂導致連續三年的大旱。對於此種規制了地方官意識的報應說，霍存福在《復仇 報復刑 報應說——中國人法律觀念的文化解說》(吉林人民出版社，2005 年) 第 9 章《刑官報應說》中有論及。

① 郭東旭《宋代法制研究》第 8 章第 2 節《家庭法》(河北大學出版社，2000 年)，黃修明《論儒家孝道倫理對唐宋司法訴訟文化的作用及其影響》(《宋代文化研究》12，線裝書局，2003 年)。

② 陸佃《朝奉大夫陸公墓誌銘》，《陶山集》卷十四。

③ 《清明集》卷十"母訟其子量加責罰如再不改照條斷"條。

④ 《清明集》卷十"讀孝經"條。此外，對於應該處以重罰的"不孝"者，如果是父母唯一的扶養者的話，通常是會免死刑而處以流刑之類的減刑。

由於“不孝”罪的定義曖昧不明，統一的處罰是不可能的。

第二節　　親子間訴訟概觀——
　　　　　　以《巴縣檔案》爲中心

在上一節中，沿着歷來法制史研究的成果，對以“不孝”爲中心的家庭法進行了概述。但在實際的法庭中，親子間的紛爭是怎樣進行的，最終會達到怎樣的結果呢？本文將利用四川重慶府的《巴縣檔案》資料，對親子間訴訟的實態進行概觀。再與柳立言氏所分析的宋代家庭内紛爭的特徵進行比較，希望能夠描繪出清末親子間訴訟的圖景，及其與宋代的異同。本文所利用的《巴縣檔案》，是同治朝“家庭”類的檔案羣，其編號由 NO.6782 至 NO.7094，共 313 件。①

首先對資料進行數量分析。同治朝“家庭”類有 313 件檔案，單從件數考慮，在同治朝《巴縣檔案》的一萬數千件之中，占 2% 左右。其中確認爲親子間訴訟的案件有 116 件，不到全體的 1%。由於其他分類中也包含有親子間訴訟，因此其比重會稍微增加。② 不過本文主要是以“家庭”類（包含大多數親子間紛爭）爲研究對象，將以其中 116 個案例爲基礎進行討論。③ 此外，同治年間共有 13 年，116 件親子間訴訟平均爲一年 8、9 件。而在同一件檔

① 不過，這並不都是完整的文書，其中有僅一頁或幾頁的無法判斷内容的斷片，也有同一個號碼的檔案中有多個案件的情況。總數目是按照目前檔案館的整理號碼來計算的。

② 例如“賭博”這一類中就包含了很多。

③ 本文中的統計對象只是親子間的訴訟。以“不孝”爲爭論點的訴訟，本也包括孫子、媳婦、女婿等，但是這些與純粹的親子關係相比，更需要考慮完全不同的因素。因此，在此不予處理。

案中包含多次起訴、反訴來回重複的情況也很多,因此實際的訴訟次數要大幅增加。在訴訟全體中所占的比例雖然不大,但也並非多麼罕見的訴訟。

進一步對這 116 個案例進行統計分析。若論原告、被告的關係,則大部分訴訟中都是父母作爲原告,即由父母提起訴訟。此外也有由親族或近鄰提起的訴訟。但是兒子作爲原告的案件則一件也沒有。再細論的話,父對子的訴訟有 48 件,母對子的訴訟有 60 件,由母親提起的訴訟稍多。此外,沒有直接血緣關係的養子、義子等成爲被告的案件有 27 件之多,其中繼母起訴兒子的類型有 16 件,在當中屬於多數。① 即是說,據資料分析,母子間的訴訟,特別在母親是繼母的情況下,訴訟很多。再進一步,由於兒子的反訴而導致訴訟全面展開的案件有 9 件,其中 8 件是繼母與兒子的訴訟。此處的父親死後,繼母與兒子之間會發生糾紛的這種情況,與柳立言對於宋代的研究,都顯示了同樣的傾向。②

其次,對訴訟理由進行分析。如果援用柳氏的研究進行分類,則有(1) 違犯教令、(2) 詈言、(3) 擅用家財、(4) 放棄養老、(5) 毆傷等主要的理由。③ 更具體來說,則(1) 相當於"不務正業"的賭博、酒色、散財、吸食鴉片等各方面的行爲不端。大多數案件中都含有違犯教令的内容,大都在起訴狀中表示爲"不聽約束"這類語句。④ (2)(5)那樣的鬥毆、罵詈等直接傷害,在多數情況下是與(1)連動發生的,並沒有作爲訴訟理由加以區分的意義。但從

① 此外,近鄰親族起訴的案件有 5 件,原告不明的案件有 3 件。
② 前引柳立言《從法律紛糾看宋代的父權家長制——父母舅姑與子女媳婿相争》。
③ 此外,柳氏還舉出"非法性行爲"、"繼承",合計爲 7 個分類。在本文中,由於把父母與女婿,媳婦的訴訟排除在外,因此把"非法性行爲"與"繼承"排除在考察對象之外。
④ 不過,由於賭博之類單獨便是重罪,因此經常會當成别的案件處理。

法律規定而言，(2)(5) 是嚴重的情況，因此會采取調查傷害的措施。順帶一提，被兒子毆打的大都是母親。像 (3)(4) 那般擅自分割財產、懈怠對父母的撫養義務等情況，當然也屬於"十惡"的不孝，因此原本就不是輕罪。[①] 不管什麼理由，在起訴狀中將作爲被告的兒子稱爲"逆子"或"不孝"等，都是帶有儒教名分意味的表達。

訴訟的結果是怎樣的呢？與滋賀秀三氏對於淡新檔案的分析相同，其中最多的是沒有明確的判決，知縣在起訴狀上作了"候拘喚訊究"類的批示，隨後發出了命令傳喚的"票"，但就此中斷了。[②] 在 116 件中有 65 件是如此。此外，只檢視傷便結束了，或者只有法庭傳喚的名單，甚至連"票"都沒有，完全不明所以的案件還有 17 件。即是說，全體七成以上的案件是沒有明確結果的。

對於有明確結果的案件，在此亦分爲幾類。一類是知縣只給"家内細事，毋用出訴。着族内處理"等批，命令父母與親族自行解決的案件，共有 4 件。而主要由親族提出"注銷"，即申請取消訴訟的案件有 6 件。除此之外的案件，基本都有不同程

---

① 此外，對於士大夫階層來説，服喪與喪禮中的失禮是重大的事件。但是僅從《巴縣檔案》來看，在民衆層面上，除了不負擔喪儀費用之類的金錢糾紛外，基本沒有看到其他問題。由於失禮問題而受到具體處罰的情況，例如《元典章》中"不孝"的事例，大都是官僚、胥吏階層由於違反服喪之禮，而受到解任或除名的處分。大島立子在《元代における"孝"と"不孝"——獎勵と罰則》（《愛大史學》第 15 號，2006 年）中將其原因歸結於儒者官員努力以"儒教的規範"來要求自己的姿勢，不過也保存了適用於民衆的可能性。一般士大夫層的態度認爲，民衆觸犯了與服喪和葬禮相關的"不孝"也是不得已的事情。例如元末的孔齊《至正直記》卷二"不葬父母"中論述了七年沒有葬母者，直到贈給了金錢才終葬。其中並沒有對其問罪的記載。

② 滋賀秀三《清代州縣衙門における訴訟をめぐる若干の所見——淡新檔案を史料として》，《法制史研究》37 號，1987 年。

度的刑事處分。① 其中最重的刑事處罰是"笞責、枷示一月"
（NO.7082），此外都是掌責，最多是笞責。

其中最有特點的是"存案"這一類型。"存案"雖然通常指將
案件檔案化，但在此卻有着更多的意義。即是説，在訴訟的階段，
並不需要立刻給予處罰，但是爲了預防今後再犯而給予"存案"。
父母在起訴兒子的時候，雖然是以普通的"具首狀"、"具稟狀"等
形式，但在要求"存案"的時候則書寫成"具存狀"。這樣，如果兒
子再犯，則將過去"存案"的實際情況寫入新的起訴狀中，成爲擔
保訴訟正當性的根據。② 雖然不清楚這一擔保的有效期限是多
長，但有例子（NO.6929）顯示同治五年（1866）的存案在同治七年
的訴訟中是有效的。在另一訴訟中，也存在六年後再次言及的情
況（NO.6954）。另一方面，雖然有對"存案"不予承認的情況，但這
是在知縣判定父母爲逃避責任的時候，所書的批語爲"毋得僅請存
案了事"（NO.6828）、"不得呈請存案免累"（NO.6975）。

如此，由同治年間《巴縣檔案》的"家庭"類出發，對親子間訴
訟進行概觀。把握訴訟主導權的父母將兒子稱爲"逆子"、"不
孝"，試圖將其納入適用"不孝"罪的案件中，這一點與《清明集》相
同。在宋代不見有兒子起訴父母的訴訟，在此也沒有。但兒子反
訴的事件屢屢發生，則是與宋代共通的現象。而且，由具體的訴訟
理由和案件内容來看，紛争的原因也與柳氏的分類大致重合，内容
亦相似。由這點可見，宋代與清末的親子間訴訟的社會基礎是基
本相同的。

但在另一方面，自然也有不同的部分。例如在巴縣，起訴的父
母往往對於兒子的行爲不端毫無辦法，並没能展示出父母的權威。

① 只到審訊的録供便結束了的有3件。
② 李豔君《從冕寧縣檔案看清代民事訴訟制度》，雲南大學出版社，2009年，頁116。

當然,這是訴訟中獨特的修辭法,但像"存案"那樣的手法,確實可謂是非常消極的預防措施。可見,仰仗於官府力量的父母也似乎不少。不過,清末地方官所實施的處罰,並沒有像《清明集》中地方官那樣意欲撲滅"不孝",也看不到教化的熱忱,大都只是形式性的東西。像這樣展現了父母權威與訴訟結果之含混性的親子間訴訟圖景,是迄今爲止在中國家庭史、家庭法研究中沒有論述過的問題。在下節中,將收集更加廣泛的史料,關注檔案中描繪出來的親子間訴訟的其他情況。

第三節　親子間訴訟中親子雙方的地位

一、父母的起訴——誣告的危險性

雖然親子間訴訟大都是從父母的起訴開始,但是從法的角度來說這並不僅僅是訴訟的開始。即是說,在原告是父母的場合,從起訴的瞬間起原告就占有各種各樣的有利地位。例如原則上官員必須受理,[①]而且在最初階段就要將其作爲與"人倫風化"相關的重大事件來受理。雖然不是所有父母的起訴都會得到法庭裁斷,但從起訴這一時刻開始,本身就已經有了警告意味。此外,只要父母起訴,就會自動對兒子加以處罰的情況也很多。在清代,只要父母提出"呈請發遣",那麼不孝子就會立刻被發遣,即判處流罪。[②]由於這樣的結果是能夠預計到的,因此對於父母而言,伴隨着訴訟而來的負擔也許沒有通常的那麼重。

不過,令父母起訴增加的最大原因是,父母即使誣告兒子也不

---

① 《清律·刑律》"鬥毆下"。

② 《清律·刑律》"斷獄·有司決囚等第"條。另可參閱王雲紅《論清代的"呈請發送"》(《史學月刊》2007 年第 5 期)。

構成罪。説到底，"不孝"的認識大多是主觀性的，因此在父母恣意的起訴中包含着很大的誣告危險性。但是，《明律》《清律》中規定對於祖父母、父母誣告子孫者"勿論"，即不予追究，明確地顯示了名分的差異。① 自然，這是父母單方面的權利，即使兒子有正當的反訴，原則上也是不被認可的。即是説，在親子間的誣告問題上，父母在法律上的優位是絶對性的，這會帶來比普通誣告更大的弊害。

這種由父母起訴所引發的危險性，應該是得到了社會的廣泛認識。即使是官員，也認識到了這種危險，因此《明律》"問刑條例"中規定：在繼母起訴兒子的場合，必須聽取近鄰與親戚的意見，要特別慎重地給予調查。② 此外，在筆記與小説中，以父母誣告爲題材的故事也有好幾例。

例如在明代小説《初刻拍案驚奇》卷十七"西山觀設籙度亡魂 開封府備棺追活命"中，講述了一個著名的判案故事，明察的地方官看穿了母親的誣告，救出了孝子。③ 這一故事的梗概是，開封府的寡婦吳氏，年輕的時候丈夫就過世了，與十二歲的兒子劉達生相依爲命。亡夫百日忌建醮之時，吳氏借着招來道士妙修之機，與其私通姦情，之後持續三年。達生長到十五歲，發覺此事後，盡力阻止二人密會。吳氏便與妙修商量如何弄死達生，妙修建議吳氏以"不孝"罪控告達生，將其置於死罪。此時妙修所説的話如下：

---

① 《明律・刑律》"鬥訟・干名犯義"、《清律・刑律》"訴訟・干名犯義"。
② 《明律・刑律》"鬥毆・毆祖父母父母"問刑條例。
③ 這個故事是以《舊唐書・李傑傳》中看穿母親誣告的故事爲基礎的，在五代和宋代的《疑獄集》、《折獄龜鑒》、《棠陰比事》等審判故事集中都有收録。此外，在《明鏡公案・姦情類》中有"李府尹遣覘奸婦"，登場人物的名字雖然不同，但故事的情節相同。

　　此間開封官府，平日最恨的是忤逆之子，告着的不是打死，便是問重罪坐牢。你如今只出一狀，告他不孝，他須沒處辯。你是親生的，又不是前親晚後，自然是你説得話是，別無疑端。……況且你若捨得他，執意要打死，官府也無有不依做娘的説話的。

　　這自然是小説的世界。不過從律文的規定與實際案件來看，這個道士的話也是可信的。例如其中認爲"如果是生母的話，則無妨"，這與在繼母的場合下必須慎重調查正相對應。雖然這是以親生父母不會誣告這樣的預設爲前提，但實際上親生父母誣告兒子的事情也是有的。清末道光年間，在汪士鐸《汪梅村先生集》中，便有地方官識破母親誣告兒子以刀傷母的故事。[①] 若由《巴縣檔案》中的例子來看，有父親起訴兒子不孝，而祖父則起訴父親，認爲所有的不孝事都是因父親有精神病而捏造的（《巴縣檔案〈同治朝〉》"家庭" NO.6942）。對於親生母親控訴兒子，重慶府知府則批"情節支離拉雜"，並命令調查是否是"親生之子"（同 NO.7024）。在繼母的場合則更加嚴格，有知縣直接批"捏砌之弊無疑"的情況（同 NO.7073）。此外，《巴縣檔案》中還屢屢見到兄弟之間的訴訟而僞以父母名義進行"誣告"的例子。[②] 這些案件大多數是由濫用父母告狀的絕對性導致的，因此變成了親子間訴訟的大弊害。

二、兒子的法庭戰術——如何應對父母的起訴

　　下面從兒子的立場來看親子間訴訟。在訴訟中，兒子被置於極爲不利的位置。父母則有着廣泛的起訴自由，能采取訴諸於孝

---

① 汪士鐸《汪梅村先生集》卷七"記李太守事"。
② 例如《巴縣檔案（同治朝）》"家庭" NO.6887 中，一開始，父親廖登良起訴次子廖洪銀，其後母親廖林氏又起訴"廖登良的訴訟，是長子廖洪才假借父親的名義的捏告"。類似的例子還有 NO.6932、NO.6955、NO.7087 等。

觀念的法庭戰術。相反,兒子在被起訴的瞬間就已經處於極不利的處境。此外,如果被判"不孝",最高可能會處以死刑。而且只要兒子起訴父母,就會被問以"不孝"罪。況且,父母還可能會誣告。即是說從任何一個側面來看,訴訟中都沒有對兒子有利的點。那麼,在親子間訴訟中,兒子是怎麼來應對的呢?

(a) 訴訟、刑罰的回避

兒子所采取的第一種法庭戰術,就是儘量讓父母不要起訴。不過由於這是日常生活中的情景,在史料中很難保存下來。在此,以小說爲例來看這種訴訟之前的努力。

在小說中,親子間訴訟將要發生的時候,每每有訴訟的專家"訟師"登場,爲陷入困境的兒子一方提供建議。例如在民國初期寫成的以清代訟師爲主人公的《四大惡訟演義》[①]中,由於被情人迷住,不孝的兒子在吵架之後毆打了母親,即將被母親告發。於是他跑去向傳說中的訟師謝方樽求助。謝方樽在狠狠敲詐了他一筆錢之後接下了這個案子。他把兒子藏在自己家裏拖延時間,並去反覆勸導那位母親息怒,讓其不再想去起訴。在這個故事中,謝方樽欺騙母親的詭辯當然很有趣,但更有趣的是,從一開始謝的正面勸告就失敗了,最后變爲拖時間的方法。這當然只是小說,但此前類似的逸聞也有好幾個。可以認爲,在父母起訴的場合下,有效的手段是很少的,而小說讀者公認的最好解決辦法就是穩妥地讓父母撤銷起訴。

此外,也有周圍親族與近鄰進行調解的情況。《巴縣檔案》中,在父母起訴前,兒子拜托周圍的人進行調解的案例屢屢出現。例如在 NO.6975 中,母親劉伍氏將要起訴兒子劉成富,劉成富由於害怕被法庭傳喚,拜托親族與"團紳"(充任團練幹部的紳士,即地

---

① 《筆記小說大觀》17 編第 6 册(新興書局,1983 年影印)。

方有力者）勸導母親"因爲初犯就原諒他吧"，並且訂立了不再作惡的文約。不過，對檔案中存留下來的不孝子而言，這樣的調解也沒有意義，後來他再次犯了其他惡事。

如果不能順利地阻止父母的起訴，而起訴狀又被受理了，那麼兒子就要被法庭傳喚。在這時能夠采取的一個戰術便是"不應傳喚"。在《巴縣檔案》中，雖然地方官派遣了差役傳喚，但兒子拒絕出庭，因此變得糾纏不清的案件很令人注目。其中應該有最終也沒出庭便結束了的情況。[①]不過，即使不應傳喚也被"存案"，或者被"呈請發遣"的情況也存在，因此這並不是絕對安全的措施。

如果沒有回避的方法而只能出庭的話，那要考慮的就是如何能以輕罰了事。在這種時候，還是要依靠訟師的智慧來解救兒子的困境。有一個著名的故事，毆打父親導致斷齒的不孝兒子去找訟師尋求建議，訟師建議他編造一個理由："被父親咬了，但父親的牙齒太弱才折斷的"。結果這樣的理由果然騙過了地方官。[②] 此外，《清稗類抄》中記載有光緒元年的故事。也是不孝子向訟師哀求，訟師便模仿兒子的筆迹在其手心中寫道"妻有刁蟬之貌，父生董卓之心"，讓他在法庭上默默展示。這自然是借用《三國志演義》中董卓強奪義子呂布愛人的故事，但在此卻奏效了，地方官最後叱責了父親。[③] 雖然這都是小説中的故事，但前者是取自清末

---

① 此外，還有如《巴縣檔案（同治朝）》"家庭" NO.6845 中，兒子（被告）的利益相關者將其隱匿起來的情況，或者如 NO.6830 那樣，在發出了對兒子（被告）的傳票之後，兒媳以剃刀自殺相威脅，要求父親（原告）撤銷訴訟的情況。據滋賀秀三氏研究，如果三個月都沒有審理，事實上就相當於撤銷了訴訟，可見拖延時間也是相當有效的戰術。

② 凌濛初《初刻拍案驚奇》卷十三"趙六老舐犢喪殘生 張知縣誅梟成鐵案"、馮夢龍《智囊補》卷二十七"嚙耳訟師"。

③ 徐珂《清稗類抄·獄訟類·訟師伎倆》。不過，在道光年間寫成的吳熾昌《客窗閒話》卷四"書訟師"中就已經有了這個故事。

官箴書《平平言》中論述"訟師可畏"一節,應該有一定的真實性。①

前文所見被母親誣告的劉達生,連去委托訟師的時間都沒有,就立刻被拘引至法庭去了。他一到法庭就順從地承認了自己的不孝,沒有作任何抗辯。進行審判的河南府尹李傑看到達生的態度,對他不孝的事產生懷疑。但在詢問母親時,母親卻堅持"小婦人情願自過日子,不情願有兒子了"。因此,府尹李傑讓其去買棺木。其後,李傑還是希望母親能夠後悔,因此嘗試説服她:"既只是一個,我戒誨他一番,留他性命,養你後半世也好"、"死了不可復生,你不可有悔",但是母親卻根本不改變主意。不過,李傑私下派出的密探看到了母親與道士一起慶賀的舉動,便明白了這是誣告。最後,府尹對道士處以杖刑,將其打殺,而母親則因兒子的請求而免罪。

另一方面,以同樣的故事爲基礎,在《明鏡公案·姦情類》"李府尹遣覘姦婦"中,被母親告發的兒子立刻向訟師哭訴,希望拜托訟師書寫"訴狀"。這時候,訟師言:

> "若依此訴,便得不孝之實。母告不孝,你本罪重。若訴出奸來,而道士不認,你該萬死矣。"

隨後訟師建議兒子先認罪受打,若如此,則母親與道士的姦情一定會暴露出來。這個意見,便是以訴訟爲職業的訟師的實際考慮。就連前文中將父親稱爲董卓的訟師,也説"子無訴父之理",不建議正面反訴。② 即是説,如果被父母起訴了,那麼盡力爲孝子之行,以此引起地方官和父母的憐憫,才是有效的法庭戰術。如果

---

① 方大湜《平平言》卷三"訟師可畏"條。
② 《清稗類抄·獄訟類·訟師伎倆》。

這樣做,那麼最後便是:

> "今蒙審訊,沐把小的笞責押候。實係錯了,只求格外施恩。"①

在很多的供狀中,都是像這樣直接地承認自己的錯誤。雖然供狀中的語言都是套話,但是如果兒子能夠全心謝罪,從而圓滿地解決案件,這對於當事者而言,也是一個理想的結果。

（b）反訴

我們再來看對於父母的起訴,兒子明確主張自己的正當性並且相爭的情況。在中國的訴訟中,被告也會爲了主張自己的正當性,而對於訴訟提起"訴"（即反訴）。原本在中國的傳統法之中,對於父母起訴的反訴行爲,有非常大的限制。通常認爲,爲保護自己而提起反訴是不被認可的,這一點在下段的"積極的起訴"中還會得到再次確認。②

在《巴縣檔案》中,對於父母的起訴提起反訴的事例,是真實存在的。但反訴的對象只限於繼母,而且如果不慎重的話還是會受到嚴懲。例如某個對於繼母提起反訴的兒子,由於在訴狀中批評繼母"刻薄不賢",結果被地方官掌責了。③

因此,如《巴縣檔案》中屢屢顯示的那樣,更加安全的方法是通過起訴周圍的人而間接地進行反訴。特別是以父親爲對手的時候,需要更加困難的戰術。例如被父親起訴的二兒子,便以母親的

---

① "道光二十八年一月初四蕭李氏等供狀",《清代乾嘉道巴縣檔案選編》下,四川大學出版社,1996年,頁481。

② 在《唐律》中有"自理訴",即當受到一定範圍内親族長輩的侵害時才有可能提起的訴訟。不過,祖父母、父母不包含在内。

③ 《巴縣檔案（同治朝）》"家庭"NO.6836。

名義對長子提起了反訴。① 由此可以窺見用盡各種手段的法庭鬥爭。

傳授這種法庭戰術的,大概就是如前文《明鏡公案》中那樣的訟師羣體。明代所謂的《訟師秘本》中記載的內容,則是更加確實的證據。雖然以父親爲對手的時候,要比母親的情況更難提起反訴,但是在夫馬進氏所介紹的明代訟師秘本《珥筆肯綮》中,還是記載了父親誣告兒子的時候兒子的反訴狀。其中,被起訴的兒子,又起訴弟弟教唆父親訴訟,通過采取新的訴訟來迴避自己被誣告的不孝罪。特別是該書評語指出,由於在法律上不可能對父親的誣告提起反訴,那就只能把其他人捲入訴訟。② 在訟師的指導手册中存在這樣的話,可見這種戰術在當時應該是一般常規。

此外,在明代後期出版的審判類實用書《三台明律招判正宗》記載的訴訟詞狀文例中,也有兒子反訴狀的文例。該文例是與"告繼子"的起訴文例相對的。"告繼子"的文例中設定了養父控告繼子不聽教戒,而且毆打養父,這本身就是很典型的內容。而在反訴的例文中,繼子則反訴這個案件是"冤誣":

> 後娶庶母某氏,生弟某,致生妒心,意圖獨佔家業。枕言唆父害身,某日無故捉身毒打。情急奔走,父逐,手揪髮,口咬肘,透骨,痛極,悮扯門牙。③

① 《巴縣檔案(同治朝)》》"家庭"NO.6887。
② 夫馬進《訟師秘本〈珥筆肯綮〉所見的訟師實像》(《明清法律運作中的權力與文化》聯經出版社,2009 年),頁 29—30。還可參閱邱澎生《覺非山人〈珥筆肯綮〉點校本》(《明代研究》13,2009 年),頁 277。
③ 《新刻御頒新例三台明律招判正宗》(國立公文書館內閣文庫所藏)卷 12 上欄,"繼立類"。

自然,反訴避免了對原告父親的直接起訴,而控訴由於庶母（即繼母）教唆,自己才會受到父親平白無故的指責,還聲稱引起訴訟的契機也是偶然事件。此外,明代後期的訴訟秘本《新鍥蕭曹遺筆》[①]中亦有同樣內容的文例,該書中附有的判決則是對繼父的批語"今後宜盡父道",可以說暫時達到了避開"不孝"罪的目的。反訴的內容雖然都與公案小說相混雜,但這也顯示了兒子的反訴其實是爲地方官、訟師等廣泛的司法相關者所意識到的。

三、積極的起訴

到此爲止,本文討論的都是被父母起訴的兒子的應對方法,相反,有沒有兒子積極地控告父母的罪行呢?"反訴"是不得不主張自己的正當性,而積極的起訴,則因爲儒教倫理包含"親屬容隱"原則而受到更加嚴格的限制。

由歷史上來看,禁止兒子訴訟父母的"干名犯義"律,在《明律》中得到了一定的緩和,不再對訟親的兒子立刻處以絞刑。如果起訴的內容是事實的話,則處以"杖一百,徒三年",而非死刑。根據中村茂夫氏的研究,兒子的告發與"親屬容隱"規定正相反,將《清律》與《唐律》比較的話,則鼓勵容隱的場合減少了,而有告發義務的場合則增加了。[②]《明律》在這些部分與《清律》也是共通的,實際上《明律》才是大的轉折點。不過,正如柳立言氏引用衆多判例所論述的那樣,積極的起訴亦很可能是從宋代開始廣泛流行的。[③]

柳氏特別關注的事件是,宋初端拱元年（988）,有民安崇緒狀告繼母搶奪亡父財產一案。這時有一派意見認爲應該以起訴母親

---

① 《新鍥蕭曹遺筆》（萬曆二十三年序刊本,蓬左文庫所藏）卷二,繼立類"告繼子"。參閱夫馬進《訟師秘本〈蕭曹遺筆〉の出現》（《史林》77—2,1994年）。

② 前引中村茂夫《親屬容隱考》。

③ 前引柳立言《從法律紛糾看宋代的父權家長制——父母舅姑與子女媳婿相争》。

之罪判處安崇緒死刑,而另一派意見則從安崇緒的亡父和生母的立場出發,認爲應該讓他繼承亡父的財產,以便對生母盡孝。最後,皇帝宋太宗修正了律的適用範圍,采取"超法規的措置",使安崇緒免於處刑。這在法制史上是一個重大事件。① 在《清明集》以及其他的史料中,也經常能看到兒子或者養子起訴繼母的例子。② 可見,至少在宋代兒子起訴父母的場合,官員可以根據情況受理,並且制裁父母的罪行。在《朱子語類》中記錄了朱熹與弟子黃榦之間的問答,正是展現這一狀況的意味深長的史料:

> (黃榦)直卿云:"其兄任某處,有繼母與父不恤前妻之子。其子數人貧窶不能自活,哀鳴於有司。有司以名分不便,只得安慰而遣之,竟無如之何。"
>
> (朱熹)曰:"不然。這般所在,當以官法治之。也須追出後母責戒勵,若更離間前妻之子,不存活他,定須痛治。"③

其後朱熹又談及自己做地方官時的經驗:

> 因云:"昔爲浙東倉時,紹興有繼母與夫之表弟通,遂爲接腳夫,擅用其家業,恣意破蕩。其子不甘,來訴。初以其名分不便,卻之。後趕至數十里外,其情甚切,遂與受理,委楊敬仲。敬仲深以爲子訴母不便。某告之曰:'曾與其父思量否?

---

① 《文獻通考・刑考九・詳讞》。參閱宮崎市定《宋元時代の法制と審判機構》(《宮崎市定全集》11,岩波書店,1992 年)。柳立言《從法律紛糾看宋代的父權家長制——父母舅姑與子女媳婿相争》一文中將其稱爲"九八八年先例"。

② 前引柳立言《從法律紛糾看宋代的父權家長制——父母舅姑與子女媳婿相争》。

③ 《朱子語類・外任・浙東》。該部分可參閱田中謙二《朱子語類外任篇譯注》(汲古書院,1994 年)頁 43—48。

其父身死,其妻輒棄背與人私通,而敗其家業,其罪至此,官司若不與根治,則其父得不銜冤於地下乎! 今官司只得且把他兒子頓在一邊。'"①

這一問答意味深長。從中可以看到,南宋的地方官由於感受到兩者之間(儒教倫理的名分——實際的親子間紛爭)的巨大矛盾,因此認爲必須彈性地處理。雖然不清楚朱熹允許反訴這一點對於後世到底產生了多大程度的影響,但這與之前普遍認爲的基於儒教倫理的嚴格處罰有很大不同,是所謂重"情"的考慮。在這一場合下,則是重視繼母的私通罪,認爲更應該保護亡夫的名譽與兒子的繼承權。也許正由於看到地方官的這種彈性姿態,訟師秘本《新鍥蕭曹遺筆》中所載的"求諭繼母帖",也不是從正面告發,而是采取"懇請諭親"的陳情形式。② 不過不管哪種情況,都必須注意到起訴的對象是繼母。

可見,雖然兒子的積極起訴要比想像的更爲頻繁,但由於"孝"的問題橫互其間,無限制的起訴是不可能的。兒子起訴父母的情況,多是以繼母、養母作爲對象,而起訴生母乃至父親的情況則是例外。③ 在受理訴訟的一方,又如何呢? 儘管有宋初安崇緒的先例,但原則上還是不容許受理對於父母的訴訟的。④ 不過,由朱熹的

① 《朱子語類·外任·浙東》。據柳立言研究,朱熹在後彈劾唐仲友時,舉"子告母奸"作爲社會敗壞的一個理由。而且,雖然一般而言朱熹的法思想是重視"三綱五常",但在這個故事中卻幾乎沒有涉及到這一點。
② 《新鍥蕭曹遺筆·説帖類》"求諭繼母帖"。
③ 作爲變例,還有在父親死後才起訴的例子,參閱前引滋賀秀三《中國家庭法の原理》一書,頁185—188。
④ 例如,根據《明太宗實錄·永樂二年六月乙酉》的記載,由於某地方官在處理子訴母案件時不但沒有追究子的罪過就受理了,而且還問了母親的罪。永樂帝大怒,將起訴的兒子以及地方官一同治罪。

話可以窺見,在現實的層次上,地方官大概也有彈性的應對措施。

第四節　親子間訴訟發生的背景

一、父母權力的不穩定性

既然親子之間的法律地位有截然的不同,訴訟就變成了父母展示自己權力的場所。不過若據此認爲親子間訴訟都是以堅如磐石的權力爲背景的話,事實也並不盡然。實際上,對於不孝之子,無法隨心進行懲罰的父母也有很多。南宋應俊的《琴堂諭俗編》中便有一節史料,很好地展現了對於不孝子無可奈何的父母的苦惱:

> 夫五刑之屬三千,罪莫大於不孝。然世固有不孝之人而未嘗受不孝之刑者,何也。渝川歐陽氏嘗論之曰:"父母之心本於慈愛,子孫悖慢,不欲聞官。"謂其富貴者恐貽羞門戶,貧賤者亦望其返哺,一切含容隱忍,故不孝者獲免於刑。①

簡而言之,世上雖然有不孝者,但是父母不起訴的原因,有感情、名譽,以及經濟貧困三個理由。反過來説,如果能夠抑制這三點的話,訴訟便有可能。在實際的訴訟中,很多情況下這三點確實是關鍵。

感情這一點雖然很難論證,不過繼父母與兒子之間的感情大概確實容易變淡。而家庭名譽這一點,諸多前人已經論述了:在起訴到法庭前,父母在家庭內進行的處理,即所謂私的制裁——有

---

① 《琴堂諭俗編》卷上。對於《琴堂諭俗編》,有小林義廣氏的譯注《宋代地方官の民衆善導論——〈琴堂諭俗論〉譯注》(知泉書館,2009年)。

時候甚至有殺害的情況——是得到法律認可的，即是説家庭内的處理是可能的。根據以孝思想爲基礎的秩序，這被認爲是更加簡便的處理方式。實際上，自古以來就容許父母殺害不孝子，甚至到了清代，只要不是對完全没有違犯教令的兒子的"故殺"，因懲罰而導致死亡的情況也是被容許的。輕微的如笞打之類的制裁更是理所當然，只要兒子不因此死亡，就不會被特别問責。不過從訴訟案件來看，必須注意到，原告是對兒子没有力量加以制裁的老人或者母親的情況很多。另一方面，雖然父母還保有生殺與奪的權力，但是制裁權卻在慢慢縮小，逐漸變爲由國家代行制裁。① 換言之，國家變爲接受父母的請願而代行處罰的機關，結果父母不施行私的處罰而提起訴訟的情況就自然增多了。

在這三個理由中，對於父母而言，最嚴重的自然是經濟貧困。在本文第一節中列出的起訴理由中，作爲背景出現的幾乎都是對父母的撫養義務問題。當然各個案例情況不同，但對照律文而言，相當於④"别籍異財"（雖然别居不被認可，但只要父母許可，家産分割是可以的）與⑤"供養有闕"。雖然在很多情況下這兩條是連動的，但對於無財産的最貧困層而言，"别籍異財"一條毫無意義。不過，即使是貧困層也不能免除扶養義務，因此"供養有闕"與"不能養贍"就成了罪狀。不只是經濟貧困，如果由於其他犯罪被懲罰以至於不能扶養，致使父母因絶望而自殺的話，也必須追究其責任而給予嚴懲。②

以上强調的是扶養義務。其背景是：在社會福利不完備的前近代中國，一般的想法是"養兒防老"，即通過養育兒子來保障老

---

① 參看前引仁井田陞《補訂中國法制史研究》頁 354、瞿同祖《中國法律與中國社會》頁 9—11、森田成滿《清代家庭法に於ける教令の秩序とその司法的保護》。

② 中村茂夫《清代刑法研究》（東京大學出版會，1973 年），頁 230—233。

後的生活。① 對於老人而言，由於只能依靠成年兒子的收入，如果兒子不遵己意，或酗酒或賭博以致蕩盡家產的話，那自己的生活就會立刻陷入危機。禁止"別籍異財"的目的並不只是實現儒教理念或者輔助父家長權力，必然還有緩和老人的不安定生活這一意圖。但實際上，父母健在時就將財產分給兒子乃是一般的做法。分家的方法是，父母或者以養老爲名義保留一部分耕地，或者擁有從兒子那裏定期獲取一定數量金錢的權利。② 不過在很多情況下，這些都成了空頭支票，從而引起親子間紛爭。在這個背景下，父母的支配權便凋落了。即是說，雖然在財產分割之前，父親作爲家長擁有經濟的支配權。但是在財產分割後，其地位産生了逆轉，變成了雖稱爲家長卻毫無經濟權利的老人。

這個問題對於母親，尤其是繼母而言更爲嚴重。在親子間訴訟中，兒子正面相爭的案件幾乎都是以母親爲對手，特別是圍繞着丈夫死後的財產，母親與已經成人的兒子之間的紛爭更是多見。如柳立言氏所言，宋代以降，由於寡母的財產權慢慢變小，母對子的優勢逐漸減弱，紛爭發展爲訴訟的情況便增多了。我以爲這樣一個理解圖式是妥當的。③ 於是，將來要成爲家長的兒子，與當時作爲代行家長的繼母之間，各自全力主張自己的立場，便産生了紛爭。④

---

① 關於宋代的扶養意識，有柳立言《養兒防老——宋代的法律、家庭與社會》（收入前引其著《宋代的家庭和法律》）。關於明清時代，則可參閱趙全鵬《清代養老制度》（西安出版社，2003 年）。

② 滋賀秀三《家の法律的構造》（見前引其著《中國家庭法の原理》），還可參閱上引趙全鵬《清代養老制度》一書。

③ 參閱前引仁井田陞《中國身份法史》頁 824—827，以及前引柳立言《子女可否告母？——傳統"不因人而異其法"的觀念在宋代的局部實現》、《從法律紛糾看宋代的父權家長制——父母舅姑與子女媳婿相争》。

④ 柳立言在上引《子女可否告母？——傳統"不因人而異其法"的觀念在宋代的局部實現》一文中指出，繼母的權利有"持有權""使用權""監管權"，而"繼承權"是屬於兒子的，以"九九八年先例"爲契機，"繼承權"變得更爲優先。

可見，親子間訴訟發生的第一原因是：近世之後，父母實際上失去了使其權力得以穩定的基礎。無論體力上，還是經濟上，父母都失去了能夠壓倒兒子的力量，剩下的只是由儒教倫理帶來的權威而已。殘存的手段，也只剩要求官府確保自己的經濟權力。爲了貫徹自己的主張，最好的手段便是推重"孝"的理念，以使兒子服從。

在《琴堂論俗編》的後段，應俊論述到，吞聲飲恨的父母，其怨情會上感於天，以此來訓誡不孝。但是實際上，不孝子的故事是無窮無盡的。恐怕筆記與小説中所見的虐待父母的兒子，正是對家庭内實際掌握權力的兒子們的描寫。雖然這些故事中的兒子們，都被譴責爲不可原諒的不孝者而遭到天罰，但是對於現實中困窘的父母而言，天罰並非可以依靠的懲戒。也許正因此，才會有那麼多的父母去叩開法庭的大門。[1]

二、民間調停機能的界限

在親子間的紛爭中，尚無法確定到底有多大比例被提交到法庭上。自然，並非所有的紛爭都會被提交法庭。一般認爲在法庭之前，人們便會努力使其得到穩當的解決。在明代的官箴書《居官水鏡》中，某位父親在起訴兒子的時候，地方官爲了讓父親冷静一下頭腦，再三以"與汝妻謀三日"、"聚鄉黨親戚正告之"等理由駁回他的起訴。[2] 一般認爲，歷代的地方官的一貫的方針是令他人居中調停，儘量讓不孝的事件不要提交法庭。在地方官看來，親子

---

[1] 在中國古代，不孝子據説會受到"天罰"，遭雷劈而死。即使幸運地正常死去，死後也會落入地獄遭受折磨。從士人的筆記中的記載來看，應該也認爲這是"理所當然"的。在民衆則更加明顯，有不向官而是向神控訴不孝子的故事（元·劉燻《隱居通議·鬼神》），還有道士丘處機宣稱用雷來懲罰不孝子的故事（《元史·釋老傳》）等，這些應該都有相當的抑止效果。

[2] 劉明俊《居官水鏡·批詞類》"批王思惠訟子卷"條。

間訴訟多是家庭內的細事。而以"不孝"總括的諸多事件,也包括從重大案件到單純的親子吵架事件的極廣範圍。當然,原本"不孝"就是重大的罪,連親族與近鄰都有告發的義務。但地方官並不希望告發,毋寧說是采取將事件交還給親族和近鄰處理的"不介入民事"態度。那麼,親族與近鄰社會對於不孝者的制裁、教化機能,到底在多大程度上有效呢?

由宗族①對於不孝者施加私的懲戒與"審判"一事,已經由仁井田陞氏、滋賀秀三氏以及徐揚傑氏進行過詳細論述。② 其觀點概括如下:首先,對於違犯國家法律與親族規定的子弟,親族在國家的公的懲罰之前就先施加懲戒。這時祠堂變爲臨時法庭,族長則行使審判官的職能。當父親無可奈何地向宗族控訴時,不僅要懲戒不孝子弟,還要追究父親疏於教戒的責任。③

以上都是明瞭記載在宗規,或稱作"家規"的宗族內規定中的。當然,各個宗族其內容各有不同,其中有訂立極詳細的制裁內容的宗規。據徐揚傑氏引用《義門陳氏大同宗譜》中便有"莊首莊副妄使錢穀,決杖二十,並罰苦役一年。子侄酗酒,笞五十,賭博、鬥毆、淫於酒色,杖十五至二十,罰苦役一年"④的規定。或者,以宗族內解決爲前提,在重大案件或者再犯的情況下,決定告官的事例也很多。此外還有對"不孝"事件施行特別懲罰的規定。據光緒年間安徽合肥的《邢氏宗譜》,有"子孫抗違祖父母父母教令及

---

① 在此是將宗族與親族兩個概念區別使用的。親族除父系的同族外還包括母方和妻方的姻族,兩者範圍有差異。

② 前引仁井田陞《補訂中國法制史研究 奴隸農奴法·家庭村落法》,頁289—316;滋賀秀三《清代中國の法と審判》(創文社,1984年)之《刑case に現れた宗族の私的制裁としての殺害》;徐揚傑《宋明家庭制度史論》(中華書局,1995年)第6章《宋明律例和封建家庭制度》。

③ 前引仁井田陞《補訂中國法制史研究 奴隸農奴法·家庭村落法》,頁336、346。

④ 前引徐揚傑《宋明家庭制度史論》,頁221。

缺養,責三十;罵祖父母父母及縱妻妾罵者,責五十",最後還規定
"不孝之大者,送官處置"。① 在此雖不能詳論,但勸"孝"與戒"不
孝"是宗族結合理念的根基,在任何一個宗規中都是必須書明的。
在宗族内被斷爲"不孝"的,有可能最終被送官處置,這一點對宗
族子弟來説也具有威嚇作用。

　　不過,宗族的私的懲戒是否能完全承擔下級審判所的全部職
能呢? 對這一問題,還必須持保留意見。衆所周知,宗族的凝集力
與規制力是各不相同的,隨着時代與地域不同也有很大偏差。根
據《巴縣檔案》,地方官確實希望能夠把"不孝"事件儘量限制在親
族内解決。不過,當親子間訴訟被帶上公堂時,雖然已經超越了親
族的解決能力,但在這個階段,宗族還是有可能申請把成員間的訴
訟撤回來。不過在印象中,因親族成員不斷參與而助長混亂的案
件,其數量要遠超過撤回的案件。

　　依靠近鄰對於不孝事件的調停懲罰,也存在公與私的兩種。
在正式制度中,元代的社長、明代的里長與老人進行的審判非常有
名,②"不孝"正是由社長與老人進行審判的"户婚田土"類的細事。
明初,在作爲老人制基礎的洪武帝的《教民榜文》中,區分了"十
惡"與"非十惡",規定官府只處理前者(第十一條)。由於"不孝"
是十惡之一,本應屬於官的審判範圍。但在其他的條文中,"子孫
違犯教令"卻是交給老人處理的(第二條)。實際上,據中島樂章
介紹的例子,有老人對於不服從父母的兒子處以了"笞撻四十"的

① 　多賀秋五郎《宗譜の研究　資料篇》,東洋文庫,1960年,頁737。

② 　關於元代社長、明代老人的研究有很多。關於"社長",可參閱太田彌一郎《元代社
　　制の性格》(《集刊東洋學》第23號,1970年)、中島樂章《元代社制の成立と展開》
　　(《九州大學東洋史論集》第29號,2001年)。對於明代老人,可參閱中島樂章《明
　　代鄉村の紛爭と秩序》(汲古書院,2002年)、三木聰《明代老人制の再檢討》(《明
　　清福建農村社會の研究》,北海道大學圖書刊行會,2002年)。

懲罰。① 這正反映了有可能處以死刑的重大"不孝"罪與輕微"不孝"罪之間的區分。當然,在《教民榜文》中並沒有明確規定其區分標準,但其意圖不正是要保持傳統觀念上處理"不孝"時的任意性麼? 即是說,在官府方面要將"不孝"的處理推到民間去的時候,只需要將其認定爲"違犯教令"就可以了。不過由於老人等制度長時間沒有發揮作用,因此本應止於民間的案件就起訴到官方那裏了。

根據《巴縣檔案》,在起訴不孝的時候,首先必須向親族與近鄰報告。在起訴至官的案件中,如固定格式般,都會寫有"族戚教誡不改"、"蟻疊投族團理誡不改"之類的話。因此,親族近鄰必然會在對不孝事件的調停懲戒中出場。若親族近鄰介入其間,則被起訴的不孝事件,自然就是親族與近鄰解決不了的事件,因此表示調解沒有成功就結束了的話語也不少。也有的案件,其中附上的調停階段文約中就寫明了:當不孝子(有時候也包含其父母)再度因爲"不孝"而導致浪費或行凶時,親族或近鄰就向官府告發。② 不過,這也可以說是父母一方的法庭戰術。即根據固定格式,在向官方提起上訴之前,必須實行親族與近鄰的調停懲戒,而這便是父母對"已經做了該做的事情"的宣稱。

在同治年間的巴縣,每年有 8 件左右的親子間紛爭被提交訴訟。對於這一數量,雖然很難加以評價。但如果將廣泛的親族間訴訟(即"骨肉訴訟")都包含的話,其數量一定是數倍以上。那麼,這就不能不讓人懷疑宗族的調停能力。在此能見到的,是父母、親族、近鄰、地方官之間,圍繞對不孝子弟的處理,互相間轉嫁

① 中島樂章《明代鄉村の紛爭と秩序》,頁 122。
② 《巴縣檔案(同治朝)》"家庭"NO.6975、NO.7006、NO.7090。此外,雖然沒有附上文約本身,但在訴狀中聲稱締結了文約的案件還有數件。而且,在 NO.6908 的繼母與兒子的財產紛爭中,是締結了雙方都可以接受的文約,確定了繼母的應得份額。

責任的景象。父母的權威不是絕對的，親族、近鄰的規制力也不能對不孝者起作用，不足以阻止父母的訴訟。結果，能夠作出某種決定性處置的就只剩下地方官了。因此，只要紛爭在持續，親子間紛爭就必定會在某一時刻走向公的訴訟。

三、"無訟"的理想與親子間訴訟

地方官的統治理想之一是没有訴訟的狀態，即是所謂的"無訟"。這樣的狀態在現實中當然是不可能的，不過地方官們作爲儒教的士人，至少必須以"無訟"爲目標不斷努力。特別是親子間的訴訟，更是最不應當存在的訴訟類型。

這種想法的一般化，與其説是對不孝進行嚴懲，毋寧説更與追求教化的溫情措置相通。這一溫情措置的形式，在某種程度上也隨時代在發生變化。正如後漢仇覽的故事所展現的，在較古的時期，重點是放在對不孝者的再教育上，對被訴的不孝者進行諄諄説教，有時還讓其誦讀《孝經》。而宋代的例子，則是以理進行教諭，理性的態度是非常顯著的。另一方面，通過訴諸感情，讓父母失去繼續訴訟的意願，從而使事件得以解決的例子也在逐漸增多。唐朝有一則故事，地方官韋景駿對於母子互訴的案件，因悲歎自己對百姓的教化不夠而至於"嗚咽流涕"，仍授以《孝經》，於是母子感悟，兒子亦變爲孝子。[①] 此外，翻檢明清時代的墓誌銘與地方誌文獻，也可以看到許多地方官解決親子間訴訟的例子，其中與韋景駿相同的"垂淚哀求"的情況更爲多見。[②] 此外，也存在通過繩縛、責打等手段威脅而解決的案例。具體的方法雖然各式各樣，但共通

---

① 《新唐書·循吏傳·韋景駿》。

② 舉一兩個例子，如吕柟《故海州知州龍坡李君墓誌銘》（《涇野先生文集》〈道光十二年刊本〉卷三十四）中記載知州親自到母子家中垂泣，自責"子之不孝，令之過也"。還有鄧顯鶴《湖南新田縣知縣王君死事述》（《南村草堂文鈔》卷十九），也記載知縣叩胸自責號泣，訴訟母子亦感動哭泣，最終"母子如初"。

的都是訴諸親與子之間的"情",使其在下達明確的處罰之前就撤消訴訟。

對這一理想更加直截的論述,是面向地方官的類似行政手册一樣的官箴書。例如元代的官箴書《牧民忠告》中,有"親族之訟宜緩"①一條,指出要加入情的因素才能圓滿解決親族間的訴訟。此外更進一步的意見有清代中期的《圖民錄》,其中"骨肉興訟當有以感動之"一條,②以通過"天理""民彝(人倫)"觸動感情爲先,若此無效才用次善的方法,即以審判區分曲直。即是説,以審判來解決並不是最優先的,取消訴訟才是最善的解決。

即使是到了審判階段,也還是以温情的圓滿解決爲優先選擇。因此,官箴書中還有引導至温情判決的指南。在清末的官箴書《州縣初仕小補》中,以類似於公案小説般的問答形式,對於在親訴子的場合下如何施行法庭詢問,通過情來使親子雙方得以悔悟的方法,進行了非常具體的説明。由於稍嫌冗長,在此簡略引用,以見地方官據情進行審判的理想形態。③

> 凡送子孫忤逆者,當喊控時,正在氣怒之際,自必極言其子之凶惡,萬難姑容,決意懇請當堂處死,以絶後患。凡遇此等之案,男則問其"婦是原配? 是繼娶? 共有子幾人? 此子是誰所生?"女亦照前訊問。若是繼娶,則問其"有無親生之子? 現年若干? 曾否娶妻? 同居與否?"逐一訊明,情弊自然顯露。

其後,假設是親生子的情況下的問答:

---

① 張養浩《牧民忠告》卷上"親族之訟宜緩"條。
② 袁守定《圖民錄》卷二"骨肉興訟當有以感動之"條。
③ 褚瑛《州縣初仕小補》卷上"忤逆不孝"條。

若是親生之子，然後剴切勸諭："骨肉之情不可造次，須知既死不能復生，追悔莫及。"倘仍言不要，則問曰"既如此能無悔乎"，必曰"無悔"。又曰"正在氣忿，不可執迷，吾與爾嚴加教訓，使之改過孝順，可乎"，必曰"此子惡極，斷不改悔，恐遭不測"，曰："姑試觀之。"即命將其子帶至堂上，指其父母曰"此爾何人"，必曰"是父是母"。

於是一邊訊問兒子，一邊等待父母的態度變化：

又曰"爾知父母送子忤逆不孝，要生即生，要死即死乎"，必曰"知之"。曰"既知之，何爲而犯也"，必曰"不敢"，曰："若無此事，爾父母焉肯送爾忤逆，必欲置爾於死。本縣亦無如之何，惟有將爾打死，以絕後患。"即令去衣重打之，暗窺其父母有無憐惜之意。

然後開始實際地責打兒子。而當打得皮開肉綻、血流遍體之時，兒子便開始哀求恩赦。這時候，地方官道：

"我亦不能自作主張，試懇爾父母如何。"

兒子於是便哀求父母。此時，父母如果沒有異議的話，便是怒氣已經消去。如果仍有不允許的情況，地方官則曰：

"今日姑且免死，先行羈押，聽候嚴辦，庶免爾父母生氣，本縣亦免遭逆倫重案。"

然後立刻架上刑具拘禁起來，令父母歸家。父母看到兒子滿身是血,便起了憐憫之情,希望兒子不死。而兒子備受責打,也認識到官府的嚴格而心驚膽戰,此外還知道了"王法無親,父母爲重,不敢放肆冒犯也"。

就這樣教諭了父母與兒子雙方之後,便到了具體解決事件的階段了:

> 押候數日,自有親族呈請保釋,一再飭駁不准,使知起滅不得自由,然後當堂嚴加訓飭,仍令重打。親族自必叩懇,乃曰:"看爾等之面,姑寬宥之。倘再不知孝順,送案立斃杖下,萬不再寬。"仍責成保人、親族人等曰:"如敢再犯,即惟爾等是問,稍有不遵,速爲送案究辦,毋得容隱,致干並究。"取結保釋。

這樣便解決了一個案件。此外,還稍微附言:"倘是前妻之子,或庶母繼母有子控告,前情則當斟酌而行。要在當事者因時制宜,相機酌辦,不可一律拘定一概而論。"

以上便是溫情判決的圖景。既出色地緩和了父母與周圍人的感情,同時也宣示了官府的嚴厲,還能使自身避開"逆倫重案"。其中,語言的細節部分與看穿母親誣告的著名審判官李傑的臺詞相似,很可能是參考了公案小說之類。真誠地窺探親子雙方的態度,將感情誘發出來,這簡直是理想的過程。由墓誌銘中再三記載這類事情也可知道,這樣的解決是理想性的,也是應該大書特書的事例。正由於這是應該稱贊的事情,所以才記錄了下來,而日常的情況則需要另外考察。

目前清楚的是,即使被定爲"不孝"罪,也有很多免刑的情況。在明清時代的刑案中,到了兒子要被處刑的階段,父母由於後悔而申請取消訴訟的例子也不少。在國家這一方面,也預計到父母感情的變化。在明代，與徹底遵照律的條文而行刑相比，毋寧説因皇帝的"好生之德"而來的"恩"更爲重要。[①]　此外，《明律》中也規定，在由於辱罵父母而被控告的情況下，如果父母提出息詞（取消訴訟的申請），則可以免去刑罰。[②]　在《巴縣檔案》中，對於初犯、二犯的情況，地方官一般也只是叱責，至多加以少許責打便釋放了。對於地方官而言，必定是希望在這期間修復親子間關係，停止兒子的不孝行爲。正是通過這樣的方法，地方官在消極卻不斷地追求着理想。不過，即使有這種難得的温情，如果不孝者再三地犯"不孝"，那麼大多數還是會被施以懲罰的。

　　總結而言，親子間訴訟頻繁發生的一個要因是：在"孝"原理的背景下，無論在倫理上，還是在法上，父母都占有絕對的優勢地位。這種情況雖然能夠帶來對父家長權力統制的想像，但實際上，很多父母對於兒子的"不孝"感到膽怯這一現實也浮現出來了。既然允許父母自行實施懲戒，本來沒必要因提起訴訟而負擔風險。但是，實際上對父母而言，不僅有傷害或詈罵之類的直接被害，在經濟上也屢屢被迫處於從屬地位。爲應對這一問題，對"不孝"罪的起訴既是父母擁有的絕對威力的手牌，同時卻也可以説是幾乎唯一的一張手牌。訴訟的結果如果真的判處兒子死刑的話，那自己年老後的危機就必然更加嚴重。而從本來的感情來説，也必然很少有真心希望處死兒子的情況。因此，可以期待的結果是，經過地方官的懲戒，或者經過之前的告狀施加警告，促使兒子反省。如果這樣考慮到父母的心情，那麼正如地方官懈怠或民間調停機能不全這兩個因素一樣，地方官的重視温情的傾向，難道不也是使親子間訴訟增加的一個重要因素嗎？

---

① 　《皇明條法事類纂》卷三十六"不孝二次三次不准息詞及聽信後要查勘例"。
② 　《明律·刑律》"罵祖父母父母"條例。

結　　語

原本應該在家庭內處理的親子間紛爭,在訴訟的場合變成了公的事件,並且將親族與近鄰社會中許多人捲入其中,這一狀態,已經構成了"訴訟社會"本身。但是,在法律地位上有着絕對差別的親與子,爲何要進入法庭呢? 即是説,在本應由孝思想貫徹的社會中,除非假定其他要素存在,否則絕對没有必要發生親子間的訴訟。

正如近代知識人所共同批判的,以孝思想爲根據的中國親子關係,對於兒子是過於殘酷的現實。以此思想爲基礎的法律也是過於殘酷的。"不孝等於死刑"、"不能告發父母的惡行"之類,在現代的觀點看來只能是明顯的權利不平等。不過,如果只將其作爲前近代中國社會的特徵,以"這是儒教倫理的根本,因此是自然的"來作爲結論,那麼問題並没有真正解決。不可否認的事實是,這個過於殘酷的系統維持了二千年以上,如果僅僅是以儒教教育和法律來使兒子處於隸屬地位,那麼很難想像該系統在這麼長的時間裏都没有破綻。在此,除去與現代不同的價值觀之外,難道不是還有某種巧妙的運用麼? 換言之,在以親子間訴訟爲頂點的親子間紛爭中,是不是還有能夠緩和這種過度殘酷的系統存在呢?

在法律上,隨着兒子的法律權利慢慢擴大,兒子的反訴、起訴也自然增加。特別是失去丈夫的母親,其財産權更是屢屢與兒子的財産權相衝突。與此對應,父母爲防止權利被侵食而提起訴訟案件也自然增多了。作爲審判方的地方官,也由於没有絕對的標準而總是流於温情判決,可以説這也是造成訴訟增多的要因之一。若簡單説明,根本上是由於國家對於"不孝"罪展現了嚴罰與輕罪這兩個立場的曖昧態度，或者說這種“兩重標準”帶來了混亂。

對於“不孝”來說，“兩重標準”的本質是什麼呢？是應該追溯到儒家與法家等法思想的差別呢，還是由於懲罰對象的士大夫與民衆的差異，即是說還原到教化層次的不同呢？對於這一問題，有各式各樣的見解。但是，在最實際的意義上，在訴訟中，“刑事”與“民事”確實是没有區分的。看起來並非重大事件的“民事”案，也可能進入“不孝”罪的範疇，立刻成爲重罪。相反，即使是詈罵、暴力等相當於重罪的“不孝”，也有可能被納入“違犯教令”這種“民事”案件中。而且，這些都是包含具體訴訟内容的完全個別性的案件，根本不可能普遍化。如果這些正是混亂的原因，那麼當然可以認爲是必須要加以改善的。但是，筆者認爲“兩重標準”的維持還具有某種更重要的意義。

作爲訴訟當事者的親與子，正是在巧妙地利用這一含混性，努力尋求對自己有利的結果。父母只希望確定自己的權利，懲戒一下兒子就行了，並不希望對兒子處刑。只要起訴得到受理，就成了足夠的警告。此外，即使提交法庭，地方官也會實行溫情判决。而在兒子一方，則苦於因“不孝”而陷入極危險的境地，也會向溫情判决屈服。地方官則不時地實行一下嚴罰，以展示權威。於是，可以說三方都是以“父子（母子）如初”這一結果爲目標，在預定的調和過程中各自扮演着自身的角色。即是說，通過“二重基準”的維持，地方官一方面掌握着嚴罰的手牌，另一方面則在實際上謀劃着轉變爲保護兒子權利的溫情手牌。

如果將儒教倫理當成死板規則而進行審判的話，那對妻子與兒子而言都是悲慘的狀況。歷代王朝寧願付出這種犧牲，也要優先維持父家長制的秩序，這確實是真理的一面。不過，以某種鐘擺式的反作用來緩和這種不均衡，也必定存在。在此，雖然並不清楚是否有“法律下的平等”這種法意識。但是，公案小說中的父母的誣告故事,明顯是從世俗輿論方面對法制的一種批判。而明代以後逐漸顯明化的訟師,又屢屢對兒子伸出援助之手。而後,最重要的是委托地方官進行的裁量。地方官對於"不孝"罪並不使用統一的標準,而是依據具體的案件進行判斷。周圍的士大夫們也有時對嚴懲表示贊賞,有時對温情判決加以喝彩。這一矛盾的現象,一面是以儒教倫理作爲秩序的基礎,另一面又有着某種"看不見的手",對弱者(在法律地位上的弱者)的權利施行着保護。

原載夫馬進編《中国訴訟社会史の研究》,

京都大學學術出版會,2011 年

18—19世紀中日社會組織結構的比較

足立啓二著

馬雲超譯

一　序　言

步入14世紀,中日兩國的社會都迎來了劃時代的變革。在日本,被視爲個別性主從制度的所謂"封建"關係,和宮座(祭祀集團)等鬆散的團體關係開始萌芽。以此爲前提,正式的"一揆"(契約形成的團體)、"惣村"(自治村落)和作爲其基礎的"家"(不分割職業、財産的日本世襲家族)等團體日臻成熟;與之形成相互制約的,則是嚴酷武力對決的白熱化。在這樣的背景下,以團體爲基礎的封建社會最終形成了。

而在中國,14世紀後期確立的明初里甲體制是唐宋變革以來社會關係的歸結點。① 這一體制融入了在野士人階層的意識形態和實踐,伴隨着建國以來歷次大規模的清洗和徙民政策,基本上將土地上所有的人户全部編入了正役,專制國家的統一達到了一個

① 伊藤正彦《宋元郷村社會史論》,汲古書院,2010年。

高峰。

　此後,兩國內部依然包含着種種地域差異,伴隨着小農經營逐步獨立,小商品生產也在不斷擴大,在此基礎上,兩國的社會將如何發展,掌握地方社會的行政機構又會有怎樣的變化呢? 本文選取開港以前作爲其高峰点的 18—19 世紀,試將中日兩國的情況作一對比。

　日本以熊本藩作爲事例,①中國則選取了四川省的巴縣。前提在於,這兩個地域都擁有國內最大級別的地方文書,爲在此基礎上的研究提供了可能。熊本大學收藏着以《永青文庫》爲核心的熊本地方資料,該《文庫》正在整理研究之中,總計由多達 20 多萬份的"古文書"②和"古記錄"③組成。雖然用一張紙記載一份文書的情況不在少數,但是與本文相關、以村落共同體成長爲基礎的地域集團所書寫的文書占有相當的比例。這些文書經行政機關處理後經保存爲"以古文書爲主要素材的古記錄"。

　另一方面,《巴縣檔案》是乾隆中期以來中國最大的地方行政文書,保存於四川省的重要流通據點——重慶市,總計十一萬三千卷。若按照日本的文書分類,《巴縣檔案》同樣由古記錄和古文書組成,其中有十萬卷裁判文書,包含着從訴狀、供述書到結狀的多種文書,還附有作爲爭訟依據的契約書和供述書等等,將此作爲依據立案,也稱得上是"以古文書爲主要素材的古記錄"了。縣衙各部門遺留的行政古記錄,也同樣保存在《巴縣檔案》之中。

---

① "幕府"是統轄全國的最高領主統治機構,其下存在着地方領主統治機構"藩"。"熊本藩"的地域與今天的熊本縣大體一致。

② 向特定個人或人羣傳達意思的文字資料,相當於信件、契約書、給領主的申請書和領主的命令書等等。

③ 不同於上文的"文書",指爲公私記錄而書寫的文字資料,相當於經營賬簿和土地台帳等等。

關於熊本藩，筆者試圖在前輩、同輩學者研究成果的基礎上，對照全國性局勢，描繪出近世中後期的社會風貌。[①] 至於巴縣，筆者則運用《清代乾嘉道巴縣檔案選編（上）（下）》（四川大學歷史系、四川省檔案館主編，四川大學出版社，1989、1996 年）、《清代巴縣檔案彙編（乾隆卷）》（四川省檔案館編，檔案出版社，1991 年）以及《巴縣檔案膠片·乾隆朝·司法》。以下分別簡稱爲《巴縣檔案選編》《乾隆彙編》和《乾隆膠片》，引用時附有各資料集編纂者所加的文書名、資料名和頁碼。比如"嘉慶六年六月二十四日八省客長稟狀"《巴縣檔案選編》上 252，即表示收録於《巴縣檔案選編》上卷第 252 頁，編者將文書整理命名爲"嘉慶六年六月二十四日八省客長稟狀"。此外因篇幅限制，資料引用時不得不壓縮到了最小，膠片以外的資料煩請讀者自行參閱。至於收録檔案的訴狀等材料能否客觀地反應事實，這一點不無疑問，筆者是在"空穴來風，必有其因"的前提下展開議論的。

在對比兩大地域社會之前，筆者先對兩地的概況作一説明。首先是面積，明治維新前熊本藩的面積約爲 5,000 平方公里，[②]而巴縣面積大約 3,300 平方公里。[③] 熊本藩在總面積上略占上風，但兩者都可謂大藩、大縣。耕地面積上，熊本藩與農民團體間確認的

---

① 在本文的起草過程中，伊藤正彦氏給予了關於里甲制度的知識和書目指點，在日本史方面，吉村豐雄、三澤純、稻葉繼陽等給予了許多具體的指導，在此致以謝意。包括論文的理解在内，如有錯誤皆由筆者負責。

② 從現在的熊本縣面積中去除作爲天領（幕府直轄領地）的天草、五家莊和人吉藩領，加上現屬於大分縣竹田市的"久住手永"的一部分。從中扣除以玉名地區、八代地區爲中心的明治以後的乾拓地區，得到大約 4,840 平方公里的面積。在這一數值的基礎上，加上包括散落豐後街道沿線的 3 個手永的面積，即肥後"内高" 74 萬石和 3 手永"内高"約 2 萬石，約得 5,000 平方公里。

③ 民國《巴縣志》所附"巴縣山水全圖"每 5 公里（40 毫米）進行分割，各面積接近長爲 40 毫米的長方形（包括正方形），根據它們的綜合情況推出面積。以長江、嘉陵江爲縣境的情況下，大體以河流的中線進行分割。

"内高"爲 868 平方公里,而巴縣在雍正時期清丈的面積是1,008平方公里,雖然都無法斷言能否如實反映情況,但熊本藩包含着廣闊的阿蘇山周邊和九州山地,耕地比例是比較低的。人口問題正如下文提及的那樣,它在社會性質的制約下,表現出不同特性的動向。考慮到日本史和中國史各自理解的便利,各時期的中國年號、日本年號將與公元相對照,並在若干時間點上附表統計兩國的人口。由於中國巴縣的人口資料缺乏連續性,本文還附記了四川全省的人口統計。乾隆以前的統計不能反映全部人口,故不計在內。①

依據地域文書復原的社會能否視作兩國的普遍狀況,這一點值得保留。從商業角度來看,巴縣是長江上游最重要的流通節點,相比熊本藩的全國性地位,顯然商業色彩更重。另外,包括巴縣在內的四川省自清代起就出現了明顯的人口湧入,宗族正在形成中,這一動向在本文所涉及的乾隆時期達到了頂峰。② 熊本藩所整理出的事實還沒有得到全國性的確認,從構成社會關係的生產力基礎來看,西日本地區和北關東以北地區在小農經營的安定程度上顯然存在差異,在此基礎上形成的共同體和共同體間關係也可能有所不同。但是,熊本藩所確認的種種事實在其他統治地區以及幕府的獨立統治區域③都得到了驗證,或者說是一般性的驗證。進一步而言,唯有這樣的社會理解,才可能把握終章所要論述的與近代日本的連續性。

---

① 欒成顯《明清户籍制度的演變與其所造文書》,《中國社會科學院歷史研究所學刊》第 6 集,2009 年。
② 山田賢《移住民の秩序》,名古屋大學出版會,1995 年。
③ 如本書頁 267 注①所述,"幕府"既是統攝全國的最高領主統治體制,同時又作爲一大領主擁有着獨立的統治領域(天領)。

二　日本封建社會成熟化的基本過程

關於日本從中世進入近世的過渡情況，其評價發生了很大的變化。[①] 在中世後期日益激烈的團體抗爭中（包括領主團體之間、農民團體之間、領主團體與農民團體之間），各團體爲自身存續而形成了内在的規範，孕育着作爲法治共同體的自律性。抗爭升級促使了領主團體的集中化，進而誕生出大名（領主團體的領袖）乃至幕府等所謂的"公儀權力"。

過去認爲，農民團體在中世萌芽，但在中世末期參與叛亂者全部遭到殺害，後來又通過刀狩（從農民處收繳武器）被解除了武裝，武士（保有領主身份者）集團的權力集中到藩下，社會是以暴力的方式實現了和平化。然而，近年來的研究以自律性村落的存在作爲前提，重新構建出排除個别統治的領主團體（公儀領主權力）與契約性農民團體相互對峙的近世史框架。以不斷抗爭中形成的秩序爲基礎，社會在"惣無事（禁止武力紛爭和集中領地裁判權的全國性命令）"的一般性秩序下走向了和平。[②] 其中，農民雖然保留了刀和洋槍等實力，卻維持着不再使用的立場；[③]年貢（封建地租）則由村落團體請負（共同體契約性地負擔繳納責任），法規必須在農民的聯名"請負"下纔能成爲村内的規範。[④] 中國地方

---

① 稻葉繼陽《日本近世社会形成史論——戦国時代論の射程》序章"近世社会形成史研究の課題"，校倉書房，2009 年。

② 藤木久志《豊臣和平令と戦国社会》，東京大學出版會，1985 年。

③ 藤木久志《刀狩り》，岩波新書，2005 年。

④ 横田冬彦《近世村落における法と掟》，《神户大学大学院文化学研究科　文化学年報》5，1986 年。

行政的兩大核心課題——刑名與錢穀,在近世初期就已經借助村落團體的自律能力得以實現,近世中後期的變化不過是農民團體自律性和機能性的逐步增強。

在進入論題之前,筆者先對熊本藩的行政組織框架作一概括。近世中期以後,藩的部門機構得以整備,其中負責農村行政的是"郡方",受"郡方奉行"的統管。郡方負責的地域分割成 14 個"郡",分別配置武士(領主身份保有者)身份的"郡代"。"郡"以下是大小不一的"手永",總共有 51 個手永。手永中設立被稱爲"手永會所"的辦公設施,"惣莊屋"等農民職員常駐於此。手永以下是"村",存在着以"村莊屋"爲首的村役人(村落共同體的代表責任人)。

毋庸贅言,農業生産力的提高是農民團體自律化和"家"安定化的基礎。近世初期,熊本藩與農民商定的生産力"内高"是七十四萬石。[①] 根據天保十三年(1842)各手永調查結果的匯總,都市以外的總生産力若換算成大米,則可達到二百萬石之多。[②] 相比文化五年(1808)年統計的"五町手永",到天保十三年爲止的34 年間,田地增加了 1.1 倍,米産量是 1.39 倍,米換算的總生産額達到 2.01 倍。其間,封建地租的增加僅爲 1.05 倍,因此到天保十三年時,全藩的封建地租換算成貨幣僅爲四萬六千餘貫,[③]而農民可以自由處理的部分達十五萬貫,其中的肥料費就高達一萬四千餘貫。肥料購買費體現了商業性農業所帶來的生産力提高和封建

---

① 近世日本的"石"大約相當於同時代中國的 2 倍。

② 蓑田勝彥《天保期 熊本藩農民の経済力——生産力は二百万石以上、貢租はその四分の一》,《熊本史學》89‐90‐91 合併號,2008 年。

③ 這裏的"1 貫"表示以錢爲單位的藩札(藩裏發行的紙幣)1 貫,藩札 1 貫爲"錢1,000 匁","錢 1 匁"等於錢 70 文。蓑田勝彥《清田氏の拙稿批判について》,熊本歷史學研究會《史叢》12,2007 年。

地租定額化，促使熊本藩的封建地租僅僅占據了生產總量的四分之一。從全國範圍來看，明治維新時期的封建地租比例同樣是在25%左右，這一點中村哲氏早有論證。①

生產力的提高得益於下文提到的旱地水田化和濕田乾燥化，但肥料費比重所反映的商業性農業發展也起到了重要作用。從全國範圍來看，近世初期日本從中國輸入絹布以代替銀兩支付，近世之中就實現了自給，開港之時正以超越中國的速度向國際市場邁進。②戰國時代才作爲布輸入的棉織品，在經歷近世後形成了河内、尾張等生產據點，近世末期已經完成從棉花市場到棉布市場的飛躍。③熊本藩相對缺乏經濟作物，但也生產着紙、海苔、疊表（由藺草編織成的榻榻米表層）等全國性的商品。③以疊表爲例，根據上述天保年間的調查，"八代郡高田手永"生產的原料藺草價值五十五貫餘，加工成疊表後的附加值卻高達一百五十七貫餘，這樣的數字頗具象徵意義。絹和棉等自不待言，疊表、紙等商業性農業作爲農外副業給農村帶來了巨大的收益。

農業生產力的提高有助於家和村的安定需要一定的條件。但如果生產力的提高被無限增長的人口和家庭數目消費殆盡，那麼作爲封建地租承包主體的村落就會瀕臨危機。爲了穩定村落共同體和作爲其基礎的"家"，抑制人口增長是十分必要的。④

① 中村哲《封建的土地所有解體の地域的特質》，《人文学報》20，1964年，收入《明治維新の基礎構造》。
② 中村哲《世界資本主義と日本綿業の変革》（河野、飯沼編《世界資本主義の形成》，1967年，收入《明治維新の基礎構造》）。在社會性分工較低的階段，棉織品主要以花衣（無核棉花）的形式流通全國（棉花市場階段）。日本引入被稱爲"高機"的新型織機後，19世紀初期進入了主要以織成棉布流通全國的階段（棉布市場階段）。
③ 蓑田勝彦《天保期　熊本藩農民の経済力》。
④ 關於這一點，從事近世日本人口動態研究的安格斯·麥迪森（Angus Maddison）有着高明的洞見，《經濟統計で見る世界經濟2000年史》（柏書房，2004年，原著2001年）中有簡要的説明。

　　一般來説,農業集約化就意味着農業勞動的常年化和勞動密度的增大。一年一作的寒冷乾燥地農業與多作化、勞動過程集約化的農業相比,所需勞動量和勞動天數存在明顯的差別。商業性農業同樣需要投入大量的勞動。農業在自身集約化的同時,必然向農民要求更多的農外勞動,而農外勞動往往會增加對女子的勞動要求。農業生産力的提高與剩餘的形成絶不是自然生成的,惟有依靠有限家庭成員連續增大的勞動投入方能實現。也因爲如此,女性從事生育的時間被迫縮短,終其一生必須確保更多的勞動,這也有助於人口增長的減緩。

　　但是,僅憑抑制人口增長是無法維持村落安定的。在穩定的出生環境下,人們也在尋求"家"的再生産。日本的"家"本質上不是血緣集團,通過組織養子所生育的孩子,無論男女都有機會繼承家業。"兩養子"①通常也是可能的,早年喪偶的男女有着重新婚配的保障。農民經營的没落就是村承包的危機,後文將説到其組織性的復古。以上所導致的結果就是第一章中熊本藩的人口動態,近世中期以後人口增長停止,且男女比例(女子/男子)接近於1。前近代避孕技術下的墮胎和"間引"(殺嬰)並非没有,但至少可以確定,出生後選擇性溺殺女嬰的情況在上述條件下是稀少的。"家"和"村"在相互的制約中得到了强化。

　　村落共同體的機能要求促進了實施機構的完備。在談論熊本藩手永時,久留島浩氏的先行研究十分重要。② 他在幕府的統治領地中發現了同樣的機構,闡明由"郡中惣代(郡代表)"召開"郡中寄合(會議)",在"郡中議定(郡的自治決定)"下運營"郡中入用(郡的自治財政)",組織起請願運動等等,"由下而上構築起

---

① 男女都從他"家"領養,結婚後繼承"家"。
② 久留島浩《近世幕領の行政と組合村》,東京大學出版會,2002 年。

村——組合村——郡中的多層式行政組織，開始獨立於領主的統治。"以下的各研究顯示，同樣的事實不只在全國分散的幕府直屬領地存在，在熊本藩甚至其它藩地都有發現。同時，手永以下農民組織廣泛實行的共同業務與領主權力的關係正在進一步加深。

進入近世中期後，依據手永規模的差異，平均 1 萬人左右的"手永"擁有"惣莊屋"等數十名職員執行事務。"手永"之下有20—30 個村，分別以"莊屋"爲首，選任"頭百姓"數名，負責檢查的"橫目"和書記員"帳書"1—2 名，還有掌管封建地租出納的"藏府"以及山林管理者"山口"各 1 名。

按照熊本藩的先例，惣莊屋和莊屋由中世以來的權勢農民世襲擔任。在其他地域中，以村入用（村落獨自財政）爲主要目的的村請制（村落共同體按契約繳納義務的封建地租）通常是以莊屋向農民提供有償借貸的形式進行的。[1] 村落團體的公共機能由私人執行，這一定意義上可以說是領主制的殘餘，但以寶曆時期（18 世紀中期）的改革爲界，伴隨能力評判的惣莊屋調動制度開始出現，下屬的職員也往往是年輕時候積累了實踐的經驗，從"莊屋"或者會所役人（"手永"的專門職員）晉升而來。

有觀點將這種伴隨調動制度的惣莊屋階層形成單方面評價爲官僚化或共同體的解體，但依據實際情況應該給予正好相反的評價。村落的共同事務已經超出了以往在部分權勢家門中處理的範圍，如後文所述，許多公共業務的實施都需要熟練的職員和機關。因此，專家已經必不可少，但他們並不是沒有社會代表性的官僚。爲了不斷獲得晉升，他們必須與農村達成一致，成功履行衆多的公共業務，[2]一旦失敗

---

① 菅原憲二《近世村落と村入用》，《日本史研究》199，1979 年。
② 吉村豐雄《近世日本における評價、褒賞システムと社會諸階層》，《熊本藩の地域社會と行政》，思文閣出版，2009 年。以下該書表示爲《熊本藩の地域社會と行政》。

就可能引發致命性的農民騷動。① 有時候，惣莊屋會在莊屋們的一致同意下完成事實上的更迭。② 順帶一提，他們終究是在執行農民的業務。有的權勢農民響應藩的號召，通過上交名爲"寸志"的釀金獲得了武士（封建領主身份的保有者）身份，但他們不能領取俸祿（領主給予的供給），稱爲"在御家人"，擔任惣莊屋等職務的人往往都具備這樣的身份。他們在執行事務時是不允許帶刀的，③所以説他們的職務終究只是農民的行爲。

形成重視能力而任命和調動的"會所役人"和"莊屋"同時，還有"頭百姓"（村落農民的代表成員者）等年長者的工作。隨着家庭成員年齡結構的推移，大多會依次成爲"村役人"參與到村落的運營之中。通過參加各種底層的工作，農民社會逐漸承擔起了公共的業務。

共同團體有着獨立的財政，以此運營公共業務。在後文論述的封建地租"手永請制"④的形成過程中，各手永保留全部封建地租2%的自主儲備米，後來降低爲1.5%，積累起了名爲"會所官錢"的資本。再加上各種運營收益，天保年間（1830—1843）占較大比重的米和錢如果全部換算成米的話，已經達到五十二萬七千石之多，超過了熊本藩四十萬石的年度預算。⑤

① 即便在農民團體表達異議的示威行動（當時稱爲"一揆"）較少的熊本藩也存在這樣的行爲，其中多數都與村役人有關。蓑田勝彦的《肥後藩の百姓一揆について》（《熊本史学》49,1977 年）已經集中闡明了這一點。

② 吉村豐雄《日本近世における津波復興の行政メカニズム》，熊本大學《文学部論叢》89,2006 年。

③ 三澤純《幕末維新期熊本藩の地方役人と郷士》，平川新、谷山正道編《地域社會とリーダーたち》，吉川弘文館，2006 年。

④ 本來，村落共同體是契約納入封建地租的責任單位，近世以後居於村落共同體之上的手永成爲了契約納入封建地租的主體。

⑤ 前田信孝《郷備金の研究覚書》（《市史研究 くまもと》8,1997 年）。蓑田《天保期熊本藩農民の経済力》。

這些資產首先用於農業基礎的擴充和整備。近世後期正是熊本藩大興土木的時代，其中大部分都是由手永組織的。著名的通潤橋留待下文敘述，以文化十一至十二年（1814—1815）的"中山手永"惣莊屋爲例，"事業帳"總共記載了43個項目，大規模的包括：新開拓水路7公里餘、改修2公里餘、新開辟田地13公畝餘、荒地再開發6公頃餘，以及石磧8處（總計用水面積56公頃餘）等等。① 大型的農業基礎整飭事業包括有明海、八代海的排水開墾；細小的農業政策，例如向北陸地區派遣代表、引入耐寒品種和栽培方法，由此實現了阿蘇山地的稻作穩定化。② 新耕地開發等所獲得的收益，關係到會所官錢的積蓄。

會所官錢保障了家的再生產，而這正是村存在的基礎。官錢之中，錢的56%用於借貸，27%用於購入土地，大米的58%用於周轉借貸，③這些連同前述的荒地再開發都有待具體的分析。雲仙火山噴發所引起的海嘯曾給村落帶來嚴重的災害，在資金有限的情況下，村內經自主協商後區分出了救濟對象和非救濟對象，這是十分優秀的事例。④ 在作爲荒廢地區的北關東⑤，村落基金的選擇性借貸制度也得到了確認。不過當地的特徵是，由權勢個人借貸向村落借貸的轉變過程延遲到了幕末，並且借貸對象僅限於可能救濟的中上層。⑥ 這也反映出村落共同體以家的安定化爲基礎，其安定程度和發展狀況在不同地域間是存在差異的。

---

① 吉村豐雄《近世日本における評価、褒賞システムと社会諸階層》。

② 吉村豐雄《藩政下の村と町在》（一の宮町史，阿蘇叢書三），2001年。

③ 蓑田勝彥《天保期 熊本藩農民の経済力》。

④ 吉村豐雄《日本近世における津波復興の行政メカニズム》。

⑤ 北關東：指關東地區的北部，包括現今的茨城縣、栃木縣和羣馬縣等地。——譯者註

⑥ 大塚英二《村落共同体における融通機能の組織化について》，《歴史学研究》560，1986年，收入《日本近世農村金融史の研究》，校倉書房。

　　這樣的政策在村和手永之中形成起來。據《永青文庫》的"覺帳"記載,藩裏提供的用紙上記錄着村和手永的計劃書,這些上書將原封不動地作爲提案經由"郡代"達到"郡方奉行",裁決後再傳達給惣莊屋,這就是稟議制度的確立。① 値得注意的是,政策的決策者都是手永以下的農民。上文介紹"中山手永"的衆多事業中,上呈"郡方"的不過是以變更封建地租負擔田地爲中心的一小部分,大部分都由手永以下自主解決。更有甚者,即便郡方奉行給出了裁決,只要手永和村不同意(承諾履行的契約),就必須進行反覆的稟議和裁決。② 雖然面對重大事務時仍需要倚仗藩裏的定期貸款,但政策的形成和實施主體已經逐漸從領主制中獨立出來。

　　至於村落具備的裁判功能,目前還不是十分明了。不過下文清末巴縣每年的裁判件數超過萬餘,而熊本藩每年上呈裁判機構"刑法方"的數量不過數十件,而且和行政政策一樣,都是基於村落、手永中的多數口供得出審判的結果。各手永還單獨設立了拘留所。

　　農民團體自律性的强化歸結爲拒絶武士階層介入當地的事務。在近世前期的體制下,領主階級以多種方式進入地域,除公共事務由領主階級組織外,還進行着最基本的封建地租檢見(檢查當年的生産狀況)。圍繞德懸(根據生産情況而減免封建地租)的爭論遷延時日,加上招待武士的費用,造成了收割時間的耽誤,進而又會給複種帶來了危害。武士們還帶着下級官吏出入於藩内所有的林木(御山),塘奉行(水利管理官僚)則從事着水利土木的管理。

　　對於政策形成和實施走向獨立的村落共同體而言,領主階級

---

① 吉村豐雄《日本前近代の地方行政の到達形態と文書管理システム》,《熊本大學平成一五年度発足"拠点研究 B"平成一六年度報告書》,2005 年。
② 吉村豐雄《日本近世における津波復興の行政メカニズム》。

的介入已經淪爲耗費財力的排場。惣莊屋和莊屋層設立起了各種商議的場所,[①]其中的一個高峰是明和七年(1770)藩内的惣莊屋針對實曆改革聯名提出由 151 條要求組成的"繁雜帳",[②]到文化元年(1804)又確立起了"請免制"。惣莊屋向各手永分攤封建地租,手永間因利害關係一度陷入對立。針對這一難題,各手永在商議數日後達成一致:以武士不再進入爲條件,確立起以手永爲單位的年貢定額契約納入制度。[③] 換言之,手永以下的社會管理已經從領主階級中獨立了出來。另外值得注意的是商議的廣範性,雖然我們常常論及村社會的閉塞性和利害的個別性,但此時的村和手永成功調節局部利害,最終在全藩達成了一致,體現出卓越的機能。

農民團體已經達到了自律執行社會再生產機能的階段,領主團體機能就不得不名存實亡,藩的業務正逐漸從領主階級的固有屬性中剥離出來。包括陪臣團在内的 8,000 人武士階層中,承擔日常性社會管理的僅占據一成。由於藩財政的緊迫,象徵領主階級身份的知行(領主武士的年收入)開始出現下移的傾向,而作爲官僚承擔實際事務的職員則開始獲得了津貼。直到幕末,就連武士階層存在的最後理由——軍事力量也不得不依附於惣莊屋提議組織的農村"在御家人"層,[④]他們甚至肩負起了洋槍的製造和軍事訓練的指導。封建領主制産生於社會團體化的過程中,又在進

① 三澤純《幕末維新期熊本藩の"在地合議体制"と政策形成》,《熊本藩の地域社会と行政》。

② 吉村豐雄《近代への行政的起点としての宝曆-安永期——熊本藩を中心に——》,熊本大學《文学部論叢》101,2010 年。

③ 西村春彦《宝曆~天明期における肥後細川藩の農政と請免制》,《熊本史学》82,2003 年。

④ 木山貴滿《幕末維新期熊本藩における軍制改革と惣庄屋》,《熊本藩の地域社会と行政》。

一步的團體化中走向了消解。

三 清代巴縣的行政體制

首先對巴縣的行政區劃作一概覽。據"道光四年巴縣保甲煙户男丁女口花名總册"(《巴縣檔案選編》下340),城内有二十八坊,城外有十四廂。[①] 鄉鎮部分自乾隆二十三年(1758)嘉陵江以北地區移交理民府後,共計懷石里鄉、居義里鄉、西城里鄉三鄉,一鄉有三里,每里一般設十個甲,各鄉還有22—26個場。作爲市集的場有時會超出里的範圍,[②]但通常是在特定的里中設立的。

1 縣衙的核心機構

巴縣除知縣、教諭、訓導各一名外,還設有縣丞和巡檢各一名。縣丞也稱爲左堂或分主,常駐於縣西的白市驛。巡檢又名捕府,常駐於面向長江的東部木洞鎮。縣城内存在着道、府以及重慶鎮總兵以下的緑營機構,這些官員都擁有直屬於長官的幕友、長隨等實務集團,由他們構成了衙門的核心,只不過被稱作"内署"[③]的核心機構在刊行檔案中很少見到。這些官員和衙門原則上是上下統屬和横向分工關係,但如下文所述,他們也通過領域的模糊性而個别地接觸社會。

2 書吏和差役的結構

以文書行政爲核心的行政事務集團包括書吏和差役,李榮忠

---

① 據同治《巴縣志》卷一,爲二十九坊、十五廂。

② "嘉慶二十一年正月二十九日仁里十甲餘學魁節里五甲胡回生稟狀"(《巴縣檔案選編》下303)中,五渡河場跨越了仁里和節里。

③ 後文論述裁判制度和差役制度時將引用道光年間的知縣劉衡的傳記。在劉衡《自治官書》的墊江縣履歷中記載,裁判時堂西的桌上擺放着由内署帶入、經家人署名的事案;派遣差役時由知縣親自出面,並且叮囑不要與内署家丁見面。

氏曾運用《巴縣檔案》從事過開拓性的研究，[①]此後陸續有幾本研究專著問世。[②] 李氏的研究恐怕是在整理《巴縣檔案》過程中寫成的總括性解說，雖然很可惜沒有明確注明出典，但與刊行的檔案間並沒有特別的齟齬。順帶一提，李氏研究所依據的《巴縣檔案》沒有經過近代觀點的重新整理，還是資料的原始形態。《乾隆彙編》留下了六房分類，是在略帶近代性觀點的整理基礎上刊行的；《巴縣檔案選編》更是以近代性、研究性的眼光將檔案整理爲農業生產、工商業、雇傭、工價、當鋪、錢莊、高利貸等等，已經脫離了原有的文書分類。關於書吏和差役的業務記述，多處來源於李氏的研究。

據李氏研究，書吏最終形成了吏、户、禮、兵、刑、工六房、處理衙門內外文書並送至各房的束房、將文書送達縣城內外府道等各衙門的承房、負責倉穀檢查和賑糶的倉房，以及掌管鹽茶的鹽房。

《福惠全書·蒞任部·看須知》對各房有簡要的記載：

> 吏房經管吏書官屬及本治候選官員等項。……户房經管應徵解給、夏稅秋糧、丁差徭役、雜課等項。……禮房經管春秋祭祀、賓興考試、鄉紳學校、慶賀旌表、先賢祠墓古蹟等項。……刑房經管人命、盜逃、詞訟、保甲、捕役監倉禁卒等項。……

可見它們已經形成了中央六部所對應的機能。曾有著述對户房的財政和刑房的裁判進行過探討。

① 《清代巴縣衙門書吏與差役》，《歷史檔案》1989–1。
② 王笛《跨出封閉的世界——長江上游區域社會研究（1644—1911）》（中華書局，1993年），Bradly W. Reed, *Talons and Teeth*, *County Clerks and Runners in the Qing Dynasty*, Stanford University Press, 2000. 周保明《清代地方吏役制度研究》（上海書店出版社，2009年）。

但裁判的正式主體無疑是知縣,而且在把裁判視爲行政一部分的中國,各房業務與相應的裁判是無法分割的,刑房並不承擔全部的裁判。民國《巴縣志》卷九"劉衡傳"是理想的形態,對於六房分擔裁判的體制如下記述道:

> (在論述書吏之弊後)矯其弊,惟官須自做四字耳。所至不設門丁,懸鉦於堂,以待愬者,聞聲即爲審理。又設長案於堂左右,案各爲吏戶禮兵刑工六槅。吏呈案,則各就左案之槅庋之,而擊磬以聞,即自取入核辦。發出即置右案,吏以次承領。行之事無旁落。……

《乾隆膠片》中常常出現"某房呈""某房承"等文字,看來各房都承擔着不同的案件。本來這些案件應該交由各房保管,只要向對應的房請求開示,就能看到過去的案卷。正因爲如此,李氏將各房的業務都分成了應差和辦案。

和裁判機能構成一組的應差,即業務處理的内容,相比六房名稱所推知的本來業務已經出現較大的偏離,這一點在各種案件中十分明了。比如,向繳納牙税的牙行發放和取締牙帖不歸於負責財政的户房,而是由禮房和工房擔當;①又如腳夫的貨物運送是由工房管理的。② 鄉約的組織管理不歸屬於鄉約本來的機能——教化所對應的禮房,而是交由對應鄉約實質性機能的刑房。③ 李氏雖然没有注明出典,但每房都具體列舉了多項業務,《乾隆彙編》的編集者大概也參加了《巴縣檔案》整理,因此在"緒論"中給出了

① "工房書辦李星吉稟狀"《巴縣檔案選編》上 364。
② "道光七年四月八日温遠發等稟狀"《巴縣檔案選編》下 10。
③ "乾隆二十五年二月二十三日刑房經書瞿良春稟"《乾隆彙編》198:"情縣屬各里甲鄉保於本年二月初三、初八、十三告期新簽更替。……"

幾乎相同的業務分工。之所以産生這樣的分工，除了考慮到各房規定和業務便利外，很可能還與各房的獲益密切相關。據説禮房除管轄巴縣 150 牙帖中的 68 帖外，還從事着典當和雜貨商的監督；而工房在 82 牙帖以外，還管轄着糖業、棉業、會房和廟房等等。

　　這一切的前提在於社會集團承擔差務和集團認知的一致性。如後文所述，當集團由一部分人創立，或因部分管理者的運營不善而出現混亂時，縣衙的認知就是關係到問題處理方向的重要因素。雖然有時也考慮到貧困者，但無差務者不承認章程和把持是一個重要的原則。比如紐扣製造業圍繞章程陷入混亂時，知縣曾經下達了這樣的裁定：

> 　　巴縣正堂批，查渝城各幫，除有差務者不准違規參越外，其餘並無幫規之説。且百貨流通，爾等敢私設章程把持行市，殊屬刁健。（"道光二十二年八月二十三日黄裕成等稟狀"《巴縣檔案選編》上 244）

　　在這樣的條件下，社會集團的認知成了特定衙門和特定房的職責，也爲它們帶來了收益。直截了當而言，不僅是房的層面上，即便在本章開頭所説的縣和綠營衙門中，原本的職掌與集團統括責任的關係也很模糊，在承擔差務的基礎上，才開始業務者集團締結關係或者是變更關係。典型的就是"嘉慶十一年六月二十日伍文龍稟狀"（《巴縣檔案選編》上 405）的事例：

> 　　情本城南紀、金紫、儲奇三門柴船幫，自嘉慶三年在汛衙舉簽廖朝臣充当柴幫首人，承辦營伍藥局差務，給照辦公。因朝臣於今五月病故，蟻等三門柴幫協同公議，朝臣之子廖洪忠實老誠，兼伊父在日，隨同辦差頗熟，蟻等以協懇簽充。稟經

汛主,當蒙批准。……殊有不藝不業、賭博爲生之陳世宦,鑽
充首人,本月十一借余躍彩等之名,以懇賞給照事,簽伊充當
首人在案。批另録粘。但柴幇止認營伍藥局兵差,照係營汛
賞給,恩赦無照無差。……

這一資料顯示,没有明確的基準可以説明怎樣的行政機關從事着
社會集團的認知,除差務以外,個别申請完成了集團認知,並且決
定着承擔的機關。

同樣,"嘉慶十年十二月十八日楊高太供狀"(《巴縣檔案選
編》上 385)中,一方向捕府訴訟,對方則向縣衙訴訟。本屬於知縣
的裁判業務在"道光二十三年九月初七日練龍貴訴狀"(《巴縣檔
案選編》上 234)中由左堂執行,"嘉慶十五年梁續興等告狀"(《巴
縣檔案選編》上 239)中則由捕府執行。"嘉慶十一年馬乾一等告
狀"(《巴縣檔案選編》上 339)中向縣衙訴訟未得解决,於是轉向了
本屬於下級的捕府。此外,還有本來以知縣名義簽充、執照的場頭
在巡檢中處理訴訟的事例。① 六房的業務分擔雖以原本的體系作
爲基礎,但其形成則是與差務承擔一體化的集團認知關係不斷積
累的結果。

書吏以從事文書行政爲中心,差役則是直接面向社會的業務
執行者。差役本是比書吏更下層的雜役人,主要分成皂隸、快役、
捕役,以及仵差、民壯、門役種種。本來,皂隸是官員的隨從,快役
負責田地,捕役則是刑吏,但他們彼此間的業務分工也是曖昧不明
的,時常會發生爭執。② 差役有着廣泛的下層組織,懷石里鄉、居

① "乾隆六十年十一月初十日節里四甲毛家場頭張仕榮等簽呈"《乾隆彙編》208。
② 山本進《清代四川の地方行政》,名古屋大學《東洋史研究報告》20,1996 年,收入
《清代財政史研究》,汲古書院。

義里鄉和西城里鄉分別在總頭之下設有左右兩班快役，[①]每班在快頭以下設立快役，他們的出動場面十分壯觀：

> 若天晴十天，鑿開堰頭，放水不均。故曰官斷如山，宜立石碑。於乾隆三十八年三月，將價得買黃麟軒、朝卿叔祖於康熙二年得插田地一分，座落地名趙家堡，於四十八年天時小乾，有徐文秀見賣不遂，厥挖堰頭，具控縣主，出差。七、八、三甲約鄰，協同快頭百十餘人，照契途程，趁協同快頭來差過繩索所丈三百六十之遠。（"分水石碑記"《巴縣檔案選編》上 1）

碑文顯示，一道之堰分爲九股，每晝每夜分水一次。

與鄉村對應，都市部分則設有座坊的捕役（"嘉慶二十四年十二月初五日吳一語報狀"《巴縣檔案選編》上 390）或者坊差（"道光十四年九月初五日雷德興稟狀"《巴縣檔案選編》上 356）（"嘉慶九年十二月初一日唐仁和等稟狀"《巴縣檔案選編》上 338）。特殊場所的差役則有津差（"乾隆五十八年五月智里四甲曾萬德稟狀"《乾隆彙編》237）、延河差役人（"道光十四年五月二十四日巴縣正堂特示"《巴縣檔案選編》上 412）、巡河差役（"道光元年巴縣告示"《巴縣檔案選編》上 409）以及負責河干事務的快役（"嘉慶十一年四月二十八日劉化呈等稟狀"《巴縣檔案選編》上 405）等等，在地域單位和特殊場所中廣泛存在着帶有一定目的的差役。

他們的具體人數不得而知。李氏也曾提到，在《巴縣檔案選編》《乾隆彙編》中多處登場的書吏統轄者是典吏，依據各房的職

---

① "乾隆三十三年四月二十五日朱季聖稟"《乾隆彙編》200，"三十年二月十一日魯子榮等稟"《乾隆彙編》226，"嘉慶七年一月汪應洪告狀"《巴縣檔案選編》上 397。

務輕重對他們進行分配。經承是文書編寫的實際負責人,如果文書中出現脫漏,他們將遭到問責("乾隆二十四年十一月十九日刑房經承劉仕斌稟"《乾隆彙編》225)。但是,他們的周邊存在着以學習書寫爲名目的典史和經承任用的許多實務者。李氏指出,光緒年間僅登錄在案的書吏就超過 250 名。儘管有時會進行裁汰,但人數很快就會恢復。差役也會被分配到各種業務和地域,内部也如書吏一般包含着龐大的人員,比如仵作就分成仵作、學習和跟隨學習,非常廣泛。① 知縣劉衡自道光四年(1824)後在任七年,根據他的傳記(民國《巴縣志》卷九下),上任時白役多達 7,000 人,離任之前裁汰到了 100 人。從確認分水設施就需出動 110 餘名快頭的先例來看,7,000 人的數字恐怕並無誇張。

衆所周知,他們基本上是没有收入的,必須通過慣例或慣例外的獲取來維持生計。讓我們從已經刊行的檔案中,推測出他們收入的一小部分。巴縣的牙帖定額爲 151 帖,但只有 109 帖得到了領帖。② 向牙帖所有者索取的牙稅約爲每年一兩,這不應成爲申請的門檻。但是市井上評價牙帖合股時的價值爲二百零五兩,③靛行的"更帖使費"爲八百兩。④ 牙帖以私下繼承的方式回避正式申請和更新所需要的費用,這就形成了牙帖的市場價格。此外,書差也常常勒索費用,比如從縣衙獲得"示"需要八十兩費用,⑤爭訟時翻閱過去的案卷須向工房書吏支付 4,000 文辛資錢,

---

① 據"乾隆三十一年仵作任世賢病故任世學頂補文(一)八月十一日甘起榮稟"、"(二)八月二十七日巴縣申"(《乾隆彙編》223),甘某和任世賢是巴縣的定額仵作,世賢病死後,縣衙向重慶府提出了擔任"學習"的任世學(恐怕是世賢的同族)升任仵作、跟隨學習中的一人升爲"學習"的人事調動案。
② 後引"嘉慶六年六月二十四日八省客長稟狀"《巴縣檔案選編》上 252。
③ "方曰剛等拆伙約"《巴縣檔案選編》上 341。
④ "道光三年十一月初十日譚志隆訴狀"《巴縣檔案選編》上 351。
⑤ "道光九年三月初七日潘萬順等稟狀"《巴縣檔案選編》上 353。

結果卻還是沒有調查,①等等。裁判之際被勒索規費,甚至走到傾家蕩產的地步,這樣的現象在官箴書中屢有記載。

3 職役户

與專屬於衙門的差役不同,鄉村和都市內部存在着多種應對縣衙徵收的役務擔當者。清末時候他們有着各種稱呼,但似乎沒有對其中一部分或整體的統稱。傳統上把鄉村行政、官衙基層的業務稱爲"職役",②所以姑且把他們統稱爲"職役户",其中又包含着鄉村內部勞務的鄉役和官衙勞務的衙役兩種。③ 以下 C 同業組織的代表者比其他情況更具代表性,下文將會説到,他們與縣衙任命的差務承擔者有着明顯的共性,所以在此統一處理。職役户大體可以分成三個部分:

A 坊廂、里甲中設立的職役户。

B 商業據點"場"和渡口等特殊場所設立的差役承擔者。

C 連接工商業、運輸業集團、地域集團和縣衙的差役承擔者。

A 坊廂和在鄉九里的八十四甲中一般設有一至多名鄉約和保長。鄉約原本是爲教化人民而從民間組織起來的,保長則起源於維持治安的保甲制,但鄉約還從事着糧務,兩者之間在實質職務上看不到太大的區別。後文將對業務有比較深入的探討,主要包括糧務、治安、排解和教化等等。根據《乾隆彙編》頁 212 所收"乾隆二十七年巴縣鄉約保長名册"製成的鄉約保長統計顯示,如果排除原檔案中因缺紙而沒有記錄的里甲,則每甲約有 3—4 名鄉約和保長。業務繁瑣的時候,時常會在他們之下設置若干名小甲來協助保長的事

---

① "道光七年四月八日温遠發等稟狀"《巴縣檔案選編》下 10。

② 曾我部静雄《宋代初期の役法》,《宋代財政史》,生活社,1941 年。

③ 宮崎市定《宋代州縣制度の由来とその特色——特に衙前の變遷について》(《史林》36－2,1953 年,收入《宮崎市定全集》第一〇卷,岩波書店),周藤吉之《宋代州縣の職役と胥吏の發展》(《宋代經濟史研究》,東京大學出版會,1962 年)。

務。"六月二十三日梁鳳羽稟"(《乾隆彙編》196)中有如下記載:

> 直七里保長梁鳳羽、爲遵批稟明事。情蟻承充本甲保長,
> 已經五年。因家貧業賣,勉將倉穀辦竣。……竊蟻本甲花戶
> 零星,每逢公事,督各小甲催辦,未經周知。

坊廂中同樣設有約坊(簡稱"約")、廂長或坊長等職務,主要在排解的場合中出現。

B　場是四川對市場的稱呼,他省稱爲集、市集或墟等等,本來是在縣的認可下逐次設置的。"乾隆三十八年一月二十六日彭正明稟"、同"二月八日稟"(《巴縣檔案選編》下201)中,彭某的單獨申請遭到了縣的拒絕,於是和鄉保、地鄰達成一致後再次提出申請。實際上已經有研究表明,場的生成和消滅本身就是十分頻繁且不穩定的。① 如前文所說,場多數包含在甲內,所以甲的鄉保也能夠從事業務,不設特定役職的情況是存在的。形式上以差務繁多和地域治安爲由,在接受場和里的請求後,設置多個帶有權威性的役職,②其核心就是場頭(也稱場長)和客長(也稱客約)。商業地域自然包含着眾多移動性强的客民,其中也有在當地開設店鋪、長期滯留的客民,或是因回收賒金而短期停留的客商,客長就是要應對這些各種各樣的外來居住者。此外還有在場頭、客長之外另設鄉約的情況,③或是在繁忙的場中設置若干名小甲。④ 除場內公

---

① 　倉持德一郎《四川の場市》,日本大學史學會《研究彙報》,1957年。

② 　山本進《清代四川の地方行政》。

③ 　"乾隆二十八年四月十三日劉碩甫、王彩如簽"《乾隆彙編》199。

④ 　"嘉慶五年七月十二日陳子堯等稟狀"、"嘉慶十年八月二十一日廉里九甲長生橋客長黃志清等懇賞執照稟"(《巴縣檔案選編》下301)。

事外,①場的鄉約、保長還要奉命徵收和上繳地租錢。場位於河川和要道的匯集處,差務自然繁多。

C 巴縣是長江和嘉陵江的分歧點,也是連接長江中下游和四川等若干個省區的交通要地。伴隨着人口壓力,不斷擴大的商品流通在乾隆時期孕育出眾多製造、流通人員以及工商業組織。

各種營業者組織稱爲幫,有時也把原意爲營業的"行"字用作集團名稱。"行"和"幫"時常混用,②並用内行和外行的稱呼來區分集團自身與他者,③將自己的規則稱爲行規。當然,表現爲牙行營業的山貨行、靛行等是另當別論的。

幫通常是依據業種而結成的,如刺繡職業的永生幫("道光二十二年永生幫顧繡老板師友公議條規"《巴縣檔案選編》上234)、販賣煙草的煙幫("道光二十七年五月杜大茂稟狀"《巴縣檔案選編》上376),諸如此類。

在各種營業中,也有依據地域出生和營業方法而結成的幫。太平門碼頭的腳夫中存在着陝西出身的西幫和茶陵出身的南幫("嘉慶十七年四月三日張文佳等供狀"《巴縣檔案選編》下4),千斯坊的腳夫中存在茶幫和川幫("道光二年五月三日王清等結狀"《巴縣檔案選編》下9),腳夫之中也按運送方法分出了索幫和扛幫("嘉慶二十四年九月十二日索幫杠幫合同約"《巴縣檔案選編》下5),彼此之間還爭搶着勢力範圍。

幫不僅是橫向的區分,還有着多重的結構,典型事例是船户幫的多重性。以重慶爲節點,長江上游的上河、嘉陵江的小河、長江下游的下河分別組織起了三河船幫("嘉慶九年三河船幫差務章

---

① "乾隆三十四年三月二十九日巴縣簽充場頭客長執照"《巴縣檔案選編》下299。

② 比如"道光二十一年廣扣幫公議章程"(《巴縣檔案選編》上242)中,廣扣幫和廣扣行所指是同一個集團。

③ "道光二十九年渝城男工顧繡老板師友公議條規"《巴縣檔案選編》上235。

程清單"《巴縣檔案選編》上 402），内部還存在着面向大河的嘉定幫和敍府幫等（"嘉慶九年六月二十日大小兩河各幫船首認辦差事單"、"嘉慶九年八省局紳公議大河幫差務條規"《巴縣檔案選編》上 403）。此外，還有柴船幫等以運送品分類而組織起來的船幫，[1]棉布也依據種類之別存在着若干小幫（"道光二十年五月初十日巴縣鑒"《巴縣檔案選編》上 346）。

　　同業者自稱的幫集團或行常常在内部結成帶有特殊目的的"會"，比如[2]：

　　　　情渝城絲線幫於乾隆年間，經本省同江南、江西、湖廣、貴州五省客長，議立章程，興設葛仙會。議明開鋪之家不得自行打錢（線？），以三年之内，招一學徒。（"道光二十四年六月十二日龔三福等哀狀"《巴縣檔案選編》上 348）

　　　　情蟻彈棉花手藝生理。渝城各鋪□□□□議定，每日只准彈花十斤，同行公議立會，舉蟻爲首。（"道光二十三年十月初五日周傳萬告狀"《巴縣檔案選編》上 241）

但並不是所有幫和行都有這樣的會，很多時候幫和行本身就發揮了目的性的功能。

　　這些集團決定着生產量、入會金、徒弟采用規定、使用貨幣、賃金等，並且從成員、入會者以及行外的營業者手中收取資金，用於設廟祭祀或是爲貧困的會員提供埋葬地和棺木。[3] 會中設有會

---

① 本文前引"嘉慶十一年六月二十日伍文龍稟狀"《巴縣檔案選編》上 405。

② 除下文的例子外，"嘉慶七年十一月十一日曾義和等訴狀"（《巴縣檔案選編》上 338）中，設立帝王會從事演劇的重慶棉花鋪曾於乾隆二十九年召集同行，分離生花鋪與熟花鋪，生花鋪另設財神會。

③ 前引刺繡職人的永生幫"道光二十二年永生幫顧繡老板師友公議條規" <轉下頁>

首、首人或首事,有時是每年輪流擔任,故名值年會首。他們在管理金錢的同時,也負責應對包括差務在內的官衙。

比較特別的是雇工會,前引刺繡職人永生幫（"道光二十二年永生幫顧繡老板師友公議條規"《巴縣檔案選編》上 234）就嚴禁會員加入三皇會。據"道光二十三年十月初五日謝鳳貴等供狀"（《巴縣檔案選編》上 241）記載,三皇會是以雇工作爲會首的:

> 問據周老四供,小的平日學習彈花手藝,幫汪大川鋪内傭工。前月十七日,小的當值年三皇會首,辦會治酒去了。請這謝鳳貴幫小的替工兩日,每天給他工錢六十文。

以雇工爲首事的三皇會曾經到雇主處按人頭索要相應的錢,[1] 還制定出雇工的規矩,籌措資金以運作會務,甚至在不滿意的時候發起過罷工。[2] 永生幫之所以在"顧繡老板師友公議條規"這樣的同業者全體議定中寫入禁止參加三皇會的規定、賃金規定和徒弟出師規定,就是因爲經營内部的雇工難以管制,必須借助會規乃至縣衙的權威才能達到管制經營的目的。

以地域區分的同業者集團還有省別集團,他們通過共同資產的運營收益而共有着廟堂與祭祀。他們的代表稱作八省客長,獨立於各場的客長,不僅在縣衙的指示下承擔排解、調查機能,而且還發揮着比較高級的社會功能,比如建立起以八省冠名的倉儲。

同業、同鄉集團的形成有從下而上和從上而下兩種方向。同

<接上頁>（《巴縣檔案選編》上 234）以及"道光二十九年渝城男工顧繡老板師友公議條規"（《巴縣檔案選編》上 235）是比較詳細的規定,但同時也常常面臨規定履行困難的問題。

① "道光二十五年九月吳大坤供狀"《巴縣檔案選編》下 95。

② "道光十年正月十五日蕭永泰告狀"《巴縣檔案選編》下 88。

業者集團往往欠缺統攝全體同業者的能力，"道光二十二年永生幫顧繡老板師友公議條規"(《巴縣檔案選編》上 234)中記載道：

> 一議，永生幫有外行開鋪者，出招牌銀二兩整。或有外行合夥者，出招牌銀一兩整。交真原首事，備賈義塜，置造棺木，建立學堂，並保嬰醫館施藥等用。

可見行以外的經營，以及與行內營業者簽訂合股契約，[①]事實上在行外營業，在行規中是允許的。包括以出身地域分割勢力地盤或結成雇工集團，自下而上的集團形成從未停息過。檔案中成功的幫有時選擇創會與同業者集團交往，但作爲不正當行爲而加以禁止的例子則占據多數。

縣衙也從確保差務和維持秩序的角度出發，要求各種職業實現組織化並選出責任人。巴縣作爲流通據點，且商業中心位於高地，存在着大量稱爲腳夫的搬運業者。他們雖然拉幫結派地爭奪勢力範圍，但如同其他碼頭也能看到的那樣，[②]一旦船隻靠岸就會有大量的腳夫蜂擁而上，現場立刻陷入混亂，往往還伴隨着商品遭竊的事件。接到這樣的報告後，縣衙在朝天門碼頭設置了兩名夫頭，將腳夫們登記在冊。夫頭據此擔負起調節的責任，經縣衙頒發執照。[③] 從十年後的巴縣告示來看，[④]設置夫頭並沒有達到規律化的效果。夫頭之下登錄在冊的腳夫們除軍事行動等特殊事態[⑤]

① 後文將會説到，合股未必意味着共同經營。
② 拙稿《明末清初の流通構造——杜騙清初の世界》，熊本大學《文學部論叢》41，1993 年。
③ "乾隆三十六年四月十日徐殿揚等稟狀"、"四月十九日稟狀"、"五月十一日巴縣執照"《巴縣檔案選編》下 1—2。
④ "乾隆四十六年十月二十六日巴縣告示"《巴縣檔案選編》下 2。
⑤ "乾隆五十八年八月十日巴縣告示"《巴縣檔案選編》下 2。

外,平時在官衙中擔任着隨從的差務,①還曾因差役的恣意妄爲而日夜動員過二三十人。②

嘉慶三年(1798)的白蓮教叛亂是船户組織化的重要契機,爲運輸包括糧食在内的軍需品,船户在道員、知府指示下選舉出首人。③此後嘉慶一代之中,依大河、小河和據點的地域差異組織起了大量多重性的船幫,根據船的大小和距離遠近,每船收取數十文到數百文不等,④從下游遠距離貿易船收取的差費更多一些。⑤

四　行政組織的社會基礎

專制主義的中國缺乏作爲社會規律基礎的團體性,這一現象通常可以追溯到戰國時期的國家形成,乃至商周時代高度發達的首長制度。到了清朝後期,隨着農業的集約化發展,以及小商品生產的廣泛展開,加上以土地所有爲單位的貨幣課税普及,行政組織的社會基礎又將發生怎樣的變化呢?

1　構成人員的不確定性

日本近世中期以後的人口停滯絕不意味着經濟增長的停滯,在定額化的封建地代"村請"(以村落爲主體的一種契約納入制度)這一制度下,構成村的家的數量增長得到抑制,家再生産所需的家族人數相對固定,村内的剩餘積蓄成爲了可能。

與此相比,同一時期的中國出現了人口的膨脹。從表中可以

---

① "道光元年六月十一日何遠良等供狀"《巴縣檔案選編》下 8。
② "道光七年三月十三日温遠發等懇狀"《巴縣檔案選編》下 9。
③ "嘉慶十五年十月初九日巴縣告示"《巴縣檔案選編》上 406。
④ "嘉慶九年三河船幫差務章程清單"《巴縣檔案選編》上 402。
⑤ "嘉慶九年八省局紳公議大河幫差務條規"《巴縣檔案選編》上 403。

看到,即便跨過了移民最高峰的乾隆時期,來自長江中下游的移民依然使四川省的人口激增。此時,人口已經不再作爲課稅的基準,除水稻、小麥等傳統穀物外,芋頭、玉米等耐旱作物成了糧食需求的支柱,加上急速發展的小商品生產爲農外副業和工商業提供就業的可能,這些都成爲人口激增的背景,以均分相續爲前提的父系社會向社會拋出了衆多的家庭。在日本,"家"作爲繼承家名(不同於血緣之姓的"家"單位名稱)、家業("家"的世襲職業)、家產("家"的世襲財產)的經營體,在繼承中原則上是無需分割的;而中國家庭的增加和移動則促進了地域構成人員的流動化。

工商業的流動性更加顯著。經營內部和相互之間都進行着分工,爲促進生產和流通效率的提高,"經營"團體內部和"經營"之間都不可或缺地存在着規範。只有在這樣的條件下,小經營才可能轉變爲大經營。

正如第一次中國史學國際會議上報告的那樣,明清時代的經營是分裂性的,與"法人格"相距甚遠,[1]當時的經營中常常混入半獨立性經營。報告中也列舉了巴縣腳夫中存在着附屬於牙行等營業的腳夫經營,即所謂"管行"。他們在具備傭工性質的同時,又主張着無論牙行本體經營權如何移動,自身都保有繼承、轉貸運送稼業的權限。[2]

通常認爲,合股是爲了籌措資金而由多人出資並共同經營,但許多情況都很難稱得上一體化的經營。在合股的內部,合股參與者各自管理的個別客賬、私號花賣等自己商賣、支用的合股中,通常都存在着自己的抽取金。這樣的分裂性在合股消解中尤爲明顯,解散時通常都會把出資物返還原來的所有者。合股的資金絕

① 《明清社会の経済構造》,第一回中國史學國際會議,2000年9月東京,收入《中国の歴史世界——統合のシステムと多元的発展》,東京都立大學出版會,2002年。
② 拙稿《牙行経営の構造》,熊本大學《文學部論叢》73,2001年。

没有形成合股體的共同資産，所負債務也是分別償還的。[1] 個別經營内部的責任，最終也多半會歸結爲交易當事人，也就是店員個人的責任。

> 立包管字人鄧文碧。自幼在黄億順號學習生意，承師寵信，將店中内外大小事分務付托晚管理。因已無才，諸事荒疏，不惟將店中資本折盡，而且尚虧空客帳三千餘金，是以停歇客帳。兼知帳内自愧之事甚多，刻已查出二千餘金。此項理應照數還出。（"鄧文碧包管字約"《巴縣檔案選編》下 87）

同樣的事例還見於"（嘉慶十四年九月）周德文供狀"（《巴縣檔案選編》上 363）和"道光十六年十月十七日艾錦龍告狀"（《巴縣檔案選編》下 91）。

正因爲營業缺乏一體性的情況居多，同樣缺乏一體性的收益權也在無限分割後逐步被轉賣或是貸出。以前文提到的管行爲例：

> 立出頂腳力生意文約人譚世龍。情因負債難償，無從出備，願將已手所接王復興名下正大糖行八股生意之内一股，股内老約均作十成，原得頂五成。又已手所接弟輝荨名下八股生意之内一股，今又均作十成，内將三成出頂。兩約生意共八成，情願出頂與人。（"譚世龍出頂約"《巴縣檔案選編》下 20）

八股營業權中，將每股分割成十份出賣的例子也數不勝數。收益

---

[1]　拙稿《牙行経営の構造》，熊本大学《文学部論叢》73，2001 年。

權利背離勞動的實態,被買賣或是借貸了出去。

　　除了分裂性外,資本有機性構成偏低也是工商業流動化的前提條件之一。"嘉慶二十四年六月二十九日楊耕萬告狀"(《巴縣檔案選編》上421)"嘉慶二十四年六月三十日朱萬順稟狀"(《巴縣檔案選編》上421)記載,某人以三萬五千文購入了船隻,又定約以高於船價的八萬一千文運送費將米銀運往湖北,結果卻在中途逃逸了。運輸費契約高於船價①、船主在接受運費後棄船而逃,這樣的事例恐怕還有很多。② 牙行被視爲商業的核心,其實是以少量的資金從事着大規模的交易,因此常常陷入債務之中,數年之間就連續出現經營的交替。作爲牙行的存在前提而運營着運輸業的管行之間,就流行着從管行生意的出頂時間中扣除牙行停止營業時間的慣例。③

　　2　"公共業務"的存在形態

　　目前爲止的研究認爲,在小農生産爲基礎的前近代社會,保障再生産的一般性業務是由共同體或領主(或地主)執行的,甚至可以說大型水利、道路整修等業務本身就是共同體存在的證明。但是,在這一共同體社會中作爲共同體課題來執行的各項業務,到其他的社會中就未必是共同體的課題,它可能是國家性業務(包括地方官的組織化),有時也可能是私人的業務,水利就是最典型的例子。

　　道光六年,巴縣在布政使的指示下,針對旱災對策問題發布告示。巴縣常年被霧籠罩,據說一年中的晴天還不過三日,年降水量本身在1,000毫米左右(熊本縣爲2,000毫米左右),水利設施對於灌溉農業十分重要。在召集紳耆糧戶展開商議的基礎上,縣衙將對策報告給知府("道光六年四月巴縣正堂勸諭築堰開塘條規"

---

① "道光十一年十月初八日范開科稟狀"《巴縣檔案選編》上379。

② "道光十一年十一月十一日余魁順稟狀"《巴縣檔案選編》上356。

③ 同前頁注①,拙稿《牙行経営の構造》。

《巴縣檔案選編》上5）。其特色是,在築堰開塘安設筒車時可以各
自選擇土地,紳耆糧戶支付並記入賬簿,六月以後逐縣匯報。有關
公共朋修的水利設施則按照出資來決定分水,並刻碑以防止紛爭,
這樣的做法是得到鼓勵的。

此後,到六月時立刻提交水利設施整備的報告書。這裏介紹
其中的一則:

> 廉里九甲,地名大谷溪,離城二十里,糧戶張魯江,補修古
> 堰一道,長二十三丈,高十丈,寬三尺。
> 廉里九甲,地名水井彎,離城二十里,糧戶張魯江,補修古
> 堰一道,長三十八丈,高十丈,寬三尺。
> 廉里九甲,地名熊家彎,離城二十里,糧戶張魯江,新修堰
> 一道,長二十四丈,高十丈,寬十二丈。
> 廉里九甲,地名胡家彎,離城三十里,糧戶張魯江,補修塘
> 一口,寬一丈二尺,長十二丈,深一二尺。……（以下略）
> （"道光六年巴縣新修舊有堰塘登簿"《巴縣檔案選編》上5）

在《巴縣檔案選編》上7中,同樣的內容也刊載於九月十六日的稟
文中。根據報告,兩者共計新設和修補堰二十七道、塘四十二口,
兩處刊載的內容只是縣下九里八十四甲中六里十二甲的事務,此
外應該還有很多這樣的報告。

從中可以看出這樣的特色: 全部的水利設施歸屬於糧戶個
體;廣泛地域中短時間內報告完成者以公稱"補修"居多,實際修
補的比率應當更高。再來看看水利設施的形態和由此推知的功
能。從前引"道光六年四月巴縣正堂勸諭築堰開塘條規"中可以
看出,堰中包含着長一丈多的小型堰,但大多是長二十到六十丈、
高十丈的類型。至於它們的寬度,即便與前例相同長和高的堰,寬

度也在三尺到十二丈間不等。寬究竟是指底部還是最上部,含義本身就存在着歧義。總而言之,雖然存在着大規模的堰,但顯然無法等同於近代技術下巨大而堅固的 Rock-filled-dam 。僅從航空圖片來看,設立在谷間的堰截斷了上游河川的流入,與其説是引水的堤壩設施,實際在功能上更接近蓄水的池塘。塘的寬度多則十餘丈,少則一丈左右。從結論來説,塘也好堰也好,都不是阻斷河川並長期在廣闊地域上引水的設施。

水利設施的形態絶不是由巴縣的地形規定的,而是表現出構築主體的社會性特徵。長江、嘉陵江的切入固然對四川東部台地和山脈影響巨大,而且水位的年際差顯著,依靠前近代技術進行河川灌溉顯然是不可能的,但是巴縣中除長江、嘉陵江外,還流淌着數條長達數十公里的河流。這一點在熊本縣也是一樣,既然能夠構建起具備一定廣域性的灌溉網,那麼對可能乾燥化的水田進行大規模整飭也不是天方夜譚之事了。

近世中後期,在熊本縣達成這一目標的是村落共同體的上層集團"手永"。水利設施以"矢部手永"建造的著名的"通潤橋"爲核心,呈現出這樣的形態:在河流的上游設置導入口,巧妙利用阿蘇岩漿的邊緣部分,同時在各處設立隧道和封土,調節高度後設置 5 公里的引水路線,其間以高 20 米、長 76 米的虹吸式石製水道橋相連接,於是與台下的河流之間創造出了數十米的高度差,構建出幹支線全長 41 公里的水路網,形成了總計 72 公頃的灌溉耕地。企劃和實施者是以惣莊屋爲責任人的手永,經費則是在手永獨立財政"會所官錢"的基礎上加入藩裏的期限借款,合計達七百十一貫①餘②。同樣方法建造的"井出""溝"等水利設施也散見於各

① 此處所説的"貫"參見本書頁 271 注③。

② 石井清喜《通潤橋の工費の經濟效果について》,《熊本史學》78、79 合併號,2002 年。

地，從上游取水，沿着耕地的上緣穿過村落，流入的支流通過水道橋實現翻越，漫長的水路可以灌溉到整個中規模的平原。近世中後期，其施行的主體就是調整農民和村落利益、能夠形成並實施政策的廣域性村落共同體。

在清末的巴縣，前文看到的小規模水利設施在建設和登記過程中，恐怕多數還殘留着谷間濕田的特徵，其所有和管理主體都是土地的擁有者。在四月接到告示、六月以後陸續報告的背景下，這樣的報告爲私有水利權提供了公開確認的機會。"道光六年十一月初一日巴縣塘堰執照"（《巴縣檔案選編》上 8）中，縣衙向上述一連串的事業主頒發了執照。雖然字面上保證了所有者對塘堰發生的遇難事故不承擔責任，但在"道光八年正月二十八日生封文告狀"（《巴縣檔案選編》上 9）中，堰水兩分的狀告依據在先前事業中被朱照所確認。① 在水利權的爭奪中，最值得期待的就是縣衙的認可及其實物表現，執照便是其中之一。但在分水設施的認證問題上，往往會尋求"官斷如山"的縣衙出面，衆多快頭在場下進行檢分並樹立碑刻，前述事例就是其中之一。

一般認爲，個人或家庭的再生産超出了共同業務的範圍之外，但在近代初期卻以慈善的形式成爲了國民國家的社會保障義務。現在的新自由主義正在討論個人和家庭的再生産是否屬於社會和國家的責任範圍。近世的日本社會中，只要村落共同體是封建地租的承擔主體，就有必要扼制無益的人口增長和由此引發的家庭增多。相反，人口減少和家庭零落也是必須回避的緊要課題。

在中國，農民家庭的再生産是某種公共性課題。最受重視的

---

① 水利設施所有權往往具有多重特性，它的另一表徵是所有權的爭奪和調整只在兄弟、祖先、二姓共有等比較狹窄的範圍中進行。參考"文天齊弟兄孝義合約"（《巴縣檔案選編》上 2）以下三資料、"道光十七年四月初六日羅仁相訴狀"（《巴縣檔案選編》上 10）等。

是積穀,巴縣之中就有作爲府倉的豐裕倉,作爲縣倉的常平倉,以及監倉、民間的社倉和義倉,知府稟請的濟倉,商民調集、八省客長管理的"八省積穀",總督指示下創立的"鄉鎮積穀"等等。在地方政府的直接過問下,豐裕倉、常平倉、監倉等的積蓄以萬石爲單位,但由於金川會蜂起、填補浙江省倉穀和救濟山東的支出,咸豐八年調查時,八萬四千餘石的原額僅剩下了一萬四千石。其間原因不僅在於從二十多萬猛增到四十多萬的人口所急需的糧食,各種流用、不開蓋就不清楚的管理才是真正問題所在。備受期待的八省客長積穀在清末民初的動亂中化爲了烏有。

從與社會本身的關係來看,地域所管理的社倉的存在方式頗具特色。巴縣的社倉最早於乾隆元年由巡檢在木洞鎮設立,此後乾隆十九年又在知縣的鼓勵下設立,乾隆二十五年時已經積攢了九千九百石(同治《巴縣志》卷二"積貯")。但是委託給當地的管理十分粗糙,《乾隆膠片・1874》記載道:

> 緣甲内上下兩單,共社穀百餘石,係社首趙金奇收貯觀音寺。因金奇搬居黔省,鄉約王安常、監生張爲元、李勝宗,於乾隆四十四年暮,將倉穀每石賣錢八千文,分吞置業肥家,未散濟荒。稟經前憲有案。蟻等係辭退先鄉約,協糧户何秀鳳等清理,至今倉内升合俱無。

在這樣的狀況下,本應作爲民間積蓄的各里社倉於嘉慶二十五年一起湧入縣城、白市驛和木洞鎮,失去了地域積穀的實態,到咸豐八年(1858)調查時已經完全喪失了(民國《巴縣志》卷四下"倉儲")。

獲得更多社會性評價的行爲是個別的救貧活動。最具總括性的記載如民國《巴縣志》卷一七"自治"項目中的"慈善","慈善"

是繼"縣議參會""城鎮鄉會"後的重要自治事項,這一點本身就值得注意。具體内容由各種目的的"堂""所""院"構成,該書顯示,民國二十四年時已經出現四十多個慈善團體,鄉鎮中也存在着十三餘處的善堂。資料中區分士紳們自己設計的項目和官督紳辦或紳辦後由政府接受的項目,但兩者在出資上没有截然的區别。最古老的項目要數雍正十三年(1735)的孤貧糧,其次就是乾隆三年的養濟院和乾隆四年的體仁堂。民國以後有十五年的貧民收容所、二十年的備工救濟院等,其他地方也屢屢以實業傳習爲目的的設施,但此前一貫宣揚對孤老節婦的救濟和育嬰,其中明確顯示養育女嬰的是普善堂。爲達到這些目的,至善堂和育嬰堂分别籌集了一萬八千六百兩和九千一百兩的基金,運營收益全部用於活動。

這些慈善團體具有兩大特徵。其一,至少在進入近代以前,這些團體主要致力於救濟弱者和爲他們延壽。與之形成對比的是,日本近世中後期對零落農民的對策只是以重建小農經營作爲目的,面向農民的資金援助旨在重建經營以償還借款。關於救濟的對象,有時會引發激烈的争論,甚至采用投票方式,探討中還伴隨着重建所需土地的分配問題,所以最貧困的階層時常會遭到抛棄。[1] 救濟决不是以救濟個人爲起点的慈善,而是在封建地租"請負"制度下作爲關係到村落共同體存亡的共同業務。

中國的供給還具有一個特質,那就是對於社會全體的比重。乾隆十二年設立的育嬰堂分爲哺乳和教育兩大業務,哺乳又分成貧民自身無法養育時給予資金援助的自乳,以及收留棄嬰後交給乳母哺乳的代哺,每月的支出分别高達六千文和一萬文。在渴望父系宗族發展、不受社會制約的人口激增下,很容易推測出接受如此高額付出的救濟幸運兒在全社會所占的比例。前述"道光四年

---

① 　大塚英二《日本近世農村金融史の研究》,校倉書房,1996 年。

巴縣保甲煙戶男丁女口花名總册"顯示,巴縣人口的男女比(女子/男子)爲0.79(參閱本文篇末表格)。當時的册籍中應該也記録了女孩、外來居住者和雇工的人數,[1]考慮到男子早逝的傾向,出生時選擇性溺殺女嬰的現象是可以確認的。普善堂的事業就建立在這樣的前提上,育嬰則是顧名思義的"慈善"事業,與普通的公共業務有着本質的不同。

五 職役户和書差

上述背景下存在着城鎮和鄉村的職役户,他們和負責管轄的書差又是通過怎樣的關係接觸社會呢?

書差和職役户的存在具有連續性。胥吏從役中衍生而來,[2]原則上是没有收入的職務執行者。組成差役核心的皂隸、快班和壯班,是明代衙役的中心。

職役户和書差在任用方式上也很相似。鄉約、保長在接到欠員通知後向縣衙推薦新的人選,提交本人的承諾書後,就會履行頒發執照的手續。[3] 在非必須設置的場中,對於場頭和客長也履行同樣的手續,[4]還有作爲同業者組織責任人的夫頭[5]和船幫首人[6]也

---

① 欒成顯《明清户籍制度的演變與其所造文書》。
② 宫崎市定《清代胥吏と幕友——特に雍正朝を中心として》,《東洋史研究》16-4,1958年,收入《アジア史論考》下。
③ "乾隆三十四年二月初八日楊景全簽狀"(《巴縣檔案選編》下297)以下的認狀、執照。
④ "乾隆三十四年謝占魁認充冷水場頭文"(《乾隆彙編》203)、"乾隆四十二年王仕勝承充客長文"(《乾隆彙編》206)。
⑤ "道光十年二月三日夏芳才稟狀"(《巴縣檔案選編》下10)以下。
⑥ "嘉慶十六年十二月二十二日羅希春等稟狀"(《巴縣檔案選編》上407)及該"認狀"。

是一樣。

　　書吏和差役的任用也是在獲得缺員補充申請的基礎上，推薦事實上的晉升人員，最後獲得認可。① 不過若是書吏和差役的頭領（包含複數），則需要道員和總督的認可，但問題只在於書面的形式，而絕不是人物的評價。② 既是業務集團也是利益集團的書差在升遷中需要上司的保舉推薦，③包括下文與職役户重複的情況，史料中還沒有發現遭到否決的例子。至於下層的書差，他們爲逃避成爲職役户而公開使用着在快役掛名當役的權宜手段。④

　　兩者在形式上的連續性也被用作拒絕職役户負擔的理由。當被迫充當職役户時，已經任命爲書差的自不待言，上述的權宜書差也是逃避的借口，即所謂“二役難當”。這就意味着書吏、差役和職役户在制度上都被定位成職役。兩大資料集所收集的事例中，在兩役相關的情況下，申請者必定會以書差作爲辭退職役户的理由。縣衙方面的對策也是一樣，“二役”競爭的情況下，除極短時間内辭退鄉約的一例外，全都站在書差的立場上聽取了意見，下令重新討論職役户的人選。當然，審查者事實上就是書差集團，所以總會得出這樣的結論，但是縣衙爲了執行公務也必須確保書差及其順利運作。如果可以很好疏通關係運作的話，不僅書差集團，職役户也能獲得利益。其中存在着被解任的職役户借舉人名義重新上任、⑤中間榨取等事例，但職役户往往成爲書差的掠奪窗口。儘

---

① “乾隆三十一年仵作任世賢病故任世學頂補文”《乾隆彙編》223。
② 同上《重慶府札》。
③ “乾隆三十二—三十三年刑房典吏何承先等保狀三則”、“乾隆三十四年六月十一日捕頭姚帝等保舉稟”《乾隆彙編》224 等。
④ “嘉慶二十一年二月二十二日智里四甲冷水場鋪民陳雙合等稟狀”《巴縣檔案選編》下 303。
⑤ “道光三十年二月西城里糧户周以政等簽狀”《巴縣檔案選編》下 304。

管從制度形式和歷史分離經過來看是連續的,但中間存在着深刻的斷裂。

　爲了確認社會與行政的接點,有必要首先確認職役户的性質。首先,他們不是從構成人員中依據能力評價而選出的代表。^① 如前所述,他們的選任必須在前任者辭退後才能開始推薦,但對於推薦者並没有特别的要求。除革職之人以生員名義重新上任外,還有紳糧推薦^②等多種形式。結果就是,被推薦者自言無法勝任的稟狀接踵而至。除了與書差競爭的情況外,還有人雖有田糧,實際身份只是佃户,卻被鄉約所恨推薦成了保正;^③或是有人把目不識丁的父親推薦爲鄉約;^④更有棍徒讓短期的外來人員充當客長,^⑤等等。不過其中的真假也值得懷疑。

　同業集團的代表者是承擔差務負擔的職役户,他們的職務也是可以買賣的利權。"道光十八年四月九日葉林富服約"(《巴縣檔案選編》下 15)記載,千廝門水巷子川幫的夫頭葉林富因不正當行爲被逐出幫外,道光十七年時又買得 2 分夫頭職權,進入幫中管理公事。道光十八年,他被發現挪用數百兩銀錢,告上縣衙後再次遭到驅逐,但入幫時的 2 分職權價款卻得到了歸還。另據"道光三十年七月二十一日陳浩然等供狀"(《巴縣檔案選編》下 15),葉林富蔑視服約,曾三次混作千廝門水巷子川幫的夫頭挪用銀錢,最終被交由縣衙處理。這明顯體現出夫頭的利權化和幫自律能力的缺失。

① 　關於這一問題,參閲《中国農村慣行調査》(岩波書店,1958 年)、蒲地典子《清季華北の"郷保"の任免——中国第一歴史档案館藏〈順天府全宗〉宝抵縣档案史料の紹介を兼ねて》(《近代中国研究センター彙報》17,1995 年)。

② 　"道光二十九年四月二十日巴縣簽充鄉約執照"《巴縣檔案選編》下 305。

③ 　"乾隆三十六年十月二十四日胡國欽訴狀"《巴縣檔案選編》下 300。

④ 　"乾隆二十四年四月二十三日孝里七甲陳元魁稟狀"《乾隆彙編》197。

⑤ 　"嘉慶五年十八(?)月合州謝振棟稟"《巴縣檔案選編》下 302。

同業集團的會計事務也往往十分馬虎，靛行與船幫等同爲巴縣的重要行業，但"道光九年三月初七日潘萬順等稟狀"（《巴縣檔案選編》上 353）有如下記載：

> 蟻等以苛求病商，控盧俊容在案。前月二十七蒙訊，諭令書差算賬。二十九在東嶽廟清算，俊容賬簿與抄粘存案之賬單不符。簿内僅登收厘金銀三千四百兩，注銀二百七十兩給與控告厘金之劉長興，又以銀一百七十餘兩濫費浮銷，又注八十兩請示費用，乃交存厘金五百一十兩亦未登注簿内。其有八年演戲用任意□造，礙難核算。俊容奸露控稟在卷，批示録面。八省客長見賬含混，面斥其非，亦未核算。竊此項前經劉主訊斷，靛簍一包收銀五厘，作廟内費用，因俊容違前斷案，以厘金銀兩買和劉長興，控名請示額規，每簍一包，增收四分，致山客紛控不休。又見連年所抽銀兩有入無出，至道光七年十月初一始請劉三美逐日經理，一年之内，共收厘金銀三千餘兩，一切雜用僅費銀二百餘兩，以此比較，俊容豈無侵吞之弊。

在潘萬順等人的揭發下，賬簿管理人盧俊容的不端行爲被移交，書差在東嶽廟進行調查。結果，被告提交的賬簿與原告上呈的資料大相徑庭。被告的賬簿記載收入厘金三千四百兩，給原告者的支付、經費濫用、請示費用僅有少數記作支出，作爲歲收的五百兩厘金也沒有記録在案。在這樣的情況下，盧俊容接受了判決批示，八省客長也承認失察。這一案件在前任知縣時已經解決，但調查結果卻發現連年徵收的厘金在三千兩以上，而支出總計僅爲二百餘兩，並且把賬簿交給這樣不均衡的會計，本身就能反映該集團的非自律性。公費私有化的例子還有很多，比如瓷器業會首的二千三百兩不正當會計,①千斯坊散夫彭仕龍等將750餘千文厘金中的480餘千文占爲私有。②

居高位的八省客長在各種事件中都要面對縣衙的詢問,但對於屬下的主要商人卻難以掌握。嘉慶六年,八省客長奉知府指示對巴縣内的牙行及其營業内容進行調查,結果雖然對牙行名和商人的正式名義有所報告,但是回避了調查的重點:

> 唯家道殷實與否、可免將來虧空客本者、内有幾省人數衆多,民等雖屬同省,俱系别府别縣之人,大半素不相識,未能詳晰周知。即如憲諭所云,有以些小資本、裝飾齊整行面者,如此行户亦屬不少,但目前並無哄騙實據,未便指其一定虧空客本之人。("嘉慶六年六月二十四日八省客長稟狀"《巴縣檔案選編》上252)

八省客長面臨排解,卻在對手的面前膽怯了。前文"道光九年三月初七日潘萬順等稟狀"(《巴縣檔案選編》上353)案件,以及"道光九年四月十二日池才順等稟狀"(《巴縣檔案選編》上354)中,八省客長屢屢被要求調查和報告,結果卻是"惟客長傅載文,雖秉公正,畏縮不前"。

在這樣的背景下,千斯坊散夫彭任龍私吞厘金的案件又有了如下發展:

> ……去四月水巷子集豐棧改開花棧,被幫内散夫彭仕龍、陳廷貴,將此棧堆花生意私賣李相高等,蟻等控前張主審訊。

---

① "嘉慶六年章景昌稟狀"《巴縣檔案選編》上251。
② "道光十九年葉正順告狀"《巴縣檔案選編》下12。

札委八省客長查兩造告示,均無堆碼字樣,議明自後新開行棧,各歸各街堆碼,稟覆給示定案。蟻等因訟費累及,挪借多金,應歸公項填還。詎遭仕龍、廷貴將幫內厘金公櫃,抬至伊家霸管,不還挪借公項,害蟻等受累。又賄鄉約康正光,朦簽陳浩然、劉興朗、李興順、陳雙和承充夫頭,狼狽相依,恣意侵吞。蟻等查明賬簿,自去四月起,至今六月止,共入厘金錢七百五十餘千。除分給散夫錢二百七十餘千,侵吞錢四百八十餘千。向伊清算吐還,膽仗康正光之勢,逞兇辱罵。投明七門夫頭理論,均畏惡等猖獗,簽稱未奉恩委,不敢言公。("道光十九年葉正順告狀"《巴縣檔案選編》下 12)

值得注意的是"康正光之勢"。他的勢力並非來自鄉約的身份,據筆者所見,康正光是《巴縣檔案選編》中至少出現過九次的權勢人物。[①] 無論以鄉約的身份在公共場所交涉訂立合約,還是私下作爲金錢的保證人,都發揮着多方面的影響力。鄉約康正光之所以擁有如此權勢,既不是因爲他的代表身份受到基層社會的認可,也不是縣衙對他的地位進行過授權,而是來源於社會關係內部的個人實際影響力。

"道光二十六年五月二十一日巴縣告示"(《巴縣檔案選編》上418)中,知縣在提及巴縣乃是水路要衝後,又如下説道:

① 本件之外還有:"康正光等作成約"《巴縣檔案選編》上 358、"譚春和立招挂平約"《巴縣檔案選編》上 359、"嘉慶二十四年十一月二十八日三幫合同約"《巴縣檔案選編》下 6、"嘉慶二十五年五月八日南幫夫頭声明"《巴縣檔案選編》下 6、"道光十八年四月九日葉林富服約"《巴縣檔案選編》下 15、"李益陵允讓約"《巴縣檔案選編》下 22、"韓瑞龍抵借銀約"《巴縣檔案選編》下 22、"龔何氏賣鋪面文約"《巴縣檔案選編》下 34。

……必得老成明白、年輕力壯之人，承充船幫首事，方是以資辦理。本縣到任後，調查歸(舊?)案，先年原分大河、下河、小河三起幫口，支應招呼來往差徭，歷來以來，辦理尚未遺誤。惟積久弊生，今查得，各幫口有多年已革已故之人，而別首名頂充者。有以一人兼充二三役，把持碼頭者。有虛懸幫名，竟無人支應者。……

道光二十六年到巴縣上任的李世彬曾於道光二十一年到二十二年擔任過巴縣知縣。四年後復任的他眼見自己組織的船幫、首事體制的走向解體，又急忙重新保舉船首，並頒發了執照。

如上所述，由於社會基礎的流動性與共同性缺失，職役戶本身並沒有充足的代表性，縣衙授予的權威也是有限的，所以不難想見，他們所起到的社會功能也受到多方面的限制。

明初的里甲體制規定，一里一百十戶的職役每年由十一戶輪流擔任，這就極大地消除了以鄉書手爲首的書吏機能，編造賦役黃冊、徵收和輸送糧食等業務都需要人戶，初級的調停紛爭機能也委托給了村落，連縣衙的雜役也廣泛分攤給了特殊徭役戶以外的人民。文書業務委托給了里長下的里差，有資料顯示，他們即使到了明末仍舊是從里支付薪水的實務者。①

在清朝後期的巴縣，②職役戶的地位和業務比重都十分低下。根據前引道光四年的《保甲煙戶男丁女口花名總冊》，縣城設有二十八坊和十四廂，每坊平均有 1,970 人，一廂居住着 724 人，各設有約坊和坊長 1 名加以統轄。縣城外有八十四甲，居住着約 32 萬人。一甲約爲 3,900 人，負責統括的 3 名以上約保不具代表性且資產情況

---

① 欒成顯《明代黃冊研究》，中國社會科學出版社，1998 年，頁 103。

② 本文所說的職役戶、書差體制在宗族制度發展相對穩定的地域是否適用值得質疑，本文是巴縣的事例研究。

不明。約保有時會同時更新，①没有明初里甲制十年一换的任期，而是通過個別的申請加以解除，屆時自然還需要相應的"使費"。

前文略述了近世日本以農民自治爲基礎的行政組織，平均1萬人左右的"手永"下有"惣莊屋"等數十名職員執行業務，手永下存在20到30個村，也以"莊屋"爲首選用着十名左右的村役人（村落共同體的代表責任者），多數階層都投入到了村落的運營之中。單從人口比例來看，日本近世後期以自治爲基礎的行政組織接近於明初的里甲制度，並且他們都是接受過職能訓練的代表者。

由於職役户的基礎稀薄脆弱，其機能發揮必然受到限制。如前所述，數千名書差深入到社會基層的每一個地域和課題之中。至於職役户的機能，坊廂長主要被期待爲排解，同業組織的首人則奉命從事衙門差務和必要的物資調運（包括貨幣化），也就是充當衙役。至於鄉村的鄉約和保長，除了治安、教化等大義外，常常被要求參與税糧徵收。但是從人員的質和量來看，完成從推收、過割到納完税糧等一連串業務是不可能的。李氏也作過簡潔的整理，推收、過割是户房的義務，徵收對於鄉里的快役而言則是油水頗多的職務。遺憾的是，這些業務的執行在刊行資料集和日本販賣的司法膠片中都得不到明確的驗證。

不過，關於鄉村職役户參與徵收的範圍，在資料中有一定程度的顯示。至於場，從當地營業商人手中徵收的租金是經由鄉約等集中起來的。

> 據此，合行給牌。爲此牌給該鄉約曹正祥收執。嗣後經收較場地租銀錢，務須四季催納齊全，按季如數呈繳。……（"道光二十年九月廿一日巴縣牌"《巴縣檔案選編》下305）

---

① 前引"乾隆二十五年二月二十三日刑房經書瞿良春稟"《乾隆彙編》198。

收於"乾隆二十七年廉里七甲徐朝柱枉報黃成泰等七戶不聯門牌案"(《乾隆彙編》209)的五份稟狀、告狀中,記錄着職役戶和保甲册的關係。綜合刑房經承和快役的報告,通過牌保的提册製成煙戶册,底册交由內署保管,鄉約則以此發給花戶門牌。此時,沒有資產和居所的鄉保會與書吏勾結,給册籍上沒有的人物頒發花戶門牌,這也是鄉保職責和權限的一部分。

至於關係到稅糧徵收的附加稅,有明確的資料顯示鄉保參與了徵收。"乾隆四十六年四月八日鄧廷獻稟"(《乾隆彙編》207)中,鄉約在任期終止時"倉穀去年九月如數完納";"乾隆三十三年六月初十日諫思賢簽呈"(《乾隆彙編》201)中,"夫馬倉穀俱已辦交清楚";"乾隆三十八年十月初七日張繼遠修稟狀"(《乾隆彙編》206)則揭發了自甲的鄉約沒有支付"照糧該派軍需錢一千三百文"。

關於正糧部分,記錄中可以明確看到這樣的情況:任命鄉約時,總括性地指示該甲的花戶數、原額正糧銀必須與典吏一致("道光二十九年四月二十日巴縣簽充鄉約執照"《巴縣檔案選編》下305);任用保長時指示其"催督糧務",徵稅期迫近時有必要補充鄉約和保長("乾隆十七年三月二十六巴縣執照"《乾隆彙編》193)("乾隆三十三年二月十六日巴縣正堂執照"《乾隆彙編》199),但關於鄉約、保長獨自實施徵收和納入的資料還沒能發現。負責徵收的快役從每納期的獎金和代納時的利息中獲取收益,李氏的這一概說似乎沒有推翻的必要。

六　結　語

從世界史的角度來看,明治維新恐怕是最和平且最純粹的近代過渡了。領主土地所有制在秩禄處分（廢止封建地租）和地租改正（轉向近代土地稅）下完全廢止，集中於幕府和藩的封建地租則在近代國家中以租稅的形式統一繼承。[①] 面對農民和部分士族的叛亂，明治政府將土地稅額從預定的土地價格 3% 下調至 2.5%，由此與農民達成了一致，建立起大型的租稅國家。以"地租改正"爲代表的明治初期各項政策，是在與從基層村落到縣級都組織起來的農民的對抗和協商過程中得以實現的。[②] 地方議會在緊張的氛圍中誕生，而運作議會和地方行政組織的都是舊有村落共同體的代表階層。[③] 毋庸贅言，這些發展在近世末期的社會中就已經開始準備了。

農民性剩餘的形成是近代經濟的基礎，連接從福岡縣門司到熊本縣三角的九州最早公司"九州鐵道會社"就是典型的事例。"全縣鐵道相談會"成立於 1986 年 11 月 5 日，緊接着召開了"郡區相談會"和町村的小集會，協商匯總後於 12 月 4 日，也就是一個月後確定了各郡的出資額，出資者的上層被共同體所有的"郡備金"和舊"會所官錢"所充當。[④] 傳統産業的自我革新引領着輕工業的近代化，以輸入棉絲爲原料、使用"高機"（傳統高性能織機）的棉布産業迅速取代了棉布進口。明治政府引入先進技術和機器，却因成本太高，民營工場運用傳統技術加以模仿，引入先進技術以減

---

① 也有論點從秩禄有償購買的角度論證明治維新的不徹底性，但幕府和藩已經統括了中下級領主的所有，在不到十年時間内就全面收購爲國家財政，這在世界史上都是少有的現象。

② 原口清《明治前期地方政治史研究》，塙書房，1972年。

③ 今村直樹《明治九年熊本縣民會考》（《熊本歷史學研究會報》55，2004年）、《近世地方役人から近代区町村吏へ——地方行政スタッフの明治維新》、《熊本藩の地域社会と行政》。

④ 中村尚史《第一次企業勃興期における幹線鉄道會社創立資金の調達過程》、《日本史研究》375，1993年。

少成本,形成了低成本的生絲產業,①中國的工業化政策則是以引入大規模的工場作爲起始,兩者在方法上有很大的區別。

以近世社會發展爲基礎的規律化和國民整合,以及大量剩餘的國家集中,正是日本侵略東亞的社會性和物質性基礎。

中國在小農經營和商業性農業的發展下,徵稅方式實現了土地一元化,建立起貨幣化的租稅國家。但在社會流動化的影響下,承擔基層行政的社會集團毋寧說是走向了解體,權限根據不明、業務範圍不明、收益歸屬不明的龐大書差集團進入了社會的底層。

由於世界範圍的白銀貶值和國內生產力提高,國家收益相對持續低迷。國家也覺察到了這一問題,認爲振興工商業必須首先促進同業集團的規律化,於是設立起了商會,接着又嘗試工商業的"統制"。包含農村在内的從上而下"自治"得以實行,最終發展成爲合作社。稅收體制方面,在各種調查工作後進行了大規模的田賦整理事業。但是對於正式黨員在 30 萬上下的國民黨而言,直達社會基層的統合是難以完成的。

中國在激進的社會主義體制下才回復到直至基層的社會統合,前提除了意識形態的統一和冷戰下的軍事緊張外,還有與居民委員會等各種社會底層機構——對應設立黨委制度,當初占人口1%的黨員支撐着這一制度。國家重構不是自律性團體强化的結果,而是通過内部的"鬥爭"和"運動"得以實現。

作爲社會統合的成果,20 世紀後期正式起步的跨國企業,以及由此帶來的技術和經營轉移(=社會的相對性規律化)。在規制緩和的新自由主義化世界中,中國正以此爲基礎,重新展現出她的活力。

---

① 中村哲《明治維新》,集英社《日本の歷史》第 6 章"来産業の革新と発展",1992 年。

[附表]　　　　中國四川及巴縣與日本熊本藩人口對照表

巴縣人口（女/男）	四川省人口	中國年號（元年）	公元	日本年號（元年）	熊本藩農民人口（女/男）
		天啓	1621		
			1624	寬永	十六年　218,707
		崇禎	1628		0.76
		順治	1644		
		康熙	1662		
			1688	元禄	
			1711	正德	
			1716	享保	十九年　531,248
		雍正	1723		0.86
		乾隆	1736		
	二十二年　268萬		1751	宝暦	
	三十二年　296萬		1764	明和	
			1772	安永	
			1781	天明	
	五十一至五十六年　888萬		1789	寬政	十年　535,543
元年　218,079		嘉慶	1796		0.92
			1804	文化	五年　512,575
	十七年　2,144萬		1818	文政	
四年　386,478		道光	1821		
0.79	十至十一年　3,495萬		1830	天保	十三年　566,011

（續　表）

巴縣人口 （女/男）	四川省人口	中國 年號 （元年）	公元	日本 年號 （元年）	熊本藩 農民人口 （女/男）
			1844	弘化	0.96
	元年　　4,475 萬	咸豐	1851		
			1854	安政　　五年	622,819
		同治	1862		0.98

梁方仲編著《中國歷代戶口、田地、田賦統計》，上海人民出版社，1980 年，頁 262。

松本雅明編《肥後読史総覽》p1836“人口の変遷”，1983 年；鶴屋百貨店；《民國巴縣志》卷四“賦役”。

2011 年度
論文、著書目録

凡　例

一　關於采録

1. 本目録采録的是從 2011 年 1 月到 12 月在日本發表的與中國史有關的研究論文（含研究報告）以及著書。

2. 非日本人的論文、著書，只要是在日本發表的，不論是用日本語撰述，還是翻譯成日本語，或者是用日本語以外的語言書寫的，均予以采録。但不含已經在日本以外的國家發表的文章及著書。

3. 論文、著書目録以内容涉及的時代順序排列。

4. 論文集如果全部或幾乎全部論文與中國史有關，則作爲單行本采録，如其中一部分論文與中國史有關，則只采録相關論文。

5. 爲方便讀者檢索原作，所采論文與著書除題目附出漢文譯文（以[　]標示）外，其他如著者、雜誌、出版社等項均保留日文原貌。

二　關於分類

1. 論文、著書按照時代順序即先秦、秦漢、魏晉南北朝、隋唐、宋元、明清、近代、現代以及中國一般、亞洲一般采録。

2. 五代以及遼、金、西夏的研究録於宋元中。

3. 以 19 世紀末的變法運動以降爲近代，1949 年中華人民共和國成立以降爲現代，但這僅僅是爲了便於分類，並非學術劃分。

4. 凡涉及幾個時代的研究，原則上劃歸於較早的時代中。

5. 題材涉及幾個時代，歸類於任何一個時代都較爲困難的研究，則劃歸於中國一般。

6. 涉及包括中國在内的亞洲内陸或日本、朝鮮等地域的研究，劃歸於亞洲一般。

三　參　考　文　獻

本目録在製作之際，參考了《史學雜誌》（史學會）之“史學文獻目録”以及《東洋史研究》（東洋史研究會）之“近刊叢欄”。

一　論　文

（一）先秦

著　者	論　　　　文	雑誌名・書名	巻・號
下岡順直他	中国泥河湾盆地における後期更新世の地形変遷の年代に関する予察—華北地方における現生人類の出現と文化内容の解明を目指して ［更新世後期中國泥河灣盆地地形年代變遷的相關考察——旨在闡明華北地區發現的智人及其文化内容］	中国考古学	11
大場正善	中国湖北省清江流域に残る旧石器時代のヒトの活動痕跡—華中地方旧石器研究における清江流域が果たす可能性 ［中國湖北省清江流域殘存舊石器時代人類活動遺迹——清江流域在華中地區舊石器研究中的地位］	アジア流域文化研究	7
徳留大輔	新石器時代・二里頭時代における都市集落研究 ［新石器時代、二里頭時代的都市聚落研究］	中国考古学	11

（續　表）

著　者	論　　文	雜誌名・書名	卷・號
久保田慎二	墓からみた馬家浜文化の地域性 ［從墓葬看馬家浜文化的地域性］	古代	125
松本圭太	中国初期青銅器とセイマ・トルビノ青銅器群—有矛の分析を中心に ［中國早期青銅器與塞伊瑪——圖爾賓諾遺存（Seima-Turbino）青銅器羣——有矛的分析］	中国考古学	11
白石渓冴	遼東地域における商代後期から西周併行期の土器編年—大嘴子遺跡の土器編年を中心として ［商代後期至西周並行期遼東地區的土器編年——以大嘴子遺址的土器編年爲中心］	中国考古学	11
小林青樹他	遼東における青銅器・鉄器の調査と成果 ［遼東的青銅器、鐵器調查與成果］	中国考古学	11
山口智弘	『尚書』堯典と荻生徂徠—読解と思索について ［《尚書・堯典》與荻生徂徠——解讀與思考］	中 国—社 会 と文化	26
小沢賢二	清華簡『尚書』文体考 ［清華簡《尚書》文體考］	中国研究集刊	53
福田哲之	清華簡『尹誥』の思想史的意義 ［清華簡《尹誥》在思想史上的意義］	中国研究集刊	53

（續 表）

著 者	論 文	雜誌名・書名	卷・號
竹田健二	清華簡『耆夜』の文献的性格 ［清華簡《耆夜》的文獻性質］	中国研究集刊	53
湯浅邦弘	太姒の夢と文王の訓戒—清華簡「程寤」考 ［太姒夢與文王的訓戒——清華簡《程寤》考］	中国研究集刊	53
金城未来	清華簡『周武王有疾周公所自以代王之志(金縢)』の思想史的特質 ［清華簡《周武王有疾周公所自以代王之志(金縢)》的思想史上的特點］	中国研究集刊	53
福田一也	清華簡『皇門』解題 ［清華簡《皇門》題解］	中国研究集刊	53
草野友子	清華簡『祭公之顧命』釈読 ［清華簡《祭公之顧命》釋讀］	中国研究集刊	53
浅野裕一	清華簡『楚居』初探 ［清華簡《楚居》初探］	中国研究集刊	53
桐本東太監訳，岡本真則　他訳注	『穆天子伝』訳注稿〔一〕 ［《穆天子傳》譯註稿(一)］	史学	80－4
鈴木達明	敍述形式から見た太公書『六韜』の成立について ［從敍述形式看太公書《六韜》的形成］	中国文学報	80

（續　表）

著　者	論　　文	雜誌名·書名	卷·號
飯島武次	中国渭河流域における西周遺跡の調査·研究（平成21年度在外研究報告） ［中國渭河流域的西周遺迹調査、研究（平成二十一年在外研究報告）］	駒澤大學文學部研究紀要	69
高野義弘	逸周書研究序説—「声の文化」の観点から ［《逸周書》研究序説——從"聲文化"的視角來看］	東洋文化〈無窮会〉	106
松井嘉徳	西周史の時期区分について ［西周史的時期區分］	史窓〈京都女子大学〉	68
高田哲太郎	『管子』の「道」について ［《管子》的"道"］	中国研究集刊	53
高田哲太郎	『管子』の聖人 ［《管子》的聖人］	集刊東洋学	106
高橋均	「論語鄭玄注」は日本に伝来したのか—「令集解·穴記」の説を中心として ［《論語鄭玄注》是否傳入日本——以《令集解·穴記》之説爲中心］	中国文化	69
岩間秀幸、瀧本可紀	春秋の政治史（案の戦い—鄢陵の戦い）及び春秋公羊傳·穀梁傳通釈 ［《春秋》的政治史（案之戰−鄢陵之戰）及《春秋》公羊傳、穀梁傳通釋］	研究紀要（一般教育·外国語·保健体育）〈日本大学〉	67

（續　表）

著　者	論　　　文	雜誌名・書名	卷・號
阿部房子	『春秋左氏傳』昭公二十四年に みられる「越公子倉歸主乘舟」 について [《春秋左氏傳・昭公二十四年》 中所見"越公子倉歸王乘舟"]	二松学舎大学人 文論叢	86
岩本憲司	春秋学特殊用語集(1) [春秋學特殊用語集(1)]	中国研究集刊	53
高橋康浩	『國語』舊注考—賈逵・唐固・ 韋昭注の比較 [《國語》舊注考——賈逵、唐固、 韋昭注之比較]	人文科学〈大東 文化大学〉	16
江村知朗	呉越戦争と越文化圏 [吳越戰爭與越文化圈]	集刊東洋学	106
大櫛敦弘	「第三章」からの風景—『戦国縦 横家書』第一部分の理解のた めに [《第三章》所見的情景——對 《戰國縱橫家書》第一部分的 理解]	海南史学	49
吉井涼子	『楚辭』九歌攷 [《楚辭・九歌》考]	二松	25
乾源俊	悲歌慷慨 [悲歌慷慨]	大谷学報	90－1
蘆守助	天道自然の啓示—先秦本体論 の中の弁証唯物論の要素につ いて [天道自然的啓示——先秦本體 論中的辯證唯物論因素]	人文科学研究 〈新潟大学〉	129

（續　表）

著　　者	論　　　　文	雜誌名·書名	卷·號
田中裕子	新疆出土鏃の分類と編年 ［新疆出土鏃的分類與編年］	中国考古学	11
艾克拜尓＝尼牙孜、田中裕子	トルファン盆地洋海墓地における墓と出土馬具の分析 ［吐魯番盆地洋海墓地的墓葬及出土馬具試析］	中国考古学	11
小澤正人	河南省淅川県李官橋盆地における春秋戦国時代墓葬についての一考察 ［河南省淅川縣李官橋盆地春秋戰國時代墓葬的一個考察］	古代	125
齋藤道子	鬼を哭かせたもの—巫の地位の変容から見る中国·戦国期以降の文字文化の浸透 ［使鬼哭泣的人——從巫的地位變化看中國戰國時期以後的文字、文化滲透］	東海史学	45

（二）秦漢

著　　者	論　　　　文	雜誌名·書名	卷·號
馬彪	秦代「禁苑圚（堧）」空間構造とその由来—龍崗秦簡をめぐっての検討 ［秦代"禁苑圚（堧）"的空間構造及其由來——對龍崗秦簡的探討］	山口大学文学会志	61

（續 表）

著 者	論 文	雜誌名・書名	卷・號
池田雄一	岳麓書院藏秦簡『関市律』を得て ［岳麓書院藏秦簡《關市律》所得］	中央大学アジア史研究	35
工藤元男	中国文明と地域文化―日本における秦簡研究の現状 ［中國文明與地域文化――日本的秦簡研究現狀］	ワセダアジアレビュー	9
陳偉	秦簡牘研究の新段階 ［秦簡牘研究的新階段］	資料学の方法を探る	10
工藤元男	「秦簡牘研究の新段階」コメント ［評《秦簡牘研究的新階段》］	資料学の方法を探る	10
柴田昇	陳勝論ノート―陳勝呉広の乱をめぐる集団・地域・史料 ［陳勝論記録――與陳勝吳廣起義相關的羣體、地域與史料］	名古屋大学東洋史研究報告	35
李國棟	「項羽」考 ［“項羽”考］	中國學研究論集	26
水間大輔	秦・漢初における県の「士吏」 ［秦、西漢初期縣的“士吏”］	史學雜誌	120－2
薄井俊二	「皇帝の出遊」緒論―漢の文帝の場合 ［《皇帝出行》緒論――以漢文帝爲例］	中国文化	69

（續　表）

著　者	論　　　　文	雜誌名·書名	卷·號
鈴木直美	「收帑諸相坐律令」撤廢考—文帝の即位事情と賜爵を中心にして ["除收帑諸相坐律令"撤廢考——以文帝即位之事與賜爵爲中心]	東方学	121
目黒杏子	前漢武帝の巡幸—祭祀と皇帝權力の視点から [西漢武帝的巡幸——從祭祀與皇帝權力的角度來看]	史林	94-4
目黒杏子	前漢武帝の封禪—政治的意義と儀禮の考察 [西漢武帝的封禪——政治意義與儀禮的考察]	東洋史研究	69-4
田中良明	翟方進の死 [瞿方進之死]	大東文化大学漢学会誌	50
福永善隆	前漢における内朝の形成—郎官·大夫の変遷を中心として [西漢内朝的形成——以郎官、大夫的變遷爲中心]	史學雜誌	120-8
塩野貴啓	前漢の侍中と給事中 [西漢的侍中與給事中]	国学院大学大学院紀要（文学研究科）	42
齋藤幸子	前漢諸侯王国の太傅 [西漢諸侯王國的太傅]	日本秦漢史研究	11

（續　表）

著　者	論　　　文	雜誌名·書名	卷·號
吉田涼作	前漢中期以降における二十等爵制の機能—民爵による徭役負担の平均化 ［西漢中期以降二十等爵制的功能——民爵中徭役負擔的平均化］	專修史学	51
明石茂生	古代帝国における国家と市場の制度的補完性について(2)—漢帝国 ［古代帝國的國家與市場制度的互補性(2)——漢帝國］	成城大學經濟研究	193
内田宏美	漢長安城未央宮出土骨簽および弩機の銘文について—前漢における武器生産の実態解明にむけて ［漢代長安城未央宮出土的骨簽及弩機上的銘文——西漢時期武器生産的實態研究］	中国考古学	11
佐々木満実	漢代和蕃公主考—「和親」との関係を中心に ［漢代和蕃公主考——與“和親”的關係］	お茶の水史学	54
金城未来	銀雀山漢墓竹簡「五議」について ［銀雀山漢墓竹簡《五議》］	待兼山論叢(哲学)	45
橋本明子	銀雀山漢簡『守法守令等十三篇』訳註(7) ［銀雀山漢簡《守法守令等十三篇》譯註(7)］	名古屋大学東洋史研究報告	35

（續　表）

著　者	論　　　文	雜誌名·書名	卷·號
畑野吉則	敦煌懸泉漢簡の郵書記録簡 ［敦煌懸泉漢簡的郵書記録簡］	資料学の方法を探る	10
吉川佑資	居延漢簡にみえる候長と候史 ［居延漢簡所見候長與候史］	古代文化	63
藤田勝久	『史記』の成立と史学 ［《史記》的形成與史學］	愛媛大学法文学部論集（人文学科編）	30
小林春樹	『漢書』の正統観·漢王朝観について—板野長八の理解の再検討 ［《漢書》的正統觀與漢王朝觀——對板野長八見解的再探討］	東洋研究	180
佐川繭子	劉歆の三統説について ［劉歆的三統説］	二松学舎大学人文論叢	86
趙立男	符應と讖緯—漢代思想への一試論 ［符應與讖緯——漢代思想試論］	アジア文化研究	18
高木智見	修己と治人の間—漢代翕然考 ［修己與治人之間——漢代翕然考］	名古屋大学東洋史研究報告	35
田中良明	天象解釋の展開—『史記』天官書·『漢書』天文志を中心に ［天象解釋的發展——以《史記·天官書》與《漢書·天文志》爲中心］	大東文化大學中國學論集	29

（續　表）

著　者	論　　　文	雜誌名・書名	卷・號
飯田祥子	郡国制のその後─前漢中期から後漢時代の諸侯王と皇帝の関係からみた ［郡國制及以後──從西漢中期至東漢時期諸侯王與皇帝的關係來看］	名古屋大学東洋史研究報告	35
植松慎悟	光武帝期の官制改革とその影響 ［光武帝時期的官制改革及其影響］	九州大学東洋史論集	39
池田雅典	光武帝の圖讖「信奉」 ［光武帝的圖讖"信奉"］	東洋研究	179
浦山きか	鄭玄「三礼注」における「気」字の用法の一側面 ［鄭玄《三禮注》中"氣"字用法的一個側面］	集刊東洋学	105
王明珂著, 柿沼陽平訳	中国漢代の羌(4)─生態学的辺境と民族的境界 ［中國漢代的羌(4)──生態學的邊境與民族邊界］	史滴	33
岡村秀典	後漢鏡銘の研究 ［東漢鏡銘研究］	東方学報（京都）	86
佐川英治	漢魏洛陽城研究の現状と課題 ［漢魏洛陽城研究的現狀與課題］	明治大学東洋史史料叢刊	8
三津間弘彦	『後漢書』の槃瓠傳説と『風俗通義』 ［《後漢書》的盤瓠傳說與《風俗通義》］	大東文化大學中國學論集	29

（續　表）

著　者	論　文	雜誌名·書名	卷·號
瀬川敬也	観峰館所蔵封泥(3) [觀峰館所藏封泥(3)]	観峰館紀要	7
平澤歩	修母致子説の成立とその変容 [修母致子説的形成及其内容演變]	中国—社会と文化	26
藤田勝久	中国簡牘にみえる文書伝達と交通—東アジア資料学の基礎として [中國簡牘所見文書傳達與交通——作爲東亞史料學的基礎]	資料学の方法を探る	10
前原あやの	張衡『渾天儀注』考 [張衡《渾天儀注》考]	関西大学中国文学会紀要	32
小沢賢二	蔡邕『天文志』佚文に見られる渾天儀の構造—円周率の認識と渾天儀の造立 [蔡邕《天文志》佚文中所見渾天儀的構造——圓周率的認識與渾天儀的製造]	汲古	59
森下章司	三段式神仙鏡の新解釈 [三段式神仙鏡的新解釋]	古文化談叢	66
渡邉将智	政治空間よりみた後漢の外戚輔政—後漢皇帝支配体制の限界をめぐって [政治空間所見東漢的外戚輔政——東漢皇帝支配體制的界限]	早稲田大学大学院文学研究科紀要　第4分冊	56
渡邉義浩	「古典中国」の形成と王莽 ["古典中國"的形成與王莽]	中国—社会と文化	26

（續　表）

著　者	論　　　文	雜誌名·書名	卷·號
渡邉義浩	王莽の革命と古文学 ［王莽革命與古文學］	東洋研究	179
塩沢裕仁	洛陽における都城遺跡の保護 とその問題点 ［洛陽都城遺址的保護及其相關 問題］	中国考古学	11
許飛	漢代の告知文·鎮墓文·買地 券に見られる冥界(上) ［漢代告知文、鎮墓文、買地券所 見的冥界(上)］	中國學研究論集	26
劉欣寧	秦漢律における同居の連坐 ［秦漢律中的同居連坐］	東洋史研究	70-1
中村亜希子	雲紋瓦当の変遷と秦漢都城 ［雲紋瓦當的變遷與秦漢都城］	中国考古学	11
大櫛敦弘	帝国の東の門—秦漢統一国家 と海域世界 ［帝國的東門——秦漢統一國家 與海洋世界］	『臨海地域における戦争·交流·海洋政策』(高知大学人文学部「臨海地域における戦争と海洋政策の比較研究」研究班編·発行)〈リーブル出版〉	
佐藤大朗	袁術による皇帝即位の過程と その正統性 ［袁術即皇帝位的過程及其正 統性］	三国志研究	6

（續　表）

著　者	論　　　　文	雜誌名・書名	卷・號
徐少華	赤壁はどこにあったか? —赤壁の戦いをめぐる軍事交通地理 ［何處是赤壁? ——赤壁之戰的軍事交通地理］	アジア流域文化研究	7

（三）魏晉南北朝

著　者	論　　　　文	雜誌名・書名	卷・號
木村政博	曹魏(文帝期・明帝期)における州都督について ［曹魏(文帝時期、明帝時期)的州都督］	三国志研究	6
稀代麻也子	江淹「雑体詩」の劉楨 ［江淹《雜體詩》中的劉楨］	三国志研究	6
楊華	劉備が退却して守った馬鞍山はどこにあったか? ［劉備退却守護的馬鞍山在哪?］	アジア流域文化研究	7
松尾亜季子	蜀漢の南中政策と「西南シルクロード」 ［蜀漢的南中政策與"西南絲綢之路"］	三国志研究	6
片倉健博	『七勝記』について ［《七勝記》］	三国志研究	6
渡邉義浩	『三國志』東夷傳　倭人の条に現れた世界観と国際関係 ［《三國志・東夷傳》"倭人"條所反映的世界觀與國際關係］	三国志研究	6

（續 表）

著 者	論 文	雜誌名·書名	卷·號
高橋康浩	韋昭と神祕性—鄭學との關わりを中心として [韋昭與神秘性——與鄭學的關係]	東洋研究	180
高橋康浩	韋昭『漢書音義』と孫吳の「漢書學」 [韋昭的《漢書音義》與孫吳的"漢書學"]	東洋研究	179
森下章司	漢末·三國西晉鏡の展開 [漢末、三國西晉時期鏡的發展]	東 方 学 報（京都）	86
田中一輝	西晉惠帝期の政治における賈后と詔 [西晉惠帝時期政治中的賈后與詔書]	史林	94－6
田中靖彦	陳寿の処世と『三国志』 [陳壽的處世之道與《三國志》]	駒沢史学	76
佐藤達郎	摯虞『決疑要注』をめぐって [摯虞的《決疑要注》]	関西学院史学	38
今關雄史	嵇康關係研究文献目録（稿）—日本編　一九五六年—二〇〇九年 [嵇康相關研究文獻目録（稿）——日本編 1956 年—2009 年]	大東文化大學中國學論集	28
北村永	甘肅省高台県地埡坡魏晉 3 号墓（M3）について [甘肅省高台縣地埡坡魏晉 3 號墓（M3）]	西 北 出 土 文 献研究	9

（續　表）

著　者	論　　文	雜誌名·書名	卷·號
田中一輝	東晋初期における皇帝と貴族 [東晉初期的皇帝與貴族]	東洋学報	92-4
佐竹保子	謝霊運詩「賞心」考 [謝靈運詩歌"賞心"考]	集刊東洋学	105
内田征志	蘭亭序を科学する―王羲之の呼吸と筆意の研究 [《蘭亭序》的科學化――王羲之的要領與筆意研究]	二松学舎大学論集	54
Haiyan Hu-von Hinüber	Faxian's（法顯 342—423）perception of India―some new interpretation of his Foguoji 佛國記 [法顯（342—423）的印度觀――對《佛國記》新的闡釋]	創価大学国際仏教学高等研究所年報	14
雁木誠	澹台滅明故事の演変―『捜神記』佚文の検討 [澹臺滅明故事的演變――《捜神記》佚文探討]	九州中国学会報	49
渡邉登紀	湛方生と官の文学―東晋末の文学活動 [湛方生與官方文學――東晉末期的文學活動]	歴史文化社会論講座紀要	8
戸川貴行	東晋南朝における傳統の創造について―樂曲編成を中心としてみた [東晉南朝時期傳統的創造――以樂曲的編排爲中心]	東方学	122

（續　表）

著　者	論　　　文	雜誌名・書名	卷・號
戸川貴行	東晉南朝における建康の中心化と国家儀礼の整備について ［東晉南朝時期建康的中心化與國家禮儀的建設］	七隈史学	13
池田恭哉	顔之推の學問における家と國家 ［顔之推學問中的家與國家］	中国思想史研究	31
榎本あゆち	斉の柔然遣使王洪範について―南朝政治史における三斉豪族と帰降北人 ［南齊派遣出使柔然的使者王洪範――南朝政治史中的三齊豪族與歸降北人］	名古屋大学東洋史研究報告	35
橘英範	陳代の唱和集―『文會詩』について ［陳代的唱和集――《文會詩》］	中国文史論叢	7
佐野誠子	『幽明録』・『宣驗記』から『冥祥記』へ―六朝仏教志怪の展開 ［從《幽明録》、《宣驗記》到《冥祥記》――六朝佛教志怪小説的發展］	表現学部紀要〈和光大学〉	11
片山章雄	世界史教科書掲載の霊芝雲型吐魯番文書の深層 ［世界史教科書中刊載的靈芝雲型吐魯番文書的内涵］	東海大学紀要（文学部）	95
市元塁	出土陶俑からみた五胡十六国と北魏政権 ［出土陶俑所見五胡十六國與北魏政權］	古代文化	63

（續　表）

著　者	論　　文	雜誌名・書名	卷・號
角山典幸	北魏洛陽城の平面プランと住民の居住状況について ［北魏洛陽城的平面圖與居民的居住狀況］	人文研紀要〈中央大学〉	72
川本芳昭	北魏内朝再論—比較史の觀點から見た ［北魏内朝再論——從比較史的角度來看］	東洋史研究	70-2
藤本稔	北魏「大乗の乱」に関する一考察 ［北魏"大乘之亂"的相關考察］	高野山大学大学院紀要	12
玉野卓也	北魏における軍鎮将の出自についての一考察 ［北魏軍鎮將領的出身考察］	白山史学	47
窪添慶文	北魏墓誌中の銘辞 ［北魏墓誌中的銘辭］	立正大学文学部論叢	133
松下憲一	北魏後期墓誌における官位と大きさの関係 ［北魏後期墓誌所示官位與形制大小的關係］	史朋〈北海道大学〉	44
南澤良彦	北魏と隋の明堂 ［北魏與隋代明堂］	哲学年報	70
向井佑介	北魏平城時代の仏教寺院と塑像 ［北魏平城時代的佛教寺院與塑像］	仏教芸術	316

（續 表）

著 者	論 文	雑誌名・書名	巻・號
岡田和一郎	北斉国家論序説―孝文体制と代体制 ［北齊國家論序説――孝文體制與代體制］	九州大学東洋史論集	39
徐男英	河北藁城出土の北斉河清元年銘白玉二仏坐像について―「弥勒破坐」銘の解釈を中心に ［河北藁城出土的北齊河清元年石造二佛並坐像――《彌勒破坐》銘文的解釋］	美術史	170
前島佳孝	西魏宇文泰政権の官制構造について ［西魏宇文泰政權的官制結構］	東洋史研究	69－4
会田大輔	西魏・北周覇府幕僚の基礎的考察―幕僚の官名・官品（官命）・序列を中心に ［西魏、北周覇府幕僚的基礎性考察――以幕僚的官名、官品、官級爲中心］	明大アジア史論集	15
平田陽一郎	西魏・北周の二十四軍と「府兵制」 ［西魏、北周的二十四軍與"府兵制"］	東洋史研究	70－2
稲葉秀朗	北周の尉遅迥と奉仏―拉梢寺摩崖大仏を主として ［北周尉遅迥與奉佛――以拉梢寺摩崖大佛爲主］	奈良美術研究	11

（續　表）

著　者	論　　　文	雜誌名·書名	卷·號
徐男英	中国北朝期神王像の受容と変容について ［中國北朝時期神王像的融合與演變］	鹿島美術研究	28別冊
關尾史郎	敦煌新出鎮墓瓶初探—「中国西北地域出土鎮墓文集成（稿）」補遺（続） ［敦煌新出土鎮墓瓶初探——《中國西北地區出土鎮墓文集成（稿）》補遺（續）］	西北出土文献研究	9
高橋秀樹	胡人像尖帽の起源—丁家閘五号墓壁画胡人像解析のために ［胡人像尖帽的起源——丁家閘5號墓壁畫中的胡人像探析］	新潟史学	65
高橋秀樹	酒泉丁家閘5号墓壁画胡人像に見られる氈と「三角帽」 ［酒泉丁家閘5號墓壁畫胡人像中所見的氈帽與"三角帽"］	西北出土文献研究	9
北村一仁	「山胡」世界の形成とその背景—後漢末~北朝期における黄河東西岸地域社会について ［"山胡"世界的形成及其背景——東漢末—北朝時期黄河東西兩岸的地域社會］	東洋史苑	77
町田隆吉	甘粛省高台県出土の冥婚書をめぐって ［甘肅省高臺縣出土的冥婚書］	西北出土文献研究	9

（續　表）

著　者	論　　文	雜誌名・書名	卷・號
森達也	北朝後期陶瓷編年の再検討—北魏洛陽城大市遺跡と鞏義白河窯出土陶瓷の年代をめぐって ［北朝後期陶器編年的再探討——北魏洛陽城遺址與鞏義白河窑出土陶器的年代研究］	中国考古学	11
田村俊郎	中国南北朝時代における『高王観世音経』とその展開—サンフランシスコアジア美術館所蔵経碑を手がかりに ［中國南北朝時代的《高王觀世音經》及其發展——從舊金山亞洲美術館所藏的經碑入手］	東方宗教	118
栗三直隆	并州大寺・開化寺と曇鸞・道綽 ［并州大寺、開化寺與曇鸞,道綽］	仏教史研究	47
清水眞澄	『高僧伝』・『続高僧伝』より見る神仏習合の一側面 ［《高僧傳》《續高僧傳》所見神佛融合的一個側面］	文化史学	67
大内文雄	経録と史書—魏晋南北朝隋唐期における仏教史編纂の試み ［經録與史書——魏晉南北朝隋唐時期的佛教史編纂］	大谷大学史学論究	16
今井晃樹	魏晋南北朝隋唐時代都城の軸線の変遷 ［魏晉南北朝隋唐時期的都城軸線變遷］	中国考古学	11

（四）隋唐

著　者	論　　文	雜誌名・書名	卷・號
稲住哲朗	盧思道と「周斉興亡論」について ［盧思道與"周齊興亡論"］	九州大学東洋史論集	39
掛田良雄	韋節と康国 ［韋節與康國］	防衛大学校紀要（人文科学）	102
ソグド人墓誌研究ゼミナール	ソグド人漢文墓誌訳注(8)太原出土「虞弘墓誌」（隋・開皇十二年） ［粟特人漢文墓誌譯註(8)太原出土的《虞弘墓誌》（隋開皇十二年）］	史滴	33
林香奈　他	『隋書』音楽志訳注稿(5) ［《隋書・音樂志》譯註稿(5)］	中國學研究論集	26
藤井政彦	隋末の「弥勒出世」を標榜した反乱について—発生時期が意味するもの ［隋代末期以"彌勒出世"爲號召的叛亂——發生時期的含義］	印度學佛教學研究	59－2
中村裕一	唐初の「祠令」と大業「祠令」 ［唐初的"祠令"與大業"祠令"］	汲古	60
林美希	唐代前期宮廷政変をめぐる北衙の動向 ［唐代前期宮廷政變中北衙的動向］	史觀	164
林美希	唐・左右龍武軍の盛衰—唐元功臣とその後の禁軍 ［唐代左右龍武軍的盛衰——唐初功臣及其後的禁軍］	史滴	33

（續　表）

著　者	論　文	雜誌名・書名	卷・號
種村由季子	山東地域における駱賓王の交遊—徐敬業の乱を中心に [駱賓王在山東地域的交游——以徐敬業之亂爲中心]	九州中国学会報	49
松田行彦	唐開元二十五年田令の復原と条文構成 [唐開元二十五年田令復原及條文構成]	歴史学研究	877
渡辺信一郎	古代中国の身分制的土地所有—唐開元二十五年田令からの試み [中國古代的身份土地所有制——試析唐開元二十五年的田令]	唐宋変革研究通訊	2
石川澄恵	唐の則天武后における六胡州とオルドス情勢—「阿史那懷堂夫人安氏墓誌」を手掛かりに [唐代則天武后時期的六胡州與鄂爾多斯形勢——從《阿史那懷堂夫人安氏墓誌》入手]	史艸	52
河野保博	唐代交通路と「巡礼」の道の復原 [唐代的交通路與"巡禮"之道復原]	旅の文化研究所研究報告	21
菅沼愛語	安史の乱直前の唐の外征及び対外政策一七五一年の三つの大敗に象徴される唐の内政・外政の異常化の様相 [安史之亂即將爆發前唐朝的對外征伐與對外政策——715年三次大敗呈現的唐朝内政、外交的異常化現象]	京都女子大学大学院文学研究科研究紀要（史学編）	10

（續　表）

著　者	論　　文	雜誌名·書名	卷·號
稻葉譲	Arab Soldiers in China at the Time of the An-Shi Rebellion ［安史之亂時期在中國的阿拉伯軍隊］	Memoirs of the Research Department of the Toyo Bunko	68
山下将司	唐のテュルク人蕃兵 ［唐代的突厥蕃兵］	歷史学研究	881
竹内洋介	牛李党争終焉後の「李派」—宣宗大中年間の動向を中心として ［牛李黨争結束後的"李黨"——宣宗大中年間的動向］	白山史学	47
大澤正昭	唐·五代の『影庇』問題とその周辺 ［唐、五代時期的"影庇"問題］	唐宋変革研究通訊	2
速水大	天聖廐牧令より見た折衝府の馬の管理 ［天聖廏牧令所見折衝府對馬的管理］	法史学研究会会報	15
大澤正昭	唐代の「本銭」運用について ［唐代的"公廨本錢"運用］	上智史学	56
黄正建著，河上麻由子訳	唐代衣食住行の研究と日本の資料 ［唐代衣食住行的研究與日本的資料］	東方学	121
伊藤美重子	敦煌の学郎題記にみる学校と学生 ［敦煌學郎題記所見學校與學生］	唐代史研究	14

（續　表）

著　者	論　　　文	雜誌名・書名	卷・號
池田温	『唐人雜鈔』について(續) [《唐人雜鈔》(續)]	東洋文庫書報	42
冉万里	唐代渤海国の舎利埋納制度について [唐代渤海國的舎利瘞埋制度]	文化史学	67
阿路川真也	剣南西川藩鎮と元載政権 [劍南西川藩鎮與元載政權]	立命館史学	32
荒川正晴	唐の西北軍事支配と敦煌社会 [唐代西北的軍事統治與敦煌社會]	唐代史研究	14
池田温	敦煌秘笈の價値 [敦煌秘笈的價值]	杏雨	14
岩本篤志	『新修本草』序列の研究—敦煌秘笈本の検討を中心に [《新修本草》排序的研究——對敦煌秘笈本的探討]	杏雨	14
岩本篤志	敦煌秘笈「雑字一本」考—「雑字」からみた帰義軍期の社会 [敦煌秘笈《雜字一本》考——"雜字"所見歸義軍時期的社會]	唐代史研究	14
岩尾一史	古代チベット帝国支配下の敦煌における穀物倉会計—S.10647 + Pelliot tibe'tain 1111の検討を中心に [古代吐蕃王朝統治下敦煌的穀物倉賬簿——對敦煌文獻S.10647與P.T.1111的探討]	内陸アジア言語の研究	26

（續　表）

著　者	論　　　文	雜誌名・書名	卷・號
菅沼愛語	徳宗時代の三つの唐・吐蕃会盟(建中会盟・奉天盟書・平涼偽盟)—安史の乱後の内治のための外交 ［德宗時期唐朝與吐蕃的三次會盟(建中會盟、奉天盟書、平涼偽盟)——安史之亂後爲平定内政而實行的外交政策］	史窓〈京都女子大学〉	68
大西磨希子	中唐吐蕃期の敦煌十六観図 ［中唐吐蕃時期的敦煌十六觀圖］	仏教学部論集	95
石川巌	「チベット」「吐蕃」及び「プー」の由来について ［“西藏”、“吐蕃”以及“博巴”的由來］	中央大学アジア史研究	35
大西啓司	吐蕃ツェンポの末裔—ラ(ツァナ)・イェシェーギェンツェン、ティパ父子を中心に ［吐蕃贊普的後裔——以耶協堅贊(Ye shes rgyal mtshan)、赤巴(Khri pa)父子爲中心］	仏教史研究	47
齊藤茂雄	突厥「阿史那感徳墓誌」訳注考—唐羈縻支配下における突厥集団の性格 ［突厥《阿史那感德墓誌》譯注考——唐代羈縻統治下突厥的性質］	内陸アジア言語の研究	26

（續　表）

著　　者	論　　　　文	雜誌名·書名	卷·號
鈴木宏節	唐代漠南における突厥可汗國の復興と展開 ［唐代漠南地區突厥汗國的復興與發展］	東洋史研究	70－1
西田祐子	『新唐書』回鶻伝の再検討—唐前半期の鉄勒研究に向けて ［《新唐書·回鶻傳》的再探討——唐代前中期鐵勒研究］	内陸アジア言語の研究	26
小谷仲男、菅沼愛語	『新唐書』西域伝訳注(2) ［《新唐書·西域傳》譯註(2)］	京都女子大学大学院文学研究科研究紀要（史学編）	10
谷口真由実	杜甫の自称表現と「北征」詩—「杜子」と「臣甫」を中心に ［杜甫的自稱與《北征》詩——以“杜子”與“臣甫”爲中心］	お茶の水女子大学中国文学会報	30
小高修司	杜甫と白居易の病態比較—特に白居易の服石の検証 ［杜甫與白居易病情的比較——對白居易服食石散的驗證］	白居易研究年報	11
黒田真美子	韋応物悼亡詩論　序説—十首構成への懐疑 ［論韋應物悼亡詩：序説——對十首組成的質疑］	お茶の水女子大学中国文学会報	30
下定雅弘	柳宗元詩—その永州の花木詩について ［柳宗元詩——永州的花木詩］	中国文史論叢	7

（續　表）

著　者	論　　　文	雜誌名·書名	卷·號
下定雅弘	柳宗元詩の平仄—律詩における破格の意義 [柳宗元詩的平仄——律詩破格的意義]	岡山大学文学部紀要	55
戸崎哲彦	傳柳宗元手書「龍城石刻」辨僞—"神"となった柳宗元 [流傳的柳宗元手迹《龍城石刻》辨僞——成爲"神"的柳宗元]	島大言語文化	30
小高修司	柳宗元疾病攷 [柳宗元疾病考]	中国文史論叢	7
堀史人	白居易「三教論衡」について [白居易的《三教論衡》]	待兼山論叢（文学編）	45
大山岩根	李商隱詩に見える蝶の諸相 [李商隱詩歌中所見蝴蝶樣態]	集刊東洋学	105
中尾健一郎	唐末動乱期の洛陽と韋荘 [唐末動亂時期的洛陽與韋莊]	日本文学研究	46
宮下聖俊	『河岳英靈集』の諸版本比較考—その資料的價値をさぐる [《河岳英靈集》諸版本的比較——史料價值的探討]	大東文化大學中國學論集	28
森田眞円	唐初の景教と善導大師 [唐初的景教與善導大師]	眞宗研究	55
田中史生	唐僧義空の来日 [唐僧義空渡日]	アジア遊学	142
百田篤弘	義浄『南海寄帰内法伝』に見える陶磁製「浄瓶」について [義浄《南海寄歸内法傳》所見陶瓷"浄瓶"]	東洋哲学研究所紀要	26

（續　表）

著　者	論　　文	雜誌名·書名	卷·號
小野英二	唐高宗期扶風法門寺阿育王塔にみる仏塔と仏像の関係 ［唐高宗時期扶風法門寺阿育王塔中所見佛塔與佛像的關係］	奈良美術研究	11
松井太	古ウイグル語文献にみえる「寧戎」とベゼクリク ［古回鶻語文獻中所見"寧戎"與柏孜克里克］	内陸アジア言語の研究	26
岩崎日出男	不空三蔵の五台山文殊信仰宣布に関する諸問題—特に中田美絵氏の拙論に対する批判への反論を中心として ［不空三藏在五臺山宣揚文殊信仰的諸問題——駁中田美繪氏對拙論的批判］	東アジア仏教研究	9
下野玲子	敦煌仏頂尊勝陀羅尼経変相図の成立に関する研究 ［敦煌佛頂尊勝陀羅尼經變相圖形成的相關研究］	鹿島美術研究	28 別冊
加藤正賢	唐代における懺法の実修 ［唐代的懺法實修］	東海仏教	56
王晧月	道教の斎法儀礼における命魔の観念 ［道教齋法儀禮中的命魔觀念］	東方宗教	118
趙振華著，中田裕子訳	唐代少府監鄭巖とそのソグド人祖先 ［唐代少府監鄭巖及其粟特人祖先］	内陸アジア言語の研究	26

（續　表）

著　者	論　　　文	雜誌名・書名	卷・號
王德權	士人、鄉里與國家—古代中國國家型態下士人性質的思考 ［士人、鄉里與國家——古代中國國家形態下士人性質的思考］	唐宋変革研究通訊	2
王美華著，梅村尚樹訳	唐宋時期鄉飲酒礼変遷の分析 ［唐宋時期鄉飲酒禮變遷分析］	史滴	33
宮澤知之	唐宋変革と流通経済 ［唐宋變革與商品經濟］	歴史学部論集〈仏教大学〉	1
岡野誠	唐宋資料に見る『法』と『医』の接点 ［唐宋史料所見“法”與“醫”的連接點］	杏雨	14

（五）宋元

著　者	論　　　文	雜誌名・書名	卷・號
小二田章	北宋初期の地方統治と治績記述の形成—知杭州戚綸・胡則を例に ［北宋初期的地方統治與治績記述的形成——以知杭州戚綸、胡則爲例］	史觀	165
塚本麿充	皇帝の文物と北宋初期の開封（上）啓聖禅院、大相国寺、宮廷をめぐる文物とその意味について ［皇帝的文物與北宋初期的開封（上）啓聖禪院、大相國寺、宮廷的文物及其價值］	美術研究	404

（續　表）

著　者	論　　　文	雜誌名·書名	卷·號
塚本麿充	皇帝の文物と北宋の社会—日本文物の交流からの視点 ［皇帝的文物與北宋的社會——與日本文物交流的角度來看］	BI—東京大学東洋文化研究所超域連携研究プログラム「アジアの『美』の構築」annual report	5
伊藤一馬	北宋における将兵制成立と陝西地域—対外情勢をめぐって ［北宋將兵制的形成與陝西地區——對外形勢的變化］	史學雜誌	120-6
梅村尚樹	宋代地方官の着任儀礼—官学との関わりを中心に ［宋代地方官的到任禮儀——與官學的關係］	東洋学報	93-3
廖咸惠著，今泉牧子訳	「小道」の体験—宋代士人生活における術士と術数 ［“小道”的體驗——宋代士人生活中的術士與術數］	都市文化研究	13
許曼著，石田貴子訳	「内事」と「外事」—宋代福建路地域社会での女性の経済活動 ［“内事”與“外事”——宋代福建路地域社會的女性經濟活動］	中国女性史研究	20
久保田和男	宋朝における地方への赦書の伝達について ［宋朝赦書在地方上的傳達］	史滴	33
小島毅	宋代天譴論再説—欧陽脩は何を変えたのか ［再談宋代的天譴論——歐陽修改變了什麼?］	中国—社会と文化	26

（續　表）

著　者	論　　　　　文	雜誌名·書名	卷·號
佐藤成順	五代末宋初の浄土教—台州·杭州·明州に再燃した浄土教［五代末宋初的浄土教——在台州、杭州、明州境內復興的浄土教］	三康文化研究所年報	42
加藤正賢	宋代における懺法の実修—北宋期初頭の懺法を中心として［宋代懺法的實修——以北宋初期的懺法爲中心］	印度學佛教學研究	59－2
水越知	李昌齡注『太上感応篇』の成立について—『楽善録』との関係を中心に［李昌齡注《太上感應篇》的形成——與《樂善錄》的關係］	文化史学	67
和田英信	蘇軾の詠画詩—元祐年間を中心に［蘇軾的咏畫詩——以元祐年間爲中心］	お茶の水女子大学中国文学会報	30
松浦智子	楊家将「五郎為僧」故事に関する一考察［有關楊家將"五郎爲僧"故事的一個考察］	日本アジア研究	8
松浦智子	楊門女将「宜娘」考—楊家將故事と播州楊氏［楊門女將"宜娘"考——楊家將故事與播州楊氏］	東方学	121
石岡浩	北宋景祐刊『漢書』覆刻本の概観—形態の問題点［北宋景祐年間刊《漢書》復刻本概觀——形態的問題］	アジア文化研究所研究年報	45

（續　表）

著　者	論　　　文	雜誌名·書名	卷·號
太田亨	静嘉堂文庫所藏宋版『唐柳先生文集』殘卷について ［静嘉堂文庫所藏宋版《唐柳先生文集》殘卷］	東方学	122
高橋弘臣	南宋の皇帝祭祀と臨安 ［南宋的皇帝祭祀與臨安］	東洋史研究	69－4
高橋弘臣	南宋臨安と東南会子 ［南宋臨安與東南會子］	愛媛大学法文学部論集（人文学科編）	31
青木敦	南宋判語所引法の世界 ［南宋判語所引法律的世界］	東洋史研究	70－3
市村導人	宋代江南における農耕技術史の方法的検討 ［宋代江南地區農耕技術的方法探討］	佛教大学大学院紀要（文学研究科編）	39
中林広一	宋代農業史再考—南宋期の華中地域における畑作を中心として ［宋代農業史再考——以南宋時期華中地區的耕作農業爲中心］	東洋学報	93－1
小林義廣	宋代吉州の周氏一族について—周必大を中心として ［宋代吉州的周氏一族——以周必大爲中心］	東海大学紀要（文学部）	94
辻井義輝	朱熹気質論における「心」の位置と役割 ［朱熹氣質論中"心"的位置與作用］	東洋学研究	48

（續　表）

著　者	論　　　　文	雜誌名・書名	卷・號
吾妻重二	朱熹の釈奠儀礼改革について—東アジアの視点へ ［朱熹的釋奠禮改革——從東亞的視角來看］	東アジア文化交渉研究	4
中嶋諒	陸九淵の『春秋』解釈—その高弟、楊簡との比較を手がかりに ［陸九淵對《春秋》的解讀——與其高足楊簡的比較］	アジアの文化と思想	20
甲斐雄一	陸游の嚴州赴任と『劍南詩稿』の刊刻 ［陸游赴任嚴州與《劍南詩稿》的刊刻］	橄欖	18
土肥祐子	東洋文庫藏手抄本『宋会要』食貨三八市舶について ［東洋文庫藏手抄本《宋會要・食貨三八》"市舶"］	東洋文庫書報	42
永井政之他	『宋会要』道釈部訓註(6) ［《宋會要》道釋部訓註(6)］	駒沢大学仏教学部論集	42
野沢佳美	宋・福州版東禅寺藏の題記について—整理と問題点 ［宋代福州東禪寺所藏題記——整理與相關問題］	立正大学人文科学研究所年報	48
岩崎力	夏州定難軍節度使の終焉と豊州藏才族の擡頭—西夏建国前史の再検討(5) ［夏州定難軍節度使的衰落與豊州藏才族的興起——西夏建國前史的再探討(5)］	明清史研究	7

（續　表）

著　者	論　　文	雜誌名·書名	卷·號
與座良一	熙豊年間の対西夏政策—北宋·西夏間の横山領有を廻って ［熙豊年間對西夏的政策——圍繞北宋、西夏之間横山的占領問題］	歴史学部論集〈佛教大学〉	1
松澤博	スタイン將來黑水城出土西夏文獻について ［斯坦因帶走的黑水城出土西夏文獻］	東洋史苑	77
荒川慎太郎	プリンストン大学所蔵西夏文華厳経巻七十七訳注 ［普林斯頓大學所藏西夏文《華嚴經》巻七十七譯注］	アジア·アフリカ言語文化研究	81
山本光朗	趙良弼と元初の時代 ［趙良弼與元初時代］	アジア史学論集	4
赤尾栄慶、宇都宮啓吾	元時代·至元二十八年の華厳経—角筆の使用を確認 ［元代至元二十八年的《華嚴經》——角筆使用的確認］	京都国立博物館学叢	33
川澄哲也	『通制條格』蒙文直訳体部分のテキスト ［《通制條格》蒙文直譯體部分的文本］	福岡大学研究部論集（人文科学編）	11－2
乙坂智子	「元之天下、半亡於僧」の原像—国家仏事に関する元代漢民族史官の記事採録様態 ［“元之天下，半亡于僧”的原型——元代漢民族史官對國家佛事的相關記録］	社会文化史学	54

（續　表）

著　者	論　　　文	雜誌名·書名	卷·號
小池一郎	文学としての元代漢語版本『老乞大』 ［作爲文學作品的元代漢語版《老乞大》］	言語文化〈同志社大学〉	13 - 3
太平広記研究会	『太平広記』訳注(17)卷二百九十三「神」(3) ［《太平廣記》譯注(17)卷二百九十三"神"(3)］	中國學研究論集	26
藤原崇人	北塔発現文物に見る11世紀遼西の仏教的諸相 ［北塔出土文物所見11世紀遼西佛教的實際狀況］	東西学術研究所紀要	44
徳永洋介	景迹と警跡—宋元時代の治安装置 ［景迹與警迹——宋元時期的治安機構］	東方学	121
白蓮杰	耶律楚材の仏教思想に関する一考察 ［耶律楚材的佛教思想探析］	お茶の水女子大学中国文学会報	30
橋村愛子	敦煌莫高窟及び安西楡林窟の孔雀明王(Mahamayuri)について—帰義軍節度使曹氏による密教受容の一断面 ［敦煌莫高窟及安西楡林窟中的孔雀明王——歸義軍節度使曹氏對密教吸收的一個側面］	美学美術史研究論集	25
井内真帆	カラホト出土のカダム派関係写本 ［黑水城出土的噶當派相關寫本］	仏教学セミナー	92

（續 表）

著 者	論 文	雜誌名・書名	卷・號
桂華淳祥	金元代石刻史料集—華北地域佛教關係碑刻(1) ［金元代石刻史料集——華北地域佛教相關碑刻(1)］	真宗総合研究所研究紀要	28
舟部淑子	馬致遠の套数「題西湖」について ［馬致遠的套數《題西湖》］	中国文化	69
福田素子	雜劇『崔府君斷冤家債主』と討債鬼故事 ［雜劇《崔府君斷冤家債主》與討債鬼故事］	東方学	121
松川節	世界遺産エルデニゾー寺院(モンゴル国)で再発見された漢モ対訳『勅賜興元閣碑』断片 ［世界遺産額爾德尼召寺(蒙古國)中新發現的漢蒙互譯《敕賜興元閣碑》殘片］	大谷学報	89−2
森博行	朱敦儒の詞にあらわれた邵雍 ［朱敦儒詞中出現的邵雍］	中國文學報	80
山崎覚士	海商とその妻—十一世紀中国の沿海地域と東アジア海域交易 ［海商及其妻——11世紀中國沿海地區與東亞海上貿易］	歴史学部論集〈佛教大学〉	1
山本明志	13・14世紀モンゴル朝廷に赴いたチベット人をめぐって—チベット語典籍史料から見るモンゴル時代 ［13、14世紀赴蒙古朝廷的西藏人——藏文典籍史料中所見蒙古時代］	待兼山論叢(史学編)	45

（續　表）

著　者	論　　　文	雜誌名·書名	卷·號
李銘敬	遼代高僧非濁の行状に関する資料考(一)—『奉福寺仏頂尊勝陀羅尼幢記』について [遼代高僧非濁行狀相關史料考(一)——《奉福寺佛頂尊勝陀羅尼經記》]	成城國文學論集	34
連凡	『文献通考·経籍考』に関する一考察—分類の修正とその学術的意味について [《文獻通考·經籍考》相關的一個考察——對分類的修正及其學術意義]	九州中国学会報	49
劉曉	元代道教公文初探—以《承天觀公據》與《靈應觀甲乙住持箚付碑》為中心 [元代道教公文初探——以《承天觀公據》與《靈應觀甲乙住持箚付碑》爲中心]	東方学報(京都)	86
渡辺健哉	"元の大都における仏寺·道観の建設—大都形成史の視点から" [元大都佛寺與道觀的修建——從大都形成史的角度來看]	集刊東洋学	105
張新朋著,福田忠之訳	日本に現存する中国宋元代以降禅僧の頂相に関する調査と研究 [日本現存中國宋元時代以降禪僧頂相(肖像畫)相關調查與研究]	日本思想文化研究	4-1

（續　表）

著　者	論　文	雑誌名・書名	巻・號
榎本涉	入元日本僧椿庭海壽と元末明初の日中交流—新出僧傳の紹介を兼ねて ［入元日本僧人椿庭海壽與元末明初的中日交流——兼及新出僧傳的介紹］	東洋史研究	70－2

（六）明清

著　者	論　文	雑誌名・書名	巻・號
檀上寛	明代中華帝国論 ［明代中華帝國論］	新しい歴史学のために	279
川勝守	明太祖『御製大誥』の政治行政原論 ［明太祖《御製大誥》的政治行政原理］	明清史研究	7
滝野邦雄	建文帝の諡号について(7) ［關於建文帝的諡號(7)］	経済理論	361
川越泰博	奉天靖難軍の四川再配置について—越嶲衛陳氏の事例を中心に ［奉天靖難軍在四川的重新分佈——以越嶲衛陳氏爲例］	人文研紀要〈中央大学〉	72
森宏之	明・太祖と成祖の仏教観 ［明太祖與成祖的佛教觀］	花園大学国際禅学研究所論叢	6

（續　表）

著　者	論　　　　文	雜誌名·書名	卷·號
高橋亨	明代永樂期内閣官の性格について [明代永樂時期内閣官員的性質]	歷史	116
前田尚美	明朝の皇位継承問題と皇太后—誠孝皇后張氏を例に [明朝皇位繼承問題與皇太后——以誠孝皇后張氏爲例]	京都女子大学大学院文学研究科研究紀要（史学編）	9
前田尚美	大礼の議における慈寿皇太后の懿旨の意味 [大禮儀中慈壽皇太后懿旨的含義]	京都女子大学大学院文学研究科研究紀要（史学）	10
川越泰博	明代貴州の軍站について [明代貴州的衛所]	中央大学文学部紀要	史学56
陳永福	万暦年間の言路問題に関する一考察—万暦十六（一五八八）年順天郷試事件を中心に [萬暦年間的言路問題——以萬暦十六年（1588）的順天郷試案爲中心]	東洋学報	92-4
城地孝	明嘉靖馬市考 [明嘉靖馬市考]	史學雜誌	120-3
檀上寬	明代朝貢体制下の册封の意味—日本国王源道義と琉球国中山王察度の場合 [明代朝貢體制下册封的含義——以日本國王源道義與琉球國中山王察度爲例]	史窓〈京都女子大学〉	68

（續　表）

著　者	論　　文	雜誌名·書名	卷·號
蘇浩	明代における琉球冊封使の天妃信仰に関する一考察—渡琉使録を中心に ［明代琉球册封使的天妃信仰之考察——以《使琉球録》爲中心］	日本思想文化研究	4－2
オラー・チャバ	浙江巡撫朱紈の遣明使節保護・統制策と「信票」の導入—『甓余雜集』と『嘉靖公牘集』からみる ［浙江巡撫朱紈對遣明使節的保護、統治政策與“信票”的發展——從《甓餘雜集》和《嘉靖公牘集》來看］	史學雜誌	120－9
荷見守義	明代巡按山東観察御史の基礎的考察 ［明代巡按山東觀察御史的基礎性考察］	人文研紀要〈中央大学〉	72
鶴成久章	『明状元図考』訳注（稿）（4） ［《明狀元圖考》譯注稿（4）］	福岡教育大学紀要	60－1
三浦秀一	副榜挙人と進士教職—明代における地方学官と郷試考官の一特徴 ［副榜舉人與進士教職——明代地方學官與鄉試考官的一個特征］	集刊東洋学	106
鄭潔西	万暦二十年の「暹羅参戦案」—豊臣秀吉の朝鮮侵略戦争を背景に ［萬暦二十年的“借兵暹羅”之策——豊臣秀吉發動侵略朝鮮戰争的背景］	日本思想文化研究	4－2

（續　表）

著　者	論　　　文	雜誌名 · 書名	卷 · 號
MATSUURA AKIRA	Chinese Sea Merchants and Pirates [中國的海商與海盜]	ICIS　　Overseas Publication Series	1
Olah Csaba	日本の遣明使節と浙江巡撫朱紈—『甓餘雜集』からみる嘉靖二十七年の投書及び金錢詐取事件 [日本遣明使節與浙江巡撫朱紈——《甓餘雜集》中所見嘉靖二十七年的投書及詐騙錢財事件]	東方学	122
辻原明穂	明末の経略と督師—督撫制度との関わりから見た [明末的經略與督師——與督撫制度的關聯]	洛北史学	13
辻原明穂	"明清交替期の督師幕府—揚州督師史可法幕府をもとに" [明清交替時期的督師幕府——以揚州督師史可法的幕府爲例]	京都女子大学大学院文学研究科研究紀要 (史学)	10
山崎岳	同化と異化—明代広西の「猺獞」と土官岑氏一族 [同化與異化——明代廣西的"猺獞"與土官岑氏一族]	史林	94 - 1
山田勅之	『皇明恩綸録』の一部校注—中国国家図書館所蔵抄本に基づいて [《皇明恩綸録》部分校注——以中國國家圖書館所藏抄本爲基礎]	アジア · アフリカ言語文化研究	81

（續　表）

著　者	論　　　文	雜誌名·書名	卷·號
板倉聖哲	15世紀寧波文人が見た東アジア絵画—金湜を例に [15世紀寧波文人所見東亞繪畫——以金湜爲例]	BI—東京大学東洋文化研究所超域連携研究プログラム「アジアの『美』の構築」annual report	5
都甲さやか	1530年代の文徴明—作画活動における系譜意識 [1530年代的文徴明——繪畫活動的派別意識]	鹿島美術研究	28別冊
伊香賀隆	王陽明の〈陸象山〉論—象山の〈未だ及ばざる〉点とは何か [王陽明的"陸象山"論——陽明論象山"所以未及于顔子、明道者在此"爲何?]	白山中国学	17
王傑	李卓吾の官僚時代—出世間への道 [李卓吾的官僚時代——超脱世俗之路]	都市文化研究	13
中川諭	『三国志演義』の夷白堂本と周日校本 [《三國志演義》的夷白堂本與周日校本]	三国志研究	6
瀬高範昌	『西遊記』研究關連目録 [《西遊記》研究相關目録]	大東文化大學中國學論集	26

（續　表）

著　者	論　　文	雜誌名·書名	卷·號
髙井たかね	『金瓶梅詞話』牀類小考 ［《金瓶梅詞話》牀類小考］	仏教芸術	316
髙井たかね	明代の八仙卓について—その出現時期および用途を中心に ［明代的八仙桌——出現時期及其用途］	東方学報（京都）	86
播本崇史	明末天主教の「天」に関する一考察 ［明末天主教中"天"的相關考察］	白山中国学	17
野口善敬	明末清初における天童寺の住持について—密雲円悟の後継をめぐって ［明末清初天童寺的住持——密雲圓悟的後繼者］	禪學研究会	89
陳小法	現代中国における日明関係史研究の動向について—倭寇を中心に ［現代中國的明朝與日本的關係史研究動向——以倭寇爲中心］	日本思想文化研究	4−1
萩原守	中国·国家図書館所蔵「崇徳三年軍律」の文献学的再検討—八旗の法から清朝蒙古例への編入過程 ［中國國家圖書館藏《崇德三年軍律》的文獻學再探討——從八旗之法到清朝蒙古例的編入過程］	アジア·アフリカ言語文化研究所	81

（續 表）

著 者	論 文	雜誌名・書名	卷・號
谷井陽子	八旗制度再考（5）—軍事的背景と戰略 ［八旗制度再考（5）——軍事背景及戰略］	天理大学学報	228
小俣喜久雄	明清期創建、台湾鄭成功廟縁起（前） ［明清時期臺灣鄭成功廟創建的原因（上）］	東洋大学大学院紀要（文学・国文）	47
細谷良夫	珠江・西江流域の明末清初の史跡—平南藩尚可喜と南明永曆帝を中心に ［明末清初珠江、西江流域的歷史遺迹——以平南王尚可喜與南明永曆帝爲中心］	アジア流域文化研究	7
小野達哉	清初の漢人官僚と人事政策の志向—内外互用・内陞外轉の關係から見た ［清初的漢人官僚與用人政策的趨向——從内外互用與内升外轉的關係來看］	東 方 学 報（京都）	86
王標	清初江西における文化的秩序の再建—江西巡撫宋犖とその交遊を中心にして ［清初江西文化秩序的重建——以江西巡撫宋犖及其交遊爲中心］	都市文化研究	13
磯部淳史	順治朝の後繼者問題と康熙帝をめぐる旗王たち ［順治朝的繼承人問題與圍繞康熙帝的旗王們］	立命館東洋史學	34

（續　表）

著　者	論　　　文	雜誌名·書名	卷·號
鈴木真	清朝康熙年間の皇位継承者問題と旗王·権門の動向 ［清朝康熙年間的皇位繼承人問題及旗王、權貴動向］	史學雜誌	120 - 1
松浦茂	The Qing Surveys of the Left Bank of the Amur after the Conclusion of the Treaty of Nerchinsk ［清朝在《尼布楚條約》簽訂後對阿穆爾河左岸的調查］	Memoirs of the Research Department of the Toyo Bunko	68
柏木麻里	康熙官窯の青花·釉裏紅磁器における〈倣古〉の意義 ［康熙時期官窯青花、釉里紅瓷器中"仿古"的意義］	鹿島美術研究	28 別冊
王竹敏	康熙·雍正時期の中暹朝貢貿易に見る圧艙貨物 ［康熙、雍正時期中暹朝貢貿易中的壓倉貨物］	千里山文学論集	86
新居洋子	イエズス会士アミオのみた乾隆帝と清朝官僚 ［耶穌會士阿米奧眼中的乾隆帝與清朝官僚］	中 国—社 会 と 文化	26
谷口規矩雄	清代乾隆朝、官僚の汚職について（1）—乾隆朝初期 ［清 代 乾 隆 朝 官 僚 的 貪 污（1）——乾隆朝初期］	愛大史学（日本史·アジア史·地理学）	20
張莉著，村松弘一訳	乾隆年間の天山北麓における土地と人々 ［乾隆年間天山北麓的土地與人民］	東洋文化研究	13

（續　表）

著　者	論　　　　文	雜誌名·書名	卷·號
滝野邦雄	清代八股文における八股（提股·出題·中股·後股）と收股について(7) ［清代八股文的八股（破題、承題、中股、後股）與束股］	経済理論	362
中林史朗	『陔余叢考』訓譯（卷十） ［《陔餘叢考》訓釋（卷十）］	大東文化大学漢学会誌	50
水上雅晴	清代学術と科挙—乾嘉期における学風の変化と受験生の対策 ［清代學術與科舉——乾嘉時期學風的變化與科舉考生的應對］	琉球大学教育学部紀要	79
多々良圭介	清代における信仰と「治療」 ［清代的信仰與"治療"］	史叢	83
小川晴久	最高の儒者李二曲 ［當世鴻儒李二曲］	二松	25
伊東貴之	李塨の立場—顔李学派の再考のために ［李塨的立場——顔李學派再考］	東洋の思想と宗教	28
魏敏	考満と考察(1)清代中国文官監督制度の一端 ［考滿與考察(1)清代中國文官監察制度的一個側面］	法学論叢〈京都大学〉	169-5
魏敏	考満と考察(2·完)清代中国文官監督制度の一端 ［考滿與考察(2,完)清代中國文官監察制度的一個側面］	法学論叢〈京都大学〉	169-6

（續　表）

著　　者	論　　　　文	雜誌名・書名	卷・號
王兆輝	蒙官・逐利・害民: 清代吏役弄权与江南市镇—以《刘河镇记略》为中心的考察 [蒙官、逐利、害民: 清代吏役弄權與江南市鎮——以《劉河鎮記略》爲中心的考察]	愛知論叢	91
藤村是清	華僑の移動と春節—香港移民統計(1855—68 年)を中心に [華僑的遷移與春節——以香港的移民統計 (1855—68 年) 爲中心]	人間科学研究年報	5
額定其労	清代モンゴルのアラシャ旗における裁判(1) [清代蒙古阿拉善旗的審判(1)]	法学論叢〈京都大学〉	170 - 1
額定其労	清代モンゴルのアラシャ旗における裁判(2) [清代蒙古阿拉善旗的審判(2)]	法学論叢〈京都大学〉	170 - 2
額定其労	清代モンゴルのアラシャ旗における裁判(3・完) [清代蒙古阿拉善旗的審判(3,完)]	法学論叢〈京都大学〉	170 - 3
喜多三佳	殺死姦夫の理—清律「殺死姦夫条」の淵源とその発展 [殺死姦夫之理——清律"殺死姦夫條"的淵源及其發展]	法史学研究会会報	15
林乾	葉墉事件からみた清代訟師の活動方式とその特徴について [從葉墉事件看清代訟師的行爲方式及其特征]	東アジア研究	55

（續　表）

著　者	論　　　　文	雜誌名・書名	卷・號
モンゴルフ	雍正・乾隆朝における帰化城トゥメト旗の裁判制度—命盗案件を中心として [雍正、乾隆時期歸化城土默特旗的審判制度——以命盗案件爲中心]	史滴	33
太田出	清代中国の監獄社会と牢頭 [清代中國的監獄社會與牢頭]	史学研究	273
石野一晴	17世紀における泰山巡禮と香社・香會—靈巖寺大雄寶殿に殘る題記をめぐって [17世紀的泰山巡禮與香社、香會——關於靈巖寺大雄寶殿内殘存的題記]	東方学報（京都）	86
新居洋子	18世紀在華イエズス会士アミオと満洲語 [18世紀的在華耶穌會士阿米奥（Jean Joseph Marie Amiot 1718–1793)與滿語]	東洋学報	93–1
西川和孝	18世紀末の雲南省普洱府漫撒における会館建立と茶園開発—石屏漢人移民の活動を中心として [18世紀末雲南省普洱府漫撒山地區會館的建立與茶園的開發——以石屏地區漢人的移民活動爲中心]	『東アジアの茶飲文化と茶業』〈周縁の文化交渉学シリーズ1〉（関西大学）	

（續　表）

著　者	論　　　文	雜誌名·書名	卷·號
沈玉慧	清代北京における朝貢使節間の交流—朝鮮·琉球使節を例として ［清代北京的朝貢使節間的交流——以朝鮮、琉球使節爲例］	九州大学東洋史論集	39
野田仁	Titles of Kazakh Sultans Bestowed by the Qing Empire；The Case of Sultan Ghubaydulla in 1824 ［清朝皇帝賜予哈薩克蘇丹的封號：以 1824 年 Ghubaydulla 苏丹爲例］	Memoirs of the Research Department of the Toyo Bunko	68
新村容子	1820~30 年代北京の士大夫交流(IV)—道光十六年(1836)四月四日「江亭展禊」を中心として ［1820—30 年代北京士大夫的交流（IV）——以道光十六年(1836)四月四日的"江亭展禊"爲中心］	岡山大学文学部紀要	55
菊池秀明	太平天国における私的結合と地方武装集団 ［太平天国的私人結合與地方武裝集團］	歴史学研究	880
小野泰教	咸豊期郭嵩燾の軍費対策—仁政、西洋との関連から見た ［咸豐時期郭嵩燾的軍費對策——與仁政、西洋的關係］	中国—社会と文化	26

（續　表）

著　者	論　　　文	雜誌名・書名	卷・號
周圓	丁韙良『万国公法』の翻訳手法―漢訳『万国公法』1卷を素材として ［丁韙良《萬國公法》的翻譯方法——以漢譯《萬國公法》一卷爲例］	一橋法学	10-2
松浦章	江南製造局草創期に建造された軍艦について ［江南製造局初創時期建造的軍艦］	或問	20
大坪慶之	イリ問題にみる清朝中央の政策決定過程と總理衙門 ［伊犁問題所見清朝的中央決策過程與總理衙門］	東洋史研究	70-3
濱久雄	清代における漢易の展開―恵棟の『易漢学』を中心として ［清代漢易的發展——以惠棟的《易漢學》爲中心］	東洋研究	179
氷野歩	『語言自邇集』成立過程における語彙の変遷―旗人語"阿哥"を中心に ［《語言自邇集》形成過程中的詞彙的變遷——以旗人語"阿哥"爲中心］	関西大学中国文学会紀要	32
閻立	一八六〇年代における上海道台の日本觀 ［1860年代上海道台的日本觀］	経済史研究	14
馮赫陽	清末における中国漆の日本輸出について ［清末中國漆的對日輸出］	東アジア文化交渉研究	4

（續　表）

著　者	論　　　文	雜誌名·書名	卷·號
山本進	清代鴨緑江流域の開発と国境管理 ［清代鴨緑江流域的開發與國境管理］	九州大学東洋史論集	39
古結諒子	日清戦後の対清日本外交と国際関係—李鴻章の政治的後退と三国干渉の決着 ［中日甲午戰爭後日本的對清外交與國際關係——李鴻章的政治後退與三國干涉還遼的解決］	お茶の水史学	54
古結諒子	日清戦争終結に向けた日本外交と国際関係—開戦から「三国干渉」成立に至る日本とイギリス ［旨在結束中日甲午戰爭的日本外交與國際關係——從開戰到"三國干涉還遼"的日本與英國］	史學雜誌	120－9
宮古文尋	日清戦争以後の清朝対外連携策の変転過程 ［中日甲午戰爭以後清朝對外合作政策的轉變過程］	東洋学報	93－2
松浦茂	清朝の遣ロ使節とロシアの外交姿勢 ［清朝的遣俄使節與俄國的外交態度］	アジア史学論集	4
村上正和	清代地方演劇の社会的実態—地方劇団と地方官、軍隊について ［清代地方戲劇的社會狀況——地方劇團與地方官、軍隊］	東洋学報	92－4

（續　表）

著　者	論　　　文	雜誌名・書名	卷・號
森永恭代	清代四川における移民開墾政策—清朝政府から見た「湖広填四川」 ［清代四川的移民開墾政策——清朝政府視野中的"湖廣填四川"］	史窓	68
村上信明	駐蔵大臣の「瞻礼」問題にみる18世紀後半の清朝・チベット関係 ［從駐藏大臣的"瞻禮"問題看18世紀中後期清朝與西藏的關係］	アジア・アフリカ言語文化研究所	81
野崎くるみ	第二次グルカ戦争後における清朝のチベット政策と「29条章程」 ［清朝在第二次廓爾喀之役後的對藏政策與"二十九條章程"］	史境	62
岑玲	清代檔案に見る琉球漂流船の積荷—芭蕉布を中心に ［清代檔案所見琉球漂流船的貨物——以芭蕉布爲中心］	南島史学	77・78
平良妙子	琉球中山八景「城嶽靈泉」考—清代の冊封使徐葆光が詠じた詩を中心に ［琉球中山八景"城嶽靈泉"考——以清朝的冊封使徐葆光所作的詩歌爲中心］	集刊東洋学	106
松浦章	清代琉球使節の福州・北京間における清官吏の伴送 ［清代官吏在福州與北京之間對琉球使節的伴送］	關西大學文學論集	61 - 1

（續　表）

著　者	論　　　　　文	雜誌名·書名	卷·號
森島雅治	清代台湾鳳山県に於ける漢人と原住民の関係—柯志明氏の「三層族群論」からの展開 ［清代臺灣鳳山縣地區漢人與原住民的關係——從柯志明的“三層族羣論”展開探討］	奈良史学	28
松浦章	清代福州の木材輸出と日本統治時代台湾 ［清代福州的木材輸出與日本統治時期的臺灣］	關西大學文學論集	60－4
中村篤志	清朝治下モンゴル社会におけるソムをめぐって—ハルハ・トシェートハン部左翼後旗を事例として ［清朝統治下蒙古社會的蘇木——以喀爾喀土謝圖汗部左翼後旗爲例］	東洋学報	93－3
ケレイドジン·D·シーリン（錫莉）	"清代外モンゴルにおける書記の養成—東部二盟を中心に" ［清代外蒙古文書吏的培養——以東部二盟爲中心］	内陸アジア史研究	26
周烏雲、豊田久	試論清代蒙古地区喇嘛禁令和等級制度 ［試論清代蒙古地區喇嘛禁令和等級制度］	地域学論集	7－3

（續 表）

著 者	論 文	雜誌名·書名	卷·號
阿拉木斯	清代におけるモンゴル文農地質入契約文書の書式—帰化城トゥメト旗を中心に ［清代蒙古文農地抵押契約文書的格式——以帰化城土默特旗爲中心］	日本モンゴル学会紀要	41
斯欽巴図	『三合語録』の満洲文字表記モンゴル語の語彙的特徴 ［《三合語録》満文書寫蒙古語的詞彙特征］	東北アジア研究	15
娜荷芽	清末における「教育興蒙」について—内モンゴル東部を中心に ［清末的"教育興蒙"——以内蒙古東部地區爲中心］	アジア地域文化研究	7
娜鶴雅	清朝末期における裁判制度について—刑事裁判手続きを中心として ［清朝末期的審判制度——以刑事審判程序爲中心］	東洋文化研究所紀要〈東京大学〉	160
西英昭	清末各省調査局について—基礎情報の整理と紹介 ［清末各省的調査局——基礎情報的整理與介紹］	法史学研究会会報	15
辻高広	清末地方都市の公共事業実施よりみた知県と紳士との関係 ［從清末地方都市公共事業的實施看知縣與士紳之間的關係］	中国—社会と文化	26

（續　表）

著　者	論　　　　文	雜誌名·書名	卷·號
佐藤仁史	清末における城鎮郷自治と自治區設定問題——江蘇蘇屬地方自治籌辦處の管轄地域を中心に ［清末的城鎮郷自治與自治區的設定問題——以江蘇蘇屬地方自治籌辦處的管轄區域爲中心］	東洋史研究	70−1
户部健	清末天津におけるペストの流行とそれへの対応 ［清末天津地區鼠疫的流行及其應對］	史潮	新 69
小林龍彦	『曆算全書』の訓点和訳と序文について ［《曆算全書》的日譯訓注與序言］	科学誌研究	259
李無未	晚清文人對朝鮮使臣"中華意識"的感知—以《韓客詩存》為依据 ［晚晴文人對朝鮮使臣"中華意識"的感知——以《韓客詩存》爲依據］	創大中国論集	14
喬玉鈺	咀雪子と二つの女性伝記——清末留日学生の女性観をめぐって ［咀雪子與兩本女性傳記——清末留日學生的女性觀］	女性史学	21
佐野実	清末期杭州における日本の鉄道·水運事業 ［清末杭州地區的日本鐵道、水運事業］	鉄道史学	29

（續　表）

著　者	論　　文	雜誌名 · 書名	卷 · 號
村上衛	清末沿海経済史 [清末沿海經濟史]	近きに在りて	59
千葉正史	清末行政綱目訳註(1) [清末行政綱目譯註(1)]	東洋大学文学部紀要(史学科)	65
張晉藩著, 吉川剛訳	清末における法律の近代型転換に関する論考 [清末法律的近代化轉型論考]	中国21	35
千葉正史	逓信総合博物館郵政資料館所蔵の「郵伝部火票」について—中国駅伝制度解消過程の証人 [通信綜合博物館郵政資料館所藏"郵傳部火票"——中國驛傳制度衰落過程的證人]	東洋大学文学部紀要(史学科)	36
井澤耕一	劉師培『経学教科書』訳注(7) [劉師培《經學教科書》譯注(7)]	人文コミュニケーション学科論集〈茨城大学〉	10
李慶國	清末における政治小説の考察(三) [清末政治小説之考察(三)]	アジア学科年報	4
李艶麗	「女中華」の構築—清末写情小説,新女性小説をめぐって ["女中華"的構建——清末的抒情小説與新女性小説]	アジア地域文化研究	7
寺前公基	観峰館収蔵銭慧安作品考—制作年不詳作品についての一考察 [觀峰館所藏錢慧安作品考——關於繪畫年限不詳的作品的考察]	観峰館紀要	7

（續　表）

著　　者	論　　　　文	雜誌名・書名	卷・號
伴真一朗	明清時代における涼州のチベット仏教寺院とその碑刻史料について—白塔寺（Tib. shar sprul pa sde）の現地調査報告を中心に ［明清時期涼州的西藏佛教寺院及其碑刻史料——以白塔寺的現場調查報告爲中心］	真宗総合研究所研究紀要	28
井上充幸	明清時代の黒河中流域における水利用について ［明清時代黑河中游地區的水資源利用］	東アジア文化交渉研究	4
呉忠良	清末～民国初期のモンゴル旗-庁（県）関係—ジャライト旗の魚租問題を中心に ［清末—民國初期蒙古旗與廳（縣）間的關係——以扎賚特旗的魚租問題爲中心］	早稲田大学大学院文学研究科紀要（第4分冊）	56
西川和孝	清末民国期の雲南省普における漢人移民と茶山開発について—漢人の技術移転と市場開拓の視点から ［清末民國時期雲南省地區的漢人移民與茶山開發——從漢人的技術轉移與開拓市場的角度來看］	東洋学報	93－2
吉田建一郎	清末民国期の農畜産物・加工品貿易史 ［清末民國時期的農業產物、加工品貿易史］	近きに在りて	59

（續　表）

著　者	論　　　文	雜誌名·書名	卷·號
城山智子	清末民国期の通貨·金融史 ［清末民國時期的貨幣、金融史］	近きに在りて	59
山田賢	近世中国における宗族と地域秩序 ［近世中國的宗教與地域秩序］	歴史の理論と教育	135·136

（七）近代

著　者	論　　　文	雜誌名·書名	卷·號
深澤秀男	西太后とその時代—特に戊戌政変をめぐって ［西太后及其時代——圍繞戊戌政變來看］	岩手史学研究	92
吉田薫	康孟卿の翻訳作業とその周辺—戊戌政変から『清議報』刊行までを中心に ［廖孟卿的翻譯作品及其相關内容——從戊戌政變到《清議報》發行］	中国研究月報	65 - 10
樽本照雄	曾孟樸の初期翻訳（下） ［曾孟樸的早期翻譯（下）］	清末小説	34
伏濤	从《鐵云诗存》看刘鹗人生"三游"及诗歌"太谷化" ［從《鐵云詩存》看劉鶚的人生"三游"及詩歌"太谷化"］	清末小説	34

（續　表）

著　者	論　文	雜誌名·書名	卷·號
黄源盛著，西英昭訳	『晩清民国刑法史料輯注』の編纂を終えて ［《晩清民國刑法史料輯注》編纂的完成］	法史学研究会会報	15
瀬戸林政孝	20 世紀初頭，上海電力市場の形成と取引慣行の確立過程 ［20 世紀初期上海電力市場的形成與交易慣例的確立過程］	社会經濟史學	77－3
Chen Yiming	Robert Dollar's approach to China in early 20th century ［羅伯特·杜勒對 20 世紀初期中國的探索］	千里山文学論集	85
朱憶天	康有為の「地方自治論」について ［康有爲的"地方自治論"］	国際文化研究紀要	17
李海	梁啓超の『和文漢読法』をめぐる日中批評史に関する一考察 ［從梁啓超《和文漢讀法》來看中日批評史的一個側面］	多元文化	10
李海	梁啓超の版権論に関する一考察—「支那に版権制度を布くの策」の漢訳と評論を中心に ［梁啓超版權論的相關考察——《在中國實施版權制度的政策》的漢譯本與評論］	多元文化	11
李海	船津輸助蔵『和文漢読法』と梁啓超 ［船津輸助藏《和文漢讀法》與梁啓超］	東洋文化〈無窮会〉	107

（續　表）

著　者	論　　　文	雜誌名・書名	卷・號
李曉東	「改良派」梁啓超の「革命」 ［“改良派”梁啓超的“革命”］	中国—社 会 と 文化	26
盧守助	日本亡命前における梁啓超の 日本認識 ［亡命日本之前梁啓超對日本的 認識］	環 日 本 海 研 究 年報	18
細川直吉	梁啓超「飲冰室詩話」の詩学 ［梁啓超《飲冰室詩話》的詩學］	二松学舍大学人 文論叢	87
蝦名良亮	近代中国における異文化の位 相—清末知識人の日本体験と 漢字文化 ［近代中國的異文化狀況——清 末知識人的日本文化體驗與漢 字文化］	言 語 ・ 文 化 ・ 社会	9
薄培林	李平書と20世紀初頭の日本 ［李平書與20世紀初期的日本］	東西学術研究所 紀要	44
近藤直美	一九〇〇年代以降の日本人の 中国観の変遷について ［1900年代以後日本人對中國觀 念的變遷］	経済史研究	14
セルゲイ・ チェルニャ フスキー	一九〇〇年対中国出兵におけ る連合海軍の共同行動—ロシ ア国立海軍文書館史料より ［俄羅斯國立海軍文書館史料中 所見1900年對中國出兵的聯合 海軍的共同行動］	東京大学史料編 纂所研究紀要	21

（續　表）

著　者	論　　文	雜誌名・書名	卷・號
久保田裕次	日露戦後における対中国借款政策の展開—漢冶萍公司を中心に ［日俄戰爭後對華借款政策的發展——以漢冶萍公司爲中心］	日本史研究	589
山田賢	革命イデオロギーの遠い水源—清末の「救劫」思想をめぐって ［革命意識的源泉——清末的“救劫”思想］	中国—社会と文化	26
李道剛著，森光監訳	黄遠生の憲政学説研究序説 ［黄遠生的憲政學説研究序言］	比較法雑誌	45－1
森川裕貫	議会主義への失望から職能代表制への希望へ—章士釗の『聯業救国論』(1921 年) ［從對議會主義的失望到對職業代表制的希望——章士釗的職業救國論(1921 年)］	中国研究月報	65－4
八ケ代美佳	孫文の辛亥革命以前の「革命」構想と「民主立憲制」 ［孫文在辛亥革命以前的“革命”構想與“民主立憲制”］	新しい歴史学のために	279
蒋海波	孫文と川崎造船所(上)—写真が語る孫文と神戸の交流秘話 ［孫文與川崎造船所(上)——照片所見孫文與神戸的交流秘史］	孫文研究	48・49

（續 表）

著　者	論　　文	雜誌名・書名	卷・號
陳斯	大革命中的个人命运—以辛亥革命時期的赵尔巽，赵尔丰兄弟为例 ［大革命中的個人命運──以辛亥革命時期的趙爾巽、趙爾豐兄弟爲例］	千里山文学論集	86
麻田雅文	辛亥革命へのロシア帝国の干渉—中国東北を中心として ［俄羅斯帝國對辛亥革命的干渉──以中國東北地區爲中心］	東洋学報	92－4
武上真理子	孫文『実業計画』の同時代的位相—英・中文初出稿とその評価をめぐって ［孫文《實業計劃》反映出的同時代狀況──中英文初稿及其評價］	人間・環境学	19
江田憲治	辛亥革命 100 周年と近 10 年における日本の辛亥革命研究 ［辛亥革命 100 週年與近 10 年日本的辛亥革命研究］	孫文研究	48・49
曽田三郎	辛亥革命一〇〇周年—日本と中国 ［辛亥革命 100 週年──日本與中國］	九州歴史科学	39
湯野基生	中国における辛亥革命 100 周年記念活動 ［中國辛亥革命 100 週年紀念活動］	アジア情報室通報	9－3

（續　表）

著　者	論　　文	雜誌名·書名	卷·號
楊海程	「二十一ヵ条要求」交渉と日中外交 [“二十一條要求”的交涉與中日外交]	言語と文明	9
松浦章	1917 年安化茶業調査報告—『大公報』1917 年 8 月—10 月 [1917 年安化茶業調査報告——《大公報》1917 年 8 月—10 月]	東西学術研究所紀要	44
劉勝男	デューイの訪中に関する史実の再考察—デューイの訪中スケジュールの整理を中心に [杜威訪華相關史實的再考察——杜威訪華日程的整理]	名古屋大学大学院教育発達科学研究科紀要（教育科学）	57 – 2
浅田進史	植民地における軍事的暴力と社会創造—ドイツ植民地統治の事例から [殖民地的軍事暴力與社會的創造——以德國的殖民地統治爲例]	歴史学研究	885
浅田進史	日独青島戦争におけるドイツ総督府の防衛計画「青島要塞に関する覚書」—植民地社会における総力戦への道 [日德青島之戰中德國總督府的防衛計劃“青島要塞規劃”——殖民地社會的總體戰之路]	近代中国研究彙報	33
高文勝	王正廷の対日外交 [王正廷的對日外交]	社会文化形成〈名古屋大学〉	3

（續　表）

著　者	論　　文	雜誌名・書名	卷・號
永見和子	少年中国主義の成立と展開—新文化運動期、王光祈の社会改革論 ［少年中國主義的創建與發展——新文化運動時期王光祈的社會改革論］	アジア社会文化研究	12
吉田建一郎	中華皮革廠—上海製革業のリーディングカンパリー、一九二〇—一九三二年 ［中華皮革廠——上海製革業的主導企業,1920—1932 年］	史潮	新 70
戰曉梅	金城と一九二〇年代の北京画壇 ［金城與 1920 年代的北京畫壇］	アジア遊学	146
中見立夫	白馬湖派小品文と春暉中学の作文教育—夏丏尊主編『文章作法』にみる 1920 年代の小品文について ［白馬湖派的小品文與春暉中學的作文教育——夏丏尊主編《文章作法》所見 1920 年代的小品文］	野草	88
張慧娟	1920 年代中国旅行社におけるフォード式経営の導入—「奉仕の原則」の観点からの分析 ［1920 年代中國旅行社引進的福特式經營——從"服務原則"的觀點進行分析］	文明 21	26

（續　表）

著　者	論　　　文	雜誌名·書名	卷·號
森川裕貫	中国社会主義論戦時期における張東の言論とその反響 [中國社會主義論戰時期張東的言論及其影響]	東洋学報	93－2
松本英紀	周恩来の誤算—顧順章事件の真相(3) [周恩來的失算——顧順章事件的真相(3)]	立命館文學	622
郭志華	1920年代後半東三省における「奉天票問題」と奉天軍閥の通貨政策の転換—為替市場の構造と「大連商人」の取引実態を中心に [1920年代中後期東三省的"奉天票問題"與奉天軍閥貨幣政策的轉變——外匯市場的結構與"大連商人"的交易實態研究]	アジア経済	52－8
衛藤安奈	広東糾察隊の再検討—1920年代の中国労働運動史像の再構築に向けて [廣東糾察隊再探討——旨在重構1920年代的中國勞動運動史像]	アジア研究	57－2
戸部健	一九二〇年代後半~四〇年代天津における義務教育の進展とその背景 [1920年代後期至40年代天津地區義務教育的發展及其背景]	東洋史研究	69－4

（續　表）

著　者	論　　　文	雑誌名・書名	巻・號
大平浩史	南京国民政府成立期における仏教界と廟産興学運動—新旧両派による「真の仏教徒」論を中心として ［南京國民政府成立時期的佛教界與廟産興學運動——以新舊兩派的"真佛教徒"論爲中心］	仏教史学研究	54－1
樊静	日本報章中看閻錫山—以1930年天津海関事件為中心 ［從日本報章中看閻錫山——以1930年天津海關事件爲中心］	千里山文学論集	86
齋藤俊博	「真正の輿論」とは何か—1930年代初期の中国の場合 ［何謂"真正的輿論"——1930年代初期中國的情況］	マス・コミュニケーション研究	78
齊藤俊博	民主政治か個人独裁か—九一八後,国民党四期三中全会をめぐる輿論の変化 ［民主政治還是個人獨裁？——九一八事變後,圍繞國民黨四屆三中全會的輿論變化］	中国研究月報	65－6
白井重範	茅盾小説の世界構造—1930年代の都市・農村イメージ ［茅盾小説中的世界構造——1930年代的都市、農村印象］	中国研究月報	65－11
齊藤理恵	児童と新生活運動—1934年江西省南昌市縄金塔小学校における実践を一例として ［兒童與新生活運動——以1934年江西省南昌市繩金塔小學的實踐爲例］	明大アジア史論集	15

（續　表）

著　者	論　　　文	雜誌名·書名	卷·號
弁納才一	中華民国前期山東省における食糧事情の構造的把握 ［中華民國前期山東省糧食問題的系統把握］	金沢大学経済論集	31 - 2
荘司博史	中華民国期華北における機械製粉業—山東省済南を事例として ［中華民國時期華北地區的機械製粉業——以山東濟南爲例］	社會經濟史學	76 - 4
齊藤泰治	20 世紀前半の中国における自由主義(2)—胡適と『新月』 ［20 世紀前期的中國自由主義(2)——胡適與《新月》］	教養諸学研究	130
齊藤泰治	20 世紀前半の中国における自由主義(3)—羅隆基と『新月』 ［20 世紀前期的中國自由主義(3)——羅隆基與《新月》］	教養諸学研究〈早稲田大学〉	131
佐藤普美子	新詩のテクストと享受方式—長詩「北遊」の場合 ［新詩的文本與鑒賞方法——長詩《北游》］	お茶の水女子大学中国文学会報	30
牧野格子	謝冰心と梁実秋—アメリカ留学とその後 ［謝冰心與梁實秋——留美及往後的生活］	國學院雜誌	112 - 8
坂井建雄	魯迅が仙台医学専門学校を退学した事情について—授業ノートからの検討 ［魯迅從仙台醫學專門學校退學事件——對聽課筆記的探討］	野草	87

（續　表）

著　者	論　　　文	雜誌名·書名	卷·號
李選	魯迅と三十年代左翼文学運動—魯迅と「左連」および「国防文学論争」 ［魯迅與 30 年代左翼文學運動——魯迅、"左聯"及"國防文學論争"］	二松	25
江渡英之	木版画をめぐる魯迅との交流史—和光小学校児童作品里帰りの今日的意義 ［木版畫與魯迅的交流史——和光小學兒童作品返鄉的現代意義］	表現学部紀要〈和光大学〉	11
丸尾勝	杭州·紹興における魯迅の教育について—杭州について ［杭州、紹興地區的魯迅教育——杭州］	中国言語文化研究	11
奈良和夫	魯迅と中国新興版画 ［魯迅與中國新興版畫］	アジア遊学	146
范麗雅	パール·バック夫妻と渡米後の林語堂—林とAsia，ジョン·ディ社,「東西協会」との関わりを手掛かりに ［賽珍珠夫婦與赴美後的林語堂——從林語堂與亞洲、論語社、"東西協會"的關係入手］	アジア地域文化研究	7
大橋義武	民国期中学国語教科書と明清白話小説—資料整理と初歩的考察 ［民國時期中學國語教科書與明清白話小説——資料整理與初步考察］	現代中国	85

（續　表）

著　者	論　　文	雜誌名・書名	卷・號
岩本真一	二〇世紀前半の裁縫教育—上海における小学校教科書と女学校授業科目を中心に [20世紀前期的裁縫教育——以上海的小學教科書與女子學校的教授科目爲中心]	経済史研究	14
細井和彦	『陸大月刊』目次と解題 [《陸大(陸軍大學校)月刊》目録與解題]	立命館東洋史學	34
久保茉莉子	中華民国刑法改正過程における保安処分論議 [中華民國刑法修改過程中對保安處分的議論]	東洋学報	93-3
ケレイドジン・D・シーリン(錫莉)	清末の書記出身者の近代モンゴルにおける活躍 [清末文書吏出身者在近代蒙古的活躍]	日本とモンゴル	123
田中剛	近代内モンゴルにおける学校教育の試み—内蒙古自治運動から「蒙疆政権」まで [試析近代内蒙古的學校教育——從内蒙古自治運動到"蒙疆政權"]	孫文研究	48・49
東潮	鳥居龍蔵とアジアの近代—満蒙調査と張作森事件・ノモンハン戦争 [鳥居龍藏與近代亞洲——滿蒙調查與張作霖事件、諾門坎戰争]	鳥居龍藏研究	1

（續　表）

著　者	論　　　文	雜誌名·書名	卷·號
小澤保博	芥川龍之介「支那游記」研究補遺 ［芥川龍之介《中國遊記》研究補遺］	琉球大学言語文化論叢	8
武井義和	東亜同文書院農工科の実像についての一考察―経営理念と実態,教育的特徴,卒業生の進路を中心に ［東亞同文書院農工科的樣態考察――經營理念與實態、教育的特征、畢業生的出路］	中国研究月報	65－7
森久男、ウルジトクトフ	東亜同文書院の内蒙古調査旅行(続き) ［東亞同文書院的内蒙古調查旅行(續)］	愛知大学国際問題研究所紀要	138
鈴木常勝	上海租界の朝鮮人群像―独立運動と上海映画 ［上海租界的朝鮮人羣像――獨立運動與上海電影］	一般教育論集〈愛知大学〉	40
平石淑子	『大同報·夜哨』と東北作家―李文光「路」を中心に ［《大同報·夜哨》與東北作家――以李文光的《路》爲中心］	お茶の水女子大学中国文学会報	30
盧徴良	広東省営企業統制経営特徴及其作用研究(1931—1936)―以広東士敏士廠為中心的分析 ［廣東省營企業的統制經營特征及其作用研究(1931—1936)――以廣東士敏士廠爲中心的分析］	『海峡両岸近現代経済研究』〈東京大学社会科学研究所現代中国研究拠点研究シリーズNo.6〉	

（續　表）

著　者	論　　文	雜誌名·書名	卷·號
田嶋信雄	ナチス·ドイツと中国国民政府一九三三─一九三六年(二)─中独条約成立の政治過程 [納粹德國與中國國民政府：1933—1936年（二）——《中德條約》簽訂的政治歷程]	成城法学	80
岡崎邦彦	1937年西北善後処理問題(下)─「2·2事件」と三位一体の瓦解 [1937年西北善後處理問題(下)——"二二事件"與三位一體的瓦解]	東洋研究	182
山田辰雄	蒋介石と日本 [蔣介石與日本]	外交史料館報	24
光田剛	抗戦前期毛沢東の国際情勢認識 [抗戰前期毛澤東的國際形勢認識]	成蹊法学	74
秋田朝美	1937年前半期における「中日貿易協会」と日中経済提携構想 [1937年前期"中日貿易協會"與中日經濟提攜構想]	現代中国	85
木下恵二	新疆における盛世才の統治と粛清─一九三七年~三八年 [盛世才在新疆的統治與清洗——1937—38年]	法学政治学論究	89
張曉紅	両大戦間期奉天における綿糸布商とその活動 [兩次世界大戰期間奉天的棉紗布商及其活動]	九州大学経済学会経済学研究	77-4

（續 表）

著 者	論 文	雜誌名 · 書名	卷 · 號
柴田善雅	中国関内開港地日系銀行の活動 [中國關内通商口岸地區的日本銀行活動]	東洋研究	182
坂部晶子	北方民族オロチョン社会における植民地秩序の崩壊と再編 [殖民地秩序在北方鄂倫春族地區的崩潰與重組]	アジア遊学	145
殷志強	奉天市政公所の水道計画に関する考察 [奉天市政公所水道計劃的相關考察]	現代社会文化研究	51
殷志強	日中戦争期における奉天市民生活の実態 [中日戰爭時期奉天市民的生活實態]	環東アジア研究センター年報	6
坂野良吉、梅村卓	「華北事変」史をめぐる諸問題—日中全面戦争の淵源 ["華北事變"史的諸問題——中日全面戰爭的淵源]	上智史学	56
趙月超	日本の第二次青島占領期における祭孔について [日本第二次占領青島時期的祭孔]	関西大学中国文学会紀要	32
臧運祜著，刑襲訳	「広田三原則」·「近衛三原則」の創出と日汪関係の確立 ["廣田三原則""近衛三原則"的聲明與汪日關係的確立]	環日本海研究年報	18

（續　表）

著　者	論　　　　文	雜誌名·書名	卷·號
宋芳芳	日中戦争期の物流構造の転変—華北占領地を中心に ［中日戰爭時期物流結構的轉變——以華北占領地區爲中心］	環東アジア研究センター年報	6
白木沢旭児	日中戦争の経済的特質—華北現地製鉄問題を中心に ［中日戰爭時期的經濟特性——以華北當地製鐵問題爲中心］	環東アジア研究センター年報	6
小林元裕	華北分離工作期北京の日本居留民 ［華北事變時僑居北京的日本人］	環日本海研究年報	18
山崎典子	日中戦争期の中国ムスリム社会における「親日派」ムスリムに関する一考察—中国回教総連合会の唐易塵を中心に ［中日戰爭時期中國穆斯林社會的"親日派"穆斯林——以中國回教總聯合會的唐易塵爲中心］	中国研究月報	65－9
鹿錫俊	ヨーロッパ戦争開戦前後の蒋介石—日記から読み解く中国当局者のシナリオ ［歐洲戰爭開戰前後的蔣介石——從日記解讀中國當局者的情況］	中国研究月報	65－8
猪野慧君	日中戦争期における駐米大使胡適の講演活動の研究 ［中日戰爭時期駐美大使胡適的演講活動研究］	北海道大学文学研究科研究論集	11

（續　表）

著　者	論　　文	雜誌名·書名	卷·號
王娟	戦時下北京における崇貞学園—抑圧と博愛の狭間で ［戦争時期北京的崇貞學園——徘徊在壓迫與博愛之間］	現代中国	85
鈴木正夫	陸蠡人と作品—その記念のために ［陸蠡其人及作品——以作紀念］	KGU 比較文化論集	3
Romanoba Viktoriya 著，麓慎一訳	ハルピンのユダヤ人協会と日本の占領政権との関係について(1931 年から1945 年) ［哈爾濱的猶太人協會與日本占領區政權之間的關係(1931 年至 1945 年)］	環東アジア研究センター年報	6
菊池実	中国東北部(旧満州国)所在の戦争遺跡調査 ［中國東北部(舊"滿洲國")地區的戦争遺址調查］	考古学	116
徐玄九	満洲国建国過程の一断面—大本教の活動を中心に ［"滿洲國"建國過程的一個側面——以大本教的活動爲中心］	学術論文集〈朝鮮奨学会〉	28
樋口秀実	満洲国「建国神廟」創設をめぐる政治過程 ［"滿洲國"修建"建國神廟"的政治過程］	東洋学報	93 - 1
渡辺隆宏	満配問題——一九三九年、満洲書籍配給株式会社設立をめぐって ［如數配給的問題——1939 年滿洲書籍配給株式會社的設立］	メディア史研究	29

（續　表）

著　者	論　　　文	雜誌名·書名	卷·號
陳祥	日中戦争による「満洲国」農業政策の転換 ［中日戰爭中"滿洲國"農業政策的轉變］	環東アジア研究 センター年報	6
陳祥	1930年代における「満洲国」地方財政構造の変化 ［1930年代"滿洲國"地方財政結構的變化］	現代社会文化研究	50
兼橋正人、安冨歩	1940年国勢調査にみる「満洲国」の実相 ［1940年國情調查所見"滿洲國"的真實情況］	アジア経済	52－2
須永徳武	1940年代の満洲工業 ［1940年代的滿洲工業］	立教経済学研究	65－1
小林英夫、福井紳一	松村高夫氏の批判に応える—満鉄調査部事件の神話と実像（5） ［回應松井高夫氏的批判——滿鐵調查部事件的神話與真相（5）］	アジア太平洋討究	16
尾形洋一	『南満洲鉄道株式会社社報』·『鉄路総局総局報』·『鉄道総局報』の書誌データから読みとることができるもの ［從《南滿洲鐵道株式會社社報》《鐵路總局總局報》《鐵道總局報》等報刊史料中解讀的事實］	近代中国研究彙報	33

（續　表）

著　者	論　　　文	雜誌名·書名	卷·號
飯塚靖	満洲戦時動員体制と戦後東北経済史 ［滿洲戰時動員體制與戰後東北經濟史］	近きに在りて	59
塚瀬進	中国東北地域の社会経済史 ［中國東北地區的社會經濟史］	近きに在りて	59
塚瀬進	日中戦争を契機とする満洲国の政策変化—商工業政策を中心に ［以中日戰爭爲契機的"滿洲國"政策變化——以工商業政策爲中心］	環東アジア研究センター年報	6
遊佐徹	満洲における米作の展開一九一三—一九四五—満鉄農事試験場の業務とその変遷 ［滿洲稻作的發展（1913—1945年）——滿鐵農業試驗場的業務及其變遷］	史學	80-4
芳井研一	国際情勢の変転をめぐる満鉄調査部の現状分析 ［國際形勢轉變下的滿鐵調查部現狀分析］	環日本海研究年報	18
遠藤正敬	満洲国における朝鮮人の就籍問題—治外法権撤廃と無籍朝鮮人対策 ［"滿洲國"朝鮮人的就籍問題——治外法權的廢除與無籍朝鮮人的應對措施］	アジア経済	52-10

（續　表）

著　者	論　　文	雜誌名·書名	卷·號
趙彦民	「満洲開拓」をめぐる現地社会の人々の記憶と語り[當地居民對"滿洲開拓"的記憶與話語]	愛知大学国際問題研究所紀要	138
田中剛	「蒙疆政権」初期の獣毛統制政策と蒙疆羊毛同業会["蒙疆政權"初期的獸毛統制政策與蒙疆羊毛同業會]	歴史研究〈大阪教育大学〉	48
阿部吉雄	杉原リストと上海のポーランド総領事館の名簿[杉原名簿與波蘭駐上海總領事館的名簿]	言語文化論究	27
朱蔭貴	論抗戦時期的上海華商房地産股份有限公司[論抗戰時期的上海華商房地産股份有限公司]	『海峡両岸近現代経済研究』〈東京大学社会科学研究所現代中国研究拠点研究シリーズNo.6〉	
内田知行	抗日戦争と中印友好運動,1937—1945[抗日戰爭與中印友好運動(1937—1945)]	大東文化大学紀要(人文科学)	49
大野公賀	豊子愷『教師日記』を読む—ある中国人漫画家の仏教ヒューマニズム(5)[讀豐子愷《教師日記》——一位中國漫畫家的佛教人道主義]	東方	367

（續　表）

著　者	論　　　文	雜誌名・書名	卷・號
大野公賀	豊子愷「生活の芸術」論について ［豐子愷的"藝術生活"論］	BI—東京大学東洋文化研究所超域連携研究プログラム「アジアの『美』の構築」annual report	5
蔡濤	中華独立美術協会の結成と挫折——一九三〇年代の広州・上海・東京の美術ネットワーク ［中華獨立美術協會的成立與挫折—1930年代的廣州、上海、東京美術網］	アジア遊学	146
呉孟晋	ある外交官が見た中国近代絵画—須磨弥吉郎の東西美術批評の手がかりに ［一位外交官所見中國近代繪畫——從須磨彌吉郎的東西美術評論入手］	アジア遊学	146
徐曉紅	施蟄存の初期戀愛小説について ［施蟄存早期的戀愛小説］	東方学	122
樽本照雄	翻訳家奚若—附・奚若と謝洪賚の略年譜 ［翻譯家奚若——附奚若與謝洪賚的簡要年譜］	清末小説	34

（續 表）

著 者	論 文	雜誌名·書名	卷·號
石井知章	K.A.ウィットフォーゲルの中国革命論(その2)—毛沢東の台頭と第二次統一戦線の形成と崩壊をめぐり(上) [卡爾·魏特夫的中國革命論(之二)——毛澤東的興起與第二次統一戰線的形成與崩潰(上)]	明治大学教養論集	467
石井知章	K.A.ウィットフォーゲルの中国革命論(その2)—毛沢東の台頭と第二次統一戦線の形成と崩壊をめぐり(下) [卡爾·魏特夫的中國革命論(之二)——毛澤東的興起與第二次統一戰線的形成與崩潰(下)]	明治大学教養論集	472
石島紀之	抗日根拠地における戦争動員と民衆—太行抗日根拠地を事例に [抗日根據地的抗戰動員與民衆——以太行抗日根據地爲例]	環日本海研究年報	18
代田智明	「大字報(壁新聞)」外史—「延安整風運動」中心に中国の政治文化を考える ["大字報"外史——以"延安整風運動"爲中心對中國政治文化的考察]	ODYSSEUS	15

（續　表）

著　者	論　　　　文	雜誌名・書名	卷・號
安都根	中国共産党の初期科学技術政策に関する一考察—主に「延安自然科学院」の設立背景とその機能を中心に [中國共產黨初期科學技術政策的相關考察——以"延安自然科學院"的設立背景及其功能爲中心]	現代中国研究	29
飯島典子	内陸へ向かった広東人—民国期の華南鉱山開発を中心として [奔赴内陸的廣東人——以民國時期華南礦山的開發爲中心]	アジア研究	57−2
汪朝光	成敗之間—蒋氏父子與 1948 年金圓券幣制改革 [成敗之間——蔣氏父子與 1948 年金圓券幣制改革]	東方学報（京都）	86
周武著, 閻立訳	近代書籍交流史における上海と日本—張元済の日本訪書を中心に [近代書籍交流史中的上海與日本——以張元濟赴日訪書爲中心]	経済史研究	14
熟美保子	明治一七年における上海の日本人街—亜細亜学館設立をめぐって [明治十七年上海的日本人街——亞細亞學館的設立]	経済史研究	14

（續　表）

著　者	論　　　文	雜誌名·書名	卷·號
蕭文嫻	横浜正金銀行上海支店（一九〇〇～一三年）—香港上海銀行·チャータード銀行との比較を通じて ［横濱正金銀行上海分行（1900—1913 年）——與香港上海銀行、渣打銀行的比較］	経済史研究	14
徐青	『松井翠声の上海案内』におけるシャンハイ·イメージ ［《松井翠聲的上海指南》中的上海印象］	中国 21	27
加島潤	戦後地方財政結構的変遷—以上海市為例 ［戰後地方財政結構的變遷——以上海市爲例］	『海峡両岸近現代経済研究』〈東京大学社会科学研究所現代中国研究拠点研究シリーズ No.6〉	
鳥谷まゆみ	毛沢東の野坂参三宛て書簡 ［毛澤東寫給野坂參三的書信］	三田学会雑誌	104 - 2
川島真	未完の「近代」外交—中国の対外政策の通奏低音 ［未完的"近代"外交——中國對外政策的通奏低音］	現代中国	85
樹中毅	蒋介石体制の成立—非公式エリート組織とファシズムの「中国化」 ［蔣介石體制的建立——非正式精英組織與法西斯的"中國化"］	アジア研究	57 - 1

（續　表）

著　者	論　　文	雜誌名・書名	卷・號
栗山千香子	H・海塞作/梅娘訳「奇妙的故事」および魯風訳「詩人」に関する覚書 ［H・海塞作、梅娘譯《奇妙的故事》及魯風譯《詩人》的相關記録］	お茶の水女子大学中国文学会報	30
段端聰	蒋介石の第三期国民革命中心論 ［蒋介石的第三次國民革命中心論］	中国研究	4
田島俊雄	1930~50年代中国内陸地区的工業化発展—以西北水泥和蒙疆水泥為例 ［1930—50年代中國内陸地區的工業化發展——以西北洋灰廠與蒙疆洋灰廠爲例］	『海峡両岸近現代経済研究』〈東京大学社会科学研究所現代中国研究拠点研究シリーズNo.6〉	
趙從勝	前期海南島調査事業—農業調査を中心に ［前期海南島調査工作——以農業調査爲中心］	東洋史訪	17
寺出道雄、徐一睿	国共内戦期の経済分野における中共とソ連の協力実態—旅大地区を中心に ［國共內戰時期中共與蘇聯在經濟領域合作的實際情況——以旅順、大連地區爲中心］	アジア太平洋討究	16
三品英憲	一九四〇年代における中国共産党と社会—「大衆路線」の浸透をめぐって ［1940年代的中國共産黨與社會——"大衆路線"的滲透］	歴史科学	203

（續　表）

著　者	論　　　文	雜誌名·書名	卷·號
夏井春喜	近現代モンゴル·チベット·中国東北地域研究の特質 [近現代蒙古、西藏及中國東北地區研究的特性]	内陸アジア史研究	26
菅原慶乃	越境する中国映画市場—上海からシンガポールへ拡大する初期国産映画の販路 [跨越國境的中國電影市場——從上海擴大到新加坡的初期國産電影銷路]	現代中国	85
西村成雄	1940 年代江蘇省呉江県の田租徴収状況について(上)—「周愛蓮桟」関係簿冊の分析 [1940 年江蘇省吳江縣的田租征收情況——"周愛蓮棧" 相關賬簿試析]	北海道教育大学紀要 (人 文 科学·社会科学)	
福嶋亮大	民国政治体制の歴史的意義—議会制度の破綻と「国情」 [民國政治體制的歷史意義——議會制度的失敗與"國情"]	現代中国研究	29
深町英夫	20 世紀中国の政治変動と正統性問題 [20 世紀中國的政治變動與正統性問題]	新しい歴史学のために	278
福田真吾	「社會的」な個の誕生—胡適の自傳および傳記について ["社會化"的個人誕生——胡適的自傳以及傳記]	中國文學報	80

（續　表）

著　者	論　　　文	雜誌名・書名	卷・號
古田和子	「華僑ポート」出入国者数の推移（1855～1940 年）とその要因—中国海関単年毎コメントに基づく考察 [“華僑小艇”出入國境數量的演變（1855—1940 年）及其主要原因——依據中國海關單年的統計進行考察]	武蔵野美術大学研究紀要	41
藤村是清	近代中国における「楊朱」観—張爾田と銭穆の場合 [近代中國的“楊朱”觀——張爾田與錢穆的觀點]	白山中国学	17
吉澤誠一郎	「やまとひめ」と近代中国 [“倭姬”與近代中國]	岡山大学文学部紀要	55
湯川真樹江	近代中国「民間社会」史再考—日本との比較から [近代中國“民間社會”史再考——與日本的比較]	アジア社会文化研究	12
吉田浤一	近代中国における進化論受容の多様性 [近代中國對進化論理解的多樣性]	メトロポリタン史学	7
吉開将人	帝国の残像—現代史の視点からみた中国近世の二つの課題 [帝國的殘像——從現代史的角度來看中國近世的兩個課題]	新しい歴史学のために	278
水羽信男	近代中国の市場秩序と広域の経済秩序 [近代中國的市場秩序與宏觀的經濟秩序]	近きに在りて	59

（續　表）

著　　者	論　　　　文	雜誌名・書名	卷・號
曹明玉	民国期中国の農村経済史 ［民國時期中國農村經濟史］	近きに在りて	59
富澤芳亜	近代中国の政教関係 ［近代中國的政教關係］	ソシオサイエンス	17
瀬戸林政孝	近代中国の紡織業史 ［近代中國紡織業史］	近きに在りて	59
木越義則	近代中国の在来綿業史 ［近代中國的傳統棉業史］	近きに在りて	59
久保亨	近代中国の貿易統計 ［近代中國的貿易統計］	近きに在りて	59
萩原充	近現代中国の財政史 ［近現代中國的財政史］	近きに在りて	59
川井悟	近現代中国の鉄鋼業史 ［近現代中國鋼鐵業史］	近きに在りて	59
邱劉、陳傳峰著，加島淳一郎訳	近現代中国のダム建設史 ［近現代中國的水庫建設史］	近きに在りて	59
邱劉、陳傳峰著，加島淳一郎訳	呉承洛—中国近代計量学の基礎を定めた人物 ［吴承洛——中國近代計量學的奠基人］	計量史研究	33－1
小林善文	周谷城の教育思想と時代思潮 ［周谷城的教育思想與時代思潮］	神女大史学	28

（續　表）

著　者	論　　文	雜誌名・書名	卷・號
劉勝男	中国の教育におけるデューイの受容と批判に関する考察 ［中國教育史上對杜威理論的吸收與批判］	名古屋大学大学院教育発達科学研究科紀要（教育科学）	57－1
劉岸偉	周作人の文体と漢文訓読 ［周作人的文體與漢文訓讀］	比較文學研究	96
沢本香子	書家としての呉橋・補遺(2)—附：呉橋名一覧 ［書法家吳橋（補遺 2）——附：吳橋名一覽表］	清末小説	34
賴毓芝	日本美術在中国—從任伯年到呉昌碩 ［日本美術在中國——從任伯年到吳昌碩］	BI—東京大学東洋文化研究所超域連携研究プログラム「アジアの『美』の構築」annual report	
張偉雄	近代日中文人の「漢学論」—宮島誠一郎と清国外交官との筆談から ［近代中日文人的"漢學論"——從宮島誠一郎與清朝外交官的筆談來看］	比較文學研究	96
王秋陽	日本統治時代の台湾における日本語教育—グアン氏言語教授法に関連して ［日本統治時期臺灣的日語教育——與古安氏語言教授法（Gouin Method）的關聯］	東アジア研究	9

（續　表）

著　者	論　　　　文	雜誌名·書名	卷·號
紀旭峰	早稲田大学と近代台湾―大正期在京台湾人留学生の啓蒙運動を手がかりとして ［早稲田大學與近代臺灣――大正時期東京臺灣留學生的啓蒙運動］	アジア太平洋討究	16
荒武達朗	内地農民と台湾東部移民村―『台湾総督府文書』の分析を中心に ［内地農民與臺灣東部的移民村――《臺灣總督府文書》試析］	徳島大学総合科学部人間社会文化研究	18
貴志俊彦	植民地初期の日本-臺灣間における海底電信線の買収·敷設·所有権の移轉 ［殖民地統治初期日本與臺灣間關於海底電線的收購、鋪設及所有權的轉移］	東洋史研究	70 - 2
謝政德	大正九年台湾地方制度の成立過程(1)―台湾総督府における地方制度改革事業を中心に ［大正九年臺灣地方制度的建立過程(1)――以臺灣總督府的地方制度改革爲中心］	阪大法学	60 - 6
謝政德	大正九年台湾地方制度の成立過程(2·完)―台湾総督府における地方制度改革事業を中心に ［大正九年臺灣地方制度的建立過程(2,完)――以臺灣總督府的地方制度改革爲中心］	阪大法学	61 - 1

（續　表）

著　者	論　　文	雜誌名·書名	卷·號
柴公也	日本統治時代の台湾生活誌(1) ［日本統治時期的臺灣生活狀況 (1)］	海外事情研究	39－1
鈴木正弘	一立正歷地出身教員の半生と 台湾—見上保著『教師冥利の日 々』『心のふるさと台北三中』等 の著作を中心に ［一位立正歷地區出身教員的半 生與臺灣——以見上保著的《教 師幸福的日常》《心的故鄉與台 北三中》等著作爲中心］	アジア文化研究	18
大谷渡	記憶の中の台湾と日本(5)—統 治下における戦争の体験 ［記憶中的臺灣與日本(5)—— 統治下的戰爭體驗］	關西大學文學 論集	60－4
田中梓都美	牡丹社事件を契機とする日本 人の台湾認識の変化 ［以牡丹社事件爲契機日本對臺 灣認識的變化］	史泉	114
陳萱	野上彌生子の植民地台湾の旅— 感覚描写を通じた台湾認識 ［野上彌生子的殖民地臺灣之 旅——通過感官描寫認識臺灣］	比較文學研究	96
村田省一	植民地時期台湾における住民 の地方行政参加—植民地時期 後期の地方水道建設事業を例 にして ［殖民地時期臺灣居民對地方行 政的參與——以殖民地統治後 期的地方水道建設事業爲例］	現代中国研究	29

（續　表）

著　　者	論　　　　　文	雜誌名・書名	卷・號
申育誠	日本統治時代の台湾における学校建築に関する研究—同化教育の視点から [日本統治時期臺灣學校建築的相關研究——從同化教育的角度來看]	東北大学大学院教育学研究科研究年報	60－1
菅野敦志	二・二八事件後台湾の文化運動(1947～1949)—新文化運動から新生活運動へ ["二・二八事件"後的臺灣文化運動(1947—1949)——從新文化運動到新生活運動]	アジア太平洋討究	16
馮雅蓮	戦後の中文小説におけるエクリチュール—呂赫若の作品を中心に [戰後的中國小説文學——以呂赫若的作品爲中心]	北九州市立大学外国語学部紀要	130
紀旭峰	近代台湾の新世代法律青年と政治青年の誕生 [近代臺灣新一代法律青年與政治青年的誕生]	東洋文化研究	13
林ひふみ	台湾先住民映画としての『海角七号』(2)—牡丹社事件と虹の伝説 [描述臺灣土著居民的電影《海角七號》(2)——牡丹社事件與彩虹傳説]	明治大学教養論集	472

(八) 現代

著　者	論　　文	雑誌名・書名	巻・號
陳争平著，久保亨訳	中国における近現代経済史研究 [中國的近現代經濟史研究]	近きに在りて	59
杜崎群傑	中華人民共和国成立前夜における華北臨時人民代表大会の研究—中国共産党の地方における統治の正統性調達過程 [中華人民共和國成立前夕的華北臨時人民代表大會研究——中國共産黨在地方統治正統性的確立過程]	中国研究月報	65 − 8
杜崎群傑	中国共産党の市レベルにおける統治の正統性調達過程—1949 年開催の第 1 期石家荘市人民代表大会を中心に [中國共産黨市級統治正統性的確立過程——以 1949 年召開的第一届石家莊市人民代表大會爲中心]	中国研究論叢	11
杜崎群傑	建国期の中国人民政治協商会議における中国共産党の指導権 [建國時期中國人民政治協商會議上中國共産黨的領導權]	アジア研究	56 − 4
李海燕	中華人民共和国の建国と中国朝鮮族の「創出」 [中華人民共和國的建國與中國朝鮮族的"創建"]	アジア遊学	145

（續　表）

著　者	論　　文	雜誌名・書名	卷・號
金野純	毛沢東時代の「愛国」イデオロギーと大衆動員—建国初期の愛国公約運動を中心に ［毛澤東時代的"愛國"意識與羣衆動員——以建國初期的愛國公約運動爲中心］	中国—社会と文化	26
：仁欽	内モンゴルにおける整風運動のいくつかの問題の検討 ［内蒙古地區整風運動幾個問題的探討］	日本とモンゴル	123
横山政子	大躍進運動前後の農村託児所と女性労働力—黒竜江省の事例 ［大躍進運動前後的農村托兒所與女性勞動力——以黑龍江省爲例］	歴史学研究	883
近藤光雄	「大躍進」時期の巴金作品批判キャンペーンの粗描 ［略述"大躍進"時期對巴金作品的批判運動］	現代中国	85
峰毅	中国継承的"満洲"化学工業 ［中國繼承的"滿洲"化學工業］	『海峡両岸近現代経済研究』〈東京大学社会科学研究所現代中国研究拠点研究シリーズNo.6〉	
松岡正子	四川における1950～60年代の民族研究(1) ［1950—60年代四川地區的民族研究(1)］	愛知大学国際問題研究所	137

（續　表）

著　者	論　　文	雜誌名·書名	卷·號
松村史穂	1960年代半ばの中国における食糧買い付け政策と農工関係 [1960年代中期中國的糧食收購政策與工農關係]	アジア経済	52－11
瀬邊啓子	文革期における張抗抗の創作活動 [文革時期張抗抗的創作活動]	文学部論集〈佛教大学〉	95
谷川真一	「経験交流」と造反運動の拡散 [“經驗交流”與造反運動的擴大]	中国研究月報	65－3
牛軍著, 真水康樹訳	60年代末における中国対米政策変更の歴史背景 [60年代末中國對美政策變化的歷史背景]	法政理論	44－1
石井修	ニクソンの「チャイナ・イニシアティヴ」（2·完） [尼克松的“中國計劃”（2,完）]	一橋法学	10－1
MASUI Yasuki	The Japan-China Joint Commuique as a Document for the Reconciliation of Japan and China — Japanese Diplomacy towards China and the History Issue [作爲中日和解證明的中日聯合公報——日本對中國的外交政策與歷史問題]	法政理論	43－3·4
三宅康之	中国の「国交樹立外交」、1965～1971年 [中國的“建立邦交的外交”, 1965—1971年]	紀要（地域研究·国際学）〈愛知県立大学〉	43

著　者	論　　　文	雜誌名·書名	卷·號
杉谷幸太	「知識青年」は農村をどう描くか—李鋭『厚土』と陳凱歌『黄色い大地』の比較から[“知識青年”怎樣描繪農村——李鋭《厚土》與陳凱歌《黄土地》的比較]	中国研究月報	65−11
金永完	毛沢東の宗教観[毛澤東的宗教觀]	中央学術研究所紀要	
張鐘允	简析毛泽东的“民粹主义”思想[簡析毛澤東的“民粹主義”思想]	愛知論叢	91
浅井敦	一九七九年中国国籍法制ノート[1979年中國國籍法制記録]	中国21	35
松村史穂	1950～1970年代中国糧棉相克—以国内棉花生産為主[1950—1970年代的中國糧棉矛盾——以國内棉花生産爲主]	『海峡両岸近現代経済研究』〈東京大学社会科学研究所現代中国研究拠点研究シリーズNo.6〉	
加島潤	計画経済期の中国経済史[計劃經濟時期的中國經濟史]	近きに在りて	59
浅野亮	湾岸戦争と中国の軍事現代化—解放軍の政策決定過程を中心に[海灣戰争與中國的軍事現代化——以解放軍的政策決定過程爲中心]	同志社法学	63−1

（續　表）

著　者	論　　　　文	雜誌名・書名	卷・號
河原亘	対外開放政策による中国小売市場の変容—1992 年「82 号通達」による外資参入の影響 [對外開放政策下中國零售市場的變化——1992 年"第 82 號通告"准許外商投資的影響]	国学院大学経済学研究	42
蔡飛	中国の資本主義—中国の改革開放による資本主義への移行 [中國的資本主義——中國改革開放後向資本主義的演變]	国際関係研究	32－1
鈴木基子	張愛玲書簡に見る米国での生活実態とその人生観—1963 年から1995 年までを中心に [張愛玲書信中反映的美國生活狀況及其人生觀——從 1963 年到 1995 年]	『研究紀要』(一般教育・外国語・保健体育)〈日本大学〉	66
福本勝清	1990 年代中国におけるアジア的生産様式論の後退と東方社会理論の興起 [1990 年代亞細亞生産方式理論在中國的衰落與東方社會理論的興起]	明治大学教養論集	472
Harry X. Wu	The real growth of Chinese industry debate revisited: reconstructing China's industrial GDP in 1949－2008 [再論中國産業的實際增長：中國産業 GDP 的重建 (1949—2008)]	経済研究〈一橋大学〉	62－3

（續　表）

著　者	論　　　文	雜誌名·書名	卷·號
王坤	対中 ODA を巡る日本·中国の認識と中国の報道 ［中國、日本關於對華 ODA 的認識與中國的報道］	アジア社会文化研究	12
王雪萍	中国の歴史教育における愛国主義教育の変遷—建国後の「教学大綱」の変化を中心に ［中國歷史教育中愛國主義教育的變遷——以建國後“教學大綱”的變化爲中心］	現代中国研究	29
郭永興	中国委託加工貿易の制度変革（1979~2008） ［中國委托加工貿易的制度變革（1979—2008）］	アジア経済	52-8
金香海	中朝関係と延辺朝鮮族自治州 ［中朝關係與延邊朝鮮族自治州］	立命館国際地域研究	34
高木誠一郎	アジアの地域安全保障制度化と中国—1990 年代~2007 年(1) ［亞洲地域安全保障的制度化與中國——1990—2007 年(1)］	青山国際政経論集	84
佐藤考一	南シナ海紛争と中国 ［南海紛争與中國］	海外事情	59-4
中川涼司	中国「党国体制」論の意義と課題 ［中國“黨國體制”論的意義與課題］	新しい歴史学のために	278

（續 表）

著 者	論 文	雜誌名·書名	卷·號
三品英憲	党・国家体制と中国の社会構造 [黨、國家體制與中國的社會構造]	新しい歴史学のために	278
帆刈浩之	中国および香港—中国人社会の個性に注目して [中國及香港——關注中國人社會的個性]	大原社会問題研究所雑誌	628
洪紹洋	戰後臺灣工業化發展之個案研究—以 1950 年以後的臺灣機械公司為例 [戰後臺灣工業化發展之個案研究——以 1950 年以後的臺灣機械公司爲例]	『海峡両岸近現代経済研究』〈東京大学社会科学研究所現代中国研究拠点研究シリーズ No.6〉	
江柏煒、マイケル・スゾーニ	国家、地方社会とジェンダー政策—戦地金門の女性の役割およびイメージの再現 [國家、地方社會與性別政策——戰地金門的女性作用及其印象重現]	地域研究	11 – 1
川島真	僑郷としての金門—歴史的背景 [作爲僑鄉的金門——歷史背景]	地域研究	11 – 1
松崎寛子	軍事化・記憶・金門社会—1949~1992 年 [軍事化、記憶、金門社會——1949—1992 年]	地域研究	11 – 1

（續　表）

著　者	論　　　　文	雜誌名・書名	卷・號
植野弘子	父系社会を生きる娘―台湾漢民族社会における家庭生活とその変化をめぐって ［生活在父系社會的女兒――臺灣漢民族社會的家庭生活及其變化］	文化人類学	75－4
酒井亨	台湾の民主化アクター再考―1980年代環境汚染をめぐる「自力救済」運動を中心に ［臺灣民主化演進再考――1980年代爲解決環境污染的"自救"運動］	国際協力論集	19－1
マイケル・スゾーニ	鄭清文『舊金山一九七二』における在米臺人留學生表象―異邦人としての臺灣アイデンティティ ［鄭清文《舊金山一九七二》中在美臺灣留學生的印象――作爲異邦人的臺灣同類意識］	東方学	122
赤松美和子	李昂「迷園」・『自傳の小説』における「他者」なる主人公―一〇年代の台湾文学への一考察 ［李昂《迷園》《自傳小説》中作爲"他者"的主人公――對90年代臺灣文學的一個考察］	お茶の水女子大学中国文学会報	30
清水純	台湾と東南アジアを結ぶ新たな華僑・華人の社団組織 ［聯結臺灣與東南亞的新華人、華僑集團］	研究紀要（一般教育・外国語・保健体育）〈日本大学〉	67

（續　表）

著　者	論　　文	雜誌名·書名	卷·號
川原絵梨奈	「台湾人」意識の成立をめぐって [“臺灣人”意識的形成]	アジア社会文化研究	12
鈴木祐二	日米中の「台湾問題」に関する基本的観点 [中日美對“臺灣問題”的基本看法]	海外事情研究所報告	45

（九）中国一般

著　者	論　　文	雜誌名·書名	卷·號
落合淳思	漢字の成り立ち [漢字的起源]	立命館東洋史學	34
曹峰	中國における出土文獻の發見と研究 [中國境内出土文獻的發現與研究]	大東文化大学漢学会誌	50
岡村秀典	古鏡研究一千年—中國考古學のパラダイム [古鏡研究一千年——中國考古學的主要研究]	東洋史研究	69－4
Xu Gang	How can the ultimate reality be turned into the way to it — a special mode of thinking in early China [如何將終極理想轉換成行爲方式——早期中國的一種特殊思維模式]	神戸大学文学部紀要	38

（續　表）

著　者	論　　　　　文	雜誌名・書名	卷・號
佐藤貢悦	儒教の伝承について [儒教的傳承]	宗教研究	369
尾川明穂	書の時代性説の諸相 [書法時代性的諸種説法]	中国文化	69
下司和男	『周髀算経』にみられる数値について——一寸千里説の意味するもの [《周髀算經》所見數值——"千里一寸"説的含意]	計量史研究	33－1
積山洋	中国古代都城の外郭城と里坊の制 [中國古代都城的外郭城與里坊制度]	歴史研究〈大阪教育大学〉	48
佐川英治	中国古代の都城の空間 [中國古代的都城空間]	文化交流研究〈東京大学〉	24
吉田歓	漏刻と時報・諸門開閉システム [漏刻與報時、諸門的開關系統]	米沢史学	27
池田雄一	中國古代の律令と習俗 [中國古代的律令與習俗]	東方学	121
江村治樹	中国古代貨幣の多様性とその統一 [中國古代貨幣的多樣性及其統一]	『名古屋大学大学院文学研究科公開シンポジウム「貨幣が語る世界史」』	
岡本隆司	朝貢と互市と會典 [朝貢、互市與會典]	京都府立大学学術報告（人文）	62

（續　表）

著　者	論　　　　文	雜誌名·書名	卷·號
川端夕貴	中国資料に見られる"麒麟"の一考察 [中國史料所見"麒麟"的一個考察]	東洋史訪	17
魏則能	儒家文化の女性倫理について—貞節行為の原因分析を中心に [儒家文化中的女性倫理——貞潔行爲的原因分析]	多元文化	11
興膳宏	人物評価における「清」字 [人物評價中的"清"字]	三国志研究	6
姚馨	科挙試験制度とその影響—歴史的視点から見た中国学生の盗用問題 [科擧考試制度及其影響——從歷史的角度來看考生的作弊問題]	人間文化創成科学論叢	13
小川裕充	日本における中国絵画史研究の動向とその展望—宋元時代を中心に改訂増補版(上) [日本的中國繪畫史研究動向及其展望——以宋元時代爲中心　改訂增補版(上)]	美術史学〈東北大学〉	31·32
松田吉郎	最近の中国水利史研究 [近來的中國水利史研究]	中国—社会と文化	26
山口正晃	敦煌学百年 [敦煌學百年]	唐代史研究	14

（續　表）

著　者	論　　文	雜誌名・書名	卷・號
宗ティンティン	西南シルクロード：「茶馬古道」に関する民族文化的研究その1—「麗江」民族文化の回廊[西南絲綢之路："茶馬古道"相關的民族文化研究之一："麗江"民族文化的長廊]	貿易風	6
木田知生	中国歴史文化名城等の選定について—中国都市と地域等の諸分類[中國歴史文化名城的選定——中國都市及地域的各種分類]	龍谷史壇	133
小二田章	方志と地域—杭州地域の歴代地方志「官績」項目を例に[方志與地域——以杭州地區的歴代地方志"官績"條項爲例]	史滴	33
植木久行	中国浙江・福建の詩跡考[中國浙江、福建詩迹考]	人文社会論叢（人文科学編）〈弘前大学〉	26
宇都宮美生	洛陽の風俗と歴史[洛陽的風俗與歴史]	法史学研究会会報	15
太田出	太湖流域漁民信仰雑考—楊姓神・上方山大老爺・太君神を中心に[太湖流域漁民信仰雜考——以楊姓神、上方山大老爺、太君神爲中心]	九州歴史科学	39
張政	オロチョン村の形成と社会集団構成の変化[鄂倫春民族村的形成與社會集團結構的變化]	東北アジア研究	15

（續　表）

著　者	論　　文	雜誌名·書名	卷·號
張卉	苗族史の近代（七） ［苗族史的近代（七）］	北海道大学文学研究科紀要	134
清水純	クヴァラン族の家屋の構造と機能—新社における伝統的居住形態と淇武蘭遺跡発掘資料との比較を中心に ［噶瑪蘭族房屋的結構與功能——新社的傳統居住形態與淇武蘭遺址出土材料的比較］	『研究紀要』（一般教育·外国語·保健体育）〈日本大学〉	68
田中一成	中国における叙事詩から戯曲への道—英雄祭祀と英雄劇 ［由敘事詩到戲曲之路——中國的英雄祭祀與英雄劇］	日本學士院紀要	66－1
張競	呉衛峰氏の批判に答える ［答吳衛峰氏的批判］	比較文學研究	96
中村喬	豆の「腐」について ［豆"腐"］	學林	52
二ノ宮聡	旧北京の碧霞元君信仰—妙峰山娘娘廟会を中心に ［老北京的碧霞元君信仰——以妙峰山娘娘廟會爲中心］	東方宗教	118
服部敬史	中国東北地方における古代·中世の鉄鍋·釜 ［中國古代、中世時期東北地區的鐵鍋和釜］	表現学部紀要〈和光大学〉	11
吉村怜	中国の奇岩怪石趣味とその起源—霊璧石と太湖石について ［中國奇岩怪石的興趣及其起源——靈璧石與太湖石］	奈良美術研究	11

（續　表）

著　者	論　　文	雜誌名·書名	卷·號
濱田瑞美	仏影窟攷—中国における石窟開鑿の意味をめぐって ［佛影窟考——中國開鑿石窟的意義］	仏教芸術	319
村松哲文	中国における涅槃像の変容 ［中國涅槃像的變遷］	駒沢大学仏教学部研究紀要	69
温金玉著，松森秀幸訳	中国大陸仏教伝戒活動の回顧と再考察 ［中國大陸佛教傳戒活動的回顧與再考察］	東アジア仏教研究	9
関口欣也	蒙古チベット仏教寺院建築調査記 ［蒙古西藏佛教寺院建築調查記］	東方	370
中西久味	中国国家図書館蔵『大慧普覚禅師年譜』についての覚え書き ［中國國家圖書館藏《大慧普覺禪師年譜》相關記録］	人文科学研究〈新潟大学〉	129
酒寄雅志	中国河南省登封市法王寺所蔵「釈迦舎利蔵誌」の調査—第一次·第二次調査を中心に ［中國河南省登封市法王寺所藏《釋迦舍利藏誌》的調查——以第一次、第二次調查爲中心］	栃木史学	25
大門浩子	キジル石窟における涅槃空間 ［克孜爾石窟的涅槃空間］	仏教学論集	28

（續　表）

著　者	論　　　文	雜誌名·書名	卷·號
田林啓	敦煌莫高窟第二八五窟の仏教世界について—天井壁画を中心として ［敦煌莫高窟第 285 窟的佛教世界——以天頂壁畫爲中心］	美術史	170
段晴	Some fragments of the Sanghāta-sūtra from the Xinjiang Museum, Urumqi ［烏魯木齊地區新疆博物館藏的《僧伽吒經》殘片］	創価大学国際仏教学高等研究所年報	14
西上実	陳箴筆鳥花山水図補遺 ［陳箴筆鳥花山水圖補遺］	京都国立博物館学叢	33
宇野瑞木	蓑笠姿の孟宗—五山僧による二十四孝受容とその繪畫化をめぐって ［袁笠姿的孟宗——五山僧對二十四孝的吸收與繪畫化］	東方学	122
YABUTA YUTAKA	Chinese Ships Cast Ashore in Early-modern Japan ［近代日本境内被抛上岸的中國船隻］	ICIS Overseas Publication Series	1
朱琳	中国史像と政治構想—内藤湖南の場合(4) ［中國史像與政治構想——内藤湖南的看法(4)］	國家學會雜誌	124 - 3·4
朱琳	中国史像と政治構想—内藤湖南の場合(5·完) ［中國史像與政治構想——内藤湖南的看法(5,完)］	國家學會雜誌	124 - 5·6

（續　表）

著　者	論　　　　文	雜誌名·書名	卷·號
赤迫照子	廣島大學所藏漢籍目録　集部 ［廣島大學所藏漢籍目録　集部］	中國學研究論集	26
神田英昭	南方熊楠·土宜法龍とチベット——一八九三年～一八九四年における往復書簡を中心に ［南方熊楠、土宜法龍與西藏——以1893年至1894年的往來書信爲中心］	アジア遊学	144
趙月超	異文化交流中的民衆信仰研究——以青島為例 ［異文化交流中的民衆信仰研究——以青島爲例］	千里山文学論集	85
張楓	大連における泰東日報の経営動向と新聞論調——中国人社会との関係を中心に ［《泰東日報》在大連的經營動向與新聞論調——與中國社會的關係］	『戦間期日本の新聞産業』〈東京大学社会科学研究所研究シリーズ48〉（加瀬和俊編）	

（十）亞洲一般

著　者	論　　　　文	雜誌名·書名	卷·號
武井義和	東亜同文書院農工科の実像についての一考察——経営理念と実態，教育的特徴，卒業生の進路を中心に ［東亞同文書院農工科的實相考察——經營理念與實態、教育的特征、畢業生的出路］	中国研究月報	65－7

（續　表）

著　者	論　　　文	雜誌名·書名	卷·號
内田宏美	古代北東アジアの複合弓について―骨角製弓弭出土一覽 ［古代東北亞的複合弓――出土的骨角製弓弭一覽］	環日本海研究年報	18
李成市	古代東アジアにおける木簡文化の受容 ［古代東亞對木簡文化的吸收］	東海史学	45
静永健	漢籍の日本伝来と馬の関係 ［漢籍初傳日本與馬的關係］	文学研究〈九州大学大学院人文科学研究科〉	108
閻淑珍	『明堂經』の流傳と現状 ［《明堂經》的流傳與現狀］	歴史文化社会論講座紀要	8
黄當時	金印「漢委奴国王」の読みと意味について ［“漢倭奴國王”金印的讀法與含義］	中国言語文化研究	11
上野祥史	中国考古学からみた古墳時代 ［從中國考古學看古墳時代］	考古学	117
黄蘭翔	初期中国仏教寺院の仏塔とインドのストゥーパ ［初期中國佛教寺院的佛塔與印度的舍利塔］	仏教芸術	316
田中健一	七世紀後半期から八世紀初頭における東アジア舍利信仰関連遺品の比較検討 ［7世紀中後期到8世紀初期東亞舍利信仰相關遺物的比較研究］	鹿島美術研究	28別冊

（續　表）

著　者	論　　　文	雜誌名・書名	卷・號
中林隆之	東アジア〈政治-宗教〉世界の形成と日本古代国家 ［東亞(政治-宗教)世界的形成與日本古代國家］	歴史学研究	885
中林隆之	古代君主制の特質と東アジア ［古代君主制的特性與東亞］	歴史科学	205
妹尾達彦	東アジア比較都城史研究の現在—都城の時代の誕生 ［東亞都城史比較研究的現狀——都城時代的誕生］	中国—社会と文化	26
外村中	唐の長安の西内と東内および日本の平城宮について ［唐代長安的西内與東内及日本的平城宮］	仏教芸術	317
十川陽一	日唐における「散位」と「散官」 ［唐朝、日本的"散位"與"散官"］	東方学	121
王勇	奈良時代における遣唐使の求書活動 ［奈良時代遣唐使的求書活動］	日本思想文化研究	4-1
中村裕一	井真成の「贈尚衣奉御」授官について ［井真成授"贈尚衣奉御"官職相關問題］	東アジア世界史研究センター年報	5
溝口優樹	日本古代史料所引唐令の年次比定—坂上康俊氏の説に関する一検討 ［日本古代史料所引唐令的年代推測——對坂上康俊氏學説的一個探討］	法史学研究会会報	15

（續　表）

著　者	論　　　文	雜誌名·書名	卷·號
中田美絵	八世紀後半における中央ユーラシアの動向と長安仏教界—徳宗期『大乘理趣六波羅蜜多経』翻訳参加者の分析より [8世紀中後期中亞細亞的動向與長安佛教界——德宗時期《大乘理趣六波羅蜜多經》的參譯者分析]	東西学術研究所紀要	44
酒寄雅志	渤海史研究と朝鮮史 [渤海史研究與朝鮮史]	朝鮮史研究会論文集	49
皆川雅樹	モノから見た遣唐使以後の「東アジア」の交流と「日本」 [物品中所見遣唐使以後的東亞交流與日本]	東アジア世界史研究センター年報	5
皆川雅樹	日本古代の対外交易と「東部ユーラシア」 [日本古代的對外貿易與"東部歐亞大陸"]	歴史学研究	885
大塚紀弘	日宋交流と仏牙信仰—五台山から来た仏牙舎利の行方 [宋朝與日本的交流與佛牙信仰——從五台山請來的佛牙舎利的去向]	日本歴史	758
石井正敏	文永八年の三別抄牒状について [文永八年的三別抄牒状]	中央大学文学部紀要	史学 56
村井章介	十年遊子は天涯に在り—明初雲南謫居日本僧の詩交 [十年遊子在天涯——明初謫居雲南的日本僧人的詩歌交流]	アジア遊学	142

（續　表）

著　者	論　　文	雜誌名·書名	卷·號
陳波	蘭秀山の乱と明初海運の展開—中国·朝鮮史料による東アジア海域世界の変動の再構築 [蘭秀山之亂與明初海運的發展——中國、朝鮮史料所見東亞海域世界變動的重構]	九州大学東洋史論集	39
張旭	日中の都市と村落における建造物の景観と装飾—安土桃山時代、江戸時代、明清時代を中心に [中日都市與農業建築物的景觀與裝飾——以安土桃山時代、江戶時代、明清時代爲中心]	千里山文学論集	86
中島楽章	銃筒から仏郎機銃へ—十四～十六世紀の東アジア海域と火器 [從手銃到佛朗機銃——14—16 世紀東亞海域與火器]	史淵	148
中島楽章	14—16 世紀,東アジア貿易秩序の変容と再編—朝貢体制から 1570 年システムへ [14—16 世紀東亞貿易秩序的變化與重組——從朝貢體制到 1570 年體系]	社會經濟史學	76 - 4
大田由紀夫	15～16 世紀の東アジア経済と貨幣流通 [15—16 世紀的東亞經濟與貨幣流通]	新しい歴史学のために	279

（續　表）

著　者	論　　　文	雜誌名·書名	卷·號
張立宇	16 世紀以降の東アジアにおける城門の共通点と相違点—日本と中国を中心に ［16 世紀以降東亞城門的異同——以中國與日本爲中心］	千里山文学論集	86
澁谷浩一	1734—40 年の清とジューン=ガルの講和交渉について—キャフタ条約締結後の中央ユーラシアの国際関係 ［1734—40 年清朝與準格爾的和平談判——布連斯奇條約簽訂後的中亞國際關係］	東洋史研究	70 - 3
秋田茂	「長期の18 世紀」から「東アジアの経済的再興」へ ［從"長期的18 世紀"到"東亞的經濟復興"］	待兼山論叢（史学）	45
山内晋次	「東アジア史」再考—日本古代史研究の立場から ［"東亞史"再考——從日本古代史研究的角度來看］	歴史評論	733
井上徹	「華」はどのように「夷」を包摂したか？ ［"華"如何包涵"夷"？］	歴史評論	733
菊池勇夫	「華夷」思想を越える—桂島·谷本論文に寄せて ［超越"華夷"思想——桂島、谷本論文寄語］	新しい歴史学のために	278

（續　表）

著　者	論　　　文	雜誌名·書名	卷·號
井上智勝	「蛮夷」たちの「中華」—近世期日本・朝鮮・ベトナムの小中華意識と国家祭祀 [“蠻夷”們的“中華”——近世時期日本、朝鮮、越南的小中華意識與國家祭祀]	新しい歴史学のために	279
飯倉照平	南方熊楠と中国書 [南方熊楠與中國書籍]	アジア遊学	144
池田宏	南方熊楠と漢籍—南方熊楠邸での漢籍調査に従事して [南方熊楠與漢籍——參與南方熊楠宅邸漢籍調查]	アジア遊学	144
高陽	南方熊楠の比較説話をめぐる書き込み—『太平広記』、『夷堅志』と『今昔物語集』とのかかわりを中心に [南方熊楠對比較故事的批注——《太平廣記》、《夷堅志》與《今昔物語集》的關聯]	アジア遊学	144
武上真理子	南方熊楠と孫文—交錯するアジアへのまなざし [南方熊楠與孫文——交織投向亞洲的目光]	アジア遊学	144
金山泰志	日清戦争前後の児童雑誌に見る日本の中国観 [中日甲午戰争前後兒童雜誌中所見的日本人的中國觀]	史學雜誌	120 - 11

（續　表）

著　者	論　　　文	雜誌名・書名	卷・號
延廣壽一	日清戦争と朝鮮民衆―電線架設支隊長の日記から見た抵抗活動 ［中日甲午戰争與朝鮮民衆――架設電線支隊長的日記中所見抵抗活動］	日本史研究	584
弁納才一	澁澤榮一与張謇比較―東亞巨人企業家相似世博会経歴的不同人生境遇 ［涉澤榮一與張謇的比較――東亞偉人企業家在相似的世博會上經歷的不同人生境遇］	千里山文学論集	86
山近久美子、渡辺理絵、小林茂	広開土王碑文を将来した酒匂景信の中国大陸における活動―アメリカ議会図書館蔵の手描き外邦図を手がかりに ［帶來好太王碑文的酒匂景信在中國大陸的活動――從美國議會圖書館藏手繪外邦圖入手］	朝鮮学報	221
松浦章	清代福州から那覇にもたらされた紙 ［清代從福州傳入那霸的紙］	南島史学	77・78
糟谷政和	19世紀東アジア漂流民送還体制と日本 ［19世紀東亞漂流民送還體制與日本］	人文コミュニケーション学科論集〈茨城大学〉	11
鳥居喬	新聞記事からみる鳥居龍蔵と仲間たちの足跡 ［從新聞報道看鳥居龍藏及其友人的足迹］	鳥居龍蔵研究	1

（續　表）

著　者	論　　文	雜誌名·書名	卷·號
吉開将人	鳥居龍蔵の苗族論と清末中国知識人—鳥居の業績を同時代の中国人はどのように読んだか ［鳥居龍藏的苗族觀與清末的中國知識分子——同時代的中國人怎樣解讀鳥居的成就］	鳥居龍蔵研究	1
黄東蘭	桑原隲蔵東洋史教科書とその漢訳テクスト—『東亜史課本』との比較分析を中心に ［桑原隲藏的東洋史教科書及其漢譯文本——與《東亞史課本》的比較分析］	紀要（地域研究·国際学）〈愛知県立大学〉	43
小野容照	植民地期朝鮮·台湾民族運動の相互連帯に関する一試論—その起源と初期変容過程を中心に ［試論殖民地時期朝鮮、臺灣民族運動的相互聯繫——起源及初期的變化過程］	史林	94－2
太田健一	野崎家の台湾塩田売却に関する再考察 ［再論野崎家的臺灣鹽田出售］	日本塩業の研究	32
岡本健一郎	唐船対応をめぐる長崎聞役の役割 ［唐船應對中長崎聞役的作用］	研究紀要〈長崎歴史文化博物館〉	5
黒木彬文	安重根と幸徳秋水—日本政府により断ち切られた日本、朝鮮、中国の東北アジア平和への道 ［安重根與幸徳秋水——日本政府切斷日本、朝鮮、東北亞通往和平之路］	九州歴史科学	39

（續　表）

著　者	論　　　文	雑誌名・書名	巻・號
竹中浩	東清鉄道の敷設と露清国境—ドゥホフスコイ総督のロシア極東観を中心に ［中東鐵路的鋪設與中俄國境——杜霍夫斯科伊總督的俄國遠東觀］	阪大法学	61 - 3・4
平野龍二	日露開戦劈頭における旅順口攻撃の再評価—戦争目的達成の観点から ［日俄開戰時對旅順口攻撃的再評價——從達成戰爭目的觀點來看］	日本歴史	759
塩崎弘明	アジアにおける教会の形成と教皇庁—教会史と国際関係史の接点をさぐる ［亞洲教會的形成與羅馬教廷——探索教會史與國際關係史的聯結點］	長崎純心大学心理教育相談センター紀要	9
陳力衛	「民主」と「共和」—近代日中概念の形成とその相互影響 ［“民主”與“共和”——近代中日觀念的形成及其相互影響］	成城大学経済研究	194
根岸智代	「日中問題」言説の交錯—胡適・室伏高信及び芳澤謙吉との論争とその影響を中心として ［“中日問題”言論的交錯——胡適、室伏高信與芳澤謙吉的争論及其影響］	渋沢研究	23

（續　表）

著　者	論　　文	雜誌名·書名	卷·號
末永惠子	日中戦争期における対中国医療支援事業の変容—同仁会の医療支援について [中日戰争時期對中國醫療救助事業的變化——同仁會的醫療救助]	宮城歷史科學研究	68·69
今井就稔	戦時期日本占領地域の経済史 [戰時日本占領地區的經濟史]	近きに在りて	59
芳井研一	東亜新秩序声明の脈絡 [東亞新秩序聲明的脈絡]	人文科學研究〈新潟大学〉	129
笠原十九司	日本軍の治安戦と三光作戦 [日本軍隊的治安戰與三光政策]	環日本海研究年報	18
姫田光義	中国側から見た旧日本陸軍登戸研究所の偽札 [中國方面所見舊日本陸軍登戶研究所的偽鈔]	駿台史學	141
平岡昭利	東沙島への日本人の進出と西澤島事件 [日本攻占東沙島與西澤島事件]	地理空間	4-1
田中隆一	在満朝鮮人の帰還 [在滿朝鮮人的歸國]	アジア遊学	145
花井みわ	韓国と中国延辺に分かれて—龍井恩真中学校同級生の戦後 [徘徊在中國延邊與韓國——龍井恩真中學同年級學生的戰後]	アジア遊学	145

（續　表）

著　者	論　文	雜誌名·書名	卷·號
張嵐	〈異国〉を〈祖国〉として―いまも中国で生きる残留孤児 [以"異國"爲"祖國"——現在仍生活在中國的殘留孤兒]	アジア遊学	145
上田貴子	20世紀の東北アジアにおける人口移動と「華」 [20世紀東北亞的人口流動與"華"]	中国研究月報	65-2
小平麻衣子代表、金子明雄　他著	近代東アジアにおける多文化交差とジェンダー [近代東亞多元文化的交叉性]	研究紀要〈日本大学文理学部人文科学研究所〉	81
周程	「科学」の中日源流考 ["科學"的中日淵源考]	思想	1046
青山周	株式会社発生史論と中国 [股份有限公司誕生史論與中國]	東亜	531
陳凌虹	中国の新劇と京都―任天知·進化団と静間小次郎一派の明治座興行 [中國的新劇與京都——任天知的進化團與静間小次郎一派的明治座表演]	日本研究	44
杜軼文	児島献吉郎著『支那文学史綱』に関する考察 [兒島獻吉郎《中國文學史綱》相關考察]	二松	25

（續　表）

著　者	論　　文	雜誌名・書名	卷・號
長井純市	中国をめぐる河野広中の周辺 ［環遊中國的河野廣中的相關事迹］	法政史学	76
西澤治彦	アメリカ人宣教師の著わした漢語テキスト—Absalom Sydenstricker 著 *An Exposition of the Construction and Idioms of Chinese Sentences: As Found in Colloquial Mandarin for the Use of Learners of the Language* (*1889*) を巡って ［美國傳教士所著漢語文本——賽兆祥著《漢語語句結構與習慣用語的闡述：語言學習者使用的普通話》］	武蔵大学人文会雑誌	43-2
玉井達士	Transliterations of the Tocharian B Udānālankāra fragments in the Berlin Collection ［柏林藏吐火羅文 B Udānālankāra 殘片的音譯］	創価大学国際仏教学高等研究所年報	14
中西竜也	中国におけるペルシア語文法学の成立 ［中國波斯語語法學的形成］	『ペルシア語文化圏史研究の最前線』(近藤信彰編)〈東京外国語大学アジア・アフリカ言語文化研究所〉	

（續　表）

著　者	論　　　文	雜誌名·書名	卷·號
野入直美	植民地台湾における沖縄出身者—引揚者在外事実調査表から見えてくるもの [在殖民地臺灣的沖繩出身者——歸國者海外事實調查表所顯示的實際情況]	アジア遊学	145
范如苑	鳥居龍蔵の記録した台湾—民族学における初期乾板写真の重要性を中心に [鳥居龍藏記録中的臺灣——民族學研究中早期乾板照片的重要性]	鳥居龍蔵研究	1
東山京子	皇太子台湾行啓関係文書の史料学的分析 [皇太子臺灣行啓相關文書的史料學分析]	社会科学研究〈中京大学〉	31－2
東山京子	台湾総督府の敗戦処理についての史料学的考察—台南州の「終戦処理ニ関スル書類」を中心に [臺灣總督府關於戰敗處理的史料學考察——以臺南州的"戰後處理相關文件"爲中心]	社会科学研究〈中京大学〉	31－1
日向一雅	大和物語「蘆刈」譚の源流と展開再説—東アジア文化圏における文学の伝流・『両京新記』『本事詩』『太平広記』の徐徳言説話,『三国遺事』調信条との比較から [再談大和物語《蘆刈》謠的淵源及其發展——東亞文化圈的文學流傳《兩京新記》、《本事詩》、《太平廣記》中的徐德言故事與《三國遺事》"調信"條的比較]	日本古代学	3

（續　表）

著　者	論　　文	雜誌名·書名	卷·號
福田忠之	荒井甲子之助の中国観―『図南遺稿』を中心に ［荒井甲子之助的中國觀——以《圖南遺稿》爲中心］	千葉史学	59
堀和孝	竹越与三郎の中国・朝鮮観に関する一考察―福沢諭吉との比較において ［竹越與三郎的中國、朝鮮觀——與福澤諭吉的比較］	近代日本研究	27
松岡俊二	アジアの地域環境制度の形成と地域統合 ［亞洲地理環境的形成與地域整合］	アジア太平洋討究	16
宮紀子	ブラルグチ再考 ［不蘭溪赤再考］	東方學報（京都）	86
榮新江著，森部豊訳、解説	新出石刻史料から見たソグド人研究の動向 ［新出土石刻史料所見粟特人研究動向］	東西学術研究所紀要	44
李主先	鴨緑江中洲をめぐる韓清係争と帝国日本―黄草坪の事例を中心に ［中韓圍繞鴨緑江中州的争論與日本帝國——以黄草坪争端爲例］	日本歷史	763
山本孝文	百済遺跡出土の中国系文物と対中交渉 ［百濟遺址出土的中國文物與對中交涉］	東アジア世界史研究センター年報	5

（續　表）

著　者	論　　　　文	雜誌名・書名	卷・號
李濟滄	現代中国と京都学派の近世論—中国における「近代」の問題をめぐって ［現代中國與京都學派的近世論——中國的"近代"問題］	竜谷史壇	134
菅原昭英	日本の禅宗にとっての中国四川省 ［對日本禪宗而言的中國四川省］	アジア遊学	142
山内晋次	硫黄流通からみた海域アジア史—日本史とアジア史をつなぐ ［從硫磺流通看海域亞洲史——日本史與亞洲史的接點］	九州史学	160
丹羽文生	日中国交正常化の政治過程と田中外交の二面性(上) ［中日邦交正常化的政治歷程與田中外交的雙重性(上)］	海外事情	59-10
丹羽文生	日中国交正常化の政治過程と田中外交の二面性(中) ［中日邦交正常化的政治歷程與田中外交的雙重性(中)］	海外事情	59-11
星野昭吉、劉小林	地球公共財の構築と日中関係—地球公共悪変革のための日中関係の模索 ［地球公共財產的構建與中日關係——中日之間防止地球公共環境惡化的探索］	独協法学	84
李寒梅著，真水康樹訳	ポスト冷戦時代の日中関係 ［後冷戰時代的中日關係］	法政理論	44-1

（續　表）

著　者	論　　　文	雜誌名·書名	卷·號
古川隆久代表、粕谷元他著	近代国家体制と伝統社会の相互関係の実態に関する史的研究 ［近代國家體制與傳統社會相互關係狀況的歷史研究］	研究紀要〈日本大学文理学部人文科学研究所〉	81
志村真幸	『ノーツ・アンド・クエリーズ』誌掲載論文の中のアジア ［《Notes and Queries》刊載論文中的中亞］	アジア遊学	144
趙景達	パン・ツングーシズムと東アジア ［泛通古斯民族與東亞］	学術論文集〈朝鮮奨学会〉	28
益田実	ヨーロッパ統合の歴史過程と東アジア—過去110年の経験は何を物語るか？ ［歐洲整合的歷史過程與東亞——過去110年的經驗有何啓示？］	立命館国際地域研究	34
楊彪著，村上正和訳	衝突と和解—東アジアの歴史記憶 ［衝突與和解——東亞的歷史記憶］	東洋文化研究	13
Kawakatsu Ueki Chikako	Prospects for Regional Security Cooperation in East Asia ［東亞地區安全合作的展望］	アジア太平洋討究	16
Liu-Farrer Gracia	Religion and Migration in Northeast Asia ［東北亞地區的宗教與移民］	アジア太平洋討究	16

（續　表）

著　者	論　　文	雜誌名 · 書名	卷 · 號
AZUMA JUJI	The Private Academies of East Asia — Research Perspectives and Overview ［東亞地區的私立學校——研究的視角與綜述］	ICIS Overseas Publication Series	1
小川裕充	東アジア美術史の可能性 ［東亞美術史的現實意義］	BI—東京大学東洋文化研究所超域連携研究プログラム「アジアの『美』の構築」 annual report	5
森武麿	オーラルヒストリーと歴史学—満州移民を事例として ［口述史與歷史學——以滿洲移民爲例］	歴史と民俗	27

二　著　書

（一）先秦

編著者	篇目作者	書名與篇名	出版社	備考
岩元憲司		春秋学用語集 ［春秋學用語集］	汲古書院	汲古叢書
工藤元男		占いと中国古代の社会—発掘された古文献が語る ［出土文獻反映的占卜與中國古代社會］	東方書店	東方選書
藤田勝久		史記戦国列伝の研究 ［《史記》戰國列傳研究］	汲古書院	
宇都木章		中国古代の貴族社会と文化 ［中國古代的貴族社會與文化］	名著刊行会	宇都木章著作集第1巻歴史学叢書
江村治樹		春秋戦国時代青銅貨幣の生成と展開 ［春秋戰國時代青銅貨幣的産生與發展］	汲古書院	汲古選書
土口史記		先秦時代の領域支配 ［先秦時代的疆域統治］	京都大学学術出版会	プリミエ・コレクション6

（二）秦漢

編著者	篇目作者	書名與篇名	出版社	備考
高橋庸一郎		中国文化史上における漢譜の役割—付　楽譜詩論 ［中國文化史上漢譜的作用——附：樂譜詩論］	晃洋書房	
籾山明·佐藤信		文献と遺物の境界—中国出土簡牘史料の生態的研究 ［文獻與遺物的境界——中國出土簡牘史料生態研究］	六一書房	
白杉悦夫、坂内栄夫著，馬王堆出土文献訳注，叢書編集委員会編		却穀食気·導引図·養生方·雑療方 ［卻穀食氣、導引圖、養生方、雜療方］	東方書店	馬王堆出土文献訳注叢書

（三）魏晉南北朝

編著者	篇目作者	書名與篇名	出版社	備考
植村清二		諸葛孔明 ［諸葛孔明］	筑摩書房	筑摩文庫
渡邉義浩		三国志—演義から正史、そして史実へ ［三國志——從演義到正史,再到史實］	中央公論新社	中公新書

（續　表）

編著者	篇目作者	書 名 與 篇 名	出版社	備　考
ベストセラーズ		三国志の真実 ［三國志的真實］	ベストセラーズ	歴史人別冊完全保存版 Best mooku series
愛媛大学東アジア古代鉄文化研究センター編		曹操高陵の発見とその意義—三国志　魏の世界 ［曹操高陵的發現及其意義——三國志・魏的世界］	汲古書院	
	孫新民	国際シンポジウム『三国志魏の世界』開催によせて ［“三國志・魏的世界”國際研討會召開寄語］		
	村上恭通	『三国志　魏の世界』開催にあたって—経緯と趣旨 ［“三國志・魏的世界”研討會召開的經過與宗旨］		
	白雲翔	漢末・三国時代考古およびその新展開—北方曹魏を中心に ［漢末、三國時代的考古及其新發展——以北方曹魏爲中心］		
	潘偉斌	曹操高陵の発見と発掘および初步研究 ［曹操高陵的發現、發掘及初步研究］		

（續 表）

編著者	篇目作者	書 名 與 篇 名	出版社	備 考
愛媛大学東アジア古代鉄文化研究センター編	郝本性	曹操高陵出土文物の研究—安陽高陵出土石牌刻銘にみる曹操のすがた［曹操高陵出土文物研究——安陽高陵出土石碑刻銘文中所見曹操形象］	汲古書院	
	張志清	漢代陵墓考古と曹操高陵［漢代陵墓考古與曹操高陵］		
	河南省文物考古研究所、安陽縣文化局	付録一　河南安陽市西高穴曹操高陵［附録一　河南安陽市西高穴曹操高陵］		
		付録二　曹操高陵に関する中国人研究者の見解について［附録二　中國研究者對曹操高陵的相關見解］		
		付録三　曹操高陵発見前後の経緯［附録三　曹操高陵的發現經過］		
河南省文物考古研究所編著,渡邊義浩監訳、解説		曹操墓の真相［曹操墓的真相］	科学出版社東京	発売・国書刊行会

（續　表）

編著者	篇目作者	書　名　與　篇　名	出版社	備　考
髙橋康弘		韋昭研究 ［韋昭研究］	汲古書院	
林田愼之助、岡田明彦		図説　三国志の世界 ［圖説　三國志的世界］	河出書房新社	
渡邉義浩編		魏晋南北朝における貴族制の形成と三教・文学—歴史学・思想史・文学の連携による ［魏晉南北朝時期貴族制的形成與三教、文學——歷史學、思想史、文學的綜合考察］	汲古書院	
	中村圭爾	魏晋南北朝の貴族制と地域社会 ［魏晉南北朝的貴族制與地域社會］		
	李憑著，三津間弘彦訳	北魏における儒学の伝播 ［北魏境内的儒學傳播］		
	凍国棟著，池田雅典訳	葛洪の「文論」およびその「二陸」の評価に対する諸問題—『抱朴子』の欠名諸篇を例証として ［葛洪的"文論"及其對"二陸"的評價諸問題——以《抱樸子》缺名諸篇爲例］		
	陳長琦著，髙橋康浩訳	六朝貴族と九品官人法 ［六朝貴族與九品中正制］		

（續 表）

編著者	篇目作者	書 名 與 篇 名	出版社	備 考
渡邉義浩編	小林正美	東晉・南朝における「佛教」・「道教」の称呼の成立と貴族社会 ［東晉、南朝時期"佛教"、"道教"稱呼的形成與貴族社會］	汲古書院	
	樓勁著,島田悠訳	魏晉の子学の流伝に関する二、三の問題 ［關於魏晉子學流傳的二、三個問題］		
	嚴耀中著,会田大輔訳	北魏の堯帝崇拝について ［北魏的堯帝崇拜］		
	王啓發著,廣瀬直記訳	葛洪の道論と魏晉士人の精神生活 ［葛洪的道論與魏晉士人的精神生活］		
	劉安志著,林佳惠訳	六朝買地券研究二題 ［六朝買地券研究二題］		
	魏斌著,冨田絵美訳	六朝名山の生活世界—『東陽金華山栖志』を手掛かりとして ［六朝名山的生活世界——從《東陽金華山棲志》入手］		
	川本芳昭	"北朝の国家支配と華夷思想" ［北朝的國家統治與華夷思想］		

（續　表）

編著者	篇目作者	書　名　與　篇　名	出版社	備　考
渡邉義浩編	卜憲羣著,大知聖子訳	三十年来の中国古代史研究の新傾向[三十年來中國古代史研究的新趨勢]	汲古書院	
	梁滿倉著,谷口建速訳	曹操墓より出土した文物と歴史文献との関係[曹操墓出土的文物與歷史文獻的關係]		
	胡阿祥著,島田悠訳	東晉・十六国・南北朝の人口移動とその影響[東晉、十六國、南北朝的人口移動及其影響]		
	羅新著,塩野啓貴訳	北魏皇室制名漢化考[北魏皇室制度名稱漢化考]		
	張軍著,兼平充明訳	華夷の間: 十六国・北朝時期における祖先の附会現象についての考察[華夷之間: 十六國、北朝時期的附會祖先現象考察]		
	柳川順子	貴族制の萌芽と建安文壇[貴族制的萌芽與建安文壇]		
	矢田博士	西晉期における四言詩の盛行とその要因―武帝期を中心に[西晉時期四言詩的盛行及其原因――以武帝時期爲中心]		

（續　表）

編著者	篇目作者	書名與篇名	出版社	備考
渡邉義浩編	牧角悦子	『文選』序文にみる六朝末の文学観 [《文選》序文所見六朝末期的文學觀]	汲古書院	
	渡邉義浩	魏晉南北朝期における「品」的秩序の展開 [魏晉南北朝時期"品"的秩序及其展開]		
気賀澤保規編		洛陽学国際シンポジウム報告論文集—東アジアにおける洛陽の位置 [洛陽學國際學術研討會論文集——洛陽在東亞的地位]	明治大学大学院文学研究科明治大学東アジア石刻文物研究所	明治大学東洋史資料叢刊8
	氣賀澤保規	洛陽学序論 [洛陽學序論]		
	塩沢裕仁	洛陽·河南の歴史地理と文物状況 [洛陽、河南的歷史地理與文物狀況]		
	岡村秀典	中国のはじまり [中國的起源]		
	石黒ひさ子	洛陽刑徒磚をめぐる一考察 [洛陽刑徒磚之考察]		
	落合悠紀	曹魏洛陽の復興と「正始石経」建立 [曹魏洛陽的復興與"正始石經"的建立]		

（續　表）

編著者	篇目作者	書名與篇名	出版社	備考
氣賀澤保規編	佐川英治	漢魏洛陽城研究の現状と課題 ［漢魏洛陽城研究現狀與課題］	明治大学大学院文学研究科明治大学東アジア石刻文物研究所	明治大学東洋史資料叢刊8
	車崎正彦	三角縁神獣鏡と洛陽 ［三角緣神獸鏡與洛陽］		
	王維坤	日本の三角縁神獣鏡の性質に関する私見 ［日本三角緣神獸鏡的性質］		
	小笠原好彦	日本の古代都城と隋唐洛陽城 ［日本古代都城與隋唐洛陽城］		
	肥田路美	龍門石窟の奉先寺洞大仏と優填王像 ［龍門石窟的奉先寺洞大佛與優填王像］		
	毛陽光著,梶山智史訳	近年洛陽出土唐代墓誌の概況と研究の進展 ［近代洛陽出土唐代墓誌的概況及研究進展］		
	酒寄雅志	嵩山法王寺舎利蔵誌と円 ［嵩山法王寺舍利藏誌與圓仁］		
	高明士	「洛陽学」の可能性について ［“洛陽學”的可能性］		
	妹尾達彦	「洛陽学」の可能性 ［“洛陽學”的可能性］		

（續　表）

編著者	篇目作者	書名與篇名	出版社	備考
土肥義和 編		内陸アジア出土四～一二世紀の漢語・胡文献の整理と研究 ［亞洲内陸出土 4—12 世紀的漢語、胡語文獻整理與研究］		平成二二～二四年度科学研究費補助金（基盤研究C）成果報告書
	岡野誠	旅順博物館・中国国家図書館における『唐律』『律疏』断片の原巻調査 ［旅順博物館、中國國家圖書館藏《唐律》《律疏》殘片原卷調查］		
	片山章雄、王振芬、張銘心	旅順博物館所蔵文書と大谷文書その他文書の綴合（日文版と中文版あり） ［旅順博物館所藏文書與大谷文書及其他文書的綴合(中文版與日本版)］		
	土肥義和 （編）	宋代繁塔石刻資料集（稿）補遺 ［宋代繁塔石刻資料集（稿）補遺］		
	速水大	杏雨書屋所蔵「敦煌秘笈」中の羽 620－2 文書について ［杏雨書屋所藏《敦煌秘笈》中的羽 620－2 號文書］		

（四）隋唐五代

編著者	篇目作者	書 名 與 篇 名	出版社	備 考
久野美樹		唐代龍門石窟の研究—造形の思想的背景について[唐代龍門石窟研究——造型的思想背景]	中央公論美術出版	
赤羽目匡由		渤海王国の政治と社会[渤海王國的政治與社會]	吉川弘文館	

（五）宋元

編著者	篇目作者	書 名 與 篇 名	出版社	備 考
小野泰		宋代の水利政策と地域社会[宋代水利政策與地域社會]	汲古書院	
吉川真司、古松崇志、向井佑介編		遼文化・慶陵一帯調査報告書2011[遼文化・慶陵一帶調查報告書2011]	京都大学大学院文学研究科	
	古松崇志	契丹皇帝の喪葬儀礼[契丹皇帝的喪葬儀禮]		
	向井佑介	契丹の徙民政策と渤海系瓦当[契丹的移民政策與渤海瓦當]		
	牟田口章人	慶陵地区の新知見[廣陵地區的新見解]		

（續　表）

編著者	篇目作者	書 名 與 篇 名	出版社	備　考
愛新覚羅 烏羅熙春、 吉本道雅		韓半島から眺めた契丹·女真 ［從朝鮮半島眺望契丹、女真］	京都大学 学術出版 会	
飯山知保		金元時代の華北社会と科挙制度—もう一つの「士人」層 ［金元時代的華北社會與科舉制度——另一類"士人"階層］	早稲田大 学出版部	
高橋文治		モンゴル時代道教文書の研究 ［蒙古時代道教文書研究］	汲古書院	

（六）明清

編著者	篇目作者	書 名 與 篇 名	出版社	備　考
石毛慎一		明の重臣　方孝孺の忠と死—873人の死を前にして ［明代重臣方孝孺的忠與死——面對 873 名親人的死］	湘南社	発売は 星雲社
黨武彦		清代経済政策史の研究 ［清代經濟政策史研究］	汲古書院	
松浦章		清代中国琉球交渉史の研究 ［清代中國琉球交流史研究］	関西大学 出版部	関西大学東西学術研究叢刊40

（續　表）

編著者	篇目作者	書名與篇名	出版社	備考
財団法人沖縄県文化振興会史料編集室　編		第九回琉球・中国交渉史に関するシンポジウム論文集 ［第九屆中國、琉球交流史研討會論文集］	沖縄県教育委員会	
	王澈	清朝宮中档案に見る清代琉球人の漢文学習 ［清朝宮中檔案所見清代琉球人的漢文學習］		
	郭美蘭	清朝の琉球国王及び来華使節への賞賜制度についての初歩的研究 ［清朝賞賜琉球國王及來華使節制度初探］		
	倪曉一	清朝から賞賜された紡織品およびその儀礼的表象と文化的意味について ［清朝賞賜的紡織品的儀禮表象及文化内涵］		
	李中勇	英国人宣教師ベッテルハイムの琉球における布教活動についての中琉の交渉 ［中琉關於英國傳教士伯德令在琉球傳教活動的交渉］		
	上里賢一	ベトナム資料に見える琉球 ［越南資料中的琉球］		

（續　表）

編著者	篇目作者	書名與篇名	出版社	備考
財団法人沖縄県文化振興会史料編集室　編	生田滋	フェルナン・メンデス・ピント著『東洋遍歴記』に見える雙嶼、琉球関係記事と明代中琉関係の変化 [平托（Fernão Mendes Pinto）著《東洋遍歷記》所見雙嶼、琉球相關記錄與明代中琉關係的變化]	沖縄県教育委員会	
	陳宜耘	清朝初期の皇帝より琉球国王に送られた詔令文書について [清朝初期皇帝發給琉球國王的詔令文書]		
伍躍		中国の捐納制度と社会 [中國的捐納制度與社會]	京都大学学術出版会	東洋史研究叢書
堀地明		明清食糧騒擾研究 [明清食糧騷擾研究]	汲古書院	汲古選書
仙石知子		明清小説における女性像の研究—族譜による分析を中心に [明清小説中的女性形象研究——以族譜的分析爲中心]	汲古書院	
西村元照、西村かずよ　編		広東省明清来風俗史料全四三冊 [廣東省明清以來風俗史料　全四十三冊]		

（續　表）

編著者	篇目作者	書 名 與 篇 名	出版社	備　考
西村元照、西村かずよ　編		江蘇省明清来風俗史料全四五冊 ［江蘇省明清以來風俗史料　全四十五冊］		
西村元照、西村かずよ　編		福建省明清来風俗史料全二四冊 ［福建省明清以來風俗史料　全二十四冊］		

（七）近代

編著者	篇目作者	書 名 與 篇 名	出版社	備　考
馮青		中国海軍と近代日中関係 ［中國海軍與近代中日關係］	錦正社	
大野英二郎		停滞の帝国—近代西洋における中国像の変遷 ［停滯的帝國——近代西方眼中的中國形象變遷］	御茶の水書房	
小野寺史郎		国旗・国家・国慶—ナショナリズムとシンボルの中国近代史 ［國旗、國家、國慶——國家主義與象征的中國近代史］	東京大学出版会	

（續　表）

編著者	篇目作者	書 名 與 篇 名	出版社	備　考
汪　暉 著, 石井剛訳		近代中国思想の生成 ［現代中國思想的興起］	岩波書店	
菊池一隆		戦争と華僑—日本・国民 政府公館・傀儡政権・華 僑間の政治学 ［戰爭與華僑——日本、國 民政府公館、傀儡政權與 華僑之間的政治學］	汲古書院	汲古選 書 93
菊地章太		義和団事件風雲録—ペリ オの見た北京 ［義和團事件風雲録—— 伯希和看到的北京］	大修館書 店	あじあ ブック ス
浅田進史		ドイツ統治下の青島—経 済的自由主義と植民地社 会秩序 ［德國統治下的青島—— 經濟自由主義與殖民地的 社會秩序］	東京大学 出版会	
岩間一弘	遠山景直	上海近代のホワイトカラ ー—揺れる新中間層の形 成 ［上海近代的白領階層—— 不穩定的新中間階層的 形成］	研文出版	
村田雄二 郎		リベラリズムの中国 ［自由主義的中國］	有志舎	

（續　表）

編著者	篇目作者	書　名　與　篇　名	出版社	備　考
愛知大学東亜同文書院大学記念センター		孫文と日本—神戸・長崎と東亜同文書院・愛知大学 ［孫文與日本——神户、長崎與東亞同文書院、愛知大學］	あるむ	愛知大学東亜同文書院ブックレット
武井義和		孫文を支えた日本人—山田良政・純三郎兄弟 ［支持孫文的日本人——山田良政與山田純三郎兄弟］	あるむ	愛知大学東亜同文書院ブックレット
王柯		辛亥革命と日本 ［辛亥革命與日本］	藤原書店	
日臺關係研究会編		辛亥革命100年と日本 ［辛亥革命百年與日本］	早稲田出版	
田所竹彦		孫文—百年先を見た男 ［孫文——預見百年的男子］	新人物往来社	
黄自進		蔣介石と日本—友と敵のはざまで ［蔣介石與日本——居於敵與友之間］	武田ランダムハウスジャパン	東アジア叢書
本岡典子		流転の子—最後の皇女・愛新覚羅嫮生 ［流轉之子——最後的皇女愛新覺羅・嫮生］	中央公論新社	

（續　表）

編著者	篇目作者	書名與篇名	出版社	備考
傅傑		傅傑自伝—「満州国」皇弟を生きて ［溥傑自傳——"滿洲國"皇弟的生活］	河出書房新社	
川村湊、辻下浩二		満州国 ［"滿洲國"］	現代書簡	
塚原静子		旧満州　本溪湖の街と人びと ［舊滿洲　本溪湖的街道與人們］	幻冬舎	
藤田佳久		満州を駆ける—東亜同文書院中国調査旅行記録 ［走遍滿洲——東亞同文書院中國調查旅行記録］	不二出版	
鄭銀淑		中国東北部の「昭和」を歩く—延辺・長春・瀋陽・大連　韓国人が見た旧満州 ［行走在中國東北部的"昭和"——延邊、長春、沈陽、大連：韓國人所見的舊滿洲］	東洋経済新報社	
菅谷信		旧満州貨幣図鑑—附東北三省の貨幣および珍銭珍貨 ［舊滿洲貨幣圖鑒——附東北三省的貨幣及珍錢珍貨］	彩流社	

（續 表）

編著者	篇目作者	書 名 與 篇 名	出版社	備 考
戸田郁子		中国朝鮮族を生きる—旧満州の記憶 ［中國朝鮮族的生活——舊滿洲的記憶］	岩波書店	
早坂隆		松井石根と南京事件の真実 ［松井石根與南京大屠殺的真相］	文藝春秋	文春新書
土谷光芳		「汪兆銘政権」論—比較コラボレーションによる考察 ［論"汪兆銘政權"——比較合作的考察］	人間の科学新社	
久保亨、嵯峨隆編		中華民国の憲政と独裁——九一二～一九四九 ［中國民國的憲政與獨裁——1912—1949］	慶應義塾大学出版会	
富澤芳亜、久保亨、萩原充 編著		近代中国を生きた日系企業 ［近代在華日資企業］	大阪大学出版会	
	桑原哲也	在華紡の経営—内外綿の技術移転,労務管理,製品戦略,流通 ［在華紡織的經營——内外棉的技術轉移、勞務管理、產品戰略、流通］		

（續　表）

編著者	篇目作者	書名與篇名	出版社	備考
富澤芳亜、久保亨、萩原充　編著	芹澤知絵	内外綿の中国人管理者と監督的労働者—「特選工」から [内外棉的中國管理者與監督的勞動者——從"特選工"入手]	大阪大学出版会	
	富澤芳亜	在華紡技術の中国への移転 [在華紡織技術向中國的轉移]		
	久保　亨	1950年代の中国綿業と在華紡技術 [1950年代的中國棉業與在華紡織技術]		
	張忠民著，今井就稔訳	初期の在華紡—上海紡織の形成をめぐって [初期在華紡織業——上海紡織的形成]		
	阿部武司著	戦間期における在華日本紡績同業会の活動 [戰争期間在華日本紡織行會的活動]		
	陳慈玉著，加島潤訳	撫順炭鉱と満鉄の経営1917~1945年 [撫順煤礦與滿鐵的經營（1917—1945年）]		
	萩原充	戦時期の大冶鉄鉱と対日供給 [戰争時期的大冶鐵礦與對日供給]		

（續　表）

編著者	篇目作者	書 名 與 篇 名	出版社	備　考
富澤芳亜、久保亨、萩原充　編著	吉田建一郎	向井龍造と満蒙殖産の骨粉製造　1909~31年［向井龍造與滿蒙殖産興業的骨粉製造 1909—31 年］	大阪大学出版会	
	陳計堯著，楊素霞訳	日本製粉業の対中国投資［日本製粉業對中國的投資］		
坂野徳隆		台湾　日月潭に消えた故郷—流浪の民サオと日本［臺灣　消失在日月潭的故郷——邵族流浪民與日本］	ウェッジ	
王育徳著，近藤明理訳		「昭和」を生きた台湾青年—日本に亡命した台湾独立運動者の回想［生於"昭和"的臺灣青年——逃亡日本的臺灣獨立運動者的回憶］	草思社	
中京大学社会科学研究所台湾史研究センター編纂，檜山幸夫、東山京子編著		台湾史料叢書Ⅳ　明石元二郎関係資料［臺灣史料叢書Ⅳ　明石元二郎相關資料］	中京大学社会科学研究所/発売・創泉堂	社研叢書

（續 表）

編著者	篇目作者	書名與篇名	出版社	備考
瀧本弘之編		民国期美術へのまなざし—辛亥革命百年の眺望［投向民國美術的目光——辛亥革命百年眺望］	勉誠出版	アジア遊学 146
	瀧本弘之	民国期美術に向けた「断想」［對民國時期美術的"斷想"］		
	戰曉梅	金城と一九二〇年代の北京画壇［金城與 1920 年代的北京畫壇］		
	吉田千鶴子	日中美術交流最盛期の様相［中日美術交流鼎盛時期的狀態］		
	松村茂樹	書画文墨趣味のネットワーク［文墨書畫的興趣網］		
	風見治子	民国期における書画骨董の日本への将来をめぐって—アロー号事件から山中定次郎・原田吾朗まで［民國時期流入日本的書畫古董——從亞羅號事件到山中定次郎、原田吾朗］		
	吳孟晉	ある外交官が見た中国近代絵画—須磨弥吉郎の東西美術批評を手がかりに［某位外交官看到的中國近代繪畫——從須磨彌吉郎的東西美術評論入手］		

（續　表）

編著者	篇目作者	書　名　與　篇　名	出版社	備　考
瀧本弘之編	奈良和夫	魯迅と中国新興版画 ［魯迅與中國新興版畫］	勉誠出版	アジア遊学146
	瀧本弘之	傅抱石と新興版画の周辺――『木刻的技法』の出版をめぐって ［傅抱石與新興版畫的相關問題――《木刻的技法》的出版］		
	東家友子	劉海粟と石井柏亭――『日本新美術的新印象』と「滬上日誌」をめぐって ［劉海粟與石井柏亭――《日本新美術的新印象》與《滬上日誌》］		
	蔡濤著，大森健雄訳	中華独立美術協会の結成と挫折――一九三〇年代の広州・上海・東京の美術ネットワーク ［中華獨立美術協會的成立與挫折――1930年代廣州、上海、東京的美術網］		
	小谷一郎	中国人留学生と新興木版画――一九三〇年代の東京における活動の一端を探る ［中國留學生與新興木版畫――1930年代在東京的活動探析］		

編著者	篇目作者	書名與篇名	出版社	備考
瀧本弘之編	三山陵	戦前に「剪紙の美」を追い求めた日本人―柳宗悦、中丸平一郎から伊東祐信まで ［戰前追求"剪紙之美"的日本人――從柳宗悦、中丸平一郎到伊東祐信］	勉誠出版	アジア遊学146
	畑山康幸	「アジアの旅人」エリザベス・キース―英国人女性浮世絵師誕生までの活動を追って ［《亞洲的旅人》伊麗莎白・基斯（Elizabeth Keith）――追尋英國女性風俗畫師誕生前的事迹］		
	中尾徳仁	満洲に活躍した異色玩具コレクター―須知善一の数奇な生涯とその遺産 ［活躍在滿洲的特色玩具收藏家――須知善一的風雅生涯及其遺産］		
	羽田ジェシカ	海を超えた美術―廈門美専・南洋美専の創始者、林学大をめぐって ［跨洋的美術――廈門美専、南洋美専的創辦人林學大］		

（續　表）

編著者	篇目作者	書　名　與　篇　名	出版社	備　考
城山智子		大恐慌下の中国—市場・国家・世界経済 [世界經濟危機下的中國——市場、國家、世界經濟]	名古屋大学出版会	
野村浩一、近藤邦康、砂山幸雄編		救国と民主—抗日戦争から第二次世界大戦へ [救國與民主——從抗日戰爭到第二次世界大戰]	岩波書店	新編原典中国近代思想史6
加藤康男		謎解き「張作霖爆殺事件」 [解密"張作霖暗殺事件"]	PHP研究所	PHP新書
平野正		政論家施復亮の半生 [政論家施復亮的半生]	汲古書院	汲古選書55
孫安石	山崎九市	近代中国都市案内集成　第6巻　上海 [近代中國都市指南集成　第6卷　上海]	ゆまに書房	
		近代中国都市案内集成　第7巻　上海一覧 [近代中國都市指南集成　第7卷　上海一覽]		
		近代中国都市案内集成　第8巻　上海概覧 [近代中國都市指南集成　第8卷　上海概況]		

（續 表）

編著者	篇目作者	書 名 與 篇 名	出版社	備 考
孫安石	菊村菊一	近代中国都市案内集成 第9巻 上海内外商工案内 ［近代中國都市指南集成 第9巻 上海的内外工商企業］	ゆまに書房	
		近代中国都市案内集成 第10巻 上海事情 ［近代中國都市指南集成 第10巻 上海情況］		
北村稔		現代中国を形成した二大政党—国民党と共産党はなぜ歴史の主役になったのか ［開創現代中國的兩大政黨——國民黨與共産黨何以成爲歷史的主角］	ウェッジ	
謝黎		チャイナドレスの文化史 ［旗袍文化史］	青弓社	
高橋信也		魔都上海に生きた女間諜—鄭蘋如の伝説 1914—1940 ［活躍在魔都上海的女間諜——鄭蘋如的傳説（1914—1940）］	平凡社	平凡社新書

（續　表）

編著者	篇目作者	書名與篇名	出版社	備考
ボルジギン゠フスレ		中国共産党・国民党の体内モンゴル政策　1945～49年　—民族主義運動と国家建設との相克 ［中國共産黨、國民黨對內蒙古政策（1945—49年)——民族主義運動與國家建設的矛盾］	風響社	
橘誠		ボグド・ハーン政権の研究—モンゴル建国史序説1911—1921 ［博格達汗政權研究——蒙古建國史序説（1911—1921)］	風間書房	
青木雅浩		モンゴル近現代史研究—1921—1924年　外モンゴルとソヴィエト、コミンテルン ［蒙古近現代史研究——1921—1924年　外蒙古與蘇維埃、共産國際］	早稲田大学出版部	早稲田大学学術叢書
山路勝彦		台湾タイヤル族の100年—漂流する伝統、蛇行する近代、脱植民地化への道のり ［臺灣泰雅族的百年——漂流的傳統、曲折前進的近代、脱殖民地化的道路］	風響社	

（續　表）

編著者	篇目作者	書 名 與 篇 名	出版社	備 考
檜山幸夫 編著		帝国日本の展開と台湾 ［日本帝國的發展與臺灣］	創泉堂	
	檜山幸夫	日台戦争論—台湾初期統治期における台湾での戦争の名称問題を中心に ［日臺戰爭論——以臺灣統治初期在臺戰爭名稱問題爲中心］		
	川島真	小山秋作関係文書所収王徳標関係史料について——八九五年の台湾防衛線への一考察 ［小山秋作相關文書所收王德標的相關史料——對1895年臺灣防線問題的考察］		
	柏木一朗	台湾平定後の日本軍と民衆 ［占領臺灣後的日本軍隊與民衆］		
	高嶋朋子	初等教育における内台共学—「在台内地人」教育からの照射 ［初等教育中的内、臺共學——揭秘"在臺内地人"的教育］		

（續　表）

編著者	篇目作者	書 名 與 篇 名	出版社	備　考
檜山幸夫編著	白柳　弘幸	台湾国民学校期修身教科書教材「心を一つに」についての一考察—「誉れの軍夫」の修身教科書教材採用経過[對臺灣國民學校用修身教科書教材《齊心》的考察——修身教科書教材采用《榮譽的軍夫》的經過]	創泉堂	
	王鐵軍	台湾総督府官僚と関東都督府の設立—植民地間の官僚交流を中心として[臺灣總督府的官僚與關東都督府的設立——殖民地之間的官僚交流]		
	東山京子	帝国の崩壊と台湾総督府の敗戦処理[帝國的崩潰與臺灣總督府的戰敗處理]		
	鈴木敏弘	領有直後の台湾鉄道[占領初期的臺灣鐵路]		
	高江洲昌哉	台湾における獣疫予防制度の成立[臺灣獸疫預防制度的建立]		
	鈴木哲造	日本の台湾統治前期における医師社会の構造的特質[日本統治臺灣前期醫生階層的結構及其特質]		

（續　表）

編著者	篇目作者	書名與篇名	出版社	備考
檜山幸夫 編著	蔡龍保	日本植民地下の台湾人企業 ［日本殖民地下的臺灣企業］	創泉堂	
	黃紹恒	一九三〇年代までの日本統治時代における新竹客家地区の地主資本累積に関する研究 ［1930 年代以前日據時期新竹客家地區的地主資本積累研究］		
	蔡錦堂	一九四〇年代雜誌『杏』（一九四三～一九四八）と『杏』読書会のエリートたち ［1940 年代的雜誌《杏》（1943—1948）與《杏》讀書會的精英們］		
	櫻井良樹	ワシントン会議後の支那駐屯軍 ［華盛頓會議後的中國駐屯軍］		
	本康宏史	第九師団の台湾「転進」と英雄伝説—乃木・マッカーサーをめぐる物語 ［第九師團的臺灣"撤退"與英雄傳説——乃木、麥克阿瑟的故事］		

（續　表）

編著者	篇目作者	書名與篇名	出版社	備考
檜山幸夫編著	川島淳	近代日本と沖繩戰─沖繩戰の縮図・伊江島の戰鬪を事例として ［近代日本與沖繩之戰──以沖繩之戰的縮影・伊江島的戰鬪爲例］	創泉堂	
河原功解題		台湾引揚者関係資料集〈第一卷～第四卷〉─全国引揚者新聞/台湾協会報/日台通信/台湾同盟会報/台湾同盟通信/愛光新聞（編集復刻版） ［臺灣歸國者相關資料集（第一卷─第四卷）──全國歸國者新聞、臺灣協會報、日臺通信、臺灣同盟會報、臺灣同盟通信、愛光新聞（影印版）］	不二出版	

（八）現代

編著者	篇目作者	書名與篇名	出版社	備考
笹川裕史		中華人民共和国誕生の社会史 ［中國人民共和國誕生史］	講談社	講談社メチエ
くどうひろし		中国革命の真実─過渡期への手付 ［中國革命的真實情況──過渡時期的歷史定位］	拓殖書房新社	

（續　表）

編著者	篇目作者	書名與篇名	出版社	備考
西村成雄編著		20世紀中国政治史研究 ［20世紀中國政治史研究］	放送大学教育振興会	
甲斐克則、劉建利編訳		中華人民共和国刑法 ［中華人民共和國刑法］	成文堂	アジア叢書31
砂山幸雄責任編集		世界冷戦のなかの選択—内戦から社会主義建設へ ［世界冷戰中的選擇——從內戰到社會主義建設］	岩波書店	新編原典中国近代思想史第7巻
谷川真一		中国文化大革命のダイナミクス ［中國文化大革命的動力］	御茶の水書房	
三谷孝		中国内陸における農村変革と地域社会—山西省臨汾市近郊農村の変容 ［中國內陸的農村變革與地域社會——山西省臨汾市近郊農村的變化］	御茶の水書房	
鹿雪瑩		古井喜実と中国—日中国交正常化への道 ［古井喜實與中國——中日邦交正常化之路］	思文閣出版	
服部龍二		日中国交正常化—田中角栄、大平正芳、官僚達の挑戦 ［中日邦交正常化——田中角榮、大平正芳、政府官員們的挑戰］	中央公論新社	

（續　表）

編著者	篇目作者	書　名　與　篇　名	出版社	備　考
荒井利明		「敗者」からみた中国現代史 [“失敗者”看到的中國現代史]		
エリック、ハーウィック 著，三宅功監訳，高杉耕一、黒川章訳		中国の情報通信革命 [中國的情報通信革命]	NTT 出版	
關志雄、朱建榮、日本経済研究センター、清華大学国情研究センター　編		中国が変える世界秩序 [中國改變的世界秩序]	日本経済評論社	
	胡鞍鋼	「中国脅威論」から「貢献論」へ [從“中國威脅論”到“貢献論”]		
	柴田明夫	過熱する資源の囲い込み [過熱的圈占資源]		
	山崎正樹	アフリカで急拡大する影響力 [在非洲急劇擴大的影響力]		
	北野尚宏	深化する中央アジアとの関係 [中國與中亞日益加深的關係]		

（續　表）

編著者	篇目作者	書名與篇名	出版社	備考
關志雄、朱建榮、日本経済研究センター、清華大学国情研究センター　編	大橋英夫	東アジア経済統合、中国が鍵 〔東亞經濟整合：中國是關鍵〕	日本経済評論社	
	村瀬哲司	不透明な人民元国際化の行方 〔不透明的人民幣國際化的未來〕		
	室井秀太郎	塗り替わる世界の産業地図 〔重新調整的世界產業地圖〕		
	孟健軍	IT人材、流出から循環へ 〔IT人才：從外流到循環〕		
	關志雄	台頭する中国への懸念と期待 〔對中國興起的擔心與期待〕		
白土悟		現代中国の留学政策—国家発展戦略モデルの分析 〔現代中國的留學政策——國家發展戰略模型分析〕	九州大学出版会	
野嶋剛		ふたつの故宮博物院 〔兩座故宮博物院〕	新潮社	新潮選書

（續　表）

編著者	篇目作者	書 名 與 篇 名	出版社	備 考
弓削俊洋編著		中国・台湾における日本像—映画・教科書翻訳が伝える日本[中國臺灣的日本印象——電影、教科書翻譯傳達的日本]	東方書店	
	好並晶	鏡合わせの中国人と日本人[合鏡的中國人與日本人]		
	宮田さつき	愛憎を繋ぐ虹の架け橋[搭建聯結愛憎的虹橋]		
	弓削俊洋	「大虐殺」という"記憶の証明"["大屠殺"記憶的證明]		
	伊月知子	新たな日本像への胎動[新日本印象的前兆]		
	園山延枝	中国における「村上熱」[中國的"村上熱"]		
菅野敦志		台湾の国家と文化—「脱日本化」「脱中国化」「本土化」[臺灣的國家與文化——"脱日本化"、"脱中國化"與"本土化"]	勁草書房	

（九）中国一般

編著者	篇目作者	書名與篇名	出版社	備考
柿沼陽平		中国古代貨幣経済史研究 ［中國古代貨幣經濟史研究］	汲古書院	汲古選書 92
樋口隆康		中国の古銅器 ［中國的古銅器］	学生社	
井波律子		中国侠客列伝 ［中國俠客列傳］	講談社	
宮宅潔		中国古代刑制史の研究 ［中國古代刑制史研究］	京都大学学術出版会	東洋史研究叢刊之七十五
並木賴壽、杉山文彦編著		中国の歴史を知るための60章 ［60章了解中國歷史］	明石書店	
八幡和郎		○×でわかる完全解説なるほど！中国史 ［是與否的完美解釋　原來如此！中國史］	PHP エディターズグループ	
周劍生		中国四千年—兵馬俑・鴻門宴・赤壁・龍門石窟 ［中國四千年——兵馬俑、鴻門宴、赤壁、龍門石窟］	ニュートンプレス	
中村裕一		中国古代の年中行事—第四冊　冬 ［中國古代的傳統節日——第四冊　冬］	汲古書院	

（續　表）

編著者	篇目作者	書 名 與 篇 名	出版社	備　考
藤田敏正、冨谷至編		中国古代官制和英用語集—職官組織図、英和索引付 [中國古代官制日英用語集——附：職官組織圖、日英索引]	昭和堂	
今井弘		古代の中国文化を探る—道教と煉丹術 [古代中國文化探析——道教與煉丹術]	関西大学出版部	
奈良行博		中国の吉祥文化と道教—祝祭から知る中国民衆のこころ [中國的吉祥文化與道教——從祝祭認識中國民衆的内心]	明石書店	
溝口雄三		中国思想のエッセンス〈1〉—異と同のあいだ [中國思想的精髓（1）——同與異之間]	岩波書店	
溝口雄三		中国思想のエッセンス〈2〉—東往西来 [中國思想的精髓（2）——東西往來]	岩波書店	
關尾史郎		もう一つの敦煌—鎮墓瓶と画像磚の世界 [另一個敦煌——鎮墓瓶與畫像磚的世界]	高志書院	新大人文選書

（續　表）

編著者	篇目作者	書　名　與　篇　名	出版社	備　考
佐藤仁史、太田出		中国農村の民間藝能 ［中國農村的民間藝術］	汲古書院	太湖流域社会史口述記録集2
夫馬進		中国訴訟社会史の研究 ［中國訴訟社會史研究］	京都大学学術出版会	
山田勅之		雲南ナシ族政権の歴史——中華とチベットの狭間で ［雲南納西族政權的歷史——夾在中華與西藏之間］	慶友社	アジア文化叢書
栗原悟		雲南の多様な世界——歴史・民族・文化 ［雲南的多彩世界——歷史、民族、文化］	大修館書店	あじあブックス
小島敬裕		中国・ミャンマー国境地域の仏教実践——徳宏タイ族の上座仏教と地域社会 ［中國、緬甸國境地區的佛教活動——德宏傣族的上座部佛教與地域社會］	風響社	
森雅秀		チベットの仏教美術とマンダラ ［西藏的佛教美術與曼陀羅］	名古屋大学出版会	

（續 表）

編著者	篇目作者	書名與篇名	出版社	備考
熊谷瑞恵		食と住空間にみるウイグル族の文化—中国新疆に息づく暮らしの場 ［飲食與居住空間中所見維吾爾族文化——在中國新疆生活的地方］	昭和堂	
麥谷邦夫編		三教交渉論叢続編 ［三教交渉論叢續編］	京都大学人文科学研究所付属東アジア人文情報学研究センター	
	宇佐美文理	六朝時代における「信仰」の素描 ［六朝時代的"信仰"概觀］		
	垣内智之	道教における九天説とその周邊 ［道教的九天説及其相關内容］		
	金志弦	玄師と經師—道教における新しい師の觀念とその展開 ［玄師與經師——道教中的新師觀念及其發展］		
	神塚淑子	元始天尊をめぐる三教交渉 ［三教圍繞元始天尊的交流］		
	船山徹	梵網經下卷先行説の再檢討 ［《梵網經》下卷先行説的再探討］		

編著者	篇目作者	書　名　與　篇　名	出版社	備　考
麥谷邦夫編	池平紀子	スタインニ四三八に見える佛教の服餌辟穀法受容について—『太上靈寶五符序』との關連を中心に〔斯坦因二四三八中所見佛教對闢穀服餌之術的吸收——與《太上靈寶五符序》的關聯〕	京都大学人文科学研究所付属東アジア人文情報学研究センター	
	齋藤智寬	荷澤神會の見性論とその變容〔荷澤神會的見性論及其變化〕		
	古勝隆一	武則天「升仙太子碑」立碑の背景〔武則天《升仙太子碑》的立碑背景〕		
	麥谷邦夫	唐・玄宗の三經御注をめぐる諸問題—『御注金剛般若經』を中心に〔唐玄宗三經御注的諸問題——以《御注金剛般若經》爲中心〕		
	深澤一幸	崔玄亮の道教生活〔崔玄亮的道教生活〕		
	山田俊	宋・太宗『逍遥詠』に就いて〔宋太宗的《逍遥咏》〕		
	藤井京美	王安石の思想に於ける莊子〔王安石思想中的莊子〕		

（續　表）

編著者	篇目作者	書　名　與　篇　名	出版社	備　考
麥谷邦夫編	金文京	天賜夫人考—風で飛んで來た花嫁の話 ［天賜夫人考——乘風而來的新娘故事］	京都大学人文科学研究所付属東アジア人文情報学研究センター	
	松下道信	全眞教の性命說に見える機根の問題について—南宗との比較を中心に ［全真教性命說中的機緣問題——與南宗的比較］		
	秋岡英行	『唱道眞言』における内丹の儒教的理解 ［《唱道真言》中内丹的儒學理解］		
	エスポジトモニカ	清代道教における三教の寶庫としての『道藏輯要』在家信徒と聖職者の權威の封峙 ［清代道教中作爲三教寶庫的《道藏輯要》：世俗信徒與神職者權威的對峙］		
	ウィッテルンクリスチァン	道藏輯要の編纂と電子化をめぐる諸問題 ［《道藏輯要》的編纂與電子化諸問題］		
	龜田勝見	五行理論による食禁解繹の試み ［試析五行理論中的禁食］		

（續　表）

編著者	篇目作者	書名與篇名	出版社	備　考
吉田順一監修		モンゴル史研究—現状と展望 ［蒙古史研究——現狀與展望］	明石書店	
	吉田順一	モンゴル帝国研究の諸相—『モンゴル秘史』研究の新たな展開にむけて ［蒙古帝國研究的現狀——《蒙古秘史》研究的新發展］		
	チョクト	『元朝秘史』の世界を理解するために ［認識《元朝秘史》的世界］		
	宇野伸浩	『集史』第1巻「モンゴル史」の校訂テキストをめぐる諸問題 ［圍繞《集史》第1巻《蒙古史》校訂文本的諸問題］		
	舩田善之	石刻史料が拓くモンゴル帝国史研究 ［從石刻拓本展開的蒙古帝國史研究］		
	赤坂恒明	ジュチ・ウルス史研究の展望と課題より ［欽察汗國史研究展望與課題］		
	高木小苗	モンゴルと西アジア ［蒙古與西亞］		

（續　表）

編著者	篇目作者	書　名　與　篇　名	出版社	備　考
吉田順一監修	四日市康博	モンゴル帝国時代の移動と交流 ［蒙古帝國時期的遷移與交流］	明石書店	
	福島伸介	モンゴル帝国成立過程における"氏族制"批判 ［蒙古帝國建立過程中對"氏族制"的批判］		
	永井匠	ポスト帝国期のモンゴル―ポスト帝国期のモンゴル・中国関係后帝國時期的蒙古 ［後帝國時期的蒙古與中國的關係］		
	チンゲル	四オイラド史の成立 ［四瓦剌史的形成］		
	石濱裕美子	チベット仏教世界の一部としてのモンゴル理解の必要性について ［將蒙古作爲西藏佛教世界的一部分進行理解的必要性］		
	井上治	モンゴルにおける史書の受容と継承について ［蒙古對史書的吸收與繼承］		
	岡洋樹	清代モンゴルの社会・行政統治構造理解をめぐる試論 ［試論清代蒙古的社會、行政統治結構］		

編著者	篇目作者	書 名 與 篇 名	出版社	備 考
吉田順一監修	柳澤明	清朝の八旗制とモンゴル [清朝的八旗制與蒙古]	明石書店	
	橘誠	「モンゴル民族」の誕生ボグド・ハーン政権 ["蒙古民族"的誕生：博格達汗政權]		
	青木雅浩	モンゴルとソヴィエト，コミンテルン [蒙古與蘇維埃、共產國際]		
	鈴木仁麗	内モンゴルと近代日本 [内蒙古與近代日本]		
	ボルジギン・ブレンサイン	近現代におけるモンゴル社会の構造変動と社会史の可能性 [近現代蒙古社會的結構變動與社會史的現實意義]		
	アルタンガラグ	20世紀におけるモンゴル人の牧畜環境 [20世紀蒙古人的畜牧環境]		
平野健一郎、土田哲夫、村田雄二郎、石之瑜 編		インタビュー 戦後日本の中国研究 [訪談：戰後日本的中國研究]	平凡社	

（十）亞洲一般

編著者	篇目作者	書 名 與 篇 名	出版社	備 考
内 山 純 蔵・カティ＝リンドストロム 編		景観の大変容—新石器化と現代化 ［景觀的巨變——新石器化與現代化］	昭和堂	東アジア内海圏の景観と環境2アジア文化史
	内山純蔵/カティ、リンドストロム	序章 景観の三時代—新石器化、現代化、そして未来 ［序章 景觀的三個時代——新石器化、現代化及未來］		
	安室知	第1章 水田の状景 ［第1章 水田的情景］		
	中村慎一	第2章 湿地、水田、そして都市へ—長江下流域新石器時代の景観変遷 ［第2章 從濕地、水田到都市——長江下游流域新石器時代的景觀變遷］		
	高岡弘幸	第7章 零度の景観—いつ人は神に祈りを捧げるのか ［第7章 零度的景觀——人類何時開始供奉神明的］		
	中井精一	第8章 都市の中心性と言語行動—伝統的景観の維持と言語の規範をめぐって ［第8章 都市的中心性與語言行動——傳統景觀的維持與語言的規範］		

（續　表）

編著者	篇目作者	書　名　與　篇　名	出版社	備　考
谷中信一		出土資料と漢字文化圈 ［出土資料與漢字文化圈］	汲古書院	
	大西克也	上博楚簡『平王問鄭壽』の歷史的背景について ［上博楚簡《平王問鄭壽》的歷史背景］		
	小寺敦	上海博楚簡『鄭子家喪』の史料的性格—小倉芳彥の学説と関連づけ ［上博楚簡《鄭子家喪》的史料性質——與小倉芳彥學説的關聯］		
	今田裕志	上海博楚簡『君子為礼』の構成について ［上博楚簡《君子爲禮》的結構］		
	李承律	出土資料の思想編年をめぐる諸問題—上博楚簡『凡物流形』を中心にして ［出土資料中的思想編年諸問題——以上博楚簡《凡物流形》爲中心］		
	福田哲之	『凡物流形』甲乙本の系譜関係—楚地におけるテキスト書写の実態とその背景 ［《凡物流形》甲乙本的譜系關係——楚地文本書寫的實際狀況及其背景］		

（續　表）

編著者	篇目作者	書名與篇名	出版社	備考
谷中信一	谷中信一	楚地出土文献に見える「執一」の思想—上博楚簡（七）『凡物流形』を中心に［楚地出土文獻中所見的"執一"思想——以上博楚簡（七）《凡物流形》爲中心］	汲古書院	
	王中江著，谷中信一訳	『凡物流形』における「一」の思想構造とその位置［《凡物流形》中"一"的思想結構及其地位］		
	名和敏光	天水放馬灘秦簡『日書』乙種「行忌」考［天水放馬灘秦簡《日書》乙種"行忌"考］		
	池澤優	甘肅省天水放馬灘一号秦墓「志怪故事」註記［甘肅省天水放馬灘一號秦墓出土的"志怪小説"注記］		
	曹峰	『老子』第一章「名」に関する問題の再検討—北大漢簡『老子』の公開を契機として［《老子》第一章"名"相關問題的再探討——北大公開的漢簡《老子》所見］		

編著者	篇目作者	書 名 與 篇 名	出版社	備 考
谷中信一	八木京子	「難波津」の落書再考—「習書」と「落書(すさび書き)」のあいだ ［再談《難波津歌》中的塗鴉文字——"習字"與"塗鴉"之間］	汲古書院	
	袁國華	首陽吉金「龍紋盤」銘文真偽探求 ［首陽吉金"龍紋盤"銘文真偽探求］		
	郭永秉	再談郭店簡《語叢四》8、9号簡與《莊子·胠篋》之関係及相関問題 ［再談郭店楚簡《語叢四》8、9號簡與《莊子·胠篋》之關係及相關問題］		
	張昌平	戰国晚期楚墓的斷代與郭店 M1 楚墓的年代研究 ［戰國晚期楚墓的斷代與郭店 M1 楚墓的年代研究］		
	沈寶春	從夫婦合葬、「塼」與「至俑」論上博(四)〈昭王毀室〉中「君子」的身份意義 ［從夫婦合葬、"塼"與"至俑"論上博(四)《昭王毀室》中"君子"的身份意義］		

（續　表）

編著者	篇目作者	書　名　與　篇　名	出版社	備　考
谷中信一	郭静雲	從《総物流形》第一章釈詁論戰国末期道教祭辞的萌芽 ［從《總物流行》第一章釋詁論戰國末期道教祭辭的萌芽］	汲古書院	
	吕静、何立	東漢晩期民事訴訟與調解制度之考察—以"光和六年自相和従書"為例 ［東漢晩期民事訴訟與調解制度之考察——以"光和六年自相和叢書"爲例］		
藤田勝久、松原弘宣		東アジア出土資料と情報伝達 ［東亞出土資料與情報傳達］	汲古書院	
	藤田勝久	中国古代の文書伝達と情報処理 ［中國古代的文書傳達與情報處理］		
	胡平生著，佐々木正治訳	里耶秦簡からみる秦朝行政文書の製作と伝達 ［里耶秦簡中所見秦朝行政文書的書寫與傳達］		
	角谷常子	漢・魏晋時代の謁と刺 ［漢魏晉時代的謁與刺］		
	安部聡一郎	走馬楼呉簡中所見「戸品出銭」簡の基礎的考察 ［走馬樓吳簡中所見"户品出錢"簡的基礎性考察］		

（續　表）

編著者	篇目作者	書 名 與 篇 名	出版社	備　考
藤田勝久、松原弘宣	義田著,廣瀬薫雄訳	漢代の『蒼頡篇』、『急就篇』、八体と「史書」の問題—秦漢時代の官吏はいかにして文字を学んだか ［漢代的《倉頡篇》《急就篇》、八體與"史書"的問題——秦漢時期的官吏如何學習文字?］	汲古書院	
	王子今著,菅野恵美訳	中国古代交通システムの特徴—秦漢文物資料を中心に ［中國古代交通系統的特徵——以秦漢文物資料爲中心］		
	金秉駿著,小宮秀陵訳	中国古代南方地域の水運 ［中國古代南方地區的水運］		
	舘野和己	木簡から探る日本古代の交通——国境を越える交通に注目して ［木簡所見日本的古代交通——以跨國境交通爲中心］		
	市　大樹	物品進上状と貢進荷札 ［物品進呈狀與進貢貨簽］		

（續　表）

編著者	篇目作者	書 名 與 篇 名	出版社	備　考
藤田勝久、松原弘宣	今津勝紀	古代の荷札木簡再論 ［再論古代的貨簽木簡］	汲古書院	
	松原弘宣	情報伝達における田領と刀祢 ［情報傳達中的田領（屯倉官）和刀禰（村官）］		
	李成市	石刻文書としての広開土王碑文 ［作爲石刻文書的好太王碑文］		
鈴木靖民、新井秀規編		古代東アジアの道路と交通 ［古代東亞的道路與交通］	勉誠出版	
	鈴木靖民	序言—古代東アジアの道路と交通 ［序言——古代東亞的道路與交通］		
	木下良	東アジアの古代道路—世界的視圏から ［東亞的古代道路——從世界的視野來看］		
	武部健一	中国古代道路史概観 ［中國古代道路史概略］		
	張在明	中国陝西省富県における秦の直道遺跡の発掘 ［中國陝西省富縣秦代直道遺址的發掘］		

編著者	篇目作者	書 名 與 篇 名	出版社	備 考
鈴木靖民、新井秀規編	小鹿野亮	入唐求道巡礼行記—山越えの軍用道・始皇帝の直道を歩く ［入唐求法巡禮行紀——行走在翻山越嶺的軍用道與始皇帝的直道］	勉誠出版	
	早川泉	秦の「直道」と道路構造 ［秦代的“直道”與道路構造］		
	中大輔	北宋天聖令からみる唐の駅伝制 ［北宋天聖令所見唐代驛馬制］		
	永田英明	唐日伝馬制小考 ［唐日驛馬制小考］		
	塩沢裕仁	洛陽から四方に通じる大道とその遺跡 ［從洛陽通向四方的大道及其遺址］		
	河野保博	長安と洛陽を結ぶ二つの道—「臨泉駅」銘石刻を中心に ［聯結長安與洛陽的兩條大道——以“臨泉驛”石刻銘文爲中心］		
	荒川正晴	唐代の交通と商人の交易活動 ［唐代的交通與商人的貿易活動］		

（續　表）

編著者	篇目作者	書名與篇名	出版社	備考
鈴木靖民、新井秀規編	桜田真理絵	唐代の通行証—標準型・簡易型による区別 ［唐代的通行證——標準型與簡易型的區別］	勉誠出版	
	小嶋芳孝	渤海の交通路 ［渤海的交通道路］		
	澤本光弘	契丹(遼)の交通路と往来する人 ［契丹(遼)的交通道路與往來人羣］		
	田中史生	海上のクロスロード—舟山群島と東アジア ［海上的十字路口——舟山羣島與東亞］		
	河内春人	古代国際交通における送使 ［古代國際交通的送使］		
	荒井秀規	古代東アジアの道制と道路 ［古代東亞的道制與道路］		
山崎信二		古代造瓦史—東アジアと日本 ［古代造瓦史——東亞與日本］	雄山閣	

（續　表）

編著者	篇目作者	書 名 與 篇 名	出版社	備　考
東南アジア考古学会　編		塩の生産と流通—東アジアから南アジアまで ［鹽的生產與流通——從東亞到南亞］	雄山閣	
	高梨浩樹	「製塩」を考える2つの視点 ［思考"製鹽"的兩個視角］		
	川村佳男	中国三峡地区の塩竈形明器について ［中國三峽地區的鹽灶形明器］		
山田憲太郎		香薬東西 ［香藥東西］	法政大学出版局	
山田憲太郎		スパイスの歴史 ［香料的歷史］	法政大学出版局	
板垣竜太、鄭智泳、岩崎稔		東アジアの記憶の場 ［東亞的記憶空間］	河出書房新社	
	李成市	古典古代の空間　三韓征伐 ［古典古代的空間　三韓征伐］		
	金錫佑著，藤井たけし訳	関羽 ［關羽］		
	柳美那	孔子廟 ［孔子廟］		

（續　表）

編著者	篇目作者	書　名　與　篇　名	出版社	備　考
板垣竜太、鄭智泳、岩崎稔	駒込武	風景の複層　芝山岩 ［雙層的風景　芝山巖］	河出書房新社	
	岩崎稔	身震いの経験　アカ ［打顫的經歷　污垢］		
	呉成哲著，板垣竜太訳	規律の反転　運動会 ［規律的反轉　運動會］		
	板垣竜太	指紋 ［指紋］		
曹咏梅		歌垣と東アジアの古代歌謡 ［歌垣與東亞的古代歌謠］	笠間書院	
石川日出志、日向一雅、吉村武彦編		交響する古代―東アジアの中の日本 ［古代交響曲――東亞中的日本］	東京堂出版	
	王巍	東アジアにおける国家形成と文化―東アジアのなかの中国と日本列島　文字と文明 ［東亞的國家形成與文化――東亞的中國與日本列島　文字與文明］		
	徐建新	出土文字資料と古代史研究 ［出土文字資料與古代史研究］		

（續　表）

編著者	篇目作者	書 名 與 篇 名	出版社	備 考
石川日出志、日向一雅、吉村武彦編	辛德勇	所謂「天鳳三年鄣郡都尉」磚銘文と秦「故鄣郡」の名称及び王莽新時期の年号問題[“天鳳三年鄣郡都尉”磚銘文與秦“故鄣郡”的名稱及新莽時期的年號問題]	東京堂出版	
	石川日出志	弥生時代の海上交易[彌生時代的海上貿易]		
	神野志隆光	日本列島の文明化と古代文化—文字の受容と日本語[日本列島的文明化與古代文化——文字的吸收與日語]		
	小笠原好彦	聖武天皇による恭仁京造営と隋唐洛陽城[聖武天皇營造的恭仁京與隋唐洛陽城]		
大阪市立大学都市文化研究センター		都市の歴史的形成と文化創造力[都市形成史與文化創造力]	成文堂出版	大阪市立大学文学科叢書
	井上徹	都市文化の歴史的段階をめぐって[都市文化的歷史階段]		
	仁木宏	伝統都市の形成と変容中世における「都市文化」と京都[傳統都市的形成與變化:中世“都市文化”與京都]		

（續　表）

編著者	篇目作者	書　名　與　篇　名	出版社	備　考
大阪市立大学都市文化研究センター	吳松弟、馬峰燕著，平田茂樹監訳，王標訳	北宋中期両浙路における城鎮の研究 ［北宋中期兩浙路城鎮研究］	成文堂出版	大阪市立大学文学科叢書
	吉澤誠一郎	中国近代都市の社会変遷と文化再造 ［中國近代都市的社會變遷與文化重建］		
橋本義則編著		東アジア都城の比較研究 ［東亞都城比較研究］	京都大学学術出版会	
	橋本義則	東アジア比較都城史研究の試み—東アジア比較都城史研究会のあゆみ ［東亞比較城市史研究的嘗試──東亞比較城市史研究會的發展歷程］		
	新宮学	中国近世における羅城—明代南京の京城と外郭城の場合 ［中國近世的羅城──明代南京的京城與外郭城］		
	朴淳發	泗都城研究の現段階 ［泗都城研究現狀］		
	馬彪	城址と墓葬にみる楚王城の非郡県治的性格 ［城址與墓葬所見楚王城的非郡縣制性質］		

（續　表）

編著者	篇目作者	書　名　與　篇　名	出版社	備　考
橋本義則編著	妹尾達彦	隋唐長安城と郊外の誕生 ［隋唐長安城與郊外的誕生］	京都大学学術出版会	
	新宮学	北京城と葬地—明王朝の場合 ［明王朝時期的北京城與墓葬區］		
	馬彪	雲夢楚王城における禁苑と沢官の二重性格 ［雲夢楚王城的禁苑與雲夢官的雙重性質］		
	妹尾達彦	隋唐長安城の皇室庭園 ［隋唐長安城的皇室庭園］		
	新宮学	明清北京城の禁苑 ［明清北京城的禁苑］		
	新宮学	明嘉靖年間における北京天壇の成立と都城空間の変容 ［明嘉靖年間北京天壇的修建與都城空間的變化］		
応地利明		都城の系譜 ［都城的系譜］	京都大学学術出版会	
森平雅彦、岩崎義則、高山倫明編		東アジア世界の交流と変容 ［東亞世界的交流與變化］	九州大学出版会	九州大学文学部人文学入門

（續　表）

編著者	篇目作者	書　名　與　篇　名	出版社	備　考
森平雅彦、岩崎義則、高山倫明編	森平雅彦	東アジア—この多様なる世界へのいざない ［東亞——俯瞰這一多彩的世界］	九州大学出版会	九州大学文学部人文学入門
	宮本一夫	東アジア地域社会の形成と古代国家の誕生 ［東亞地域社會的形成與古代國家的誕生］		
	川本芳昭	漢唐間の中国と日本—日本文明の特質との関連から見た ［漢唐間的中國與日本——從與日本文明特性關聯性來看］		
	濱田耕策	朝鮮古代（新羅）の「近中華」意識の形成 ［古代朝鮮（新羅）“近中華”意識的形成］		
	山内昭人	初期コミンテルンと東アジア—もう一つの日本共産党創立史 ［早期共産國際與東亞——另一個日本共産黨創建史］		
	竹村則行	近世の中国・朝鮮・日本に伝播した『孔子聖蹟図』 ［近世中國、朝鮮、日本傳播的《孔子聖迹圖》］		

（續　表）

編著者	篇目作者	書 名 與 篇 名	出版社	備　考
森平雅彦、岩崎義則、高山倫明編	岩崎義則	大名蔵書の中の国際交流—平戸藩楽歳堂の蔵書目録から［大名藏書中的國際交流——從平户藩樂歲堂的藏書目録來看］	九州大学出版会	九州大学文学部人文学入門
	南澤良彦	日本における『説文解字』［《説文解字》在日本］		
	高山倫明	漢字で日本語を書く—万葉仮名の世界［用漢字書寫日語——萬葉假名的世界］		
	久保智之	満洲語—話しことば・書きことばとその使い手［滿洲語——口語、書面語及其使用方法］		
安藤光雅、半藤一利、中村愿著		『史記』と日本人［《史記》與日本人］	平凡社	
吉尾　寛	岡　元司	海域世界の環境と文化［海洋世界的環境與文化］	汲古書院	
		海をとりまく日常性の構造［圍繞海洋的日常性構造］		
	山口　聰	寧波地域の仏教寺院と茶文化の興隆——寧波地域の地理環境と社会［寧波地區的佛教寺院與茶文化的興隆——寧波地區的地理環境與社會］		

（續 表）

編著者	篇目作者	書 名 與 篇 名	出版社	備 考
吉尾　寛	吉尾　寬	"風をつかみ海流にのり又のりこえる" ［乘風破浪］	汲古書院	
	徐仁範著,渡昌弘訳	朝鮮使行の海路朝貢路と海神信仰——『燕行録』の分析を通して ［朝鮮使者的海上朝貢路與海神信仰——從《燕行録》的分析來觀察］		
	山内晋次	東シナ海域における航海信仰 ［東海流域的航海信仰］		
	八木　光	進貢船航海に関する工学的検討（福州—那覇） ［有關航海進貢船的工學研究（福州—那霸）］		
	松浦　章	十六—十七世紀の台湾海峡を通過した人々と環境 ［16—17世紀通過臺灣海峽的人們與環境］		
	黄順力著,土居智典訳	清代中国の海洋観略論 ［清代中國的海洋觀略論］		
	吉尾　寬	〈黒潮〉の認知と東アジアの近代 ［"黑潮"的認識與東亞的近代］		

（續　表）

編著者	篇目作者	書 名 與 篇 名	出版社	備 考
勝部眞人編		近代東アジア社会における外来と在来 [近代東亞社會的本土與外來]	清文堂出版	
	真栄平房昭	近代の台湾航路と沖縄—外来·在来をめぐる東アジア海運史の一視点 [近代的臺灣航線與沖繩———一個圍繞外來與本土的東亞海運史的視角]		
	勝部眞人	東アジアにおける農民組織化と在地社会—産業組合·合作社·金融組合 [東亞的農民合作化與本土社會——産業合作、合作社、金融合作]		
	弁納才一	20世紀前半中国における在来綿業の近代的展開と農村経済構造 [20世紀前期中國本土棉業的近代化發展與農村經濟結構]		
	張楓	在来織物業の展開と制度的基盤—華北地域を中心に [本土紡織業的發展與制度基礎——以華北地區爲中心]		

（續　表）

編著者	篇目作者	書 名 與 篇 名	出版社	備　考
勝部眞人編	戴鞍鋼著,張楓訳	近代上海地域の「外来」と「在来」 ［近代上海地區的"外來"與"本土"］	清文堂出版	
佐々木史郎・加藤雄三　編		東アジアの民族的世界—地域社会における多文化的状況と相互認識 ［東亞的民族世界——地域社會的多元文化狀況與相互理解］	有志舍	人間文化叢書ユーラシアと日本—交流と表象—
	岡本弘道	琉球王国の交易品と琉球弧の域内連関 ［琉球王國的貿易品與琉球弧（琉球列島）的地域關聯］		
	中村和之	骨嵬・苦兀・庫野—中国の文献に登場するアイヌの姿 ［骨嵬、苦兀、庫野——出現在中國文獻中的阿伊努的身影］		
	杉山清彦	女直＝満洲人の「くに」と「世界」 ［女真＝滿洲人的"國"與"世界"］		

（續　表）

編著者	篇目作者	書 名 與 篇 名	出版社	備　考
佐々木史郎・加藤雄三　編	佐々木史郎	ヘジェ・フィヤカ・エゾ：近代における日本と中国の北方民族に対する意識［赫哲、飛牙喀、蝦夷：近代日本與中國對北方民族的意識］	有志舎	人間文化叢書ユーラシアと日本―交流と表象―
	角南聡一郎	台湾原住民と貨幣［臺灣原住民與貨幣］		
	加藤雄三	租界に住む権利［在租界居住的權利］		
貴志俊彦編著		近代アジアの自画像と他者―地域社会と「外国人」問題［近代亞洲的自畫像與他者――地域社會與"外國人"問題］	京都大学学術出版会	地域研究のフロンティア1
	貴志俊彦	自画像と他者への視線―歴史学におけるトランス・ナショナリティ研究の提起［投向自畫像與他者的視線――歷史學中跨國界研究的提出］		
	菅谷成子	中国人移民の「脱中国人」化あるいは「臣民」化―スペイン領フィリピンにおける中国系メスティーソ興隆の背後［中國移民的"脱中國"化或"臣民"化――西屬菲律賓地區中國系混血兒興隆的背後］		

（續　表）

編著者	篇目作者	書　名　與　篇　名	出版社	備　考
貴志俊彦編著	林　滿紅	日本と台湾を結ぶ華人ネットワーク—戦前の日台経済関係における台湾人商人・華商・日本政府 ［聯結日本與臺灣的華人網——戰前日臺經濟關係中的臺灣商人、華商、日本政府］	京都大学学術出版会	地域研究のフロンティア1
	陳　來幸	在日台湾人アイデンティティの脱日本化—戦後神戸・大阪における華僑社会変容の諸契機 ［在日臺灣人認同感上的脱日本化——戰後神户、大阪地區華僑社會變化的諸契機］		
	川島　真	台湾人は「日本人」か？—十九世紀末在シャム華人の日本公使館登録・国籍取得問題 ［臺灣人是"日本人"嗎?——19世紀末暹羅（泰國）華人在日本公使館的登記與取得國籍問題］		
	貴志俊彦	第一次世界大戦後の中国におけるヨーロッパ人の地位—中華民国外交部档案からみる条約国と無条約国との法的差異 ［第一次世界大戰後在華歐洲人的地位——中華民國外交部檔案中所見協約國與非協約國在法律上的差異］		

（續　表）

編著者	篇目作者	書　名　與　篇　名	出版社	備　考
貴志俊彦編著	本野英一	「知的所有権」をめぐる在華外国企業と中国企業間の紛争—外国側より見た中国商標法（一九二三年）の意義 ［在華外企與中國企業間圍繞"知識産權"的紛爭——外國方面所見中國商標法（1923年）的意義］	京都大学学術出版会	地域研究のフロンティア1
	吴偉明	ある在外日本人コミュニティの光と影—戦前の香港における日本人社会のサーベイ ［一個在外日本人羣體的光與影——對戰前香港地區日本人社會的調查］		
	朱益宜	拘留される「外国人」の待遇と心理状態—日本占領時期の香港スタンレー強制収容所 ［被拘留的"外國人"的待遇與心理狀態——日本占領時期的香港赤柱集中營］		
	孫安石	日米の資料にみられる戦時下の「外国人」の処遇—日本占領下の上海敵国人集団生活所 ［日美資料中所見戰爭時期"外國人"的待遇——日本占領下上海敵國人羣體的生活場所］		

（續　表）

編著者	篇目作者	書名與篇名	出版社	備考
貴志俊彦編著	潘光	エスニック・グループのローカル・ナレッジによる処世術—上海・香港におけるアシュケナジムとセファルディムの比較 [族羣的本土知識中的處世術——上海、香港地區德系猶太人與西班牙裔猶太人的比較]	京都大学学術出版会	地域研究のフロンティア1
	オルガ、バキッチ	回想録：一九四五年以降の在ハルビンロシア人の命運 [回憶録：1945年以後在哈爾濱的俄國人的命運]		
笠原十九司		戦争を知らない国民のための日中歴史認識—『日中歴史共同研究〈近現代史〉』を読む [讓不了解戰争的國民認識中日歴史——讀《中日歴史共同研究(近現代史)》]	勉誠出版	
	笠原十九司	総論 [總論]		
	齋藤一晴	報告書の読み方 [報告書的解讀]		
	石田勇治、大日方純夫、笠原十九司、齋藤一晴	〈座談会〉日本と中国、官と民の継続的な対話の起点として [〈座談會〉日本與中國、官與民持續對話的起點]		

（續　表）

編著者	篇目作者	書　名　與　篇　名	出版社	備　考
笠原十九司	川島真	「日中歴史共同研究」の三つの位相 ［《中日歴史共同研究》的三種位相］	勉誠出版	
	庄司潤一郎	「日中歴史共同研究」を振り返って ［《中日歴史共同研究》回顧］		
	歩平	中日関係の重要な第一歩 ［中日關係的重要一步］		
	毛里和子	日中間の歴史共同研究交流を豊かにするために ［豐富中日間的歴史共同研究交流］		
	大日方純夫	国ではなく、国民のための近代史教育 ［爲人民而非爲國的近代史教育］		
	笠原十九司	論点に見る日中歴史認識の差異について ［中日歴史認識的觀點差異］		
	笠原十九司	日本に学問・教育・報道・出版の自由は本当にあるのか ［日本真的有學術、教育、報道、出版的自由嗎?］		

（續　表）

編著者	篇目作者	書 名 與 篇 名	出版社	備 考
笠原十九司	北岡伸一	「日中歴史共同研究」を振り返る（『外交フォーラム』二〇一〇年四月）[“中日歴史共同研究”回顧（《外交論壇》2010 年 4 月）]	勉誠出版	
	步平	歴史研究の不一致は中日関係の溝ではない（『参考消息』二〇一〇年一月一四日）[歷史研究的不同並非中日關係的鴻溝（《參考消息》2010 年 1 月 14 日）]		
	步平	中日歴史共同研究は重要な第一歩を踏み出した（『人民日報』二〇一〇年二月五日）[中日歷史共同研究邁出重要一步（《人民日報》2010 年 2 月 5 日）]		
	步平	歴史共同研究と国際関係（『人民日報』二〇一〇年三月二日）[歷史共同研究與國際關係（《人民日報》2010 年 3 月 2 日）]		

（續　表）

編著者	篇目作者	書 名 與 篇 名	出版社	備　考
笠原十九司	曹鵬程	差違の尊重と理解の増進（『人民日報』二〇一〇年三月二日）[尊重差異、增進理解（《人民日報》2010年3月2日）]	勉誠出版	
黒沢文貴、イアン=ニッシュ編		歴史と和解[歷史與和解]	東京大学出版会	
	イアン、ニッシュ	障子を閉める[消除隔閡]		
	黒沢文貴	戦後の日本近代史研究の軌跡[戰後的日本近代史研究軌迹]		
	小菅信子	記憶の歴史化と和解[記憶的歷史化與和解]		
	ジャック、チョーカー	憎悪から和解へ[從憎恨到和解]		
	マーティン、ウィルソン	和解と赦し[和解與寬恕]		
	フィリップ、メイリンズ	「和解こそ最後の勝利」["和解才是最後的勝利"]		
	恵子、ホームズ	和解への道[和解之路]		
	杉野　明	捕虜収容所の記憶と和解[戰俘營的記憶與和解]		
	フィリダ、パーヴィス	記憶、歴史、和解[記憶、歷史、和解]		

（續　表）

編著者	篇目作者	書 名 與 篇 名	出版社	備 考
黒沢文貴、イアン=ニッシュ編	波多野澄雄	日中歴史共同研究 ［中日歴史共同研究］	東京大学出版会	
	剣持久木	歴史認識共有の実験 ［共同的歴史認識經歷］		
	庄司潤一郎	日中とドイツ・ポーランドにおける歴史と「和解」 ［中日與德國、波蘭的歷史與"和解"］		
	フィリップ、トウル	復讐と和解 ［復仇與和解］		
	李恩民	市民運動と日中歴史和解 ［市民運動與中日歷史和解］		
	キャロライン、ローズ	歴史の終焉? 二一世紀における日中和解 ［歷史的終結? 21世紀的中日和解］		
	茂木敏夫	東アジアにおける和解の模索 ［東亞地區對和解的探索］		
河添房江、皆川雅樹編		唐物と東アジア─船載品をめぐる文化交流史 ［唐物與東亞──圍繞舶來品的文化交流史］	勉誠出版	アジア遊学147

（續 表）

编著者	篇目作者	書 名 與 篇 名	出版社	備 考
河添房江、皆川雅樹編	皆川雅樹	「唐物」研究と「東アジア」的視点—日本古代・中世史研究を中心として[“唐物”研究與“東亞”的視角——日本古代、中世史研究]	勉誠出版	アジア遊学147
	島尾新	日本美術としての「唐物」[日本美術中的“唐物”]		
	五味文彦	【コラム】唐物と日本の古代中世[專欄：唐物與日本的古代中世]		
	森公章	奈良時代と「唐物」[奈良時代與“唐物”]		
	河添房江	上代の舶載品をめぐる文化史[上古時期舶來品的文化史]		
	垣見修司	『万葉集』と古代の遊戯—双六・打毬・かりうち[《萬葉集》與古代的遊戲——雙六、打毬、擲色子]		
	シャルロッテ、フォン、ヴェアシュア	平安時代と唐物[平安時代與唐物]		

（續　表）

編著者	篇目作者	書 名 與 篇 名	出版社	備 考
河添房江、皆川雅樹編	末沢明子	算賀・法会の中の茶文化と『源氏物語』—書かれざる唐物 ［祝壽、法會中的茶文化與《源氏物語》——没被記録的唐物］	勉誠出版	アジア遊学147
	小島毅	【コラム】唐物としての書物 ［專欄：唐物中的書籍］		
	前田雅之	唐物としての黄山谷 ［舶來之物黄山谷］		
	古川元也	中世唐物再考—記録された唐物 ［中世唐物再考——被記録下來的唐物］		
	竹本千鶴	戦国織豊期の唐物—唐物から名物へ ［戰國織豐時期的唐物——從唐物到特産］		
	上野誠	【コラム】唐物と虚栄心の話をしよう！ ［專欄：唐物與虚榮心的故事］		
	石田千尋	江戸時代の唐物と日蘭貿易 ［江户時代的唐物與日荷貿易］		

編著者	篇目作者	書　名　與　篇　名	出版社	備　考
河添房江、皆川雅樹編	真栄平房昭	琉球使節の唐旅と文化交流 ［琉球使節的唐旅與文化交流］	勉誠出版	アジア遊学147
吾妻重二、小田淑子		東アジアの宗教と思想 ［東亞的宗教與思想］	丸善出版	関西大学「日中関係と東アジア」講演録
	森本公誠	仏教からイスラムを見る ［從佛教看伊斯蘭教］		
	吾妻重二	儒教と東アジアの文化 ［儒教與東亞文化］		
	加地伸行	儒教的仏教と仏教的儒教 ［儒學的佛教與佛教的儒學］		
	池田知久	老荘思想と東アジア三カ国 ［老莊思想與東亞三國］		
	徐興慶	東アジアの視野から朱舜水の思想と宗教観を考える ［從東亞的視野看朱舜水的思想與宗教觀］		
	末木文美士	仏教の東アジア的変容 ［佛教的東亞化］		
	范麗珠述，山田明広訳	中国北方農村における民間宗教の復興とその策略 ［中國北方農村地區的民間宗教復興及其策略］		

（續　表）

編著者	篇目作者	書名與篇名	出版社	備考
吾妻重二、小田淑子	中村廣治郎	グローバル化の中のイスラーム ［全球化下的伊斯蘭教］	丸善出版	関西大学「日中関係と東アジア」講演録
	小田淑子	イスラームの宗教性 ［伊斯蘭教的宗教性］		
	島薗進	東アジアの文化と宗教伝統の多様性 ［東亞的文化與宗教傳統的多樣性］		
河上麻由子		古代東アジア世界の対外交渉と仏教 ［古代東亞世界的對外交流與佛教］	山川出版社	山川歴史モノグラフ
小山満		仏教図像の研究—図像と経典の関係 ［佛教畫像研究——畫像與經典的關係］	向陽書房	
馬淵昌也編著		東アジアの陽明学—接触・流通・変容 ［東亞的陽明學——接觸、流傳、變化］	東方書店	学習院大学東洋文化研究叢書
	黄俊傑著，藤井倫明訳	地域史としての東アジア交流史—問題意識と研究テーマ ［地域史中的東亞交流史——問題意識與研究課題］		

（續　表）

編著者	篇目作者	書 名 與 篇 名	出版社	備　考
馬淵昌也編著	陳昭瑛著，大場一央訳	『一段の深情在る有り』―中江藤樹『論語郷党啓蒙翼伝』における孔子 [《有一段深情在》――中江藤樹《論語郷黨啓蒙翼撰》中的孔子]	東方書店	学習院大学東洋文化研究叢書
	中純夫	朝鮮陽明学の特質について [朝鮮陽明學的特性]		
	辛炫承著，大多和朋子訳	朝鮮陽明学派の形成と展開 [朝鮮陽明學派的形成與發展]		
	張崑將著，阿部亘訳	一六世紀中韓使節の陽明学にかんする論争とその意義―許篈と袁黄を中心に [16世紀中韓使節關於陽明學的論爭及其意義――以許篈與袁黄爲中心]		
	李昤昊著，李正勲訳	李卓吾と朝鮮儒学 [李卓吾與朝鮮儒學]		
	楊儒賓著，倉嶋真美訳	李士実及び宸濠反乱の故事 [李士實與宸濠之亂]		
	蔡振豊著，松野敏之訳	陽明学と明代中後期における三教論の展開 [陽明學與明代中後期三教論的發展]		

（續　表）

編著者	篇目作者	書名與篇名	出版社	備考
馬淵昌也編著	永冨青地	中日陽明学の交流と非交流について ［中日陽明學的交流與非交流］	東方書店	学習院大学東洋文化研究叢書
	永冨青地	天津図書館所蔵『鄒東廓先生文選』について ［天津圖書館藏《鄒東廓先生文選》］		
	三澤三知夫	李贄『九正易因』について ［李贄的《九正易因》］		
	渡邊賢	周汝登と功過格と ［周汝登與功過格］		
	馬淵昌也	明代後半期儒学思想における"恕"概念の位置初探 ［明代中後期儒學思想中"恕"概念的地位初探］		
武内房司編著		越境する近代東アジアの民衆宗教—中国・台湾・香港・ベトナム、そして日本 ［近代東亞跨區域的民衆宗教——中國、臺灣、香港、越南及日本］	明石書店	
	武内房司	「宝山奇香」考—中国的メシアニズムとベトナム南部民衆宗教世界 ［"寶山奇香"考——中國的救世主降臨説與越南南部民衆宗教世界］		

（續　表）

編著者	篇目作者	書名與篇名	出版社	備考
武内房司編著	游子安著，倉田明子訳	二〇世紀、先天道の広東・香港からベトナムへの伝播と変容［20世紀從廣東、香港傳播至越南的先天道及其變化］	明石書店	
	孫江	地震の宗教学――一九二三年紅卍字会代表団の震災慰問と大本教［地震的宗教學――1923年紅卍字會代表團的賑災慰問與大本教］		
	王見川著，豊岡康史訳	道院・紅卍字会の台湾における発展およびその慈善活動―戦後日本の新興宗教とのかかわりを含めて［道院、紅卍字會在臺灣的發展及其慈善活動――與戰後日本新興宗教的關係］		
	バレンデ、テレ、ハーレ著，梅川純代、大道寺慶子訳	道徳的価値を維持するための神の暴力―湖南省における関帝廟の事例（一八五一～一八五二年）［神在維護道德價值中的力量――以湖南省的關帝廟爲例（1851—1852年）］		
	小武海櫻子	清末民初期の明達慈善会と慈善事業［清末民初的明達慈善會與慈善事業］		

（續　表）

編著者	篇目作者	書名與篇名	出版社	備考
武内房司編著	宮田義矢	五教合一論初探—道院・世界紅卍字会の教説を例に ［五教合一論初探——以道院、世界紅卍字會的教義爲例］	明石書店	
	プラセンジット、ドゥアラ著，梅川純代、大道寺慶子訳	二〇世紀アジアの儒教と中国民間宗教 ［20世紀亞洲的儒教與中國民間宗教］		
	張士陽	日本植民地初期、台湾総督府の宗教政策と宗教調査 ［日本殖民初期臺灣總督府的宗教政策與宗教調查］		
	胎中千鶴	植民地台湾と斎教 ［殖民地臺灣與齋教］		
	倉田明子	香港における民衆宗教の諸相 ［香港地區民衆宗教的實際狀況］		
	島薗進	付論　民衆宗教研究の新たな視角とその可能性 ［附論：民衆宗教研究的新視角及其可能性］		

編著者	篇目作者	書 名 與 篇 名	出版社	備　考
勝山稔編		小説・芸能から見た海域交流 ［小説、藝術中的海域交流］	汲古書院	
	勝山　稔	俗文学研究から見た海域交流の意義—序にかえて ［代序：俗文學研究中所見海域交流的意義］		
	高西成介	東海異界小考 ［東海異界小考］		
	塩　卓悟	近代日本における唐宋文言小説の受容—静嘉堂文庫蔵『太平広記』を手掛かりに ［近代日本對唐宋文言文小説的吸收——從静嘉堂文庫藏《太平廣記》入手］		
	佐々木睦	日本版『西遊記』に関する一考察—二つの明治期講談速記本を中心に ［日文版《西遊記》的相關考察——以明治時期的兩種講談速記本爲中心］		
	勝山　稔	井上紅梅の研究—彼の生涯と受容史から見たその業績を中心として ［井上紅梅的研究——他的生涯與交流史上的功績］		

（續　表）

編著者	篇目作者	書名與篇名	出版社	備考
勝山稔編	木村　淳	清末諸家の漢文教材 ［清末諸家的漢文教科書］	汲古書院	
	森中美樹	語学教科書としての『紅楼夢』―東京外国語学校時代の書入を中心として ［作爲語言學教科書的《紅樓夢》――以東京外國語學校時期的眉批本爲中心］		
	林　雅清	元雑劇と能楽の影響関係について―日中古典演劇比較論争再考 ［元雜劇與能樂間的影響關係――中日古典戲劇比較論争再考］		
磯部彰		旅行く孫悟空―東アジアの西遊記 ［旅行者孫悟空――東亞的西遊記］	塙書房	
森永貴子	北海道大学出版会	イルクーック商人とキャフタ貿易―帝政ロシアにおけるユーラシア商業 ［伊爾庫茨克商人與恰克圖貿易――沙皇俄國的歐亞商業］		条二四0
川端基夫		アジア市場を拓く―小売国際化の100年と市場グローバル化 ［開拓亞洲市場――零售國際化的百年與市場的國際化］	新評論	関西学院大学研究叢書

編著者	篇目作者	書 名 與 篇 名	出版社	備 考
永原陽子編		生まれる歴史、創られる歴史—アジア・アフリカ史研究の最前線から ［誕生史、被創造的歷史——亞洲、非洲史研究的最前沿］	刀水書房	
	クリスチャン、ダニエルス	清朝とコンバウン朝の狭間にある雲南のタイ人政権—1792~1815 年までの国内紛争 ［夾在清朝與貢榜王朝之間的雲南泰人政權——1792—1815 年的國內紛争］		
徐勝		東アジアの国家暴力と人権・平和 ［東亞的國家暴力與人權、和平］	かもがわ出版	
和田春樹他編		社会主義とナショナリズム—1920 年代 ［社會主義與國家主義——1920 年代］	岩波書店	岩波講座東アジア近現代通史 4
	川島真	通史　社会主義とナショナリズム ［通史　社會主義與國家主義］		
	中見立夫	"モンゴル"という空間と、"独立"と"革命"の射程 ［作爲"蒙古"的空間與"獨立"、"革命"的研究領域］		

（續　表）

編著者	篇目作者	書 名 與 篇 名	出版社	備　考
和田春樹他編	嵯峨隆	中国国民党と共産党の成立と展開 ［中國國民黨與共產黨的建立與發展］	岩波書店	岩波講座東アジア近現代通史4
	平野健一郎	近代と反近代の錯綜 ［近代與反近代的交織］		
	後藤春美	国際秩序変動とヴェルサイユ・ワシントン体制　アヘンと国際秩序 ［國際秩序變動與凡爾賽－華盛頓體制：鴉片與國際秩序］		
	工藤章	ドイツと東アジア ［德國與東亞］		
	唐啓華著，平田康治訳	一九二〇年代の中露/中ソ関係 ［1920年代的中俄/中蘇關係］		
	片桐庸夫	太平洋問題調査会(IPR)と一九二〇年代 ［太平洋問題調查委員會(IPR)與1920年代］		
	波形昭一	第一次大戦後の金融危機と植民地銀行 ［第一次世界大戰後的金融危機與殖民地銀行］		

（續　表）

編著者	篇目作者	書　名　與　篇　名	出版社	備　考
和田春樹他編		新秩序の模索—1930年代［新秩序的探索——1930年代］	岩波書店	東アジア近現代通史5
	山室信一	通史　新秩序の模索［通史　新秩序的探索］		
	西村成雄	通空間論題　中華民国・中華ソヴィエト共和国・国民参政会［通論課題　中華民國、中華蘇維埃共和國、國民參政會］		
	石川禎浩、栗原浩英	コミンテルンとアジア［共産國際與亞洲］		
	杉原薫	個別史/地域史　世界恐慌とアジアにおける国際関係　世界大恐慌と通貨・経済の構造変動［個別史／地域史：世界經濟危機與國際關係——世界經濟危機與貨幣、經濟的結構變動］		
	林滿紅著，藤原敬士訳	一九三〇年代台湾のアジア域内における貿易と移民［1930年代臺灣在亞洲區域内的貿易與移民］		
	大石恵	アメリカの東アジア経済政策［美國的東亞經濟政策］		

（續　表）

編著者	篇目作者	書　名　與　篇　名	出版社	備　考
和田春樹他編	周婉窈著，若松大祐訳	権力と抵抗　台湾議会設置請願運動についての再検討 ［權力與抵抗：重新探討臺灣議會設置請願運動］	岩波書店	東アジア近現代通史5
	劉傑	日中和平交渉と傀儡政権 ［中日和平交涉與傀儡政權］		
	田中隆一	「民族協和」と「自治」 ［“民族合作”與“自治”］		
和田春樹他編	後藤乾一	アジア太平洋戦争と「大東亜共栄圏」—1935—1945年 ［亞洲太平洋戰爭與“大東亞共榮圈”——1935—1945年］	岩波書店	岩波講座東アジア近現代通史6
		通史　アジア太平洋戦争と「大東亜共栄圏」 ［通史　亞洲太平洋戰爭與“大東亞共榮圈”］		
	久保亨	通空間論題　東アジアの総動員体制 ［通論課題　東亞的總動員體制］		
	原不二夫	華僑の民族主義と中国・日本 ［華僑的民族主義與中國、日本］		
	小林英夫	「大東亜共栄圏」と日本企業 ［“大東亞共榮圈”與日本企業］		

（續　表）

編著者	篇目作者	書　名　與　篇　名	出版社	備　考
和田春樹他編	松浦正孝	個別史/地域史　日中戦争と「大東亜戦争」—日中戦争から第二次世界大戦へ [個別史／地域史：中日戰爭與"大東亞戰争"——從中日戰争到第二次世界大戰]	岩波書店	岩波講座東亞近現代通史6アジ
	家近亮子	中国の抗日戦争と戦後構想 [中國的抗日戰争與戰後構想]		
	蔡慧玉著,秋本宏樹英語翻訳	大東亜共栄圏下のアジア—植民地台湾における戦争体制 [大東亞共榮圈下的亞洲——殖民地臺灣的戰争體制]		
	内海愛子	捕虜と捕虜収容所 [俘虜與戰俘營]		
	加藤哲郎	戦時国際関係と戦後秩序—連合国の戦後アジア構想 [戰時國際關係與戰後秩序——聯合國的戰後亞洲構想]		
	横手慎二	ソ連の戦後アジア構想 [蘇聯的戰後亞洲構想]		

（續　表）

編著者	篇目作者	書 名 與 篇 名	出版社	備 考
和田春樹他編	河西晃祐	「独立」国という「桎梏」 ［被視作“桎梏”的“獨立”之國］	岩波書店	岩波講座東アジア近現代通史6
	篠原初枝	原爆投下と戦後国際秩序 ［原子彈的投下與戰後國際秩序］		
和田春樹他編		アジア諸戦争の時代—1945—1960年 ［亞洲陷入各種戰争的時代——1945—1960年］	岩波書店	岩波講座東アジア近現代通史7
	木畑洋一	通史　アジア諸戦争の時代 ［通史：亞洲陷入各種戰争的時代］		
	菅英輝	通空間論題　東アジアにおける冷戦 ［通論課題：東亞冷戦］		
	浅野豊美	敗戦・引揚と残留・賠償 ［戰敗、撤回與殘留、賠償］		
	石井明	アジアの共産主義革命とソ連 ［亞洲的共産主義革命與蘇聯］		
	中村元哉	国共内戦と中国革命 ［國共内戰與中國革命］		

（續　表）

編著者	篇目作者	書 名 與 篇 名	出版社	備 考
和田春樹 他編	和田春樹	朝鮮戦争 ［朝鮮戰争］	岩波書店	岩波講座東アジア近現代通史 7
	都丸潤子	東アジア国際関係の転機 としてのバンドン会議 ［作爲東亞國際關係轉機 的萬隆會議］		
	南相九	恩給と慰霊・追悼の社 会史 ［撫恤金與慰靈、追悼的社 會史］		
	我部政明	沖縄占領と東アジア国際 政治 ［占領沖繩與東亞國際 政治］		
和田春樹 他編	中野聡	ベトナム戦争の時代 ［越南戰争的時代］	岩波書店	岩波講座東アジア近現代通史 8
		通史　ベトナム戦争の 時代 ［通史：越南戰争的時代］		
	道場親信	ポスト・ベトナム戦争期 におけるアジア連帯運動 ［後越南戰争時期的亞洲 聯合運動］		

（續　表）

編著者	篇目作者	書　名　與　篇　名	出版社	備　考
和田春樹他編	牛軍著，石川誠人訳	個別史/地域史　冷戦と東アジア　中ソ分裂［個別史／地域史：冷戰與東亞——中蘇分裂］	岩波書店	岩波講座東アジア近現代通史 8
	国分良成	個別史/地域史　ベトナム戦争の時代とアジア—中国の社会主義と文化大革命［個別史／地域史：越南戰争時代與亞洲——中國的社會主義與文化大革命］		
	青山瑠妙	個別史/地域史「ベトナム後」に向けて—アジア冷戦の溶融としてのニクソン訪中と田中訪中［個別史／地域史：面向"後越南"——緩和亞洲冷戰的尼克松訪華與田中訪華］		
	佐藤考一	ASEANの出発［東南亞國家聯盟的啓程］		
和田春樹他編		経済発展と民主革命—1975—1990 年［經濟發展與民主革命——1975—1990 年］	岩波書店	東アジア近現代通史 9
	和田春樹	通史　経済発展と民主革命［通史：經濟發展與民主革命］		

（續　表）

編著者	篇目作者	書　名　與　篇　名	出版社	備　考
和田春樹他編	毛里和子	アジアにおける冷戦構造の変容と地域紛争 ［亞洲冷戰結構的變化與地域紛争］	岩波書店	東アジア近現代通史9
	若林正丈	「中華民国台湾化」の展開 ［"'中華民國'臺灣化"的過程］		
	加茂具樹	改革開放と天安門事件 ［改革開放與天安門事件］		
	加藤弘之	中国社会主義市場経済への道 ［中國社會主義市場經濟的道路］		
	古田元夫	ドイモイ路線の起源と展開 ［革新開放路線的起源與發展］		
	初瀬龍平	戦後政治の総決算 ［戰後政治的集大成］		
岩波書店編		アジア研究の来歴と展望 ［亞洲研究的回顧與展望］	岩波書店	岩波講座東アジア近現代通史　別卷
	森崎和江述，山室信一　聞き手	「無名」の人びとが紡ぎ出す歴史の諸相 ［"無名"之人編織的歷史諸相］		
	野村浩一述，川島真　聞き手	近現代中国の連続性/非連続性 ［近現代中國的連續性與非連續性］		

（續　表）

編著者	篇目作者	書　名　與　篇　名	出版社	備　考
岩波書店編	入江昭述，後藤乾一、木畑洋一　聞き手	トランスナショナルな歴史像を求めて ［尋求跨國的歷史鏡像］	岩波書店	岩波講座東アジア近現代通史　別卷
	田中克彦述，和田春樹、川島真聞き手	モンゴルの草原からアジア近現代史の真実を見つめて ［從蒙古草原看亞洲近現代史的真實情況］		
	宮田節子述，趙景達聞き手	後継者のいない学問をいかに始めたか ［無後繼者的學問要如何開始？］		
	西川潤述，後藤乾一聞き手	「民衆のアジア」へ ［走向“民衆的亞洲”］		
	斎藤修	東アジア研究のフロンティア　アジア人口史 ［東亞研究的邊界：亞洲人口史］		
	脇村孝平	東アジアの疫病・衛生史の一断面 ［東亞疫病、衛生史研究的一個側面］		
	谷川竜一	東アジア近現代の都市と建築 ［東亞近現代都市與建築］		

（續　表）

編著者	篇目作者	書　名　與　篇　名	出版社	備　考
岩波書店編	松浦章	海運 ［海運］	岩波書店	岩波講座東亞近現代通史別卷
	やまだあつし	陸運 ［陸運］		
	李省展	キリスト教と社会 ［基督教與社會］		
	金富子	植民地教育史 ［殖民地教育史］		
	土屋礼子	メディア史研究の現状と展望 ［媒體史研究的現狀與展望］		
	貴志俊彦	東アジアにおける「流行歌」の創出 ［東亞"流行歌曲"的創作］		
田所竹彦		アジアの潮流と中国——半世紀の変動から見えるもの ［亞洲的潮流與中國——從半個世界的變動所見的事物］	里文出版	
内山　完造		花甲録—日中友好の架け橋 ［《花甲録》——中日友好的橋樑］	平凡社	東洋文庫
張玉萍		戴季陶と近代日本 ［戴季陶與近代日本］	法政大学出版局	

（續　表）

編著者	篇目作者	書 名 與 篇 名	出版社	備　考
藤田昌志		明治・大正の日中文化論 [明治、大正的中日文化論]	三重大学出版会	
粕谷一希		内藤湖南への旅 [走近内藤湖南]	藤原書店	
佐藤守男		情報戦争と参謀本部—日露戦争と辛亥革命 [情報戰争與參謀本部——日俄戰争與辛亥革命]	芙蓉書房出版	
加藤隆幹		日本対中国借款—明治期日本対中国借款の実証的考察 [日本對中國的貸款——明治時期日本對中國貸款的實證考察]	創英社・三省堂書店	
河路由佳		日本語教育と戦争—「国際文化事業」の理想と変容 [日語教育與戰争——"國際文化事業"的理想與變化]	新曜社	
秋山昌廣、朱鋒		日中安全保障・防衛交流の歴史・現状・展望 [中日安全保障、防衛交流的歷史、現狀、展望]	亜紀書房	

（續　表）

編著者	篇目作者	書 名 與 篇 名	出版社	備 考
張嵐		「中国残留孤児」の社会学—日本と中国を生きる三世代のライフストーリー[“中國殘留孤兒”的社會學研究——生活在日本與中國的三代人的人生故事]	青弓社	
西澤泰彦		植民地建築紀行—満洲·朝鮮·台湾を歩く[殖民地建築遊記——遊走在滿洲、朝鮮、臺灣]	吉川弘文館	歴史文化ライブラリー
橋寺知子、森部豊、蟾川順子、新谷英治共編		アジアが結ぶ東西世界[亞洲聯結的東西世界]	関西大学出版部	アジアにおける経済·宝·文化の展開と交流3
	榮新江述	イスラーム化以前の中央アジア[伊斯蘭教盛行以前的中亞]		
	宮紀子述	全真教からみたモンゴル時代の東西交流[全真教所見蒙古時代的東西交流]		
	Arindam Dutta 述	デルタと神々[三角洲與眾神]		
	榮新江著,陳贇·森部豊訳	イスラーム化以前の中央アジア[伊斯蘭教盛行以前的中亞]		
	森部豊著	東ユーラシア世界におけるソグド人の外交活動に関する覚書[粟特人在亞歐大陸東部世界的外交活動記録]		

（續　表）

編著者	篇目作者	書 名 與 篇 名	出版社	備 考
米原謙、金鳳珍、區建英		東アジアのナショナリズムと近代―なぜ対立するのか ［東亞的國家主義與近代――緣何對立?］	大阪大学出版会	
国立国会図書館調査及び立法考査局		世界の中の中国―総合調査報告書 ［世界中的中國――綜合調查報告書］	国立国会図書館調査及び立法考査局	
高山竜三		河口慧海への旅―釈迦生誕地に巡礼した人々 ［河口慧海之旅――朝拜釋迦誕生地的人們］	勉誠出版	
エドヴァルド・ルトヴェラゼ著,加藤九祚訳		考古学が語るシルクロード史―中央アジアの文明・国家・文化 ［考古學講述的絲綢之路史――中亞的文明、國家、文化］	平凡社	
樋口隆康、児島建次郎、山田勝久編		未来への遺産・シルクロードのドラマとロマン ［未來的遺產：絲綢之路的故事與氣度］	雄山閣	
梅村坦、新免康編著		中央ユーラシアの文化と社会 ［中亞細亞的文化與社會］	中央大学出版部	中央大学政策文化總合研究所研究叢書

（續 表）

編著者	篇目作者	書 名 與 篇 名	出版社	備 考
梅村坦、新免康 編著	新免康	近現代中央ユーラシア世界の変容—新疆におけるスウェーデン伝道団の活動とムスリム住民 ［近現代中亞細亞世界的變化——瑞典傳教團在新疆的活動與穆斯林居民］	中央大学出版部	中央大学政策文化総合研究所研究叢書
	侍建宇 著，椙田雅美 訳	古代帝国に組み入れられる現代国家 ［納入古代帝國的現代國家］		
	香月法子	多様化するゾロアスター教徒 ［多樣化的瑣羅亞斯德教徒］		
	王瓊	漢語教育に対するウイグル人の意識 ［維吾爾人對漢語教育的認識］		
	梅村坦	現代カシュガルのウイグル人鍛冶職人集団 ［現代喀什地區的維吾爾人鐵匠羣體］		
曽布川寬、吉田豊		ソグド人の美術と言語 ［粟特人的美術與語言］	臨川書店	
	吉田豊	ソグド人とソグドの歴史 ［粟特人與粟特的歷史］		

（續　表）

編著者	篇目作者	書名與篇名	出版社	備考
曽布川寛、吉田豊	吉田豊	ソグド人の言語 ［粟特人的語言］	臨川書店	
	影山悦子	ソグド人の壁画 ［粟特人的壁畫］		
	斉東方著，古田真一訳	中国文化におけるソグドとその銀器 ［中國文化中的粟特及其銀器］		
	曽布川寛	中国出土ソグド石刻画像の図像学 ［中國出土粟特石刻畫像的圖像學］		
野田　仁		露清帝国とカザフ＝ハン国 ［俄清帝國與哈薩克汗國］	東京大学出版会	
京都大学人文科学研究所付属アジア人文情報学研究センター編		東洋学文献類目二〇〇八年度 ［東洋學文獻類目 2008 年度］	京都大学人文科学研究所付属アジア人文情報学研究センター	
京都大学大学院人間環境学研究科		京都大学大学院人間・環境学研究科漢籍目録 ［京都大學大學院人間、環境學研究科漢籍目錄］	京都大学大学院人間・環境学研究科	

2010 年度
論文、著書目録補遺

一　論　文　補　遺

（一）先秦

著　者	論　　文	雜誌名・書名	卷・號
落合淳思	殷代における政治勢力の分派 ［殷代的政治勢力劃分］	立命館文學	619
谷秀樹	西周王権と王畿内大族の動向 について―西周中期改革考(2) ［西周王權與王畿内大族的動 向――西周中期改革考(2)］	立命館文學	619
長谷川清貴	多能なる聖者―『論語』「太宰問 於子貢」章小考 ［多才的聖者――《論語》"太宰 問於子貢"章小考］	国学院中国学会 報	56
吉田章人	「堕三都」から見る魯の三桓氏 の権力構造 ［"堕三都"所見魯國三桓氏的權 力構造］	東海大学紀要 （文学部）	93
山田崇仁	春秋期の屈氏について ［春秋時期的屈氏］	立命館文學	619

（二）秦漢

著　者	論　　　　文	雜誌名・書名	卷・號
福島大我	前漢代における「首都圏」と皇帝制度の変遷 ［西漢時期的"首都圏"與皇帝制度的變遷］	專修史学	49
大澤直人	『史記』屈原列伝の史料的性格について ［《史記・屈原列傳》的史料性質］	立命館文學	619
柴田昇	劉向『烈女伝』の世界像—前漢前期における秩序意識と性観念の一形態 ［劉向《烈女傳》世界的形象——西漢前期的秩序意識與性觀念的一個形態］	『血縁関係・老人・女性—中国古代「家族」の周辺』〈名古屋中国古代史研究会報告書1〉（柴田昇編著）	
仲山茂	甘粛省武威出土の王杖簡をめぐって—研究史の視点から ［甘肅省武威出土的王杖簡——從研究史的角度來看］	『血縁関係・老人・女性—中国古代「家族」の周辺』〈名古屋中国古代史研究会報告書1〉（柴田昇編著）	
秋山進午	単轅馬車から双轅馬車へ—陝西省靖辺県老墳梁漢墓壁画馬車から ［從單轅馬車到雙轅馬車——從陝西省靖邊縣老墳梁漢墓壁畫中的馬車來看］	『坪井清足先生卒寿記念論文集　埋文行政と研究のはざまで』（坪井清足先生の卒寿をお祝いする会編集・発行）	

（續　表）

著　者	論　　　文	雜誌名・書名	卷・號
飯田祥子	同産小考―漢代の兄弟姉妹に関する整理 ［同産小考——漢代兄弟姐妹的相關研究］	『血縁関係・老人・女性―中国古代「家族」の周辺』〈名古屋中国古代史研究会報告書1〉（柴田昇編著）	
照内崇仁	後漢時代を中心とする学問授受に関する事例一覧 ［東漢時期傳授學問的相關事例一覽］	史料批判研究	9
照内崇仁	後漢時代の私塾に関する基礎的考察 ［東漢時代私塾的初步考察］	史料批判研究	9
鈴木崇義	邊讓「章華賦」小考 ［邊讓《章華賦》小考］	国学院中国学会報	56
鷹取祐司	秦漢時代の文書伝送方式―以郵行・以県次伝・以亭行 ［秦漢時期的文書傳遞方式——以郵行、以縣次傳、以亭行］	立命館文學	619
柴田昇	観光資源としての中国古代民衆運動―秦漢時代の民衆運動関連史跡とその活用 ［作爲觀光資源的中國古代民衆運動——秦漢時期民衆運動的相關歷史遺迹及其運用］	観光＆ツーリズム	15

（三）魏晉南北朝

著　者	論　　　文	雜誌名・書名	卷・號
林裕己	漢・三国・六朝紀年鏡の干支と紀年について ［漢、三國、六朝時期紀年鏡的干支與紀年］	古文化談叢	65－2
鷲尾祐子	長沙走馬楼呉簡にみえる「限佃」名籍について ［長沙走馬樓吳簡所見“限佃”名籍］	立命館文學	619
島田悠	西晉・劉頌の「徐淮南相在郡上疏」と武帝期後半の治世 ［西晉劉頌的《除淮南相在郡上疏》與武帝後半期的治世］	六朝學術學會報	11
矢田博士	西晉武帝期の侍宴詩について ［西晉武帝時期的侍宴詩］	中国詩文論叢	29
園田俊介	北涼沮渠氏と河西社会—北涼建国以前の沮渠氏を中心として ［北涼沮渠氏與河西社會——以北涼建國以前的沮渠氏爲中心］	西北出土文献研究	8
關尾史郎	「五胡」時代の符について—トゥルファン出土五胡文書分類試論Ⅲ ［“五胡”時代的符——吐魯番出土五胡文書分類試論Ⅲ］	西北出土文献研究	8
張金龍著，梶山智史訳	北魏の狩猟図とその淵源 ［北魏的狩獵圖及其淵源］	明大アジア史論集	14
永田拓治	『汝南先賢傳』の編纂について ［《汝南先賢傳》的編纂］	立命館文學	619

（續　表）

著　者	論　　　文	雜誌名・書名	卷・號
廣居健	『齊民要術』における酒の個性—枠組みに関する再検討［《齊民要術》中酒的個性——結構相關問題的再探討］	立命館文學	619
関剣平	茶の文化地理—魏晋南北朝時代を中心に［茶文化地理——以魏晉南北朝時期爲中心］	立命館文學	619
三宮千佳	中国南朝の浄土図の景観と皇帝の苑［中國南朝的浄土圖與皇帝的林苑］	美術史研究	48

（四）隋唐

著　者	論　　　文	雜誌名・書名	卷・號
土谷彰男	唐玄宗公讌附行幸年表［唐玄宗公宴附行幸年表］	中国詩文論叢	29
南澤良彦	唐代の明堂［唐代的明堂］	中国哲学論集〈九州大学〉	36
小林順彦	唐代法華道場考［唐代法華道場考］	天台学報	52
中田美絵	唐代徳宗期『四十華厳』翻訳にみる中国仏教の転換—『貞元録』所収「四十華厳の条」の分析より［唐代宗、德宗時期《四十華嚴》的翻譯中所見中國佛教的轉換——對《貞元録》所收"四十華嚴"條的分析］	仏教史学研究	53－1

（續　表）

著　者	論　　文	雜誌名・書名	卷・號
内田誠一	王維と嵩岳寺（上）—嵩岳寺の沿革と現狀 ［王維與嵩岳寺（上）——嵩岳寺的沿革與現狀］	中国詩文論叢	29
松原朗	張籍の「無記名」詩—徒詩と樂府をつなぐもの ［張籍的《無記名》詩——詩與樂府的聯繫］	中国詩文論叢	29
丸井憲	張九齡と王維の五言「拗律」について ［張九齡與王維的五言"拗律"］	中国詩文論叢	29
須江隆	修復された碑文「唐縉雲縣城隍廟記」—記録保存の社会文化史研究に向けて ［修復的碑文《唐縉雲縣城隍廟記》——記録保存的社會文化史研究］	立命館文學	619

（五）宋元

著　者	論　　文	雜誌名・書名	卷・號
馮艷	宋代の茶詩—蘇軾を中心に ［宋代的茶詩——以蘇軾爲中心］	中国学志	25
清水嘉江子	墓誌銘より見たる宋代女性像—再婚、守節、離婚について ［墓志銘所見宋代女性形象——再婚、守節、離婚］	立命館文學	619

（續　表）

著　者	論　　　　文	雜誌名・書名	卷・號
町田吉隆	契丹国(遼朝)の陶磁器とガラス器に関する一考察—イスラーム文化圏からの影響をめぐって [契丹國(遼)陶瓷器與玻璃器物的相關考察——來自伊斯蘭教文化圈的影響]	『立命館大学考古学論集』(立命館大学考古学論集刊行会編集・発行)	V
李鎮漢著, 豊島悠果訳	高麗時代における宋人の来投と宋商の往来 [高麗時期宋人的投靠與宋商往來]	年報朝鮮學	13
松田孝一	オゴデイ・カンの「丙申年分撥」再考(2)—分撥記事考証 [窩闊台汗的"丙申年分撥"再考(2)——分撥記事考證]	立命館文學	619
牛根靖裕	モンゴル統治下の四川における駐屯軍 [蒙古統治下的四川駐屯軍]	立命館文學	619
宮澤知之	元朝財政統計の基準紙幣と商税 [元朝財政統計的基準紙幣與商税]	13、14 世紀東アジア史料通信	14
佐藤秀孝	雪蓬慧明の活動とその功績—『五燈会元』編纂刊行の陰に隠れて [雪蓬慧明的活動及其功績——《五燈會元》編纂刊行背後的故事]	駒沢大学仏教学部研究紀要	68

（六）明清

著　者	論　　　文	雜誌名・書名	卷・號
辻尾榮市	中国浙江省象山県の明代の船 ［中國浙江省象山縣的明代船舶］	古文化談叢	65－1
勝山繁	黄宗羲『明夷待訪録』における礼教 ［黄宗羲《明夷待訪録》中的禮教］	国学院中国学会報	56
連凡	黄百家の『宋元学案』編纂について ［黄百家《宋元學案》的編纂］	中国哲学論集〈九州大学〉	36
神谷秀二	清朝入関前における世職の継承次数付与に関する一考察—その成立時期を中心に ［清朝入關前世職承襲授予次數的相關考察——以形成時期爲中心］	史滴	32
河内良弘	自著『中国第一歴史档案館蔵内国史院滿文档案訳註　崇德二・三年分』について ［《中國第一歷史檔案館藏内國史院滿文檔案譯註（崇德二、三年部分）》］	滿族史研究	9
加藤直人	清初の文書記録と「逃人档」 ［清初的文書記録與《逃人檔》］	滿族史研究	9
磯部淳史	清初における六部の設置とその意義—太宗の「集権化」政策の一例として ［清初六部的設置及其意義——太宗的"集權化"政策之一］	立命館文學	619

（續　表）

著　者	論　　文	雜誌名・書名	卷・號
磯部淳史	太宗・順治朝におけるグサ＝エジェンとその役割 ［太宗、順治朝的八旗都統及其職責］	満族史研究	9
石橋崇雄	『御製人臣儆心録』—「植黨論」 ［《御製人臣儆心録》——“植黨論”］	国士舘大学人文学会紀要	42
福本雅一監修、尤侗研究會譯註	尤侗『擬明史樂府』譯注(9) ［尤侗《擬明史樂府》譯注(9)］	中国詩文論叢	29
鈴木真	『清代起居注冊　康熙朝』 ［《清代起居注冊・康熙朝》］	満族史研究	9
王竹敏	雍正六年における暹羅国の中国語通事について ［雍正六年暹羅國的漢語通事］	或問	19
澁谷浩一	『軍機処満文準噶爾使者档訳編』について ［關於《軍機處滿文準噶爾使者檔案譯編》］	満族史研究	9
池尻陽子	『清朝前期理藩院満蒙文題本』について ［關於《清朝前期理藩院滿蒙文題本》］	満族史研究	9
堀地明	光緒 24(1898)年浙江紹興府における平糶 ［光緒二十四年(1898)浙江紹興府的平糶］	北九州市立大学外国語学部紀要	128

（續　表）

著　　者	論　　　　文	雜誌名・書名	卷・號
增井寬也	ギョロ＝ハラ Gioro hala 再考——特に外婚規制をてがかりに［覺羅哈喇再考——從外婚規定入手］	立命館文學	619
松浦章	『甬報』に見る浙江沿海の海盗［《甬報》所見浙江沿海海盗］	或問	19
佐々木揚	清末の「不平等条約」観［清末的“不平等條約”觀］	東アジア近代史	13

（七）近代

著　　者	論　　　　文	雜誌名・書名	卷・號
朱海燕	中華民国初期における宗教批判について［中華民國初期的宗教批判］	言語・地域文化研究	16
張仲民	厳復與復旦公学［嚴復與復旦公學］	或問	19
大平浩史	1920年代の仏化新青年会と五四新文化運動［1920年代的佛化新青年會與“五四”新文化運動］	立命館文學	619
杉本史子	新文化運動後期における女子学校の「学潮」と女学生——『民國日報』とその副刊の報道を中心として［新文化運動後期女子學校的“學潮”與女學生——以《民國日報》及其副刊的報道爲中心］	立命館文學	619

（續　表）

著　者	論　　　文	雜誌名·書名	卷·號
松本英紀	周恩来の誤算—顧順章事件の真相(承前) ［周恩來的誤算——顧順章事件的真相(續)］	立命館文學	619
劉婧	日本人旅行記からみる20世紀前期の大連航路 ［日本人旅行記中所見20世紀前期的大連航線］	或問	19
HIRANO KENICHIROU	Wartime Acculturation — Anti-Japanese and Anti-War Resistance in China ［戰時的文化滲透——中國的抗日戰争與反戰抵抗］	Modern Asian Studies Review	3
TAKISHITA SAEKO	Creating Images of Resistance — The Anti-Japanese Cartoon Movement and the Contributors to "Guojia Zongdongyuan Huabao" ［抗戰的圖畫印象——抗戰漫畫運動與"國家總動員畫報"的繪畫者］	Modern Asian Studies Review	3
KAWASHIMA SHIN	Japanese Cultural Thrust by 'Xinminhui' in Northern China ［中國北部地區新民會推動下的日本文化發展］	Modern Asian Studies Review	3
田島大輔	「満洲国」における回民墓地遷移問題:「建国」当初の事例を中心に ［"滿洲國"的回民墓地遷移問題:"建國"初期的事例］	立命館文學	619

（續　表）

著　者	論　　　文	雜誌名・書名	卷・號
胡日查	「満洲国」の対モンゴル民族政策をめぐる論争—蒙政部の政策展開と満洲評論派の批判を中心に ［"滿洲國"對蒙古民族政策的相關論爭——蒙政部政策的發展與滿洲評論派的批判］	言語・地域文化研究	16
MISAWA MAMIE	From Censorship to Engagement — China's Regulation of Motion Picture during the Anti-Japanese War ［從審查到放映——抗日戰爭期間的中國電影監管］	Modern Asian Studies Review	3
張新民	上海の映画伝来とその興行状況について ［上海的電影引進與上映狀況］	中国学志	25
烏雲高娃	へーシンゲーのモンゴル民族啓蒙思想について—『奉天蒙文報(ムグデニー＝モンゴル＝セトグール)』を中心に ［關於克興額的蒙古民族啓蒙思想——以《奉天蒙文報》爲中心］	言語・地域文化研究	16
鵜島三壽	ウイグルの油灯舞—大谷探検隊が見た「油皿踊」の追跡 ［維吾爾族的油燈舞——大谷探險隊所見"油皿舞"的足迹］	立命館文學	619
梅家玲著，豊田周子訳	少年中国から少年台湾へ—二十世紀中国語小説における青春想像と国家言説 ［從少年中國到少年臺灣——20世紀中文小説的青春想象與國家言説］	中国学志	25

（八）現代

著　者	論　　　文	雜誌名・書名	卷・號
廣島直子	新中国に生きる知識人—宗璞の初期作品を中心に [活躍在新中國的知識份子——以宗璞初期的作品爲中心]	中国学志	25
リンチン	内モンゴルの牧畜業地域における人民公社化政策の分析 [内蒙古畜牧業地區中的人民公社化政策分析]	言語・地域文化研究	16
上村威	中国文化と外交政策—「関係」（グァンシー)における対日認識 [中國文化與外交政策——"關係"中的對日認識]	アジア研究	56-4
奥村哲	文化大革命からみた中国の社会主義体制 [從文化大革命看中國的社會主義體制]	『いま社会主義を考える歴史からの眼差し』〈メトロポリタン史学叢書2〉（メトロポリタン史学会編）〈桜井書店〉	

（九）中国一般

著　者	論　　　文	雜誌名・書名	卷・號
Saerji	The translations of the Khotanese monk Siladharma preserved in the Tibetan bka'gyur [《甘珠爾》中保存的于闐僧人尸羅達摩譯經]	創価大学国際仏教学高等研究所年報	14

（續　表）

著　者	論　　　文	雜誌名・書名	卷・號
Saerji	More fragments of the Ratnaketuparivarta（2）[《寶星陀羅尼經》殘片（2）]	創価大学国際仏教学高等研究所年報	14
吳震著, 連凡訳	中国歴史上の善書と勧善について[中國歷史上的善書與勸善]	中国哲学論集〈九州大学〉	36

（十）　亞洲一般

著　者	論　　　文	雜誌名・書名	卷・號
前田舟子	副官生派遣をめぐる琉中間の議論[琉中之間圍繞副官生派遣的爭論]	琉大アジア研究	10
宮尾素子	「応夢衣」（牡丹唐草文印金袈裟）についての一考察—伝来と文様を中心に[“廣夢衣”（牡丹唐草文印金袈裟）相關考察——傳入與花紋]	MUSEUM（東京国立博物館研究誌）	628
宮下佐江子	東アジアの腰袋（佩嚢）—東西交流の視点から[東亞的腰袋（佩嚢）——從東西交流的視角來看]	古代オリエント博物館紀要	29・30
吉開将人	銅鼓研究と漢籍史料[銅鼓研究與漢籍史料]	『南海を巡る考古学』（今村啓爾編）〈同成社〉	

（續　表）

著　者	論　　文	雜誌名·書名	卷·號
松浦史明	真臘とアンコールのあいだ—古代カンボジアと中国の相互認識に関する一考察［真臘與吳哥之間——古代柬埔寨與中國之間的相互認識之考察］	上智アジア学	28
平井健介	第一次大戦期~1920年代の東アジア精白糖市場—中国における日本精製糖販売の考察を中心に［第一次世界大戰時期—1920年代的東亞精製白糖市場——日本精製白糖在中國的銷售情況考察］	社會經濟史學	76-2

二　著書補遺

（一）宋元

编著者	篇目作者	書 名 與 篇 名	出版社	備　考
国士舘大学文学部東洋史学研究室編		宋代史論考—小岩井弘光研究拾遺［宋代史論考——小岩井弘光研究拾遺］	国士舘大学文学部東洋史学研究室	

（二）中國一般

编著者	篇目作者	書 名 與 篇 名	出版社	備　考
丸山雄		中国史としての王権物語［中國歷史上的王權故事］	岩波ブックセンター	

（三）亞洲一般

编著者	篇目作者	書 名 與 篇 名	出版社	備　考
井上正也		日中国交正常化の政治史［中日邦交正常化的歷程］	名古屋大学出版会	

（續　表）

編著者	篇目作者	書名與篇名	出版社	備考
今井昭夫・岩崎稔編/生井英孝他著		記憶の地層を掘る—アジア植民地支配と戦争の語り方［挖掘記憶的地層——亞洲殖民地統治與戰爭的敍述方法］	御茶の水書房	
	今井昭夫	歴史の力か、歴史の重荷か［歷史的力量？還是歷史的負擔？］		
	朱建榮	中国はベトナム戦争にどう関与していたか［中國是怎樣參與越南戰爭的？］		
	平山陽洋	記憶の地層に分け入る—戦争を再記憶化する作法［刨開記憶的地層——再現戰爭的方法］		
李東俊		未完の平和—米中和解と朝鮮問題の変容　1969～1975年［未完成的和平——中美和解與朝鮮問題的變化（1969—1975年）］	法政大学出版局	

　　（本目録係日本龍谷大學能田敬、九嶋利宏二氏所製,河合文化教育研究所研究員河上洋監製,南京師範大學何志文譯）

鳴　　謝

　　在本卷論文及目録的翻譯、編製過程中,南京師範大學六朝歷史文化研究所及中國古代史學科諸先生或參與或支援,在此謹致衷心的感謝!

　　　　　　　　　　　　　　　　　《日本中國史研究年刊》刊行會
　　　　　　　　　　　　　　　　　　　　　　　2018 年 10 月

圖書在版編目(CIP)數據

日本中國史研究年刊. 2011年度／《日本中國史研
究年刊》刊行會編. —上海：上海古籍出版社，2019.5
ISBN 978-7-5325-9227-2

Ⅰ.①日… Ⅱ.①日… Ⅲ.①中國歷史—研究—
2010—年刊 Ⅳ.①K207-54

中國版本圖書館CIP數據核字(2019)第086689號

日本中國史研究年刊(2011年度)

《日本中國史研究年刊》刊行會 編

上海古籍出版社出版發行

(上海瑞金二路272號 郵政編碼200020)

(1) 網址：www.guji.com.cn

(2) E-mail：guji1@guji.com.cn

(3) 易文網網址：www.ewen.co

浙江臨安曙光印務有限公司印刷

開本850×1168 1/32 印張17.625 插頁5 字數427,000

2019年5月第1版 2019年5月第1次印刷

ISBN 978-7-5325-9227-2

K·2652 定價：68.00元

如有質量問題，請與承印公司聯繫